Universität Neu Denken

Schriftenreihe der Internationalen Frauenuniversität
»Technik und Kultur«

Band 8

Alyâ Neusel, Margot Poppenhusen (Hrsg.)

Universität Neu Denken

Die Internationale Frauenuniversität
„Technik und Kultur"

Leske + Budrich, Opladen 2002

Die Schriftenreihe der Internationalen Frauenuniversität „Technik und Kultur"
wird gefördert durch das Niedersächsische Vorab der VW-Stiftung

Gedruckt auf säurefreiem und alterungsbeständigem Papier.

Die Deutsche Bibliothek – CIP-Einheitsaufnahme
Ein Titeldatensatz für die Publikation ist bei
Der Deutschen Bibliothek erhältlich

ISBN 3-8100-3443-6

© 2002 Leske + Budrich, Opladen

Das Werk einschließlich aller seiner Teile ist urheberrechtlich geschützt. Jede Verwertung außerhalb der engen Grenzen des Urheberrechtsgesetzes ist ohne Zustimmung des Verlages unzulässig und strafbar. Das gilt insbesondere für Vervielfältigungen, Übersetzungen, Mikroverfilmungen und die Einspeicherung und Verarbeitung in elektronischen Systemen.

Einband: design agenten, Hannover
Satz: Berthold Druck und Direktwerbunrg, Offenbach
Druck: DruckPartner Rübelmann, Hemsbach
Printed in Germany

Inhalt

Vorwort 9

1. Internationale Konzepte zur Frauen- und Elitenförderung
Vorbemerkung 13

Jadwiga S. Sebrechts
Frauencolleges in den USA 17

Sang Chang
Frauenuniversitäten für das 21. Jahrhundert:
Die Frauenuniversität Ewha in Korea.. 25

Sumaia Mohd El Zein Badawi
Frauen als Akteurinnen gesellschaftlichen Wandels: Die Ahfad-
Frauenuniversität (AUW) im Sudan 33

Sigrid Metz-Göckel
Die Internationale Frauenuniversität „Technik und Kultur" als Konzept
zur Frauen- und Eliteförderung 43

**2. Themenorientiertes Projektstudium – interdisziplinär und
    interkulturell**
Vorbemerkung 55

Regina Becker-Schmidt
Konturieren durch Vergleich. Komparative Studien zur Transformation
von Frauenarbeit in West-, Ost- und Mitteleuropa 59

Heidrun Allert, Hadhami Dhraief, Wolfgang Nejdl
Intelligente Online-Wissensbestände für handlungsorientiertes Lernen 75

Christiane Floyd
Verständnis und Gestaltung von Wissensprojekten am Beispiel des
Projektbereichs INFORMATION 83

Barbara Duden
Das Akademie-Konzept des Projektbereichs KÖRPER 101

Helma Lutz, Mirjana Morokvasic-Müller
Transnationalität im Kulturvergleich.
Migration als Katalysator in der Genderforschung 111

Ulla Terlinden
City and Gender – ein Projektstudium 125

Giulietta Fadda
Geschlechtsspezifische Wahrnehmung von Lebensqualität.
Ein Vergleich zwischen drei Städten 133

Sabine Kunst
Innovation durch Interdisziplinarität? Der Projektbereich WASSER 143

3. Intercultural Community Building
Vorbemerkung 157

Manfred Stassen
Ein Bildungsinstitut der Zukunft: *ifu* – nachfrageorientiert,
international, monoedukativ, autonom 161

Vera Lasch
Profile und Interessen der Teilnehmerinnen 171

Christiane Bradatsch
Studienbegleitung statt Studierendenverwaltung.
Pilotprojekt Service Center 181

Nicole Puscz
Beratung von Akademikerinnen aus aller Welt 195

Gabriele Kreutzner, Claudia Schöning-Kalender
Akademische Kultur ANDERS gestalten:
Interkulturalität als unvollendetes Projekt 203

Inhalt

Melinda Madew
Herausforderung Interkulturalität 219

Gabriele Kreutzner, Heidi Schelhowe, Barbara Schelkle
Nutzerinnenorientierung, Partizipation und Interaktion als Leitprinzipien:
Die virtuelle Internationale Frauenuniversität *(vifu)* 231

Seda Gürses
Computertraining bei der *vifu:* Neugier wecken 245

Barbara Lüthi
Vifu life – eine Teilnehmerin berichtet 253

4. Grenzverschiebungen – Wissenschaft, Kunst und Politik
Vorbemerkung 255

Bettina E. Knaup
bridging the gaps – Wissenschaft, Kunst und Öffentlichkeit im Dialog 257

Leonie Baumann
Querdenken erwartet – Kunst und Wissenschaft bei der *ifu* 269

Barbara Loreck
ART concept: Künstlerische Arbeitsweisen im Kontext
von Wissens- und Erkenntnisproduktion 273

Carola Bauschke-Urban
University in the Making – die *ifu* in den Medien 283

Helga Schuchardt
Das zähe Ringen um politische Unterstützung:
Wie man ein Hochschulreformprojekt auf den Weg bringt 293

Aylâ Neusel
Die *ifu* als Kind ihrer Zeit – Grenzverschiebungen zwischen Staat
und Hochschule 301

Perspektiven
Eine internationale Graduate School für Frauen:
Women's Institute for Technology, Development, and Culture (W.I.T.) ... 317

Anhang:
Die Autorinnen 325
Bibliografie: Publikationen über die *ifu* 329
Die Schriftenreihe der *ifu* 331

Vorwort

Die Internationale Frauenuniversität „Technik und Kultur" (*ifu*) war ein Hochschulexperiment ganz besonderer Art. Vor dem Hintergrund der Diskussionen um die längst fällige Hochschulreform in Deutschland, die immer wieder in den traditionellen Universitätsstrukturen und föderalen Zuständigkeiten stecken bleibt, wollten wir, die Initiatorinnen der *ifu,* möglichst alles auf einmal. Wir wollten die erste Frauenuniversität in Deutschland gründen; wir wollten für unsere Universität neue Strukturen mit flachen Hierarchien schaffen; wir wollten die engen fachdisziplinären Grenzen aufbrechen und moderne interdisziplinäre und praxisorientierte Studiengänge entwickeln, die die Probleme der globalisierten Welt vielschichtig untersuchen und Lösungsmöglichkeiten für sie erarbeiten; und wir wollten all dies selbstverständlich immer unter Berücksichtigung der Genderperspektive. Doch damit nicht genug. In unserer Universität sollten Wissenschaft und Kunst in einen Dialog miteinander treten und sich nicht länger in skeptischer Distanz gegenüberstehen; unsere Universität sollte eine zentrale Dienstleistungseinrichtung für die Studierenden haben, die einen vielseitigen Service nicht als eine gegenüber der Forschung zu vernachlässigende Größe versteht; unsere Universität sollte eine nutzerinnenorientierte Vernetzung über das Internet bereitstellen, um Lehren und Lernen neue Aspekte zu eröffnen. Und sie sollte beweisen, welcher Gewinn aus einer internationalen Öffnung der Hochschulen zu ziehen ist.[1] Die *ifu* ist in der Tat die erste Hochschule in Deutschland gewesen, die auf allen Ebenen der Internationalität verpflichtet war: 313 Dozentinnen aus 49 Ländern lehrten und forschten mit 747 Studierenden aus 105 Ländern drei Monate lang im Sommer 2000 in Hannover, Hamburg, Kassel, Suderburg und Bremen.

Es ist nicht verwunderlich, dass ein Hochschulreformprojekt mit solch hohen Ansprüchen von außen sehr aufmerksam und kritisch verfolgt wurde und

---

1 Das Konzept der *ifu* wurde in dem ersten Band der Schriftenreihe zu Beginn des *ifu*-Semesters dargestellt. Neusel, Aylâ (Hg.): Die eigene Hochschule. Internationale Frauenuniversität „Technik und Kultur". Opladen: Leske + Budrich, 2000.

eine lebhafte hochschul- und wissenschaftspolitische Diskussion auslöste. Es ist ebenfalls nicht verwunderlich, dass nicht alle Ansprüche in der relativ kurzen Zeit in gleichem Maße eingelöst werden konnten. Es ist im Grunde vielmehr erstaunlich, wie viel von den vielfältigen Aspekten dieses großen Experiments erfolgreich umgesetzt werden konnte. Zeugnis davon gibt eine Reihe von Büchern, die die *ifu* im Anschluss an das Pilotsemester im Sommer 2000 zu den einzelnen Studiengängen, bzw. Projektbereichen (ARBEIT, KÖRPER, INFORMATION, MIGRATION, STADT und WASSER) und zu den Querschnittsprojekten virtuelle Frauenuniversität (*vifu*), ART concept und Service Center herausgibt.

Die Ergebnisse der wissenschaftlichen Begleituntersuchung erscheinen gleichzeitig mit dem hier vorgelegten Sammelband als Buch in der Schriftenreihe der Internationalen Frauenuniversität. Die Evaluation hatte die Aufgabe, einen kritischen Blick von außen auf das Projekt zu werfen. Der Sammelband „Universität Neu Denken" möchte diese Perspektive durch den Blick jener AkteurInnen ergänzen und erweitern, die das Projekt initiiert, unterstützt und durchgeführt haben, hier geht es also um die „Binnensicht" der Ereignisse. Als Herausgeberinnen haben wir uns zum Ziel gesetzt, dabei einen Eindruck von der ganzen Breite und Vielfalt des Geschehens zu vermitteln und die Ergebnisse zusammenzufassen, die auf den verschiedensten Ebenen herausgekommen sind.

Für ihr Konzept einer Frauenuniversität hat sich die *ifu* an international bewährten monoedukativen Hochschulen orientiert. Im ersten Kapitel werden daher zunächst einige Frauenhochschulen in anderen Ländern vorgestellt und daran anschließend Überlegungen zu einer Frauen- und Eliteförderung in Deutschland, wie sie mit der *ifu* realisiert worden sind. Das zweite Kapitel ist den wissenschaftlichen Erträgen der sechs Projektbereiche gewidmet. Die außerordentlich spannenden Experimente, die mit interkulturellem und interdisziplinärem Forschen, Lehren und Lernen gemacht wurden, sollen hier zusammenfassend vorgestellt werden. (Eine ausführliche Darstellung findet sich in den eigenen Publikationen der einzelnen Projektbereiche.) Das dritte Kapitel beschäftigt sich mit den innovativen Ideen der *ifu* zu einer Hochschulreform, die Bedingungen schafft, die eine bessere Identifikation der Studierenden mit ihrer Hochschule ermöglichen und so zum Studienerfolg beitragen. Die Bereitschaft, sich nach allen Seiten auf Experimente einzulassen, hat die *ifu* manch traditionelle Grenzen überschreiten lassen: zwischen Wissenschaft und Öffentlichkeit, Wissenschaft und Kunst, Hochschule und Politik, Autonomie und staatlicher Regulierung. Das vierte Kapitel gibt einen Einblick in jene Grenzverschiebungen, denen sich jede zukunftsorientierte Hochschulreform wird stellen müssen. Die *ifu* war zwar ein zunächst zeitlich begrenztes Projekt, aber ihrem Selbstverständnis nach auf Dauer angelegt: „100 Tage für 100 Jahre" war das Motto. Wir haben deshalb auch nicht aufgehört weiter zu planen. Am Ende dieses Buches zeigen wir die derzeitige Zukunftsperspektive auf, die mit der Gründung eines Hochschulkonsortiums bereits einen ersten Schritt zur Realisierung gemacht hat.

Vorwort

Wir haben bei der Auswahl der Autorinnen darauf geachtet, das ganze Spektrum derer mit einzubeziehen, die in der entscheidenden Zeit, insbesondere im Jahre 2000, mit ihrem großen Engagement dazu beigetragen haben, dass die *ifu* ein Erfolg wurde. Dazu gehören Dekaninnen und Dozentinnen, Tutorinnen und Teilnehmerinnen der Projektbereiche ebenso wie Mitarbeiterinnen der *ifu* in den Projektbereichen und in den Querschnittsprojekten Service Center, *vifu*, ART concept, Open Space und Presse- und Öffentlichkeitsarbeit. Dazu gehören auch Mitglieder des Kuratoriums, die mit ihren internationalen Kontakten die *ifu* unterstützt haben, und dazu gehört selbstverständlich der DAAD, der es mit seinen Erfahrungen mit internationalen Stipendiatinnen überhaupt erst möglich gemacht hat, dass die *ifu* eine weltweite Ausschreibung für Studienplätze durchführen konnte.

Wir haben für die Darstellung der wissenschaftlichen Erträge in erster Linie Dekaninnen um einen Beitrag gebeten, da sie sowohl bei der Entwicklung wie der Durchführung der Curricula von Anfang an dabei waren und somit einen Überblick über die gesamte Zeit haben. Andere Autorinnen, wie z.B. die meisten Mitarbeiterinnen, sind erst im Sommer 1999 dazugekommen und haben die vielen Hürden überwinden helfen, die sich bei der Realisierung eines so großen und neuartigen Projekts bis zum Ende immer neu aufstellten. Manche von denen, die den *ifu*-Sommer 2000 miterlebt haben, werden beim Lesen sicher Aspekte vermissen, die die eigenen Erfahrungen mit der *ifu* prägen. Bei allen hier vorgelegten Texten handelt es sich natürlich um individuelle Sichtweisen; bei der Fülle der Ereignisse und der Vielfalt der Erfahrungen war eine Auswahl jedoch unumgänglich. Wir denken, dass auf diese Weise ein Buch entstanden ist, das festhält, was nicht nur in all diesen Artikeln immer wieder anklingt, sondern weit überwiegend auch von allen Beteiligten als faszinierend erlebt wurde: die große Vielfalt, der experimentelle Charakter, die Möglichkeit vielfacher Grenzüberschreitungen, die Chancen, die eine größere Handlungsautonomie bietet, die nachhaltige Bereicherung durch Interkulturalität und nicht zuletzt die Konstituierung einer *ifu*-Community, die in mancherlei Netzwerken bis heute fortwirkt.

Alle Autorinnen geben zu, dass bei den hohen Ansprüchen nicht alles auf Anhieb gleich gut gelungen ist. Dass die Mühen letztlich aber mit großem Erkenntnisgewinn belohnt wurden und innovative Ideen auf den Weg gebracht haben – nicht selten gerade dort, wo die eigenen Ansprüche nicht ganz eingelöst werden konnten –, steht für alle ebenso fest. Die *ifu* war, wie eine der Autorinnen am Ende schreibt, „für uns alle eine der intensivsten Lehr- und Lernerfahrungen unseres Lebens".

Wir möchten allen Autorinnen, die sich noch einmal zu einer zusammenfassenden Rückschau für dieses Buch bereit erklärt haben, dafür danken, dass sie erneut neben ihren zahlreichen anderen Verpflichtungen unserer Bitte um einen Beitrag nachgekommen sind. Wir danken ihnen vor allem für ihre Geduld, wenn wir Herausgeberinnen es immer noch ein bisschen besser haben wollten, damit unsere Leserinnen auch wirklich verstehen, was für ein faszinierendes Wagnis die *ifu* für alle Beteiligten war. Unsere Lektorin Dr. Heidi Bohnet hat mit dem professionellen Blick von außen manche Schwachstelle der Verständlichkeit aufdecken können, die wir Insider selbst mit dem besten Willen schon gar nicht mehr bemerken. Barbara Budrich vom Verlag Leske + Budrich hat uns schließlich mit nie versiegender Freundlichkeit und Geduld ihre große Erfahrung bei der Konzeption und Produktion von Büchern zur Verfügung gestellt. Das gilt nicht nur für diesen Band, sondern ganz besonders für die gesamte im Verlag Leske + Budrich erscheinende Schriftenreihe der Internationalen Frauenuniversität „Technik und Kultur" mit zwölf Bänden.

Wir wollen zum Schluss die Gelegenheit wahrnehmen, noch einmal allen Förderern zu danken, die sich auf verschiedene Weise auf das Experiment *ifu* eingelassen haben. Ohne die Förderung von Bund, Ländern und mehreren großen Stiftungen, die Mithilfe der Universitäten, die unsere Gastgeber für drei Monate waren, mancher Institution in den Städten wie z.B. die Studentenwerke, die unsere Pläne zur „Beheimatung" der Teilnehmerinnen aus aller Welt unterstützt und damit zum Gelingen beigetragen haben; ohne die vielen privaten Stipendiengeber und vor allem ohne die langfristige kenntnisreiche Unterstützung des DAAD – ohne sie alle und ohne die Unterstützung und Hilfsbereitschaft vieler Ungenannter hätte es die *ifu* niemals gegeben.

Widmen wollen wir dieses Buch all jenen, die mit ihrer Begeisterungsfähigkeit, ihrer Risikobereitschaft und ihrem oft weit über das übliche Maß hinausgehenden Engagement dafür gesorgt haben, dass die *ifu* ein Beispiel für ein Bildungsexperiment auf globalem Niveau geworden ist: den Lehrenden, den Tutorinnen und den Studierenden und allen Mitarbeiterinnen der *ifu*.

Hannover, im April 2002
Aylâ Neusel
Margot Poppenhusen

1. Internationale Konzepte zur Frauen- und Elitenförderung

Vorbemerkung

„Warum eine Universität nur für Frauen?" Diese Frage mussten die Initiatorinnen der *ifu* oft beantworten. Die Frauenbewegungen in Deutschland und in anderen europäischen Ländern haben in erster Linie darum gekämpft, dass Studentinnen zum Studium an den bestehenden – zunächst Männern vorbehaltenen – Universitäten zugelassen wurden. In einigen europäischen Ländern (z.B. Frankreich) gab es Frauenuniversitäten, aber im deutschen Hochschulsystem haben Frauenhochschulen keine Tradition. Außerhalb Europas gibt es dagegen eine Reihe sehr erfolgreicher Frauenhochschulen. Am bekanntesten sind die Women's Colleges in den USA. In Europa weniger bekannt ist, dass es auch in Asien (Indien, Japan, Korea, im Iran, in Jordanien) und in Afrika (Sudan) z.T. hoch anerkannte Frauenuniversitäten gibt, von denen einige auf eine beachtliche Tradition zurückblicken.

Bevor wir uns mit den Überlegungen zu einer Frauen- und Elitebildung in Deutschland, die dem Konzept der *ifu* zu Grunde liegen, beschäftigen, wollen wir in diesem Kapitel internationale Frauenuniversitäten aus anderen Erdteilen vorstellen:

- die amerikanischen Women's Colleges, von denen einige bereits auf eine etwa 150-jährige Geschichte zurückblicken;
- die Frauenuniversität Ewha in Korea, mit etwa 20.000 Studentinnen die größte Frauenuniversität der Welt, deren Anfänge auf das Jahr 1886 zurückgehen,
- und die Ahfad-Universität im Sudan mit heute 5.000 Studentinnen, die ihre Ursprünge im Jahr 1907 hat.

Bei allen drei Beispielen gibt es zwar Unterschiede hinsichtlich der regionalen Rahmenbedingungen (die traditionelle Kultur und Religion des Kontinents, die politische Situation des Landes). Alle aber haben ein gemeinsames Ziel: Frauen mit einer qualifizierten Bildung zu anerkannten Positionen im wissenschaftlichen, wirtschaftlichen und politischen Leben zu verhelfen und damit die Entwicklung ihres Landes voranzutreiben. Im Einzelnen weisen diese Hochschulen eine ganze Reihe von Gemeinsamkeiten auf. Fast alle begannen als Schulen für Mädchen und junge Frauen, denen die Gründer und Gründerinnen eine bessere Ausbildung zukommen lassen wollten, damit sie ihrer Aufgabe als Mütter und Lehrerinnen für die Erziehung zukünftiger junger Frauen und Männer in einer sich wandelnden Gesellschaft gerecht werden konnten. Bis hierher unterscheiden sie sich nicht wesentlich von den ersten Mädchenschulen in Deutschland oder Europa. Nicht wenige dieser ersten Frauenbildungsanstalten waren Gründungen von christlichen Missionarinnen in einer fremden Kultur, wie z.B. die Frauenuniversität Ewha in Korea oder – als christliche Gründung – die Frauenuniversität Ahfad im Sudan. Auch einige der ältesten und berühmtesten Frauencolleges in den USA sind von kirchlichen Orden oder mit missionarischem Anspruch gegründet worden. Dieser missionarische Charakter scheint bis heute in den Selbstdarstellungen immer wieder durch.

Es hängt möglicherweise mit dem Bewusstsein zusammen, nicht nur eine wichtige, sondern eine für die Entwicklung des ganzen Landes hervorragende Aufgabe zu haben, dass alle diese Frauenhochschulen keine Probleme mit dem Begriff einer Eliteförderung haben. Vergleicht man die Selbstverständlichkeit, mit der Jadwiga S. Sebrechts, Präsidentin der Women's College Coalition in den USA, das frauenzentrierte Bildungsmodell der amerikanischen Frauencolleges als *das* Modell für eine Hochschulbildung überhaupt darstellt; oder die Überzeugung, mit der Sang Chang, Präsidentin der Frauenuniversität Ewha in Korea, die Notwendigkeit von Frauenuniversitäten für die Zukunft des 21. Jahrhunderts vertritt; ja selbst den Stolz, mit dem Sumaia Badawi von der Ahfad Universität im Sudan nicht nur an deren Vorreiterrolle für die Frauenbildung, sondern auch an ihrer Bedeutung für die Entwicklung des ganzen Landes keinen Zweifel aufkommen lässt – so fällt doch auf, mit wie vielen Skrupeln sich in Deutschland Frauen mit dem Elitebegriff auseinandersetzen, die sich, wie Sigrid Metz-Göckel, seit vielen Jahren dafür einsetzen, eine auf die Ausbildung von Fraueneliten ausgerichtete Hochschule zu initiieren. In ihrem Artikel zum Konzept der Internationalen Frauenuniversität „Technik und Kultur" *(ifu)* schlagen die leidvollen Erfahrungen durch, die in der Diskussion um Fraueneliten in diesem Lande gerade auch unter Frauen gemacht worden sind. Betrachtet man schließlich den Erfolg, den viele der Absolventinnen der Frauenhochschulen in anderen Ländern im beruflichen, wissenschaftlichen oder auch politischen Leben haben, so gibt das doch zu denken, was die eher zurückhaltenden Bemühungen in der Bundesrepublik angeht, die Chancen von Frauen im Hochschulsystem oder in Führungspositionen zu erhöhen.

Die hier vorgestellten Frauenuniversitäten haben eine Gemeinsamkeit mit der *ifu*, die sie alle von den Hochschulen in Deutschland unterscheidet: die Interkulturalität. Immer wieder wird betont, wie wichtig es nicht nur für die persönliche und wissenschaftliche Entwicklung der Studentinnen, sondern auch für die pädagogische wie die theoretische Kompetenz der Hochschule ist, Austausch mit anderen Kulturen zu pflegen, sich für andere Denkweisen und internationale Kontakte zu öffnen. Wir meinen, es ist für die anstehende Hochschulreform dringend notwendig, endlich einen nachhaltigen Blick über den Tellerrand zu werfen.

Die *ifu* hat in der Vorbereitung auf das Pilotsemester 2000 vielfältige Kontakte zu Frauenhochschulen in anderen Ländern geknüpft. Daher sind die Autorinnen der Internationalen Frauenuniversität auf verschiedene Weise schon seit längerem verbunden: als Mitglieder des Kuratoriums, als Teilnehmerin während des Semesters und schließlich als Leiterin des Evaluationsteams der *ifu* 2000.

Margot Poppenhusen

Jadwiga S. Sebrechts

Frauencolleges in den USA[1]

1983 erklärte die amerikanische Dichterin und Feministin Adrienne Rich: „Wir brauchen frauenzentrierte Universitäten". Zu diesem Zeitpunkt war das eine revolutionäre Feststellung, und das ist sie bis heute geblieben. Die Behauptung, dass ein für die Ausbildung von Frauen als optimal entworfenes Bildungsumfeld auch für die Hochschulbildung aller Studenten das Beste sei, ist in der Tat gewagt. Damit man versteht, weshalb Frauenuniversitäten mit ihrer besonderen Aufgabe und ihrem speziellen pädagogischen Milieu genau das richtige Modell für eine Gesellschaft sind, die ihre Mitglieder für die Zukunft ausbilden will, muss man die Besonderheiten dieser Institutionen etwas besser kennen.

1. Zur Geschichte der Frauencolleges in den USA

Die Hochschulerziehung in Amerika hat eine lange und ehrwürdige männliche Tradition. Die Geschichte der Frauenbildung ist dagegen vergleichsweise kurz. Die ersten Mädchenschulen wurde gegen Ende des 18. Jahrhunderts gegründet und vermittelten Mädchen die Grundkenntnisse in Lesen und Schreiben, Hauswirtschaft und Religion. Auf diese Weise sollten aus ihnen aufgeklärte Ehefrauen und Mütter werden.

Formale Hochschulbildung für Frauen und Mädchen begann erst gegen Mitte des 19. Jahrhunderts und hing eng mit der Vorstellung der Gesellschaft darüber zusammen, welches die für Frauen angemessenste Rolle im Leben ist. Da man erkannt hatte, dass zwischen der Kindererziehung zu Hause und der Erziehung in der Schule ein enger Zusammenhang bestand, wurden Frauen-Seminare eingerichtet, deren Schwerpunkt auf der Ausbildung von Lehrerinnen lag. Im Klassenraum sah man nur einen weiteren Ort, wo Kinder angeleitet und aufgezogen wurden; und Frauen, die diese Aufgabe übernehmen sollten, muss-

---

[1] Dieser Artikel wurde aus dem Amerikanischen übersetzt von Eleonore von Oertzen.

ten dafür richtig ausgebildet werden. Während auf diese Weise Kindererziehung zu einem Beruf für Frauen wurde und deren Bildungsmöglichkeiten erweiterte, ließen diese Lehranstalten die gesellschaftliche Rolle der Frauen jedoch unverändert bestehen. Darüber hinaus entwickelten diese Institutionen die Hauswirtschaft zu einem wissenschaftlichen Lehrfach.

Die Seminare bedeuteten einen großen Schritt hin zu einer wesentlich gründlicheren Ausbildung auf hohem Niveau. Einige boten sogar Kurse in Latein, Mathematik, Alter Geschichte und Philosophie an, die dem Niveau von Colleges entsprachen. Diese Schulen zur Ausbildung moralisch untadeliger Lehrerinnen entwickelten sich schließlich zu modernen Frauencolleges. Eines der berühmtesten, das für viele andere zum Vorbild wurde, war das 1837 in Massachusetts gegründete Mount Holyoke. Gegen Ende des 19. Jahrhunderts gab es etwa 150 solcher Ausbildungsstätten für junge Frauen. Neben den traditionellen Frauencolleges, die auch international bekannt sind wie Smith, Wellesley, Bryn Mawr, Radcliffe, waren viele Frauencolleges in Amerika von religiösen Orden gegründet worden, also von Nonnen, die man mit Recht als die ersten „Karrierefrauen" bezeichnet hat. Die anspruchsvollsten unter diesen Frauencolleges waren den männlichen Institutionen jener Zeit nachgebildet. In ihrer Bildungsstruktur, ihren Lehrstrategien und ihrem Curriculum hielten sie sich streng an das Muster der damaligen Colleges für junge Männer.

Heute gibt es in Amerika noch 70 Frauenuniversitäten, während es zu ihren besten Zeiten (um 1960) fast 300 waren. Sie finden sich in 22 der 50 Staaten und konzentrieren sich besonders im Osten der USA. Pennsylvania und Massachusetts haben mit 10 bzw. 8 Frauenuniversitäten die meisten. Obgleich sie alle einen gemeinsamen Grundauftrag haben, sind die Frauenuniversitäten bis heute höchst unterschiedlich, und jede beruft sich auf ihre jeweils einzigartige Tradition. Die meisten von ihnen sind kleine private Institute für geisteswissenschaftliche Fächer, drei jedoch sind öffentlich und bieten eine größere Bandbreite von Fächern an. Ein Drittel aller Frauenuniversitäten ist katholisch, ein Drittel ist anderen Glaubensrichtungen verbunden, und ein Drittel ist konfessionell ungebunden. Und obgleich die vorrangige Aufgabe der Frauencolleges die Ausbildung im Grundstudium ist, bietet genau die Hälfte von ihnen auch Graduiertenstudiengänge an, vor allem in Erziehungswissenschaft, Betriebswirtschaft, Pflege und Sozialarbeit. Trotz all ihrer Vielfalt stehen bei den Frauenbildungsinstituten in Amerika ganz eindeutig Bildung, Leistung und Aufstieg von Frauen im Vordergrund, von jenen also, für die ursprünglich gesellschaftlicher Erfolg nicht vorgesehen war. Jede Hochschulbildung in Amerika steht vor der gleichen Herausforderung: eine Studentenschaft, die immer vielfältiger wird, und ein sich ständig erweiterndes globales Bildungsprogramm, dessen Erfolg von der Demokratisierung der Bildungsmöglichkeiten abhängt.

2. Erfolge der Frauencolleges

Es gibt zahlreiche Anhaltspunkte dafür, dass eine frauenzentrierte Umgebung die intellektuelle Entwicklung von Studentinnen fördert, ihr Vertrauen in die eigenen Fähigkeiten stärkt, ihre Zukunftserwartungen und ihr Selbstwertgefühl steigert und Führungsqualitäten entwickelt. Forscherinnen haben herausgefunden, dass Studentinnen an Frauencolleges mit größerer Wahrscheinlichkeit bis zum Studienabschluss durchhalten, sich voraussichtlich mehr um gesellschaftliche Veränderungen kümmern und ihre Ausbildung nach dem ersten Studienabschluss fortsetzen. Außerdem bringen die Absolventinnen von Frauencolleges nachdrücklicher eine positive Meinung zur Gleichheit der Geschlechter zum Ausdruck, sie haben ein höheres Selbstbewusstsein und größere Chancen, im Beruf erfolgreich und zufrieden zu sein. Die Vorteile eines solchen Umfelds gehen über die Unterrichtssituation und einen Erfolg beim zweiten Studienabschluss und im Beruf hinaus; sie betreffen das mitmenschliche Verhalten genauso wie den persönlichen Bereich und das gesellschaftliche Umfeld. Davon können alle Studierenden profitieren.

Dass an Frauencolleges mit Erfolg *Führungsqualitäten* entwickelt werden, zeigt sich daran, dass deren Absolventinnen unter Frauen in Führungspositionen in Wirtschaft, Politik, Wissenschaft und sozialen Einrichtungen extrem überrepräsentiert sind:

– Absolventinnen von Frauencolleges machen nur zwei Prozent aller weiblichen College-Absolventinnen in den USA aus, sie stellen jedoch 20 Prozent aller weiblichen Kongressabgeordneten, darunter auch die erste weibliche Fraktionsvorsitzende der Oppositionspartei;
– außerdem stellen sie 30 Prozent der Frauen, die die Zeitschrift „Business Week" zu den aufsteigenden Sternen am Himmel der amerikanischen Wirtschaft zählt;
– sie stellen 33 Prozent der weiblichen Aufsichtsratsmitglieder in den von der Zeitschrift „Fortune" genannten 1000 größten Unternehmen;
– Absolventinnen von Frauencolleges studieren zweieinhalb mal häufiger im Hauptfach Naturwissenschaften, Mathematik oder Technologie als ihre Schwestern aus koedukativen Colleges;
– die Wahrscheinlichkeit, dass sie einen Abschluss in Wirtschaftswissenschaften machen, ist dreimal so hoch wie bei Studentinnen von koedukativen Colleges.

3. Lernziel „ganzheitliche Persönlichkeitsentwicklung"

Frauencolleges haben immer Werte vermittelt und haben darin auch immer ihre besondere Aufgabe gesehen. Sie haben ihre Studentinnen nicht nur wissenschaftlich ausgebildet und gefördert, sondern sie weit darüber hinaus weiterentwickelt und verändert; und das ist ihnen darum so wirkungsvoll gelungen, weil sie von Anfang an eine ganzheitliche Persönlichkeitsbildung verfolgt haben.

Auf die gesellschaftlichen Veränderungen und die zunehmende Unterschiedlichkeit der Frauen, die Bildungsinstitute besuchen, haben Frauencolleges entschlossen reagiert. Sie sind der Ort in der Hochschulbildung, wo hohe Leistungserwartungen und strenge Standards die Norm sind, wo aber gleichzeitig flexible Programme entwickelt wurden, um den Bedürfnissen berufstätiger Frauen entgegenzukommen. Die Frauencolleges waren schon seit Jahrzehnten Vorreiter für die Idee des Lernens für und durch den Dienst an Anderen, weil man erkannt hatte, dass der Lehrplan eine Verbindung zwischen dem Hörsaal und den täglichen Lebenserfahrungen in der Gemeinde außerhalb des Campus herstellen muss. Hier bekommen sowohl Studentinnen, die direkt auf das College gehen können, als auch diejenigen hoch motivierten Frauen, die erst über den zweiten Bildungsweg Zugang finden, eine Chance. Hier finden sich in der Tat die Studentinnen, die Amerika für seine Zukunft braucht, und hier wird die Bildungswirklichkeit für das neuen Jahrhundert gestaltet.

In den Jahren 2000 und 2001 veröffentlichte Mikyong Minsun Kim, Absolventin der Frauenuniversität Ewha in Korea und jetzt Professorin an der Universität Missouri, eine Reihe von neueren Untersuchungen, aus denen hervorgeht, dass Frauenuniversitäten mit Erfolg bei ihren Studierenden den Wunsch wecken, gesellschaftlich Einfluss zu nehmen. Dies führt Kim vor allem auf das hier herrschende Klima gesellschaftlicher Aktivität und uneigennütziger Einstellung zurück. Kim fährt fort:

> „Es sieht so aus, als ob Frauencolleges für eine erkennbar positive Lernumgebung und eine liberalere Atmosphäre innerhalb des Lehrkörpers sorgen. Landesweite Daten legen nahe, dass Frauencolleges besser als koedukative Einrichtungen dazu geeignet sind, das intellektuelle und das gesellschaftliche Selbstbewusstsein, die wissenschaftlichen Fähigkeiten sowie die kulturelle Sensibilität von Frauen zu fördern."

Mit anderen Worten: Frauencolleges sind erfolgreicher darin, Führungspersönlichkeiten für eine Weltgesellschaft hervorzubringen.

Frauencolleges setzen sich ein für soziale Integration und die Förderung von Vielfalt, was das Lebensalter, die Erfahrung, die ethnische Herkunft, Bildung und Bedürfnisse betrifft. Sie legen großes Gewicht auf die Lehre, wobei Lehren und Lernen sich gegenseitig beeinflussen und hohe Erwartungen erfüllen. Darüber hinaus bieten Frauencolleges eine Fülle von Rollenvorbildern und Mentorinnen.

Die Begleitung durch Mentorinnen ist zentraler Bestandteil eines Prozesses, in dem eine Karriere oder ein Lebenslauf entworfen und begonnen wird, in dem sich eine Identität als unabhängig denkender und handelnder Mensch herausbildet. Sie bildet das Herzstück der Lehrstrategien, die für den Erfolg der Studentinnen an Frauencolleges verantwortlich sind. Obwohl viele Studien die entscheidende Bedeutung der Betreuung durch MentorInnen für den wissenschaftlichen Erfolg und die Entwicklung von Führungsqualitäten nachgewiesen haben, hat an den meisten Institutionen das systematische Bemühen, die StudentInnen zu betreuen und ihnen geeignete Vorbilder zu bieten, keine Priorität. In der Regel überlässt man dies der individuellen Initiative von einzelnen Mitgliedern des Lehrkörpers. Der Betreuung durch MentorInnen liegt die Erwartung zu Grunde, dass die Studentinnen etwas leisten wollen und deshalb die Aufmerksamkeit der Lehrenden verdienen.

4. Frauenzentrierte Pädagogik

Frauenzentrierte Pädagogik zieht die „Talententwicklung" dem mehr traditionellen „Aussortieren" der zu wenig Vorgebildeten vor. Sie strebt kooperative Modelle des Lehrens und Lernens in einer „Gemeinschaft von Lernenden" an. Diese Strategie ist besonders in den Fächern wirkungsvoll, in denen Frauen und Minderheiten noch immer unterrepräsentiert sind, wie in Naturwissenschaft und Technik. Gestützt auf strenge wissenschaftliche Kriterien und hohe Erwartungen an studentische Erfolge fördert die frauenzentrierte Pädagogik die hohen persönlichen und beruflichen Ziele der Studentinnen. Um den qualitativen Unterschied dieser Perspektive deutlich zu machen, sollte man sich eher einen Garten als einen Sportplatz vorstellen. Die Frauencolleges vertreten einen Ansatz der „Talententwicklung", nach dem jede/r Lehrende in der Lage ist, wesentliche Verbesserungen der studentischen Leistungen zu erreichen, unabhängig davon, mit welchem Leistungsniveau die StudentInnen ihr College-Studium aufgenommen haben.

Auf der pädagogischen Mikroebene jeder einzelnen Lehrveranstaltung lassen sich dabei ebenso interessante Einsichten gewinnen wie auf der Makroebene der Campusatmosphäre, des institutionellen Auftrags und der „Philosophie" des Frauencollege. Nicht alle Studierenden z.B. beteiligen sich gleich intensiv an Seminardiskussionen, und es gibt Untersuchungen, die zeigen, dass Studierende, die sich mit einer Minderheitenposition identifizieren, sich noch eher zurückhalten als andere. Aber alle Studierenden müssen die Erfahrung machen, dass sie sich an Diskussionen beteiligen, auch wenn sie lieber hinter anderen zurücktreten würden. Untersuchungen haben gezeigt, dass weibliche Lehrpersonen sich bemühen, ein besseres Lernklima für alle Studierenden zu schaffen. Sie ermuntern eine größere Zahl von TeilnehmerInnen zur aktiven Beteiligung. Daher ist eine Steigerung des Anteils an weiblichen Lehrpersonen für alle Studierenden von Vorteil, weil sie sowohl die Anzahl der Vorbilder vermehren als auch die Lernsituation verbessern.

Gleich viele weibliche und männliche Lehrpersonen einzustellen, ist nicht nur ein Zugeständnis an die Geschlechtergerechtigkeit, sondern auch für die pädagogische Effektivität von entscheidender Bedeutung. Übrigens unterrichten nur an den Frauencolleges ungefähr gleich viele Dozentinnen in den Naturwissenschaften wie männliche Kollegen. In diesen Fächern sind an den Frauencolleges 45 Prozent der Lehrenden Frauen, womit die Studentinnen hier gerade in den Naturwissenschaften viel mehr Vorbilder haben als an koedukativen Universitäten, wo etwa 18 Prozent, und an technischen Instituten, wo gar nur 4 Prozent Frauen in diesen „harten" Fächern unterrichten.

5. Schlussbemerkungen

Die von den Frauencolleges vertretenen Werte haben die Jahrzehnte erstaunlich gut überstanden, denn noch heute sind sie stark und haben nichts von ihrer Bedeutung verloren. Zu diesen Werten gehört die Achtung der Menschenwürde; sie gelten, wo es um die leidenschaftliche Suche nach Gerechtigkeit und Wahrheit und um den Einsatz im Dienst an Anderen geht. Sie lassen uns nach der Integration von Außenseitern streben. Frauenzentrierte Bildung lebt aus der Überzeugung, dass das Gewissen von Erkenntnis erhellt werden muss und dass Wissen allein wenig wert ist, wenn es ohne Gewissen eingesetzt wird.

Multikulturell und interdisziplinär, wie sie sind, bieten die Frauencolleges Studentinnen aus verschiedenen Kulturen die Möglichkeit, eine Gemeinschaft zu bilden, in der sie Fragen von gemeinsamem Interesse diskutieren, so dass sie nicht nur zu Bürgerinnen, sondern zu Weltbürgerinnen werden. Dadurch dass sie Natur- und Geisteswissenschaften miteinander integrieren, eröffnen die Frauencolleges Perspektiven, nach denen die Dinge immer von zwei Seiten betrachtet werden können. Auf Grund der technologischen Veränderung unserer Welt ist es unvermeidlich, dass diese beiden Fächergruppen miteinander verknüpft werden. Geisteswissenschaften sind nicht denkbar ohne die naturwissenschaftlichen Werkzeuge, mit deren Hilfe unsere Welt verändert wird, und die Naturwissenschaften würden, wenn sie sich nicht auf die Erkenntnisse der Geisteswissenschaften stützen, die Welt in große Gefahr bringen.

Wirkungsvolle frauenzentrierte Bildungsmodelle, wie sie die 70 Frauencolleges in den USA darstellen, sollten auf alle Formen von Hochschulbildung übertragen werden; denn das Paradox dieser pädagogischen Modelle liegt darin, dass sie *alle* Bildungserfahrungen integriert, fortentwickelt und ihnen für *alle*

Studierenden neue Kraft verliehen haben. Von der pädagogischen Grundeinstellung der Frauencolleges und von ihren Methoden können *alle* Studierenden profitieren, nicht nur die, für die sie entwickelt wurden. Nicht nur bieten Frauencolleges ihren Studentinnen heute noch eine Reihe von Vorteilen, sie eignen sich auch als Laboratorien, in denen pädagogische Theorien erprobt werden. Von diesen Erkenntnissen ausgehend können Innovationen in der Lehrplangestaltung sich verbreiten und für weitere Verwendung angepasst und übernommen werden.

Weil sie auf Veränderungen in der Bevölkerung reagieren, spielen Frauencolleges nach wie vor eine wichtige Rolle in der gesellschaftlichen Entwicklung Amerikas – sei es, dass sie sich dafür einsetzen, dass mehr Frauen in Führungspositionen kommen, sei es, dass sie Naturwissenschaftlerinnen ausbilden, oder sei es, dass sie die Aufmerksamkeit auf die Frage der Geschlechtergerechtigkeit lenken.

Das Erbe der amerikanischen Frauencolleges ist es wert, an zukünftige Generationen von Studierenden weitergegeben zu werden.

Literatur zur weiteren Information

Metz-Göckel, Sigrid: Perlen oder Sand im Getriebe? Women's Colleges in den USA. Eine ethnographische Analyse am Beispiel von Wellesley. In: Zeitschrift für Frauenforschung, 15. Jg. H. 3, 1997, S. 52-72.

Teubner, Ulrike: Was passiert eigentlich in Texas? – oder: Zur Situation der Frauencolleges in den USA. In: Metz-Göckel, Sigrid, und Wetterer, Angelika (Hg.): Vorausdenken – Querdenken – Nachdenken. Texte für Aylâ Neusel. Frankfurt/Main, New York: Campus, 1996, S. 247-261.

Teubner, Ulrike: Erfolg unter wechselnden Vorzeichen – Einige Anmerkungen zur Geschichte der Frauencolleges in den USA. In: Metz-Göckel, Sigrid, und Steck, Felicitas: Frauenuniversitäten. Initiativen und Reformprojekte im Internationalen Vergleich. Opladen: Leske + Budrich, 1997, S. 207-223.

Sang Chang

Frauenuniversitäten für das 21. Jahrhundert: Die Frauenuniversität Ewha in Korea[1]

1. Über hundert Jahre Ewha – ein Rückblick

Im Jahre 1886 wurde Ewha[2] mit einer einzigen kleinen Schülerin eröffnet. Dieses Ereignis markiert den offiziellen Beginn eines Bildungswesens für Frauen in unserem Land. In jenen Tagen war Korea eine durch und durch feudale Gesellschaft. Frauen, so glaubte man, seien zum Lernen nicht fähig und hätten daher auch kein Bedürfnis danach. Daher hatten sie auch keinerlei Möglichkeiten für eine offizielle Bildung. Es war eine Zeit, in der den Frauen eine Existenz als gesellschaftliches Wesen verweigert wurde.

Unter diesen gesellschaftlichen Rahmenbedingungen wurde Ewha als erste Bildungsinstitution für Frauen in Korea von nordamerikanischen Missionarinnen gegründet. Die Gründerinnen waren von christlichem Geist erfüllt und davon überzeugt, dass auch Frauen einen Wert als menschliche Wesen haben. In ihrer Vision von der Schöpfung sahen sie in den Menschen Gottes Ebenbild. Und als sie die ersten Schritte unternahmen, um ein Bildungswesen für Frauen zu schaffen, hatten sie erkannt, dass die Geschichte sich auf eine Zukunft hin bewegte, in der die gesellschaftliche Entwicklung auf gut ausgebildete Frauen nicht verzichten könnte.

Seit ihrer Gründung hat Ewha zur Ausdehnung und Förderung von Frauenbildungsmöglichkeiten beigetragen. 1910, als die finstere und schändliche Periode der kolonialen Besetzung Koreas durch Japan begann, bot Ewha zum ersten Mal eine Ausbildung auf dem Niveau eines College an. Vier Jahre später fand die erste Entlassungsfeier statt: Drei Frauen erhielten ihre Bachelor-Diplome.

In den folgenden Jahren hatte Ewha unter der japanischen Herrschaft schwer zu leiden insbesondere, weil die Institution vielfach in die Unabhängigkeitsbestrebungen des koreanischen Volkes gegen Japan verwickelt war. 1944,

---

[1] Diesem Text liegt ein leicht überarbeiteter Vortrag zu Grunde, den Dr. Sang Chang, am 28. Juli 2000 auf einer Open Space Veranstaltung der *ifu* in englischer Sprache gehalten hat. Eleonore von Oertzen hat ihn für dieses Buch übersetzt.
[2] „Ewha" heißt „Birnenblüte".

ein Jahr vor dem Ende des Zweiten Weltkriegs, wurden Ewha der Name und der Status als College aberkannt.

Als Korea 1945 von der japanischen Herrschaft befreit wurde, erhob sich Ewha wie Phönix aus der Asche und begann mit ihrem Wiederaufbau. Schon im folgenden Jahr beantragte die Institution beim koreanischen Erziehungsministerium die Anerkennung als Universität und erhielt schließlich diesen begehrten Status. Auf diese Weise war Ewha 1946 die erste weiterführende Bildungsinstitution in Korea, die offiziell zur Universität erklärt wurde. Neun Colleges wurden eröffnet, darunter für Geisteswissenschaften, Hauswirtschaftslehre, Musik, bildende Künste, Erziehungswissenschaften, Pharmazeutik und Medizin.

Während des Antragsprozesses kam es zu einigen Zwischenfällen, die darum bemerkenswert sind, weil allein die Tatsache, dass die erste Universität des Landes ausgerechnet eine Frauenuniversität sein sollte, heftige Kritik und erheblichen Unmut bei vielen Koreanern auslöste. „Wie kann das möglich sein?" fragten sich viele von ihnen. Aber niemand konnte einen überzeugenden Grund dafür angeben, weshalb der Antrag von Ewha abzulehnen sei, und so wurde ihm schließlich stattgegeben. Das zeigt, was für weit reichende, ihrer Zeit vorauseilende Träume und Visionen für Bildung und Ausbildung von Frauen die führenden Frauen jener Zeit bewegten.

1950 kamen zu den bestehenden Colleges ein weiteres für Jura und eines für Politik hinzu; darüber hinaus wurde das Graduiertenstudium eröffnet mit dem Ziel, Frauen als Forscherinnen zu fördern und außerdem zukünftige weibliche Hochschullehrer auszubilden. Als im selben Jahr der Koreakrieg ausbrach, musste die Universität die Hauptstadt Seoul verlassen. Trotz großer Schwierigkeiten und obwohl Unterbringungsmöglichkeiten und Ausrüstung fehlten, eröffnete die Universität in der Stadt Pusan erneut und setzte dort ihre Arbeit fort.

In den sozialen Unruhen, die vom Militärputsch und dem darauf folgenden despotischen Regime in den sechziger Jahren ausgelöst wurden, waren Studentinnen und Lehrende an der Universität Ewha über dreißig Jahre lang aktiv an der Demokratisierungsbewegung beteiligt und leisteten einen bedeutenden Beitrag zur Einführung der Demokratie in die koreanische Gesellschaft.

In den sechziger Jahren kam in vielen Ländern eine breite Bewegung zur Befreiung der Frauen in Gang, die es ihnen ermöglichte, ihre Identität als gleichberechtigte Menschen wiederzuerlangen und für mehr Gerechtigkeit zu kämpfen. Der Feminismus und die Frauenbewegung erreichten Korea in den siebziger Jahren. Es war nur natürlich, dass die Frauenuniversität Ewha zu einem Zentrum dieser Bewegungen wurde und Forschungsarbeiten ebenso wie Ausbildung auf dem Gebiet der Frauenforschung anregte. Der erste Schritt war 1977 die Gründung des *Korean Women's Institute*, das für die Etablierung des allerersten Studienganges für Frauenforschung nicht nur in Korea, sondern in ganz Asien stand. Seitdem gibt es in jedem Grundstudium an der Ewha einen

Kurs in Frauenforschung; 1982 wurde ein Magisterstudiengang eingerichtet, dem 1990 ein Promotionsstudiengang für dieses Gebiet folgte.

Auf diese Weise übernahm Ewha eine führende Rolle bei der Verbreitung der Frauenforschung an anderen koreanischen Universitäten und war ihnen dabei behilflich, eigene Studiengänge einzurichten. Die Bedeutung dieser bahnbrechenden Arbeit lässt sich daran ermessen, dass zur Zeit die meisten der 192 öffentlichen und privaten Colleges und Universitäten in Korea Frauenforschung in ihrem Lehrprogramm haben; vier Institutionen haben eigene Abteilungen für Frauenforschung, und neun bieten Magisterstudiengänge auf diesem Gebiet an.

Darüber hinaus wurde 1995 in Ewha das *Asian Center for Women's Studies* gegründet. Das lässt erkennen, wie stark man an dieser Universität an den Anliegen und Problemen der Frauen in der ganzen Welt Anteil nimmt, denn dieses Zentrum soll die Frauenforschung und die Bildung von Netzwerken in ganz Asien im Interesse aller Frauen fördern.

2. Die Gegenwart

Heute ist Ewha die größte Frauenuniversität der Welt: Sie umfasst 14 Colleges, darunter Jura, Ingenieurwissenschaften und Medizin, 13 Graduiertenprogramme und 30 Forschungsinstitute. Der Lehrkörper besteht aus 722 Personen, die insgesamt 20.000 Studentinnen sowohl im Grundstudium wie in postgradualen Studiengängen unterrichten. Ungefähr 30 Prozent aller promovierten Frauen in Korea haben ihren Titel in Ewha erhalten, ein Drittel aller Professorinnen in Korea kommt von daher.

Nach dem vom koreanischen Erziehungsministerium herausgegebenen Statistischen Jahrbuch für Erziehung aus dem Jahre 2000 haben seit 1931, als Helen Kim als erste Frau dort ihren Doktortitel erhielt – sie war auch die erste Universitätspräsidentin von Ewha – 5.508 Frauen in Korea promoviert. Damit machen Frauen heute etwa 17 Prozent aller Promovierten in Korea aus. Neben der Frauenuniversität Ewha haben noch die Nationaluniversität in Seoul und die Yonsei-Universität eine größere Anzahl von Frauen mit einem Doktortitel hervorgebracht.

Im Jahr 2000 waren 6.318 Frauen als akademische Lehrerinnen an Colleges und Universitäten in Korea beschäftigt, was einen Anteil von nur etwa 14 Prozent Frauen an allen Professorenstellen bedeutet. Sie finden sich vor allem in den Fachbereichen Hauswirtschaftslehre und Betriebswirtschaft, Krankenpflege, Musik und Sprachen. An der Nationaluniversität Seoul beispielsweise, einer der wichtigsten Universitäten des Landes, ist der Anteil der Professorinnen im Fach Hauswirtschaftslehre und Betriebswirtschaft am höchsten. Danach kommen Geisteswissenschaften und an dritter Stelle Sozialwissenschaften. An der Yonsei-Universität, der größten privaten koedukativen Universität in Korea, finden sich Professorinnen vor allem in den Fächern Krankenpflege, Hauswirtschaftslehre und Betriebswirtschaft sowie Musik.

Anders als in den meisten koedukativen Universitäten sind in Ewha die Anteile der beiden Geschlechter im Lehrkörper recht ausgeglichen. Zur Zeit beträgt das Verhältnis von Professoren zu Professorinnen 47:53. An der Universität Ewha unterrichten viele Frauen nicht nur die traditionell weiblichen Fächer, sondern auch Medizin, Naturwissenschaft oder Ingenieurwissenschaft.

Ewha hat in mancher Hinsicht eine historische Vorreiterrolle übernommen. So hat die erste koreanische Ärztin ihre Ausbildung dort erhalten, ebenso die erste Rechtsanwältin und auch die erste weibliche Universitätspräsidentin. Erst vor kurzem ist zum ersten Mal eine Frau Präsidentin eines Zeitungsverlags geworden, die ihren Abschluss in Journalismus an der Universität Ewha gemacht hat: Im August 1999 wurde Frau Myung Soo Chang zur Präsidentin einer der größten koreanischen Tageszeitungen „Hankook Ilbo".

Alle diese beachtlichen Erfolge wurden durch den fortschrittlichen Geist und die einzigartige Erziehungsphilosophie von Ewha ermöglicht, die sich in zwei Punkten zusammenfassen lässt. Erstens: Ewha ist eine Institution, in der Frauen mit Frauen über Themen, in denen Frauen im Mittelpunkt stehen, lehren und forschen. Ewha ist ausschließlich für die Frauenbildung gegründet worden. In der Gemeinschaft von Ewha nehmen Frauen aktiv an allen Entscheidungen und deren Umsetzung teil; sie fühlen sich für ihre Institution verantwortlich und dienen ihr zugleich.

Zweitens: Ewha hat ein unbegrenztes Vertrauen in weibliche Potenziale und Fähigkeiten. Von Anfang an hat Ewha der Bildung und den Möglichkeiten von Frauen nie Grenzen gesetzt. Deshalb wurden nicht nur Geisteswissenschaften und Kunst unterrichtet, sondern alle Wissensbereiche; in jüngster Vergangenheit wurde besondere Anstrengung darauf verwandt, die Bereiche der Naturwissenschaften und der Ingenieurwissenschaften, die traditionell als männliche Disziplinen gelten, zu stärken.

Mitte der 1990er Jahre, als Ewha in das zweiten Jahrhundert ihres Bestehens eintrat, begann man mit einem Prozess gründlicher Selbsterforschung, um neue Visionen und Strategien zu entwerfen, die den Anforderungen des neuen Jahrtausends gerecht werden können. Wie oben ausgeführt, hat die Universität während ihres ersten Jahrhunderts Bildungsmöglichkeiten für Frauen in Korea geschaffen und ausgeweitet und auf diese Weise zur Anerkennung ihrer Menschenrechte und auch zur Unabhängigkeit und Demokratisierung des Landes beigetragen.

Genau genommen markierte bereits die Eröffnung von Ewha im Jahre 1886 den Beginn der Anerkennung der Menschenwürde der koreanischen Frauen. Die Missionarinnen, die die Institution gründeten, konzentrierten alle ihre Anstrengungen darauf, die Frauen aus der sklavenähnlichen Position zu befreien, die ihnen in der streng konfuzianischen Gesellschaftsordnung zugewiesen wurde. Diese humanistischen Grundsätze sind an die heutigen Leiterinnen der Universität weitergegeben worden. So war zum Beispiel Dr. Hoo-Jung Yoon, die zehnte Präsidentin der Universität und heutige Vorsitzende des Kuratoriums der Universität Ewha, 1998 und 1999 die erste Vorsitzende der vom Staatspräsidenten eingesetzten Sonderkommission für Frauenangelegenheiten. Während ihrer Amtszeit hat Dr. Yoon eine führende Rolle bei der Verabschiedung des Gesetzes gegen Geschlechterdiskriminierung gespielt, das sich gegen viele Formen der Benachteiligung und Diskriminierung von Frauen in Korea richtet.

Der Lehrkörper und die Studentinnen der Universität Ewha waren aktiv und zum Teil führend beteiligt an den landesweiten Protesten gegen die japanische koloniale Herrschaft der Jahre 1910 bis 1945. An Ran-sa Ha, die erste Absolventin der Universität, die ihrerseits wieder in Ewha unterrichtete, erinnert man sich bis heute als eine der bedeutenden Figuren der koreanischen Unabhängigkeitsbewegung. Während der Zeit der Militärdiktatur, in den 1970er und 1980er Jahren, organisierte die Studentinnenvereinigung von Ewha viele Zusammenkünfte, in denen für die Errettung des Landes gebetet wurde, sowie Protestdemonstrationen gegen das despotische Regime, und diese Aktivitäten wurden von den Präsidentinnen und den Fakultäten der Universität unterstützt.

Angesichts der tief greifenden Veränderungen, die das neue Jahrtausend mit sich bringt, hat sich die Universität Ewha zum Ziel gesetzt, zu einem Mittelpunkt der intellektuellen Gemeinschaft der Frauen in einer globalen Gesellschaft zu werden. Die Strategien, die die Verwirklichung dieser Vision ermöglichen sollen, müssen folgende Aspekte berücksichtigen: die Bedeutung von Globalisierung, Wissenschaft und Technologie sowie von Führungsqualitäten. Globalisierung bedeutet für die Universität Ewha, dass sie Bildung und Forschung auf Weltklasseniveau anheben will, um auf diese Weise konkurrenzfähige Expertinnen hervorzubringen, die in der internationalen Arena wichtige Funktionen übernehmen können. Dazu gehört die Herstellung von Verbindungen mit Frauen außerhalb Koreas. Und schließlich bedeutet Globalisierung im besten Sinne für die Universität Ewha auch, nach einer Gemeinschaft zu streben, die gegenseitige Fürsorge, Teilen und Dienen für sich selbst und für Andere in den Mittelpunkt stellt.

Als Teil dieser Bemühungen hat Ewha die Studiengänge für Graduierte, insbesondere die berufsbildenden, stärker in den Vordergrund gerückt, während natürlich weiterhin ein erstklassiges Grundstudium angeboten wird. Zugleich haben sich die *International Education Institutes* und die *Graduate School of International Studies* an der Universität Ewha kontinuierlich ausgedehnt und die akademische Zusammenarbeit mit über 100 Schwester-Institutionen in anderen Ländern intensiviert.

An der Universität Ewha sind wir uns dessen sehr bewusst, dass es unsere Aufgabe ist, unsere Erziehungserfahrungen und unsere Forschungsideen mit

Frauen in der sogenannten Dritten Welt zu teilen, d.h. sie ihnen zu vermitteln. Ewha hat daher den *International Women's Leadership Fund* ins Leben gerufen, der Dozentinnen und Studentinnen aus anderen Ländern mit Hilfe von Stipendien die Möglichkeit gibt, in Ewha zu studieren, zu lehren und zu forschen. Auf diese Weise gehören bereits Frauen aus China, Pakistan, Indien, Kambodscha, Russland und den Philippinen zur Gemeinschaft der Universität Ewha.

Ewhas Rolle als Mittelpunkt für eine weltweite Gemeinschaft akademischer Frauen umfasst auch die Ausbildung von Frauen in den Bereichen der Naturwissenschaften und Technik. Es herrscht weitgehend Einigkeit darüber, dass die Zukunft der Gesellschaft erheblich von den Fortschritten in diesen beiden Bereichen abhängen wird, insbesondere von den Biowissenschaften und der Informationstechnologie. Diese Studienfächer werden häufig als besonders geeignet für Frauen angesehen, weil sie Eigenschaften wie Sensibilität, Kreativität, Einfühlungsvermögen und die Bereitschaft zum Dienen erfordern. In der Absicht, akademische Forscherinnen besonders in den Biowissenschaften und der Informationstechnologie heranzuziehen, hat die Universität Ewha kürzlich die *Graduate School of Science and Technology* sowie ein *Department of Molecular Biology* geschaffen. Mit diesen neuen Einrichtungen möchte die Universität zu den führenden Institutionen gehören, die sich für die Verbesserung menschlicher Lebensbedingungen einsetzen.

Viele Menschen fragen, ob im 21. Jahrhundert überhaupt noch Frauenuniversitäten gebraucht werden. Wir sollten aber zunächst fragen: „Wird es im 21. Jahrhundert keine Geschlechterdiskiminierung mehr geben?" Das ist allerdings sehr ungewiss. Sehr wahrscheinlich wird in vielen Teilen der Welt physische oder institutionelle Gewalt gegen Frauen noch nicht überwunden sein. Selbst wenn wir uns in den letzten Jahren einer größeren Gleichheit der Geschlechter angenähert und mehr Gerechtigkeit erreicht haben, kann doch niemand leugnen, dass die menschliche Geschichte viele tausend Jahre lang von Männern dominiert wurde. Es bleibt also weiterhin unsere Verantwortung, die Entwicklung zu einer humaneren Gesellschaft mit mehr Gleichheit voranzutreiben, nicht nur im Interesse der Frauen, sondern aller Menschen. Um dieser Verantwortung gerecht werden zu können, müssen Frauenuniversitäten sich gemeinsam bemühen, durch institutionelle Solidarität die Führungsqualitäten von Frauen zu entwickeln.

Deshalb ist der Begriff „Führungsqualität" ein weiteres Schlüsselwort, das für die Vision der Universität Ewha für das 21. Jahrhundert steht. Diese Fähigkeit bei Frauen zu fördern, ist die wichtigste Aufgabe, vor der Weiterbildungsinstitutionen für Frauen heute stehen. Die Universität Ewha hat sich dafür bereits in der asiatischen Region stark gemacht. Im Juli 2000 hatte Ewha unter dem Titel „Frauen in Führungspositionen in Ostasien im neuen Jahrtausend" zu einer Konferenz für Frauen aus China, Japan und Korea eingeladen, die interessante Denkanstöße gab und an deren Ende die Teilnehmerinnen zu einer sehr wichtigen Schlussfolgerung kamen: Intellektuelle Frauen müssen sich heute der großen Verantwortung stellen, neue und alternative Führungskader für eine humanere Zivilisation heranzubilden, um mit deren Hilfe die immer noch herrschenden ideologischen, rassischen und regionalen Konflikte in der Welt zu überwinden.

Um dies zu erreichen, müssen Frauenuniversitäten ihre höchste Priorität den Frauen einräumen, sie mit viel kreativer Zuwendung stärken und sie nach Kräften unterstützen, dass sie Führungspositionen auf Weltniveau einnehmen. Vor allem aber kann die Solidarität, die sich auf die kooperative intellektuelle Arbeit von Frauenuniversitäten in der ganzen Welt und auf ihren Austausch untereinander stützt, eine Zivilisation verwirklichen helfen, in der Frauen wie Männer gleichermaßen gestärkt werden.

Literatur zur weiteren Information:

Dugsoo Lee: Frauenbildung und Frauenuniversitäten in Korea. In: Metz-Göckel, Sigrid, und Steck, Felicitas (Hg.): Frauenuniversitäten. Initiativen und Reformprojekte im internationalen Vergleich. Opladen: Leske + Budrich 1997, S. 273-289.

Sumaia Mohd El Zein Ahmed Badawi

Frauen als Akteurinnen gesellschaftlichen Wandels: Die Ahfad-Frauenuniversität (AUW) im Sudan[1]

1. Einführung

Der Sudan ist das größte Land in Afrika und bedeckt eine Fläche von 2,5 Millionen Quadratkilometern. Nach dem letzten Zensus von 1993 wurde die Bevölkerung auf 28 Millionen Menschen geschätzt, davon 49,3 Prozent Frauen und 51,7 Prozent Männer. 1993 war der Anteil an Analphabeten bei den Frauen mit 58,8 Prozent höher als bei den Männern (44,8 Prozent). In städtischen Regionen allerdings nehmen Frauen durchaus ihr Recht wahr, Bildungsinstitutionen zu besuchen.

Insgesamt gibt es im Sudan etwa dreißig Universitäten und Fachhochschulen, die Studenten und Studentinnen in verschiedenen Fächern und Berufszweigen ausbilden. In den meisten dieser Universitäten sind Frauen zusammen mit Männern eingeschrieben, vier allerdings sind reine Frauenuniversitäten bzw. -hochschulen. Dieses sind:

- Die *Ahfad University for Women (AUW):* Sie wurde 1966 in der Provinz Omdurman gegründet und begann mit zwei Studiengängen, nämlich „Hauswirtschaftslehre" und „Psychologie und Vorschulerziehung", die nach einem Studium von vier Jahren mit dem Diplom abgeschlossen wurden. Später konnte nach einem fünfjährigen Studium ein Bachelor in Natur- oder Geisteswissenschaften erworben werden.
- Das *Higher College for Nursing* wurde 1965 im Staat Khartoum vom Gesundheitsministerium in Zusammenarbeit mit der Weltgesundheitsorganisation ins Leben gerufen und bot ein drei Jahre umfassendes Studienprogramm zur Ausbildung von Krankenschwestern an. 1973 wurde das College dem Erziehungsministerium zugeordnet. Seit 1992 kann nach einem vierjährigen Studium ein Bachelor in Pflegewissenschaft erworben werden. Jedes Jahr verlassen im Durchschnitt 85 hoch qualifizierte Krankenschwes-

---

[1] Dieser Artikel wurde von Eleonore von Oertzen aus dem Englischen übersetzt.

tern die Institution. Seit 1999 ist das College auch für männliche Studenten geöffnet.
- Das *Sudan University College for Women* wurde 1990 im Staat Khartoum gegründet und bietet vierjährige Bachelor-Studiengänge in folgenden Fachrichtungen an: Wirtschaft und ländliche Entwicklung, Betriebswirtschaft, Journalismus und Telekommunikation, Linguistik, Computerwissenschaften. Außerdem verleiht das College ein Diplom nach dem erfolgreichen dreijährigen Studium der Fächer Buchhaltung und Übersetzung.
- Das *Prinz Osman Digna College for Women* wurde erst 1999 in Port Sudan (Red Sea State im Ostsudan) gegründet. Es bietet vierjährige Bachelor-Studiengänge in folgenden Fachrichtungen an: Wirtschaft, Betriebswirtschaft, Buchführung, Ländliche Entwicklung.

2. Die Ahfad-Frauenuniversität

2.1 Historischer Hintergrund

Ahfad[2] ist die älteste und größte Universität im Sudan und vermutlich die einzige Privatuniversität in Afrika. Diese Institution nimmt eine Vorreiterrolle in der Frauenbildung im Sudan ein. Ihre Existenz reicht bis in das Jahr 1907 zurück, als Scheich Babiker Badri die erste private Grundschule für Mädchen im Sudan gründete. Dass überhaupt eine Schule ins Leben gerufen wurde, war zu diesem Zeitpunkt weniger bemerkenswert als die Tatsache, dass sie gerade Mädchen vorbehalten war. Scheich Babiker Badri verfolgte radikale Ideen mit seiner Auffassung, dass den Frauen eine wirkungsvollere Rolle in der Entwicklung des Sudan eingeräumt und dass ihnen deshalb zusammen mit religiöser Unterweisung auch säkularer Unterricht erteilt werden sollte. Obgleich einige konservative Teile der Gesellschaft zu dieser Zeit der Erziehung für Mädchen noch sehr ablehnend gegenüberstanden, ging Scheich Babiker Badri noch weiter, indem er 1951 die Ahfad-Mittelschule für Mädchen einrichtete. Sein Sohn Yousif Badri übernahm die Leitung der Ahfad-Schulen nach dem Tode seines Vaters und etablierte 1954 die Ahfad-Sekundarschule für Mädchen. Die Ahfad-Schulen wuchsen in jeder Hinsicht: was die Zahl der Schülerinnen und Absolventinnen, aber auch die der Gebäude und Lehreinrichtungen betrifft; und sie hatten eine nachhaltige und positive Wirkung auf die Frauen im Sudan und die sudanesische Gesellschaft in ihrer Gesamtheit.

1966 wurde schließlich das Ahfad-Frauencollege mit zunächst nur 23 Studentinnen gegründet, heute sind es über 4.600. 90 Prozent des Lehrkörpers sind

---

2   Der Name Ahfad bedeutet: „für unsere Enkel".

weiblich (ca 80 Prozent davon auf Vollzeitstellen). Die Absolventinnen des College konnten damals nach den vorgeschriebenen vierjährigen Studiengängen ein Diplom erwerben. 1984 wurde es als ein Universitätscollege anerkannt und konnte von da an Bachelor-Abschlüsse verleihen: 1995 waren es immerhin 1019 B.Sc. In diesem Jahr wurde das College als vollgültige Universität anerkannt, die Ahfad-Frauenuniversität *(AUW = Ahfad University for Women)*, deren Präsident heute der Enkel des Gründers ist: Dr. Gasim Badri.

Als private christliche Universität in einem arabischen Land mit Englisch als Unterrichtssprache finanziert sich Ahfad in erster Linie über (flexible) Studiengebühren. Stipendien vom Sudan, vom *British Council of Churches*, verschiedenen NGOs und der UNO ermöglichen Studentinnen aus unterschiedlichen Schichten das Studium. Unterstützung erhält die Ahfad-Frauenuniversität auch vom Westen: Die *niederländische Regierung* beteiligt sich am Aufbau der medizinischen Fakultät, die *Canadian International Development Agency* am Aufbau neue Unterrichtsräume; und es gibt einen Partnerschaftsvertrag mit der *Sudan-American Foundation for Education*, die vor allem den Erwerb neuer Bücher finanzieren hilft.

2.2 Vision und Philosophie der AUW

Der Gründung der Ahfad-Frauenuniversität lag die Annahme zu Grunde, dass Frauen eine wichtige Rolle als Akteurinnen von Veränderungen spielen. Badri (1984, S.3) erklärte: „Die vordringliche Absicht ist, aus den Absolventinnen von Ahfad Instrumente für den sozialen Wandel zu machen; sie sollten mit allen nötigen Qualitäten ausgestattet sein, um Führungspositionen einzunehmen." Als zweites Ziel hielt er fest: „Besondere Beachtung sollte einer Ausbildung geschenkt werden, die dazu beitragen kann, die Lebensbedingungen auf dem Lande zu verbessern." So hat die Universität immer betont, dass sie ihre Studentinnen stärken und sie wie auch die Frauen der sudanesischen Gesellschaft überhaupt dazu ausbilden will, ihre Rolle als Akteurinnen gesellschaftlichen Wandels sowohl auf dem Lande wie in der Stadt erfolgreich auszufüllen.

Badri war nicht nur davon überzeugt (1984, S.5), dass Frauenbildung eine notwendige Voraussetzung ist, um Verbesserungen in der allgemeinen Ernährung, Gesundheit, Kinderversorgung und Gemeindeentwicklung zu erreichen, sondern darüber hinaus auch für das Ziel, sowohl Frauen als auch junge Männer auf das Leben in den entstehenden Städten im Sudan vorzubereiten. Daher konzentriert sich die Universität darauf, die Rolle von Frauen in der nationalen und ländlichen Entwicklung zu stärken und in allen Teilbereichen der sudanesischen Gesellschaft die Gleichberechtigung für Frauen anzustreben. Schließlich bemüht sie sich, ihre Studentinnen dadurch zu stärken und zu unterstützen, dass sie ihnen Kontakte mit internationalen Gesellschaften ermöglicht. Es wird zwar angenommen, dass Frauen womöglich eine andere Rolle zu spielen haben als Männer, aber sie sind von ebenso entscheidender Bedeutung für das zukünftige Wachstum der Nation. Daher müssen Frauen gleiche Chancen erhalten, um in Arbeits- und Lerngebiete vorzudringen, die vorher traditionell nur Männern offen standen.

In einem jüngst veröffentlichten Artikel über die AUW in der Zeitschrift „Chronicle of Higher Education" (Useem 1998) heißt es:

> „Als Babiker Badri 1907 die erste Mädchenschule im Sudan eröffnete, war der Widerstand gegenüber seiner Idee so stark, dass die erste Klasse nur aus seinen eigenen Töchtern und Nichten bestand. Jahrzehnte später ist aus seinem Vermächtnis die Ahfad-Frauenuniversität geworden, eine private Institution, die Abschlüsse verleiht und 4500 eingeschriebene Studentinnen hat. Damit hat sich die Studentinnenschaft heute weit über die Familienmitglieder des Gründers hinaus ausgedehnt, aber seine fortschrittlichen Ideen und sein bodenständiger Sinn für Unabhängigkeit sind auch heute noch in der Universität gültig."

Allerdings verband Badri seine Philosophie säkularer Erziehung und klarer Ziele für gebildete Frauen in einer sich wandelnden Gesellschaft mit der Absicht, den Ahfad-Campus von Politik frei zu halten. Darin unterscheidet sich die Ahfad-Universität wesentlich von anderen höheren Bildungsinstitutionen im Sudan, die auf eine lange Geschichte politischer Aktivitäten zurückblicken, die immer wieder dazu führen, dass der eine oder andere Campus wegen politischer Proteste oder Streiks geschlossen wird. Die Studentinnen von Ahfad konzentrieren sich auf das Lernen, auf Erziehung, Training sowie kulturelle und sportliche Aktivitäten usw. Wenn sie an religiösen oder politischen Aktionen teilnehmen möchten, so können sie dies außerhalb des Campus in ihrer Freizeit tun.

> „‚Wir lehren unsere Studentinnen eine neue Dimension der Politik, die Visionen und Alternativen in den Mittelpunkt stellt', sagt Dr. Badri. ‚Wenn andere Universitäten das auch versuchen würden, bekämen wir vielleicht eine neue Generation von Politikern, die einander respektieren würden, und nicht eine weitere Ideologie der Herrschaft.'" (Useem 1988).

Die Ziele der Ahfad-Universität sind von der Gründung an bis heute im Grunde gleich geblieben, auch wenn ständige Erweiterungen dazu geführt haben, dass neue Wissensgebiete aufgenommen werden und Frauen immer mehr Möglichkeiten bekommen, sich am gesellschaftlichen Leben zu beteiligen. Die Studentinnen kommen aus verschiedenen Teilen des Sudan sowie aus anderen Ländern wie dem Tschad, aus Eritrea, Äthiopien, Indien, Nigeria, Palästina, Südafrika, Madagaskar und China.

2.3 Ziele und Leitprinzipen der Ahfad-Frauenuniversität

Auf der Basis ihrer eigenen Philosophie hat sich die Ahfad-Universität folgende vordringliche Ziele gesetzt:

- Studentinnen auszubilden, die in ihren Gemeinschaften als Akteurinnen des gesellschaftlichen Wandels initiativ werden können;
- die Studentinnen so zu stärken, dass sie zukünftige Veränderungen auf persönlicher, familiärer und nationaler Ebene in Gang setzen und vorantreiben können;
- die Universität mit den Bedürfnissen der Gesellschaft zu vernetzen und sie in die Lage zu versetzen, mit anderen zusammen eine nachhaltige Entwicklung für den Sudan anzustreben;
- das sich stetig erweiternde Wissen zu nutzen und dazu beizutragen, indem den Studentinnen neue Horizonte eröffnet werden, indem sie mit neuen Fähigkeiten und Kenntnissen vertraut gemacht werden und indem sie mit einer sich ständig verändernden Welt in Austausch treten, so dass sie zu vollwertigen Teilnehmerinnen an der internationalen Gemeinschaft werden können.

Um diese Ziele zu erreichen, geht die Ahfad-Universität nach folgenden Leitprinzipien vor, die im Qualitätssicherungsbericht der Universität (AUW 2001, S. 9-10) aufgeführt sind:

- *Soziale Verantwortung:* Selbstverpflichtung zum Dienst an der Gemeinschaft durch Programme, die sich auf die ländliche und die Gemeindeentwicklung konzentrieren.
- *Herausbildung von Führungsqualitäten:* Ausbildung und Training der Studentinnen sollen aus ihnen Spitzenkader in Führungspositionen und Akteurinnen des gesellschaftlichen Wandels machen.
- *Spitzenleistungen:* Die Fähigkeiten der Studentinnen sollen verbessert und es sollen ihnen Möglichkeiten eröffnet werden, die es ihnen gestatten, im Graduiertenstudium Spitzenleistungen zu erzielen. Ebenso sollen sich die Lehrenden in Forschung und Lehre auszeichnen und in vorbildlicher Weise der Universität und der Gesellschaft insgesamt dienen. Dies kann dadurch erreicht werden, dass wichtige Programme zunächst in kleinerem Rahmen begonnen werden und dann stetig wachsen, bis sie Spitzenniveau erreichen.
- *Vielfalt:* Allen sudanesischen und nicht-sudanesischen Frauen soll die Möglichkeit eröffnet werden, ohne Ansehen ihrer ethnischen, kulturellen oder sozialen Herkunft eine Ausbildung an der AUW zu erhalten, wobei benachteiligte oder arme Studentinnen besondere Unterstützung, z.B. durch Stipendien, erhalten sollen.

- *Innovation*: Kreativität bei allen Initiativen, die gegenwärtige oder zu erwartende Probleme, Bedürfnisse oder Interessen verschiedener gesellschaftlicher Gruppen in Angriff nehmen und neue Ansätze und Programme zum Erzielen von Spitzenleistungen entwerfen sollen.
- *Akademische Freiheit*: Durch Transparenz und die allgemeine Beteiligung an Informationen und Entscheidungen soll eine Atmosphäre geschaffen werden, welche die Freiheit des Denkens und Glaubens, Toleranz gegenüber Unterschiedlichkeit und die Achtung von Fremden fördert.
- *Aneignung (ownership)*: Moderne globale Theorien sollen mit einheimischem Wissen angereichert und dadurch „sudanisiert" werden.
- *Partnerschaft*: Koordination und Erfahrungsaustausch mit wichtigen Partnerinnen und Partnern, wozu einerseits unbedingt Personen an der Basis der Gesellschaft (grass root level) zählen, andererseits Expertinnen und Experten auf allen Ebenen der (nationalen und internationalen) Gemeinschaft.
- *Engagement*: Liebe, Verständnis und Engagement sollen gefördert werden, so dass eine familiäre Atmosphäre zwischen den Lehrenden, den Studentinnen und den Absolventinnen entstehen kann, welche die Mission der Universität fördert. Dazu müssen zu gegenseitiger Unterstützung auch die Beziehungen zu ehemaligen Studentinnen sowie zu den Nachkommen des Gründers gepflegt werden.
- *Autonomie*: Die Interessen Anderer innerhalb und außerhalb des Landes sind ernst zu nehmen, ohne die eigene Aufgabe und Unabhängigkeit aufzugeben.

2.4 Institute und Einrichtungen

Um ihre Aufgabe zu erfüllen und ihre Vision und Grundsätze in die Tat umzusetzen, hat die Ahfad-Frauenuniversität die folgenden Institute und Zentren eingerichtet:

A. Institute	Gründung
Institut für Hauswirtschaftslehre	1966
Institut für Psychologie und Vorschulerziehung	1966
Institut für Organisation und Management	1977
Institut für ländliche Erziehung und Entwicklung	1987
Institut für Medizin	1990
Institut für Pharmazeutik	2001

B. Service- und Forschungsabteilungen	Gründung
Dokumentation für Frauenforschung	1989
Abteilung für Computerwissenschaft	1994
Zentrum für Lehrerforschung	1996
Abteilung für Frauenforschung (früher: Ländliche Entwicklung und Frauenforschung)	1997
Laborzentrum	1998
Zentrum für Englische Sprache	1998

Quelle: Quality Assurance Report, AUW 2001, S.10

Außer diesen Instituten und Forschungseinrichtungen gibt es die *Zentralbibliothek* der Ahfad-Universität (Al Hafeed Library), die 1970 eingerichtet wurde und 1991 ein neues Gebäude bezog. Sie wurde mit Fördermitteln der niederländischen Regierung erbaut und eingerichtet und verfügt über eine Klimaanlage, moderne Technologie und einen Notgenerator. Die Al Hafeed-Bibliothek ist die modernste und am besten funktionierende Bücherei des ganzen Landes. Sie umfasst etwa 80.000 Bücher in englischer und arabischer Sprache, außerdem 28.000 Zeitschriften sowie weiteres Material, das alle in den Studiengängen der Universität angebotenen Fachrichtungen abdeckt. Fast 500 Studentinnen können die Bibliothek gleichzeitig nutzen, diese Kapazität kann auf bis zu 1000 Nutzerinnen gesteigert werden.

2.5 Studium an der Ahfad-Frauenuniversität

*Grundstudium (*Undergraduate Programs*)*

Am *Institut für Hauswirtschaftslehre* werden Studentinnen ausgebildet, die dann als Ernährungswissenschaftlerinnen Mütter beraten, in Kinderstationen von Krankenhäusern oder Gesundheitszentren für Mutter und Kind arbeiten oder nationale Umfragen und ähnliche Forschungsvorhaben leiten. Als Hauptfächer können die Studentinnen wählen zwischen Ernährungswissenschaft, Lebensmitteltechnologie oder Gesundheitsmanagement auf Gemeindeebene.

Das *Institut für Psychologie und Vorschulerziehung* ist der einzige Ort im ganzen Land, wo Personal für den Bereich der frühkindlichen Entwicklung und Erziehung ausgebildet wird. Die Studentinnen können folgende Hauptfächer wählen: Gesundheitspsychologie und Beratung, frühkindliche Erziehung oder Englisch als Fremdsprache.

Am *Institut für Organisation und Management* werden Büroleiterinnen und Managerinnen für private Organisationen und staatliche Behörden ausgebildet. Als Hauptfächer können gewählt werden: Buchhaltung und Finanzen, Betriebswirtschaftslehre oder Büro-Management.

Absolventinnen des *Instituts für ländliche Erziehung und Entwicklung* arbeiten als Gemeinde-Entwicklungshelferinnen für verschiedene staatliche Einrichtungen oder Ministerien. Sie arbeiten meist mit lokalen Frauenorganisationen in ländlichen Gegenden zusammen.

Das *Institut für Medizin* ist einzigartig und unterscheidet sich von allen anderen medizinischen Fakultäten im Sudan, da es von einem gemeindeorientierten Gesundheitskonzept ausgeht und Fragen der Gesundheitsförderung problemzentriert angeht.

Das *Institut für Pharmazeutik* ist das jüngste Programm der Ahfad-Universität und hat erst 2001 mit der Ausbildung in Chemie und Pharmazeutik begonnen.

Bei weitem die meisten Studentinnen im Grundstudium gab es in den Jahren 1999/2000 in den Fächern *Organisation und Management* (1.809 = 43,4 Prozent) sowie *Psychologie und Vorschulerziehung* (1.468 = 35,3 Prozent).

Das Curriculum der Ahfad-Frauenuniversität

Der Lehrplan ist interdisziplinär und konzentriert sich zunächst auf drei Ebenen:

Akademische Ausbildung und Training: Nach einem erfolgreichen fünfjährigen Studium wird der *Bachelor of Science* (B.Sc.) oder *Bachelor of Arts* (B.A.) in den Fächern Hauswirtschaftslehre, Psychologie und Vorschulerziehung, Organisation und Management oder ländliche Erziehung und Entwicklung verliehen. In Medizin und Pharmazeutik erwerben die Studentinnen nach sechs Jahren den B.Sc. in Medizin und Chirurgie bzw. Pharmazeutik (AUW- Broschüre 1998, S.7). Alle Studentinnen müssen im letzten Jahr ihres Studiums ein eigenes Studienprojekt auf der Grundlage wissenschaftlicher Forschung durchführen. Außerdem gehören für alle Studentinnen ein Kurs über Frauenforschung sowie die Teilnahme an den Programmen für ländliche Entwicklung und Volkserziehung zum Pflichtprogramm. Dies entspricht den Zielen der Universität, die seit jeher ein besonderes Gewicht auf die Verbesserung der ländlichen Lebensbedingungen legt (Badri 1989, S.6).

Training für ländliche Entwicklung und Multiplikatoren: Die Universität bietet spezielle Kurse für Frauen an, die in folgenden Bereichen tätig sind: ländliche Entwicklungsprojekte, informelle Ausbildung, Einkommen schaffende Maßnahmen, organisatorische Fertigkeiten, Gesundheitsprogramme für Mutter und Kind, Programme für familiäre und reproduktive Gesundheit, Umweltschutz, Frauenrechte, Hauswirtschaft, Alphabetisierung, Erziehung, kindliche Entwicklung, Kindergartenerziehung und Verwaltung. Diese Kurse dauern zwischen einem und vier Monaten und werden mit der Verleihung eines Zertifikats abgeschlossen.

On the Job Training: Auf Anregung von Nicht-Regierungsorganisationen, Institutionen der Vereinten Nationen oder anderen Universitäten bietet die AUW für Frauen, die in der ländlichen Entwicklung tätig sind, besondere Kurse zu spezialisierten Themen wie Unterrichtstechniken, Beratung, Frauen und Entwicklung, Management, Nahrungstechnologie, Arbeit mit dem Computer etc. an. Diese Kurse dauern in der Regel zwischen zwei und acht Wochen; die Teilnehmerinnen erhalten ein Zertifikat.

Graduiertenprogramme

Die Ahfad-Frauenuniversität bietet zwei Graduiertenstudiengänge an, und zwar in den Fachrichtungen *Ernährung* und *Frauen und Entwicklung*.

Ernährung: Dieses Magisterprogramm besteht aus 16 Studienmonaten, verteilt auf vier Semester. Es umfasst Kurse in fortgeschrittener Ernährungslehre, Erfahrungen mit diätetischer Ernährung auf Gemeindeebene, Hauswirtschaft und Familienernährung, Nahrungs- und Ernährungshygiene, Ernährungspolitik und -planung, Mangelernährung und Entwicklungsländer, Methoden der Nahrungs- und Ernährungsforschung, Ernährung für Mutter und Kind, Ernährung und Gesundheitserziehung, Ernährung in Gesundheitsinstitutionen. Darüber hinaus müssen die Studentinnen ein eigenes Forschungsprojekt durchführen, das Ergebnis präsentieren und verteidigen (Ahfad-Broschüre 1998, S.7-8).

Frauen und Entwicklung: Dieser neue Zweig des Graduiertenstudiums wird unter der Leitung der Einrichtung für Frauenforschung durchgeführt. Nur 15 ausgewählte Frauen werden jedes Jahr in dieses Programm aufgenommen. Die Kurse, die innerhalb eines Zeitraums von 18 Monaten angeboten werden, umfassen folgende Themen: theoretische und konzeptuelle Grundlagen der Frauen- und Geschlechterforschung, Entwicklungstheorien, Forschungsmethoden, Geschlecht, Kultur und sozialer Wandel, Gender und Wirtschaft, Frauen und Staat, Projektplanung und -management, geschlechtsspezifische Herausforderungen im 21. Jahrhundert. Außerdem müssen alle Studentinnen eine Magisterarbeit anfertigen und verteidigen (www.ahfad.org).

Im nächsten akademischen Jahr wird die Universität außerdem ein 18 Monate dauerndes Magisterprogramm in Betriebswirtschaftslehre unter der Leitung des Instituts für Organisation und Management aufnehmen.

Die Ausbildung an der einzigen Frauenuniversität Afrikas genießt einen sehr guten Ruf und übt große Anziehungskraft auf bildungsinteressierte und karrierebewusste Frauen aus – sofern sie das Studium bezahlen können oder eins der nicht ganz wenigen Stipendien erhalten. Die Aussichten auf einen Job nach der Ausbildung sind relativ gut: Etwa 60 Prozent der Universitätsabgängerinnen erhalten einen Job in der Privatwirtschaft oder in der Verwaltung vor allem in Banken, Hospitälern oder im Gesundheitsministerium oft auch als Abteilungsleiterinnen, vor allem aber im mittleren Management.

Literatur

Admission Office for Higher Education: Annual Report. Ministry of Higher Education, Khartoum 2001.
Ahfad Brochure: Ahfad University for Women. Khartoum 1998.
AUW Quality Assurance: University Management Self-Assessment Report. Ahfad University For Women, Omdurman 2001.
Badri, Yousuf: A Sudanese educational experiment. In: The Ahfad Journal: Women and Change, Bd.1, H.1, S. 1-10. Ahfad University For Women, Omdurman 1984.
Badri, Amna E.: Educating African Women for Change. Ahfad University for Women, Omdurman 2000.
Useem, Andrea: Promoting Gender Equity in a Land Ruled by Islamic Law. In: The Chronicle of Higher Education, 1998, S. 54-55.
Badri, A. E., und Grotberg, E. H: Intellectual Women: New Approach to Sudanese Development. Vortrag auf dem *Sudan Studies Association Meeting*, 14.-16. April 1989.
Website im internet: www.ahfad.org

Sigrid Metz-Göckel

Die Internationale Frauenuniversität „Technik und Kultur" als Konzept zur Frauen- und Eliteförderung

1. Universität neu denken – Frauen mitdenken

Die Universität neu denken heißt auch, Frauen als Wissenschaftlerinnen, Studentinnen und Präsidentinnen/Rektorinnen mitzudenken. Eine Universität der Frauen muss nicht zwingend eine Frauenuniversität bzw. eine Universität exklusiv für Frauen sein, aber sie ist eine Universität, in der Frauen qua Geschlecht, Tradition und geschlechtlicher Arbeitsteilung nicht ausgegrenzt oder behindert werden. Sie ist dann eine neue Universität, wenn Frauen in ihr selbstverständlich nicht nur in Studium und Forschung, sondern auch in der Leitung vertreten sind. Um dies zu erreichen, muss mehr verändert werden als nur die Rhetorik und die quantitative Beteiligung.

Lange Zeit hatten die Universitäten in Deutschland die selbstverständliche Tradition und Funktion der Ausbildung einer kleinen Elite bürgerlicher Herkunft. Diese Funktion trat in der Nachkriegszeit umso mehr in den Hintergrund, je mehr der Demokratie- und Gleichheitsdiskurs radikalisiert wurde. In diesem Zusammenhang geriet die Förderung einer „Bildungselite" per se in Misskredit zu Gunsten der Förderung von Personen, die bisher von dieser Bildung ausgeschlossen, aber potenziell dazu befähigt waren. Die Angleichung der Lebensverhältnisse durch die Kriegsfolgen, ein neues Begabungsverständnis und öffentliche Debatten zur Bildungsreform haben den Kreis der potenziellen Elitemitglieder ausgeweitet und die Integration von Frauen in das Hochschul- und Wissenschaftssystem begünstigt und insgesamt langsam zu einem Wandel in den Einstellungen ihnen gegenüber geführt. Zunächst ausgegrenzt und ignoriert, dann mitgenommen und geduldet bis hin zur offiziellen Förderung (als unausgeschöpfte Ressource) – so verläuft die Linie der Integration der weiblichen Bevölkerungshälfte als Potenzial der wissenschaftlichen Elite. Ein Beleg für diesen Wandel ist die fortlaufende Berichterstattung der Bund-Länder-Kommission für Bildungsplanung und Forschungsförderung zu „Frauen in Führungspositionen".[1] Wenn Frauen somit in der Universität angekommen sind, stellt sich für sie und die Frauenforschung die Frage, welchen Stellenwert sie als neue Mitglieder dieser Elite haben oder beanspruchen sollten.

2. Eliteforschung und Exzellenz-Diskurs

Elite ist (k)ein anstößiger Begriff. In der Forschung zu gesellschaftlichen Eliten gibt es feine Differenzierungen ihrer Akzeptanz. Unproblematisch scheint die Auseinandersetzung mit der erzwungenen Emigration der künstlerischen und wissenschaftlichen Elite in der Nazi-Zeit, jüngst auch zur Remigration einer vertriebenen Elite (Kraus 2001). In einer Demokratie sind Eliten legitimierungsbedürftig. Ihren Wandel bei der Entwicklung von einer autoritären zur demokratischen Gesellschaft der Bundesrepublik hat Dahrendorf (1965) untersucht, wobei die Debatte um Funktionseliten oder Bildungseliten bereits die Ungleichheitsverhältnisse relativiert, die mit „Elite" mitgedacht werden müssen. Unnötig zu betonen, dass im frühen feministischen Diskurs die Befassung mit Elitethemen abgesehen von der Kritik daran unakzeptabel war, ebenso wie das gesellschaftliche System, das diese hervorgebracht und privilegiert hat. Schon im Vorfeld ist daher die erste Internationalen Frauenuniversität „Technik und Kultur" (im folgenden *ifu*) von feministischer Seite wegen ihres Elite- und Exzellenzanspruchs kritisiert worden, während ihr gerade dieser Anspruch andere Türen geöffnet hat.

Der Zusammenhang von Elite und Privilegierung erweist sich allerdings in der Eliteforschung und innerhalb der internationalen Frauenforschung längst nicht so zwingend, wie es zunächst scheint. Ich möchte das an zwei Beispielen verdeutlichen. Es ist bereits die Rede von einer Internationalen NGO[2]-Elite von Frauen. Dabei handelt es sich um Aktivistinnen, die sich im Prozess des Politikmachens professionalisiert und auf Grund dessen Einfluss und Positionen er-

---

1 Die Bund-Länder-Kommission (BLK) hat nicht nur ein Programm *Frauen in Führungspositionen* aufgelegt, sondern praktiziert ein Monitoring über die zahlenmäßige Entwicklung, indem sie jedes Jahr eine Fortschreibung herausgibt, inzwischen die fünfte. Die Anteile von Frauen bei den Promotionen betragen im Durchschnitt inzwischen 33,4 Prozent (im Jahr 1999), bei den Habilitationen 17,7 Prozent und bei den Professuren 9,8 Prozent (im Vergleich zu 1992 6,5 Prozent). Die Steigerungsraten sind minimal, aber kontinuierlich und äußerst unterschiedlich für die einzelnen Fächergruppen. In Positionen der Hochschulleitung waren Frauen 1999 mit 8,3 Prozent vertreten. Für 2000 sind für das Bundesgebiet 48 Prorektorinnen, 41 Kanzlerinnen, 22 Vizepräsidentinnen, 11 Rektorinnen, 10 Präsidentinnen und eine Gründungsrektorin/beauftragte aufgeführt (BLK: Frauen in Führungspositionen. Fünfte Fortschreibung des Datenmaterials, 2001, S. 5).
2 Ich benutze die englische Version NGO (non governmental organization) für Nicht-Regierungsorganisationen (NRO).

rungen haben (Wichterich 2001). Die Begriffsbildung einer egalitären Differenz versucht dem Sachverhalt gerecht zu werden, dass Unterschiede nicht immer Hierarchie implizieren müssen (Kröhnert-Othman/Klingebiel 2000). Zweitens hat mit der Auseinandersetzung um Führungspositionen, so Heike Kahlert (2000), auch in der Frauenforschung eine verdeckte Elitedebatte begonnen.[3]

In ihrem historischen Überblick zu Elite- und Frauenforschung kommt Barbara Vogel (2000) zu der Schlussfolgerung,

> „daß Eliteforschung und Frauenforschung ideologisch und methodisch zwei verschiedenen Lagern angehören. (...) Gleichwohl gibt es Anzeichen, daß ein Elitebewußtsein im Selbstverständnis und im Handeln von Protagonistinnen der Frauenbewegung vorhanden war. Allerdings darf diese Feststellung nicht dazu verführen, die eigentliche Intention der Frauenbewegung unterzubewerten, die auf Gleichberechtigung und Emanzipation zielte. (...) Aus der Frauenforschung ergibt sich die Erkenntnis, daß Eliten bisher als männliche Konstrukte definiert sind, so daß auch die Konzepte ‚demokratischer Elitenherrschaft' als Männerherrschaft erforscht werden müssen. Die Eliteforschung muß das Geschlecht als grundlegende soziale Kategorie erfassen." (S.40)

Als ein Ergebnis der Eliteforschung, betrachtet man sie aus der Geschlechterperspektive, ist festzustellen, dass diese die Eliten bisher frauenfrei gedacht hat, ohne dies zu reflektieren. Das beginnt sich nun innerhalb der Frauenforschung zu ändern. In einem laufenden Forschungsprojekt über die neuen Steuerungseliten im Wissenschaftssystem zeigt sich, dass von den interviewten weiblichen Mitgliedern einige sich selbstverständlich zur wohldefinierten Elite rechnen, andere eher zögerlich und erst nach einer Begriffsklärung (Zimmermann 2001). Den Angehörigen von Bildungs- und Leistungseliten wird selbstverständlich eine hervorragende oder spezielle Befähigung unterstellt.

> „Innerhalb von Schichten, Ständen und Klassen bilden sich häufig Eliten heraus, d.h. strategisch postierte, repräsentative Minderheiten mit speziellen Kenntnissen und Fähigkeiten zur Wahrnehmung wichtiger Funktionen in der Gesellschaft." (Wehler 1987, S.137, zitiert nach Vogel 2000, S. 22)

Daher ist von weiteren Differenzierungen auszugehen, die dem Elitebegriff abzugewinnen sind, ohne gleich alle Vorbehalte zu übergehen. Von Eliten ist in der Mehrzahl zu reden, und zu unterscheiden ist zwischen politischen Eliten, Macht- und Wirtschaftseliten, Bildungseliten, Funktions- und Steuerungseliten. Bildungseliten sind nicht unbedingt Machteliten. Steuerungseliten im wissenschaftlichen Feld werden allerdings in der Regel aus Angehörigen der Bildungselite rekrutiert.

Nach der Expansion der akademischen Bildungsbeteiligung ist gerade in jüngster Zeit eine neue Diskussion über Hochbegabungen, exzellente Leistungen und damit über eine neue Dimension sozialer Selektivität entbrannt. „Ex-

---

[3] Es sind noch viele weitere Differenzierungen vorzunehmen, z.B. dass die „Führungsschicht" nicht mit Elite gleichzusetzen ist.

cellence" ist in diesem Zusammenhang ein Qualitätsbegriff (geworden), der meist mit der englischen Konnotation benutzt wird. Er meint eine besondere (individuelle) Leistungsfähigkeit, wohingegen im Deutschen der Exzellenzbegriff leicht eine ständische Nuance enthält, die auf Herkunft, Würde und Status verweist. Den aktuellen Exzellenz-Diskurs in der englischen Bedeutung[4] kennzeichnet ein breites Anwendungsfeld, das die besondere Förderung exzellenter Leistungen einschließt. Ein Beispiel hierfür sind die Early Excellence Centers[5], die als eine Form der Kinderbetreuung in England eingerichtet wurden und als neues Erfolgskonzept auch in Deutschland empfohlen werden (DJI-Bulletin 2001). In dieser Bedeutung, nämlich ihrer Pädagogisierung, sind hervorragende Leistungen ein Ergebnis entsprechender Fähigkeiten von Individuen *und* einer förderlichen Umgebung. Wenn wir uns in Erinnerung rufen, wie schwierig und widerstandsreich der Weg von Frauen in die Hochschulen und Wissenschaften in den allermeisten Ländern gewesen ist und dass sie bis heute nur in seltenen Fällen auf ein sie willkommen heißendes wissenschaftliches Umfeld stoßen, dann lässt sich die kommunikative Qualität der Interaktionen während der *ifu* erahnen. Teilnehmerinnen und Dozentinnen begegneten einander nicht nur vorbehaltlos, sondern in der Regel interessiert und mit der Unterstellung, in den Anderen intelligenten und interessanten Personen zu begegnen, die zum Gelingen der *ifu* beitrugen. In diesem Sinne kann die *ifu* in Anspruch nehmen, ein exzellentes Weiterbildungsangebot für begabte und gebildete Frauen der Welt gemacht und ein transnationales, weltbürgerliches Gespräch zwischen Frauen moderiert zu haben und weiterhin virtuell zu moderieren.

Wer wen als zur Elite zugehörig betrachtet, das ergibt sich aus einem sozialen Prozess, in dem Eliten auch über Kooptation definiert und konstruiert werden. Frauen sind inzwischen mit von der Partie oder beanspruchen dies. Sie haben zweifachen Grund, zur Bildungselite zu gehören, einmal weil sie über einzigartiges Wissen verfügen, soweit sie Expertinnen der Frauen- und Geschlechterforschung bzw. frauenpolitischen Wissens sind, und zweitens weil sie alle wissenschaftlichen Disziplinen und Felder besetzen können und wollen und darin Hervorragendes zu leisten vermögen. Dabei wollen sie auch an der Definitionsmacht über die Qualität des Hervorragenden beteiligt werden, um den Ausschlusscharakter bzw. die Zirkulation und Selbstreproduktion der bisherigen Eliten zu durchbrechen.

---

4   So musste sich das Kompetenzzentrum Frauen in Wissenschaft und Forschung in Bonn in Center of Excellence Women in Science umbenennen, daher sein Kürzel CEWS anstelle von CCWS (Competence Center Women in Science).
5   Early Excellence Centers als Einrichtungen für Vorschulkinder, in denen in innovativer Weise vielfältige Serviceangebote für Kinder bis zu fünf Jahren zusammengefasst werden, kombiniert mit Fortbildungsmöglichkeiten für Erwachsene im Bereich von Erziehung, Gesundheit, Erwachsenenbildung und kommunaler Entwicklung (DJI-Bulletin, Dez. 2001, H. 56/57, S. 4).

3. Die *ifu* als Alternativkonzept zum Gender Mainstreaming der Frauenförderung

Frauenförderung ist am besten dann, wenn sie nicht beredet, sondern praktiziert wird. Die *ifu* hat ein zum aktuellen Gender Mainstreaming alternatives Konzept der Frauenförderung entwickelt und zwar aus drei Gründen. Sie hat erstens den wissenschaftlichen Mainstream problematisiert, indem sie den Blick auf die globale Welt gerichtet und die Genderperspektive integriert hat. Ihr liegt zweitens eine *Selbstvergessenheit des Geschlechts* und nicht eine allgemeine Vergeschlechtlichung zu Grunde. Dass die *ifu* potenziell solche Wirkungen induzieren kann, beruht auf der Annahme, dass ein homosozialer bzw. monoedukativer Kontext von Frauen (auf Zeit) das Merkmal der Geschlechtszugehörigkeit in den Hintergrund drängt und andere Differenz konstituierende Merkmale in den Vordergrund treten lässt. Ein koedukativer Kontext reproduziert dagegen unbewusst, wie die Schul- und Interessenforschung belegen konnte (Häußler/Hoffmann 1995, Kessels 2001, Teubner 2000), immer wieder die Polarisierung der Geschlechterzuschreibungen in den Fachgebieten, die als extrem männliche oder weibliche Fachgebiete konnotiert sind. Die *ifu* ist drittens ein Alternativkonzept zum Gender Mainstreaming auch deshalb, weil sie die Frauenförderung und die Frauen- und Geschlechterforschung nicht unmittelbar in den Mainstream einschleust, sondern mit hochschulreformerischem Impetus eine eigene Institution aufgebaut hat, in der mit einer wissenschaftskritischen Haltung weltweite Problemstellungen neu zu denken versucht wurden. Sie erhofft sich damit indirekt Rückwirkungen auf den Mainstream. Während im wissenschaftlichen Mainstream von Frauenförderung und Gender Mainstreaming die Rede ist,[6] ist das *ifu*-Konzept durch Empowerment,[7] Hochschulreform und Wissenschaftskritik gekennzeichnet.

Die *ifu* ist in der Werbung, Auswahl der Studentinnen, in der Personalauswahl und Curriculumkonstruktion eigene Wege gegangen, um einen neuen Hochschultyp zu entwickeln, in dem Globalität und Egalität zentral waren. Dabei nahm sie Bezug auf eine weltweite Entwicklung, die im aktuellen Globalisierungsprozess soziale Ungleichheitsstrukturen und Verarmungstendenzen produziert und dies mit einem Nord-Süd-Gefälle der Weltregionen. Da während der *ifu* alle Weltregionen personell repräsentiert waren, konnten diese Entwicklun-

---

6 Diese frauenpolitischen Strategien wurden im Wesentlichen von Frauen initiiert (vgl. ETAN-Bericht 2000).

7 Empowerment wurde inzwischen zum offiziellen Ziel der entwicklungspolitischen Zusammenarbeit deklariert und ist eine weit akzeptierte Begriffsbildung. Empowerment meint „die Verwirklichung strategischer Interessen von Frauen ... Es geht um gleichberechtigten Zugang und Verfügungsrechte über Ressourcen wie Land, Kapital und Bildung, um politische Einflussnahme von Frauen und um die Überwindung struktureller Gewalt gegen Frauen und Mädchen." (Bundesministerium 2000:6)

gen theoretisch und kritisch reflektiert und kommuniziert werden. Auf diese Weise bot die *ifu* eine professionelle Plattform für transnationale Reflexionen, Auseinandersetzungen und Vernetzungen, die engagiert wahrgenommen wurde (vgl. Forschungsbericht Metz-Göckel et al. 2001, Projektbereich Migration).

4. Exzellenz und Elite im Kontext der *ifu*: Auswahl der Besten

Die *ifu* hat international renommierte Wissenschaftlerinnen aus der ganzen Welt, insgesamt 313 Dozentinnen, für ihre sechs Studienprogramme und Open-Space-Veranstaltungen[8] gewinnen können und mit ihrem postgradualen Studienangebot eine mobile Weltelite von Frauen angesprochen, die über den DAAD und die weltweit agierenden Stiftungen eingeworben und gefördert wurden. Sie bot den Teilnehmerinnen in ihrer kulturellen Heterogenität eine einzigartige Möglichkeit des Kennenlernens, der Auseinandersetzung und Abgrenzung und eine breite Palette unterschiedlicher Identifikationsmöglichkeiten an. Das Studium an der *ifu* war organisatorisch mit einem komplexen Bewerbungs- und Auswahlverfahren verbunden, bei dem der Bachelor-Abschluss (with honors) vorausgesetzt wurde, die wissenschaftlichen Qualifikationen zwar die wichtigste, Kenntnisse der Frauen- und Geschlechterforschung sowie gesellschafts- und umweltpolitisches Engagement aber ebenfalls eine Rolle spielten.[9] Tatsächlich waren das Qualifikationsniveau und die Forschungs- und Lehrerfahrungen der Teilnehmerinnen bedeutend höher als erwartet. Den Bachelor als höchsten akademischen Abschluss gaben 24 Prozent der Teilnehmerinnen an, acht Prozent hatten ein Fachhochschuldiplom, mehr als die Hälfte, nämlich 54 Prozent, hatte bereits einen Masterabschluss, neun Prozent waren promoviert und immerhin fünf Prozent hatten sich bereits habilitiert. Und mehr als die Hälfte hatte darüber hinausgehende Forschungs- und Lehrerfahrungen.

Da neben der Zielgruppe des wissenschaftlichen Nachwuchses auch erfahrene Praxisfrauen aus den NGOs und Organisationen der internationalen Frauenbewegungen angesprochen wurden und sich angesprochen fühlten, studierten in den sechs Projektbereichen Anfängerinnen und Fortgeschrittene, Theoretikerinnen und Praktikerinnen neben- und miteinander und dies in einer „explosiven" Mischung, die ein interessiertes Sich-Kennenlernen und Austauschen, viel

---

8   Die Open-Space-Veranstaltungen waren projektbereichsübergreifende Veranstaltungen, die für alle *ifu*-Teilnehmerinnen und eine interessierte Öffentlichkeit der Umgebung gedacht waren.
9   Dadurch war sie keine offene Frauenhochschule in der Tradition der Berliner Sommeruniversitäten, die Ende der 1970er Jahre allen interessierten Frauen offen standen, sondern eine „geschlossene" Gesellschaft.

Kritik und wechselseitiges Infragestellen, aber auch Lernprozesse ermöglicht hat, bei dem die Rollen zwischen Expertinnen und Laien häufig wechselten.

Lehren und Lernen an der *ifu* vollzogen sich nicht nur in den offiziellen Studienprogrammen, sondern auch in den informellen Austauschprozessen, über Abgrenzung und Identifizierung mit anderen Frauen und als Frauen. Die „Frauenförderung" geschah durch wechselseitiges Interesse aneinander, gerade nicht durch Thematisierung von Förderung, sondern vielmehr im Sich-Austauschen und gemeinsamen Tun. Weil es ausschließlich Frauen waren, traten andere Unterschiede, z.B. ethnische, politische und kulturelle Differenzen und Konflikte, hervor. Eine Teilnehmerin sagt im Interview, sie habe ihre anfänglichen Bedenken über das ausschließliche Zusammensein von Frauen abgelegt, und sie schildert den Prozess, wie sie während der *ifu* gelernt hat, ihre persönlichen Vorurteile über Menschen aus Afrika, Asien und Lateinamerika abzubauen und ihren Rassismus zu erkennen:

> „Now I do not feel that colored skin and I do not feel these colors. Well, if you ask me what do I feel it is like some spirit around non coloured. I do not feel color. I was always reflecting upon these issues. I was really suffering about my ideas in my mind that I separate people or distinguish people by their colored skin...It was unconscious. I just looked and I distinguished. And I needed to talk about it." (Metz-Göckel et al. 2001, S. 61)

5. Soziale Selektivität, regionale Attraktivität und kulturelle Heterogenität: Die *ifu* als „Dritter Ort"

Die Auswahl der Teilnehmerinnen erfolgte ohne Rücksicht darauf, wie das *ifu*-Studium finanziert werden konnte. Da viel mehr Bewerberinnen eine finanzielle Förderung beantragt hatten als vorausgesehen, mussten allerdings sehr viel mehr Mittel hierfür beschafft werden. Schließlich erhielten 80 Prozent der Teilnehmerinnen ein Stipendium oder Teilstipendium. Damit ist das weltweite Gefälle für diejenigen, die zwar in ihren Herkunftsländern bereits privilegiert waren, aber doch im internationalen Vergleich zu den Armen zählen, ad personam etwas kompensiert worden. Die Ungleichheit selber ist damit natürlich nicht aus der Welt geschafft worden.[10] Darüber wurde z.B. in den Projektbereichen MIGRATION und ARBEIT während der Unterrichtsveranstaltungen explizit reflektiert und debattiert. Mit der individuellen Förderung kann letztlich die Leis-

---

10 Ähnlich verhalten sich auch die teuren privaten Institutionen in den USA, die ihre Zulassungsbedingungen an den Nachweis von hervorragender Leistung knüpfen, einen Teil der zugelassenen Studierenden dann aber mit Stipendien ausstatten, damit sie das Studium auch realisieren können.

tungsideologie aufrechterhalten werden, und privilegierende Institutionen können eine breitere Schicht von Studierenden rekrutieren. Im Endeffekt läuft das dann doch auf eine Privilegierung von bereits Privilegierten hinaus.

Wenn zu exzellenten Leistungen zwei Seiten beitragen – das besonders fähige Individuum und ein sozial-kulturelles Umfeld, das diese Fähigkeiten fördert –, dann geschieht das nur, wenn dieses Umfeld eine Kultur der Anerkennung und Wertschätzung herstellen kann, die weitere Potenziale weckt. Eine besondere Qualität, ja ein Trumpf der *ifu*-Realität war ihre Internationalität, nicht nur in der Rekrutierung der Teilnehmerinnen (in der Auswahl der Dozentinnen war das nicht in allen Projektbereichen gleich gut gelungen), sondern auch in der Bereitschaft, die inhaltlichen Problemstellungen aus unterschiedlichen Perspektiven zu beleuchten.

In allen Projektbereichen versammelte sich mit den Teilnehmerinnen eine Vielfalt von Kulturen und fachlichen Qualifikationen in je spezifischer Kombination. Die regionale Attraktivität hing auch von den Problemstellungen ab. So war der Projektbereich WASSER vor allem für Teilnehmerinnen aus Ländern mit akuten Wasserproblemen attraktiv, wie z.B. Asien und Afrika, während deutsche Teilnehmerinnen kaum vertreten waren. Der Projektbereich KÖRPER hatte die wenigsten Teilnehmerinnen aus Asien, hat dagegen das meiste Interesse unter den Australierinnen und Westeuropäerinnen, vor allem aus Deutschland gefunden. Im Projektbereich STADT dagegen versammelten sich überdurchschnittlich viele asiatische Studentinnen, aber vergleichsweise wenige aus Mittel- und Osteuropa. Der Projektbereich MIGRATION war für Frauen aus den Aufnahmeländern Westeuropas und den USA besonders interessant, während der Projektbereich INFORMATION vor allem die Afrikanerinnen und Osteuropäerinnen anzog und der Projektbereich ARBEIT durch den curricularen regionalen Schwerpunkt Ost- und Mitteleuropa einen vergleichsweise großen Anteil von Mittel- und Osteuropäerinnen hatte. So kam es in den Projektbereichen noch mal zu differenzierten Auseinandersetzungen aus verschiedenen regionalen Perspektiven, wodurch die *ifu* in sich in wiederum sechs „eigene Welten" aufgeteilt wurde.

Schwieriger, als die interkulturelle Kommunikation herzustellen, erwies es sich, die fachdisziplinären Grenzen zu überwinden und die Erwartungen zu erfüllen, die in dieser Hinsicht an innovative Erkenntniszuwächse geknüpft waren. Hier kam es zu Enttäuschungen im Hinblick auf eine Tiefendimension der Implementierung, die nur zum Teil durch ein Kennenlernen der fachlichen Perspektiven anderer Disziplinen kompensiert wurde.

Alles in allem ermöglichte die *ifu* aus der Sicht der Teilnehmerinnen eine Diskussionskultur, in der es nicht um die Integration unterschiedlicher Perspektiven und Positionen in eine Dominanzkultur oder wissenschaftliche Schule ging, sondern um unterschiedliche Perspektiven auf ein Problem. Die Unabhängigkeit aller Beteiligten voneinander war eine wichtige Voraussetzung dafür, diese besondere Kritikkultur zu entwickeln und eine kritisierte wie kritikfähige

Elite zu bilden. Die Teilnehmerinnen wussten diese Unabhängigkeit zu schätzen. Dies wiederum war dadurch möglich, dass die *ifu* selbst einen besonderen Raum bildete, der sich aus der temporären Zusammensetzung der Teilnehmerinnen ergab, so dass die *ifu* zwar in Deutschland, aber nicht im deutschen Hochschulsystem stattfand, sondern einen „Dritten Ort" konstituierte.

6. Eine Internationale Universität der Frauen und „global gender governance"

Nur ein knappes Drittel der Bewerberinnen hatte sich im Vorhinein dafür ausgesprochen, dass die *ifu* ein Projekt exklusiv für Frauen sein sollte. Weitere 41 Prozent meinten, Frauen müssten die Hauptzielgruppe sein, aber Männer könnten auch zugelassen werden. Und nach Ansicht von 21 Prozent der Bewerberinnen sollte die *ifu* für Frauen und Männer zugänglich sein können.[11] Viele Teilnehmerinnen begegneten der *ifu* als Frauenuniversität daher anfänglich mit einer gewissen Skepsis. Dies hat sich aber durch die Erfahrungen während der *ifu* wesentlich verändert. Die Zahl der Teilnehmerinnen, die einen exklusiven Zugang nur für Frauen befürworteten, stieg am Ende um 10 Prozent auf insgesamt 42 Prozent, während der Anteil derjenigen, die für einen gleichberechtigten Zugang zur *ifu* für Frauen wie Männer plädierten, auf 15 Prozent sank. Insgesamt bot die *ifu* so viele Horizont erweiternde Austauschmöglichkeiten, dass die Teilnehmerinnen sie hoch identifiziert verlassen haben. Die Potenziale einer Frauenuniversität sind somit nicht abstrakt, theoretisch oder politisch vorwegzunehmen, sondern bedürfen der erprobten Erfahrungen. Solange es nur stereotype Einschätzungen oder „Vorurteile" gegenüber Frauenuniversitäten gibt, können im Vorfeld auch nur diese abgefragt werden (vgl. kritisch dazu Glöckner-Rist/Mischau 2000).

Die *ifu* liefert prinzipielle Argumente für das Experimentieren mit Frauenuniversitäten, wenn mit ihnen hohe Qualitätsanforderungen verbunden werden. Das heißt nicht, dass Monoedukation die ausschließliche Option ist. Eine Mehrheit der Teilnehmerinnen konnte sich auch am Ende eine Teilnahme von Männern vorstellen (40 Prozent) oder hielt sie sogar für wünschenswert (15 Prozent), so dass eine Internationale Universität der Frauen auch männliche Teilnehmer und Dozenten aufnehmen könnte.

Mein Plädoyer für eine Fortführung der *ifu* in neuem Gewande richtet sich im Interesse der Förderung des weiblichen wissenschaftlichen Nachwuchses allerdings auf eine in Hinsicht auf das fachwissenschaftliche Niveau homogenere

---

11 Angaben aus dem Fragebogen, den die Teilnehmerinnen bei ihrer Ankunft ausgefüllt haben (N = 474).

Zusammensetzung, als es bei der ersten *ifu* der Fall war; es richtet sich zugleich darauf, unbedingt eine breite Rekrutierung der Disziplinen und Kulturen aufrechtzuerhalten.

Das wichtigste Argument für eine Internationale Universität der Frauen sind die inhaltlichen Innovationen bzw. wissenschaftlichen Erträge, die sie hervorgebracht hat. Die Studienprogramme der *ifu*-Projektbereiche hatten eine besondere Qualität durch ihren problemorientierten interdisziplinären Zuschnitt; über ihre wissenschaftliche Erträge geben die projektbereichsspezifischen Veröffentlichungen detaillierte Auskunft. Allen Curricula gemeinsam war die Integration der Geschlechterperspektive in die wissenschaftliche Auseinandersetzung. Die Dozentinnen, großenteils Expertinnen der Frauen- und Geschlechterforschung, trugen ein Wissen zusammen, das sich mit dem der Teilnehmerinnen kritisch ergänzte und auf diese Weise etwas Drittes herstellte, nämlich eine globale wissenschaftliche Kommunikation über Geschlechterfragen zwischen gebildeten Frauen aller Weltregionen. Für diese gibt es bisher sonst keinen wissenschaftlichen Ort. Diese wissenschaftliche Diskussion enthält durch ihre Auseinandersetzung mit der Geschlechterperspektive eine weltpolitische Dimension, für die ich den Begriff „global gender governance" heranziehen möchte.

Ein Gespräch in weltbürgerlicher Absicht zeichnet sich auch im Kontext Internationaler Frauenorganisationen und NGOs ab, sofern mit ihnen die Interessenvertretung von Frauenrechten im Sinne universeller Menschenrechte verbunden ist. Um die Spannung zwischen wissenschaftlichen Diskursen über weltweite Probleme, von denen Frauen betroffen sind, und einer Politik der Veränderung ungleicher Geschlechterverhältnisse weltweit aufrechtzuerhalten, bedarf es der Kommunikation zwischen wissenschaftlichen und politischen Akteurinnen vieler Schattierungen. Eine Fortsetzung der *ifu,* ohne die Beteiligung von erfahrenen NGO-Frauen wäre eine Verringerung ihres innovativen Potenzials. Gerade im Blick auf die NGO-Aktivistinnen und „die Frauen der ganzen Welt" ist von einer notwendigen weiblichen Elite auszugehen, die sich in Auseinandersetzung mit Wissenschaft und Politik in die Entwicklungen einmischt und diese mitzusteuern versucht.

Literatur

Bund-Länderkommission für Bildungsplanung und Forschungsförderung (BLK): Frauen in der Wissenschaft – Entwicklung und Perspektiven auf dem Weg zur Chancengleichheit. Bericht der BLK vom 30.10.2000, H. 87. Bonn 2000.
Bundesministerium für wirtschaftliche Zusammenarbeit: BMZ Spezial: „Empowerment" von Frauen in der entwicklungspolitischen Praxis. Die 40 Mio-Dollar-Zusage von Peking für Projekte der rechts- und sozialpolitischen Beratung. Bonn 2000.

DJI-Bulletin (Die regelmäßige Information des Deutschen Jugendinstituts): Leu, Rudolf: Early Excellence Centers. Ein neues Erfolgskonzept mit einem besonderen Blick auf Kinder und Eltern, Dez. 2001. H. 56/57.
Dahrendorf, Ralf: Wandlungen der deutschen Elite. In: ders.: Gesellschaft und Demokratie in Deutschland. München 1965.
ETAN-Bericht: European Commission, Research Directorate-General (eds.): Science Policies in the European Union. Promoting Excellence through Mainstreaming Gender Equality. A Report from the ETAN Working Group on Women and Science. Improving the Human Research Potential and Socio-Economic Knowledge Base. Luxembourg: Office for Official Publications of the European Union, 2000.
Glöckner-Rist, Angelika, und Mischau, Anina: Wahrnehmung und Akzeptanz von Frauenhochschulen und Frauenstudiengängen in Deutschland. Baden Baden 2000.
Häußler, Peter, und Hoffmann, Lore: Physikunterricht – an den Interessen von Mädchen und Jungen orientiert. In: Unterrichtswissenschaft 23, 1995, H. 2.
Kahlert, Heike: Die Debatte um Gleichstellung von Frauen in Führungspositionen: eine verdeckte feministische Elitediskussion. In: Metz-Göckel, Sigrid; Schmalzhaf-Larsen, Christa, und Belinszki, Eszter (Hg.): Hochschulreform und Geschlecht. Neue Bündnisse und Dialoge. Opladen: Leske + Budrich, 2000.
Kessels, Ursula; Hannover, Bettina, und Janetzke, H.: Einstellungen von Schülerinnen und Schülern zur Monoedukation im naturwissenschaftlichen Anfangsunterricht. In: Psychologie in Erziehung und Unterricht, 2002.
Kraus, Marita: Die Rückkehr einer vertriebenen Elite. Remigranten in Deutschland nach 1945. In: Schulz, Günther: Vertriebene Eliten und Verfolgung von Führungsschichten im 20. Jahrhundert. München 2001.
Kröhnert-Othman, Susanne, und Klingebiel, Ruth: Egalitäre Differenz – Erträge feministischer Theorie und Praxis kultureller Differenz zwischen Gleichheitsdiskurs und internationaler Elitebildung. In: Metz-Göckel, Sigrid; Schmalzhaf-Larsen, Christa, und Belinszki, Eszter (Hg.): Hochschulreform und Geschlecht. Neue Bündnisse und Dialoge, Opladen: Leske + Budrich, 2000.
Metz-Göckel, Sigrid: Bildungseliten und Elitebildung von Frauen: Positionen, Probleme, Perspektiven im Kontext der Internationalen Frauenuniversität. In: Metz-Göckel, Sigrid; Schmalzhaf-Larsen, Christa, und Belinszki, Eszter (Hg.): Hochschulreform und Geschlecht. Neue Bündnisse und Dialoge. Opladen: Leske + Budrich, 2000.
Metz-Göckel, Sigrid (Hg.): Lehren und Lernen an der Internationalen Frauenuniversität. Ergebnisse der wissenschaftlichen Begleituntersuchung. Opladen: Leske + Budrich, 2002.
Metz-Göckel, Sigrid; Engler, Steffani; Brendel, Sabine; Aithal, Vathsala; Fay, Michaela, und Münst, Senganata: Internationale Frauenuniversität: Die Evaluation des Studienprogramms. Dortmund: Hochschuldidaktisches Zentrum der Universität Dortmund, 2001.
Roth, Roland: Eliten und Gegeneliten. Neue soziale Bewegungen als Herausforderer „demokratischer Elitenherrschaft". In: Leif, Thomas; Legrand, Hans, und Klein, Ansgar (Hg.): Die politische Klasse in Deutschland. Eliten auf dem Prüfstand. Bonn/Berlin 1992.
Teichler, Ulrich und Maiworm, Friedhelm: Die Internationale Frauenuniversität aus der Sicht der Teilnehmerinnen und Dozentinnen. Kassel 2001.
Teubner, Ulrike: Ein Frauenfachbereich Informatik – Perspektiven im Verhältnis von Geschlechtertrennung und Geschlechtergerechtigkeit. In: Metz-Göckel, Sigrid; Schmalzhaf-Larsen, Christa, und Belinszki, Eszter (Hg.): Hochschulreform und Geschlecht. a.a.O. 2000.
Vogel, Barbara: Eliten – ein Thema der Frauenforschung? In: Schulz, Günther (Hg.): Frauen auf dem Weg zur Elite. München 2000.

Wichterich, Christa: From Passion to Profession? Mehr Fragen als Antworten zu Akteurinnen, Interessen und Veränderungen politischer Handlungsbedingungen der neuen internationalen Frauenbewegung. In: Zeitschrift für Frauenforschung und Geschlechterstudien, 19. Jg. 2001, H. 1+2.

Zimmermann, Karin: Zwischenbericht zum Projekt „Von der Legitimationsfrau zur anerkannten Expertin? Zur Konstruktion von Steuerungseliten im Reorganisationsprozess der Hochschulen", gefördert im Schwerpunktprogramm „Profession, Organisation, Geschlecht" der Deutschen Forschungsgemeinschaft. Dortmund 2001.

2. Themenorientiertes Projektstudium – interdisziplinär und interkulturell

Vorbemerkung

Das Herzstück der Internationalen Frauenuniversität „Technik und Kultur" waren die völlig neuartigen Studiengänge, die die traditionellen Bahnen der Fachdisziplinen und Fakultäten verließen. Im Mittelpunkt standen Themen, die gesellschaftlich brisante Fragen aufwerfen, die von zentraler Bedeutung für die Zukunft einer globalisierten Welt sind. So entstand das Konzept für die sechs Projektbereiche ARBEIT, INFORMATION, KÖRPER, MIGRATION, STADT und WASSER, die ihr Thema jeweils als Forschungsgegenstand mit Praxisorientierung entfalteten. Die Basis für die Entwicklung eines Programms waren die *ifu*-Prinzipien Interdisziplinarität und Interkulturalität sowie die Orientierung an der Genderperspektive und – als ein ganz besonderes Experiment – die Integration von Kunst und Wissenschaft.

Der Herausforderung, diese Aufgaben alle zugleich anzugehen, haben sich die beteiligten Wissenschaftlerinnen mit großer Energie gestellt. Dabei sind für die auf dieser Grundlage entstandenen Studienprogramme sehr unterschiedliche Lösungen gefunden worden. Die Möglichkeit, frei von fachdisziplinärer Bindung in einem vergleichsweise autonomen Gestaltungsraum wissenschaftliche Kreativität theoretisch und praktisch entfalten zu können, hat eine Lust am Experiment freigesetzt, wie sie im traditionellen deutschen Universitätsbetrieb kaum möglich ist.

Dabei kam den Curriculumarbeitsgruppen (CAG) eine zentrale Bedeutung zu. Jeweils 5-8 Wissenschaftlerinnen aus dem In- und Ausland arbeiteten seit 1998 daran, ein Semester-Programm nach den Prinzipien der *ifu* aufzustellen. Aus diesen Gruppen kamen später die meisten Dekaninnen, ihre Mitglieder waren als Dozentinnen für die *ifu* tätig, sie empfahlen weitere Wissenschaftlerinnen für die Lehre und nahmen Kontakt zu ihnen auf. Die Arbeit dieser Gruppen kann gar nicht hoch genug eingeschätzt werden. Sie gewährleisteten die Zusammenarbeit zwischen den Projektbereichen in der Vorbereitungszeit, in der das gemeinsame Ziel diskutiert und entwickelt wurde, sie sicherten die personelle Kontinuität bis zum Ende der Präsenzphase. Aus diesem Kreis kommen auch die Autorinnen für dieses Kapitel, überwiegend lokale Dekaninnen, die auf Grund ihrer kontinuierlichen Mitarbeit die beste Übersicht über die Entwicklung und die Ergebnisse der einzelnen Projektbereiche wie über die der *ifu* insgesamt haben.

Der Projektbereich ARBEIT entwickelte methodische Modelle für eine Komparatistik, die die Elemente „Globalization, Gender, and Work" ins Zentrum rückte. Probleme, die sich aus den weltweiten Veränderungen von „Frauenarbeit als einem Ensemble divergenter Arbeitsformen" ergeben, wurden in Hinsicht auf Unterschiede wie Gemeinsamkeiten in ausgewählten Ländern untersucht. Das vergleichsweise durchstrukturierte Curriculum eignete sich besonders gut zur Begleitung durch das *vifu*-Projekt einer computerunterstützten Lehre. Ganz anders der Projektbereich KÖRPER: Hier wurde – inhaltlich begründet – auf ein sequenzielles Curriculum verzichtet und das Konzept einer „Akademie", eines „suchenden Gesprächs" über den Frauenkörper entwickelt. Anerkannte Fachwissenschaftlerinnen lasen aus ihren Büchern und diskutierten darüber mit den Teilnehmerinnen. Der Projektbereich MIGRATION hatte sich zum Ziel gesetzt, theoretische Überlegungen und Erkenntnisse aus der Frauen- und Geschlechterforschung mit der Migrationsforschung zu verbinden. Im Mittelpunkt standen die geschlechtsspezifischen Determinanten von Migrationsbewegungen in einer globalisierten Welt, in der Grenzen und Grenzüberschreitungen für Frauen und Männer unterschiedliche Bedeutungen haben. Unter dem Leitbild „Information as a Social Resource" orientierte sich der Projektbereich INFORMATION an den Bedürfnissen von Frauen nach Information und Vernetzung in modernen Informationsgesellschaften. In kooperativen Projekten wurde mit Hilfe von Informations- und Kommunikationstechnologien gemeinsames Wissen zu einem gewählten Thema aufgebaut und z.T. in Websites umgesetzt. Im Projektbereich STADT ging es um die sozialen, politischen, ökonomischen und ökologischen Folgen der Verstädterung vor allem in den Megacities. Auch hier lag besonderes Gewicht auf den Projekten, die z.T. schon Wochen vor Semesterbeginn mit den Teilnehmerinnen in aller Welt vorbereitet wurden, wie z.B. das Projekt „Geschlechtsspezifische Wahrnehmung von Lebensqualität". Der Projektbereich WASSER schließlich hat hinsichtlich der Möglichkeiten wie Grenzen von Interdisziplinarität besonders interessante Erkenntnisse gewonnen, weil hier zwischen Ingenieurinnen und Sozial- und Geisteswissenschaftlerinnen der größte Spagat auszuhalten war. Die Verbindung mit Interkulturalität und Genderfragen hat offensichtlich geholfen, diese Spannung nicht nur auszuhalten, sondern teilweise auch produktiv zu überbrücken.

Obwohl die *ifu* das Ziel hatte, in allen Projektbereichen die Auseinandersetzung zwischen Natur- und Technikwissenschaften und den Sozial- und Geisteswissenschaften zu fördern, hatten INFORMATION, STADT und WASSER weit mehr naturwissenschaftlich-technische Anteile als ARBEIT, KÖRPER und MIGRATION, bei denen die sozial- und geisteswissenschaftlichen Anteile deutlich überwogen.

Interdisziplinarität scheint am ehesten in den ganzheitlich orientierten, praxisnahen Projekten gelungen zu sein. Die täglichen Diskussionen, angeregt durch die Neugier auf den Erfahrungsaustausch von interkulturell unterschiedlichen Denk- und Lebensformen von Frauen, haben hier manche zunächst unüberbrückbar scheinende Grenze überwinden helfen. Der interkulturelle Austausch über differierende wissenschaftliche Sichtweisen hat sich denn auch in allen Projektbereichen trotz mancher Schwierigkeiten als einer der fruchtbarsten Ansätze der *ifu* erwiesen.

Margot Poppenhusen

Regina Becker-Schmidt

Konturieren durch Vergleich.
Komparative Studien zur Transformation von Frauenarbeit in West-, Ost- und Mitteleuropa

1. Programmatik

Das Phänomen „Arbeit" in einem internationalen Horizont zu untersuchen, ist schon ein komplexes Projekt. Dabei aktuelle Dynamiken zu berücksichtigen und gleichzeitig in den Blick zu nehmen, wie sich die Tätigkeitsfelder von Frauen – Hausarbeit, Subsistenzarbeit, marktvermittelte Arbeit – im Unterschied zu männlichen Beschäftigungsverhältnissen entwickeln, ist noch vielgestaltiger. Im Zusammenhang mit Globalisierung nimmt das Thema „Arbeit und Geschlecht" im wahrsten Sinne des Wortes grenzenlose Dimensionen an.

Weltweite Transformationsprozesse haben kulturelle, ökonomische, finanzpolitische und soziale Folgen. In ihren Sog geraten Lebensformen, Arbeitsverhältnisse und staatliche Einrichtungen. Traditionen brechen auf, alltägliche Verhaltensmuster wandeln sich und mit ihnen Geschlechterordnungen.

„Globalisierung" vollzieht sich im Spannungsfeld von transnationalen und nationalen, transregionalen und lokalen Kontexten. Die Konstellationen variieren je nach Entwicklungsstand der Länder, ihrer Geschichte und ihrer Stellung in einer sich vernetzenden Welt. Wo in einem dreimonatigen Studienprogramm anfangen, wie zu notwendigen Beschränkungen kommen? Das war die Herausforderung, mit der sich der Projektbereich ARBEIT, eine der sechs Fakultäten der *ifu*, konfrontiert sah.

Es war von Anfang an klar, dass mit der Thematik „globalization, gender, and work" nur dann wissenschaftlich verantwortlich und politisch-praktisch vertretbar umzugehen war, wenn es uns gelang, es einsichtig einzugrenzen. Dabei durfte die regionale Fokussierung aber auch nicht zu eng sein. Um zu verallgemeinerbaren Befunden zu kommen, musste ein Zugang gefunden werden, der Länder übergreifende Ähnlichkeiten und regionalspezifische Differenzen in der globalen Umgestaltung von Arbeit, insbesondere Frauenarbeit, gleichermaßen einfangen konnte. Denn die Frage, ob Frauen Verliererinnen oder in gewissem Maße auch Gewinnerinnen der neuen weltweiten Trends sind, ist nicht pauschal, sondern nur differenziert zu beantworten. Es war die frauenpolitische Brisanz dieser Frage, die bisher in der Geschlechterforschung noch zu wenig Beachtung gefunden hat, die uns motivierte, diese Herausforderung anzunehmen.

2. Komparatistik: Methodische Erkenntnisse als Anknüpfungspunkte für Folgeprojekte

Wenn man sich in so weit gehendes Neuland begibt, sind in einem dreimonatigen Lehr- und Forschungsprogramm kaum abgeschlossene Ergebnisse zu erwarten. Aber ein Anfang für innovative Studien in diesem Feld wurde gemacht, und es wurden Resultate erzielt, die für weitere Untersuchungen nachhaltig sein können.

Das gilt zunächst einmal für die Klärung von methodischen Problemen.

Welche überregionalen Auswirkungen die kulturellen, ökonomischen, technologischen und politischen Umbrüche im Zuge von Globalisierung haben, wo jedoch auch Besonderheiten auf Grund spezifischer Ausgangsbedingungen auftreten, lässt sich nur im Ländervergleich ausmachen. Die Entscheidung für eine komparative Orientierung lag also in unserem Projektbereich in der Natur der Sache. Komparatistisch zu arbeiten ist aber leichter gefordert als getan. Zwar ist diese Methode, vor allem in den Politik- und Kulturwissenschaften, nicht neu. Es gibt jedoch – wie bereits konstatiert – kaum vergleichende Studien im Problemkomplex „globalization, gender, and work". Es ließ sich also nirgends nachschlagen, wie zu verfahren sei. Darum erscheint es mir sinnvoll, ein epistemologisches Ergebnis festzuhalten, nämlich weiter verwendbare Überlegungen zum Forschungsansatz „Komparatistik".

Wenn man überregionale Entwicklungen im Spannungsfeld von verallgemeinerbaren Dimensionen und besonderen Aspekten studieren will, stellt sich als erstes die Frage: Wie viele und welche Länder wähle ich für einen Vergleich aus? Zu viele Regionen oder gar Kontinente in einen Vergleich einzubeziehen birgt die Gefahr, in der Unübersichtlichkeit großer Datenmengen unterzugehen. Eine Überzahl detaillierter Fallstudien, die notwendig sind, um bei einem umfassenden Sample jeder einzelnen Region gerecht zu werden, erschwert die Bestimmung klarer Kriterien, die den Vergleich strukturieren sollen. Werden jedoch zu wenige Länder gegenübergestellt, geraten die übergreifenden Charakteristika von Globalisierungsbewegungen aus dem Blick, die von hochindustrialisierten Macht- und hegemonialen Kulturzentren vorangetrieben werden.

Die erste Entscheidung betraf also die Auswahl der Länder innerhalb einer regionalen Schwerpunktsetzung. Ausschlaggebend dafür sollten jedoch nicht allein wissenschaftliche Maßstäbe sein, sondern ebenso inhaltliche Gesichtspunkte und politisch-praktische Problemlagen.

Wir wollten wissen, wie sich forcierte Modernisierung, die sich international ausbreitet, auf den Zusammenhang von Arbeitsverhältnissen und Geschlechterverhältnissen auswirkt. Welche Zukunft hat Frauenarbeit in einer Zeit, in der sich neoliberalistische Marktgesetze mehr und mehr durchsetzen und in der politische Umbrüche, welche die ökonomischen begleiten, das Alltagsleben grundlegend verwandeln? Wo ließen sich solche Überschneidungen in Transformationsvollzügen in einem noch laufenden Prozess beobachten?

Diese Frage hatte den Weg nach Mittel- und Osteuropa gewiesen. Aus der Findungskommission, die das *ifu*-Programm in seinen Grundstrukturen entwarf, war der Vorschlag gekommen, modellhaft an Polen, Russland und Ungarn zu untersuchen, wie sich Prozesse der Globalisierung, staatliche Umstrukturierungen und technologische Veränderungen auf „Arbeit" auswirken. Dabei sollte von besonderer Bedeutung sein herauszufinden, ob Frauen von solchen Umwälzungen anders betroffen sind als Männer. Dieses Votum war aus zwei Gründen zündend. Zum einen: Keiner der anderen Projektbereiche bezog sich auf Länder, in denen sich nach dem Zusammenbruch kommunistischer Systeme auf allen gesellschaftlichen Ebenen dramatische Veränderungen abzeichnen. Angesichts der kosmopolitischen Bedeutung dieses Ereignisses besteht hier hoher Forschungsbedarf. Das gilt umso mehr, als die dort zu beobachtenden Erosionen in gewisser Weise paradigmatischen Charakter haben. Die zwei Phänomene, die in den ehemaligen Ostblockstaaten besonders augenfällig in Erscheinung treten, sind auch an anderen Orten des Globus anzutreffen: Die Auflösung nationalen bzw. staatlichen Einflusses auf die Global Player der Wirtschaft sowie Finanzpolitik und auf politischer Ebene die Neuordnung von Systemen sozialer Sicherung.

Fassen wir unsere Forschungsfragen schärfer, um dann später Befunde deutlicher herausarbeiten zu können.

In den Ländern, in denen vormals der Staat Arbeit verteilte, entstehen jetzt Arbeitsmärkte, auf denen die Gesetze von Angebot und Nachfrage gelten. Bringt das Anpassungszwänge an den Westen und Abhängigkeiten von jenen Ländern mit sich, die auf dem Weltmarkt eine Machtstellung haben? Oder ist es offen, welche Entwicklungen sich aus dem Wechselspiel von Globalisierung und Lokalität ergeben? Gibt es neue Verteilungskämpfe um bezahlte und lukrative Arbeitsplätze zwischen den Geschlechtern? Ändert sich etwas an der traditionellen Arbeitsteilung in der Familie oder anderen Formen des Zusammenlebens?

In den ehemaligen kommunistischen Gesellschaften sind Regime zusammengebrochen, die auf der Alleinherrschaft von Einheitsparteien beruhten; Wege in die Demokratie müssen gefunden werden. Werden es neue Wege und nicht nur Übernahmen formaler westlicher Modelle sein? Welche Rolle spielen Frauen auf der neuen politischen Bühne, wie groß sind ihre gesellschaftlichen Partizipationschancen?

Veränderungen lassen sich durch Vergleich konturieren. Deshalb sollte der Zusammenhang von „gender and work in transition" auch im Westen untersucht werden.

Die westlichen Gesellschaften treten in ein postindustrielles Stadium ein. Rationalisierungsschübe ziehen nicht nur Verschiebungen auf den Arbeitsmärkten nach sich – etwa vom Bereich der Güterproduktion zum Dienstleistungssektor. Der Sozialstaat ist in eine Krise geraten. Er muss angesichts steigender Kosten für Renten, das Gesundheitswesen und die Existenzsicherung von Arbeitslosen ebenfalls umstrukturiert werden. Haben wir es im West-Ost-Vergleich auf der einen Seite mit einem Abbau von staatlichen Versorgungsleistungen zu tun, auf der anderen Seite mit einer Reorganisation von Systemen sozialer Sicherung nach westlichem Vorbild? Welche Modelle berücksichtigen die spezifischen Arbeitsleistungen von Frauen, die sich aus nichtmarktvermittelten und marktvermittelten Tätigkeiten zusammensetzen?

Wir sehen, dass sich im Westen wie im Osten Europas beide Prozesse sozialen Wandels – wirtschaftliche Globalisierung und politische Transformation – überschneiden. Aber unter dem Aspekt unterschiedlicher gesellschaftlicher, kultureller und politischer Ausgangsbedingungen, die jeweils ihre eigensinnige Geschichte haben, vollzieht sich diese Überschneidung doch in divergenter Weise.

Beide Umbrüche tangieren hier wie dort den Zusammenhang von Arbeits- und Geschlechterverhältnissen. Gerade in Mittel- und Osteuropa lässt sich in Statu Nascendi studieren, welchen rasanten Veränderungen Arbeit, vor allem Frauenarbeit, unterliegt. Für eine gegenwartsbezogene feministische Forschung ist es nicht nur aktuell, sondern auch relevant zu klären, ob sich dieser soziale Wandel im West-Ost-Vergleich in ähnlichen oder unterschiedlichen Bahnen vollzieht. Was Mittel- und Osteuropa anbetrifft, so kann in der Frauen- und Geschlechterforschung von Brachland gesprochen werden. Fragen nach der Relation von „Geschlecht und Arbeit" sind allenfalls in der Transformationsforschung zur ehemaligen DDR gestellt worden. Deshalb können wir festhalten: Komparatistik ist als Methode zwar nichts Neues, aber der von uns ins Auge gefasste Fokus ist keineswegs erschlossen.

Die Beschäftigung mit der regionalen Schwerpunktsetzung West-, Mittel- und Osteuropa sollte in methodischer Hinsicht eine exemplarische Einübung in die komparatistische Methode sein. Denn einmal transparent gemacht, ist sie mit entsprechenden Korrekturen übertragbar auf andere Ländervergleiche. Studentinnen sollten sie auf Schwerpunkte ihres eigenen Interesses anwenden können. Es waren Diskussionen im Plenum und in den Arbeitsgruppen vorgesehen, die Raum für einen Austausch ließen, in den die Partizipantinnen die Erfahrungen aus ihren Heimatländern einbringen konnten. Dieses Lehrziel ließ sich nur teilweise einlösen. Das hatte mehrere Gründe. Die Präsentation der Fallanalysen zu Schweden, Polen, Ungarn und Russland musste den komparativen Überlegungen notwendigerweise vorausgehen, denn man kann nur vergleichen, was man kennt. Das nahm jedoch viel Zeit in Anspruch, die dann für die Beschäftigung mit den Herkunftsländern der Partizipantinnen nicht zur Verfügung stand. Das brachte uns den Vorwurf des „Eurozentrismus" ein. Des Weiteren hatten viele Partizipantinnen ihre Abschlussarbeiten schon geplant und waren von daher auf ihre eigene Thematik und Zugangsweise weitgehend festgelegt. Auch das musste aus Zeitgründen akzeptiert werden. Und nicht zuletzt vermittelten wir Dozentinnen den methodischen Kern unseres Programms vielleicht nicht immer mit der notwendigen Deutlichkeit.

Ich komme noch einmal auf den Anfang zurück.

Bei dem Vorschlag für eine regionale Schwerpunktbildung im Projektbereich ARBEIT schoss mir damals in der Findungskommission durch den Kopf: Riesige Dimensionen! An den Grenzen Russlands berühren sich Europa und Asien. Von Polen aus weitet sich das Umfeld nach Westen und Süden aus. Wie auf einer Landkarte tauchte vor meinem inneren Auge ein Spektrum von Ländern auf, das mir in der Vielgestaltigkeit von politischen, gesellschaftlichen und kulturellen Entwicklungen unüberschaubar erschien. Allein die Vorstellung, geschlechtsbezogene Arbeitsverhältnisse in Russland und seinen ganz verschiedenen Teilrepubliken untersuchen zu wollen, machte mich schwindelig. Aber nach einigem Nachdenken schien mir diese Schwerpunktsetzung nicht nur aus inhaltlichen, sondern auch aus methodischen Gründen sinnvoll. Die ausgewählten Regionen haben einerseits Berührungspunkte in der europäischen Geschichte und teilen ein Stück weit abendländische kulturelle Traditionen. Das erlaubt es, nach Ähnlichkeiten zu suchen. Andererseits hatten sie – vor allem in der Zeit des Eisernen Vorhangs – ihre je eigensinnige gesellschaftliche Entwicklung. Das forderte heraus, nach Unterschieden zu suchen.

Die Verunsicherung über die Größenverhältnisse verschwand auch, weil in der Projektarbeitsgruppe komparatistische Kompetenz sehr gut vertreten war. So ließ sich klären, unter welchen Perspektiven Fragestellungen für unsere vergleichenden Studien zu bündeln waren.

Bleiben wir noch einen Moment bei der Auswahl der Vergleichsländer. Ungarn, Polen, Russland standen für Mittel- und Osteuropa bereits fest. Aber welche westlichen Länder sollten Bezugspunkte der Kontrastierung sein?

Wir brauchten eine Weile, bis wir uns über das Land geeinigt hatten, das für unsere Zielsetzung geeignet erschien. Zunächst hatten wir an die USA gedacht, dann an Regionen wie Portugal, Spanien oder Griechenland, die in einem ähnlichen Entwicklungsprozess stecken wie Ungarn, Polen, Slowenien oder Tschechien. Dann fragten wir Kolleginnen aus Russland und Ungarn, an welchem Land sich die Staaten Mittel- und Osteuropas am ehesten orientieren. Die Antwort war Schweden.

Diese Wahl hatte einen Doppelaspekt.

Schweden gilt in der europäischen Geschichte als Modell für eine Demokratie, die auf eine lange und erfolgreiche Tradition geschlechtlicher Gleichstellungspolitik zurückblicken kann. In den Augen der Menschen, die gegen Armut und wirtschaftliche Deprivation kämpfen, ist es ein reiches Land mit einem funktionierenden Wohlfahrtsstaat. Aber in unserem Zusammenhang war Schweden nicht einfach ein westliches Vorzeigeland. Es sollte nicht als unhinterfragbar vorbildliches Modell für Entwicklungspfade anderswo auf dem Globus herhalten. Es ging eher darum zu zeigen, auf welchen sozialhistorischen Voraussetzungen Geschlechterdemokratie basiert und dass Krisen auch in vergleichsweise reichen Ländern soziale Konflikte, ja Armut, erzeugen. Nehmen wir nur einen Ausschnitt aus Schwedens Geschichte: die Genese seines Wohlfahrtsstaats. Der Erfolg des schwedischen Systems ließ sich auf die Stärke einer gut organisierten Arbeiterbewegung mit einer sozialdemokratischen Ausrichtung und auf wirtschaftliche Prosperität zurückführen. Diese spezifische historische Konstellation stößt heute an Grenzen. Der schwedische Wohlfahrtsstaat wird seit 1992 umgeformt – die schwedische Regierung sieht sich aus wirtschaftlichen Gründen gezwungen, Sozialleistungen zu streichen. Die oft gepriesene Versorgung der Bürger und Bürgerinnen von der Wiege bis zum Grab ließ sich auf Dauer, vor allem unter dem Druck einer sich international durchsetzenden neoliberalistischen Wirtschaftspolitik, nicht durchhalten.

Gehen wir einen Schritt weiter in der Rekonstruktion von methodischen und theoretischen Reflexionen im Projektbereich ARBEIT, von denen wir annehmen, dass sie in einer komparatistisch orientierten Geschlechterforschung weitergeführt werden könnten.

3. Frauenarbeit/Männerarbeit: Different zusammengesetzte Ensembles gesellschaftlich notwendiger Tätigkeiten

Nach der Bestimmung der Länder, die zur Kontrastierung in Frage kamen, musste geklärt werden, was die Referenzpunkte des internationalen Vergleichs sein sollten. Überlegungen über die Beziehungen zwischen Geschlecht und Arbeit in Schweden führten zu den folgenden Leitlinien: Vergleich der Stellung von Frauen und Männern im Beschäftigungssystem; geschlechtsspezifische Arbeitsteilung in der Familie; staatliche Angebote für Frauen zur Vereinbarkeit von Hausarbeit, privaten Versorgungsleistungen (care work) und Berufstätigkeit. Das Programm nahm Gestalt an, die Forschungsfragen bekamen Kontur. Sie ließen sich jetzt folgendermaßen konkretisieren:

Wie verändern sich Formen des privaten Zusammenlebens? Von woher kommen Anstöße zur Umgestaltung der traditionellen Institution „Familie"? Wo brechen etablierte Strukturen geschlechtlicher Arbeitsteilung auf – im häuslichen Bereich oder im Beschäftigungssystem? Wie verteilen sich tariflich abgesicherte bzw. ungeschützte Erwerbsarbeit, selbstständige Tätigkeiten, Teilzeitarbeit, Schattenarbeit und Arbeitslosigkeit auf die Geschlechter, wie auf verschiedene Frauengruppen in den ausgewählten Regionen? Welchen Zugang zu Qualifikations- und Arbeitsbeschaffungsmaßnahmen, zu Arbeitslosengeld oder anderen Formen der Grundsicherung haben sie? Solche Problemstellungen vergleichend zu untersuchen ist angesichts von Frauenarmut in allen Regionen Europas von großer Brisanz.

Die empirische Beantwortung dieses Fragenkatalogs hatte zur Voraussetzung, in einer feministischen Perspektive die Begrifflichkeiten zu überprüfen, mit denen herkömmlicherweise an das Phänomen „Arbeit" herangegangen wird.

Um die verschiedenen Tätigkeiten, mit denen Frauen zur Reproduktion der Gesellschaft beitragen, berücksichtigen zu können, mussten wir uns von gängigen Arbeitstheorien verabschieden, die unter gesellschaftlich notwendigen Praxen nur diejenigen verstanden wissen wollen, die marktvermittelt sind. Der Begriff „Arbeit" schließt aber Haushaltung und Hausarbeit, care work (Kinderversorgung, private Pflegeleistungen) und Arbeit zur Selbstversorgung (Subsistenzarbeit) ein. Marktvermittelte und nicht-marktvermittelte Tätigkeiten sind im Phänomen „Frauenarbeit" kombiniert.

Im Vorbereitungsteam einigten wir uns darauf, das begrifflich festzuhalten. Frauenarbeit wurde von uns verstanden als ein „Ensemble divergenter Arbeitsformen"[1] (Becker-Schmidt). Obwohl alle sozialen Tätigkeitsfelder von Frauen unabdingbar für den gesellschaftlichen Er- und Zusammenhalt sind, werden einige von ihnen jedoch nicht ihrer psychosozialen und ökonomischen Bedeutung entsprechend honoriert. Hausarbeit hat zumindest in Europa nicht die gleiche Wertigkeit wie Berufsarbeit; Subsistenzarbeit taucht bis heute in den internationalen Wirtschaftsstatistiken nicht auf, obwohl ihre ökonomische Relevanz unbestreitbar ist. In beiden Fällen handelt es sich vorrangig um Frauenarbeit.

Es wurde in der internationalen Diskussion unseres Projektbereichs schnell evident: Frauenarbeit als Ensemble divergenter Praxisformen unterscheidet sich Länder übergreifend von dem Tätigkeitsspektrum auf männlicher Seite. Auch Männer gehen in vielen Ländern, wo man von einer entlohnten Tätigkeit nicht

---

1 Die Formulierung „divergente Arbeitsformen" zielt darauf ab auszudrücken, dass Frauen nicht nur verschiedene Tätigkeitsfelder in ihrem Alltag unter einen Hut bringen. Als Grenzgängerinnen zwischen privaten und öffentlichen Räumen müssen sie vielmehr mit der Herausforderung fertig werden, dass Arbeitsziele, die Organisation von Arbeit, die Qualifikationsprofile und Zeitstrukturen in häuslichen und marktvermittelten Praxisbereichen differieren. Die gesellschaftliche Formbestimmung von Hausarbeit ist eine andere als die von Berufsarbeit. Vgl. hierzu: Regina Becker-Schmidt: Die Bedeutung weiblicher Arbeitsbiographien für eine selbstbestimmte Interessenvertretung von Frauen. In: Philosophie und Empirie, Hannoversche Schriften 4, Frankfurt a.M. 2001, S. 69-94.

leben kann, mehreren Minijobs nach. Aber solche Mehrfachbeschäftigung setzt sich in der Regel nicht aus bezahlter und unbezahlter Arbeit zusammen. Wo Männer sich im Haushalt engagieren, sind es häufig handwerkliche Beschäftigungen wie Reparaturen u.ä., die getätigt werden. Solche Aktivitäten verbleiben eher in einem Bedeutungshorizont, der mit „Maskulinität" assoziiert wird. Frauen dagegen wechseln in ihren Pendelbewegungen zwischen Familie und Beruf hinüber in öffentliche Bereiche, in denen traditionelle Geschlechterkonstruktionen übersprungen werden müssen. Auch Männer erbringen Leistungen unentgeltlich – z.B. in Vereinen und Organisationen ihres Interesses. Aber solche ehrenamtlichen Tätigkeiten genießen den Bonus, in Foren mit Publikum angesiedelt zu sein (Vereine, kulturelle oder rituelle Einrichtungen). Sie sind darum mit Anerkennung verbunden. Gemeinnützige Arbeit von Männern wird auch öfter bezahlt als die von Frauen.

Die Formulierung „Frauenarbeit ist ein Ensemble divergenter Arbeitsformen" erlaubt Vergleiche auf drei Ebenen. Sie ermöglicht zum Ersten, die unterschiedliche Kombination von Praxen in weiblichen und in männlichen Lebenszusammenhängen in unserer Hemisphäre zu untersuchen. Sie eignet sich zum Zweiten dazu, Arbeitsverhältnisse zwischen Frauen aus unterschiedlichen Klassen und Ethnien gegenüberzustellen. Sie kann zum Dritten im interkulturellen Kontext zur Anschauung bringen, wie variantenreich in verschiedenen Kontinenten die Tätigkeiten im Frauenalltag miteinander verknüpft sind und wie sie sich von Männerarbeit abgrenzen lassen. Einige Beispiele, die teilweise aus unserem Projektbereich stammen, teilweise aber auch aus anderen Quellen, mögen das belegen.

Eine Partizipantin, die auf einer asiatischen Hochebene lebt, lieferte uns die folgende Beschreibung. Sie ist typisch für den Arbeitstag einer Frau aus ihrer Heimat, die in subsistenzwirtschaftliche Lebensbedingungen eingespannt ist. Bevor die junge Frau morgens aufs Feld geht, hat sie Wasser geholt und Feuerholz für den Haushalt gesammelt. Während der Feldarbeit trägt sie ihr kleinstes Kind auf dem Rücken und versorgt es zwischendurch. Sie nutzt Pausen, um mit Nachbarinnen zu beraten, wie sie Saatgut für die nächste Ernte zurückbehalten können. Wenn sie nach Hause kommt, kümmert sie sich um den Hausrat und kocht das Essen für die Angehörigen. Der Mann lebt in einer weiter entfernten Stadt, wo er einer bezahlten Tätigkeit nachgeht.

Ilse Lenz hat die Situation einer Frau in einer bolivianischen Bergarbeitersiedlung festgehalten, die zusätzlich zur Hausarbeit für den informellen Markt produziert:

> „Mein Tagewerk beginnt um vier Uhr morgens, besonders wenn mein Mann in der ersten Schicht arbeitet. Dann mache ich ihm das Frühstück. Dann müssen die Saltenas (Pasteten, I.L.) gemacht werden, denn ich mache einige 100 jeden Tag und verkaufe sie auf der Straße. Ich mache diese Arbeit um zu ergänzen, was am Lohn meines Mannes fehlt, um den Haushalt zu unterhalten... Dann muss ich die Kinder fertigmachen, die morgens zur

Schule gehen, dann die Wäsche waschen, die ich am Vorabend eingeweicht habe... die Kleider kosten noch mehr. Also versuche ich alles, was ich kann, selber zu machen. Kleidung, um uns zu wärmen, kaufen wir nicht fertig. Wir kaufen Wolle und weben... Im Allgemeinen lege ich mich um 12 Uhr nachts schlafen. Wir sind schon daran gewöhnt. Gut, ich glaube, all das zeigt sehr genau, wie man den Minero doppelt ausbeutet, nicht wahr? Weil die Frau zu Haus viel mehr arbeiten muss, da er so wenig Geld bekommt. Letzten Endes ist es eine Gratisarbeit, die wir für den Eigentümer machen, nicht wahr?"[2]

Der nächste Fall stammt aus Russland: Erzählt wird von einer Moskauerin, die, bevor sie ihrer Arbeit als Hausverwalterin nachgeht, in den frühen Morgenstunden um Nahrungsmittel ansteht. Neben dem minimal bezahlten Job als Hausverwalterin arbeitet sie halbtags als Verkäuferin. Die Versorgung und Erziehung ihrer kleinen Tochter obliegt ihr, genauso die Hausarbeit. Der Ehemann arbeitet ganztags auf dem Bau.

Fassen wir skizzenhaft zusammen, welchen Ertrag solche Vergleiche für die Weiterentwicklung der Geschlechterforschung, aber auch für die politisch-praktische Arbeit mit Frauen erbringen können.

Wir kennen das Phänomen Frauenarbeit als Ensemble unterschiedlicher oder divergenter Praxen aus unserer eigenen Umwelt. Selbst Berufstätige in Westeuropa, die gut bezahlt werden und im Vergleich zu Geschlechtsgenossinnen aus armen Ländern in privilegierten Verhältnissen leben, sind – anders als ihre Ehemänner – mit Doppel- und Dreifachbelastungen konfrontiert, den berühmt-berüchtigten drei Ks: *K*inder, *K*üche, *K*arriere. Aber im Kontrast wird noch einmal deutlich, wie groß das Gefälle zwischen reichen und armen Frauen ist; wie anders die psychischen Kosten sind, wenn neue, von Globalisierung stimulierte Arbeitsorientierungen dazu führen, in weiblichen Lebenszusammenhängen in Konflikt mit traditionellen Rollenmustern der Geschlechterordnung zu geraten. Auch hierfür ein Exempel: Eine Nachwuchswissenschaftlerin aus Indien wies uns darauf hin, dass es in ihrem Land zu einer Frage von Leben und Tod werden kann, wenn der Wunsch nach beruflicher Emanzipation gegen religiös fundierte Weiblichkeitsbilder und patriarchale Familienstrukturen verstößt. In ihrer Region, in der Frauen vergleichsweise gut ausgebildet und in den Arbeitsmarkt integriert sind, finden sich extrem hohe Selbstmordzahlen und hohe Raten schwerer psychischer Erkrankungen in der jungen weiblichen Bevölkerung.

---

2 Von Ilse Lenz zitiert aus: Viezzer, Moena: „Wenn man mir erlaubt zu sprechen..." Zeugnis von Domitila, einer Frau aus den Minen Boliviens. Bornheim-Merten 1979.

4. Erweiterung von wissenschaftlichen Erkenntnissen durch feministische Zusammenhangsanalysen

Die intensive Beschäftigung mit unserer Auffassung von „Frauenarbeit" und die Beachtung ihrer kulturabhängigen Zusammensetzung prägten die Konzeptualisierung des gesamten Studienprogramms. Die gewonnenen Einsichten, methodischer und inhaltlicher Art, könnten ein reicher Fundus für Folgeprojekte werden. Ich liste die wichtigsten Resultate auf:

— „Arbeit" und „Geschlecht" stehen in einem spannungsreichen Verhältnis zueinander. Um das zu verstehen, ist es notwendig, „Frauenarbeit" und „Männerarbeit" in ihrer Relationalität zu sehen. Das ist jedoch nur möglich im Rahmen einer übergreifenden gesellschaftlichen Strukturierung. Wir nennen sie „Geschlechterverhältnis". Erst die Verkettung verschiedener Geschlechterarrangements, die in ihrem Zusammenhang ein Gechlechterverhältnis ausmachen, erklärt die soziale Ungleichstellung der Geschlechter, die auf einer Diskriminierung der weiblichen Genus-Gruppe in allen zentralen Bereichen der Gesellschaft (private Lebenswelten, Ausbildungssektor, Arbeitsmarkt, Erwerbssphäre, Wohlfahrtsstaat) basiert. Häusliche Arbeitsteilung zu Ungunsten von Frauen und berufliche Segmentationslinien entlang der Trennlinie Gender sind miteinander verknüpft. Das führt zu kumulativen Effekten in der Kette von Benachteiligungen: Mehrarbeit im Haus, schlechtere Stellung im Beschäftigungssystem, geringere wohlfahrtsstaatliche Leistungen sind keine isolierten Fakten, sondern Elemente eines Nexus. Solche Verflechtungen können nur erkannt werden, wenn der Lebenszusammenhang von Frauen als Gesamtheit in den Blick genommen wird. Erst die Durchdringung dieses Insgesamt erklärt den Terminus „Feminisierung der Arbeit". Für Frauen ist das Risiko, im Alter auf Sozialhilfe angewiesen zu sein, größer als für Männer, weil sie in jeder Statuspassage ihres Lebenslaufs – von der Ausbildung in den Beruf, vom Beruf in die Ehe, von der Phase der Kleinkindbetreuung zurück ins Erwerbsleben – Gefahr laufen, Einbußen an Ressourcen zu erleiden.
— Geschlechtliche Arbeitsteilung hat je nach gesellschaftlich-kulturellen und historischen Bedingungen (agrarische Verhältnisse, industrielle oder postindustrielle Konstellationen, Vermischung von Subsistenzwirtschaft und Kapitalismus) eine andere Formation. Es ist also nicht universelles, sondern raum-zeitlich „situiertes Wissen" (Haraway) gefragt.
— Geschlechtliche Arbeitsteilung und die Bewertung von Praxisfeldern haben nicht nur ökonomische Gründe, sie haben auch kulturelle (z.B. religiöse) Hintergründe. Die soziale Positionierung der Geschlechter und ihre gesellschaftliche Verortung sind vermittelt durch traditionelle Weiblichkeits- und

Männlichkeitsbilder, die in Relation zueinander stehen. Und umgekehrt: Polarisierte und disparitäre Geschlechterklischees sind in ihrer Genese nur zu verstehen, wenn man sie rückbezieht auf die Strukturierung des Geschlechterverhältnisses, dem sie zugehören. „Arbeit" ist nicht der einzige, aber ein wesentlicher Mediator von sozialer Ungleichheit entlang der Trennlinie Gender. Die Hierarchisierung von Frauen- und Männerarbeit, das ökonomische, kulturelle und politische Machtgefälle zwischen den Genus-Gruppen und die gesellschaftliche Organisation von Sexualität wirken in dieser Strukturierung zusammen.

- Erst die Analyse von psychischen Spannungen und sozialen Konflikten im Alltag von Frauen, die aus der mehrdimensionalen Beanspruchung erwachsen, wirft Licht auf die quantitativen und qualitativen Belastungen in weiblichen Arbeitsverhältnissen. Diese Konstellation lässt sich jedoch nur erschließen, wenn in der Forschung auch biografisches Material berücksichtigt wird. Im Länder- und Kulturvergleich wird anschaulich, mit welchen Problemen, Belastungen und Benachteiligungen einerseits, Anerkennungs-, Aneignungs- und Partizipationschancen anderseits arbeitende Frauen konfrontiert sind, wie sie Positives und Negatives, objektive Zwänge und subjektive Ansprüche in ihren verschiedenen Praxisfeldern abwägen um zu klären, was für sie unverzichtbar ist. Nur wenn sie ihre Sichtweisen selbst zur Sprache bringen können, gewinnen wir Einblicke in die Art und Weise, wie sie Praxiserfahrungen verarbeiten, die in Leistungsanforderungen, Zeitstrukturen, Spielräumen der Selbstgestaltung und Möglichkeiten der Selbstbestätigung höchst widersprüchlich sind.
- Wie die Beispiele für die verschiedenen Kombinationen von Arbeit im Frauenalltag zeigen, haben wir es in einer vergleichenden Perspektive nicht nur mit Differenzen in sozialen Lebenslagen zwischen Männern und Frauen zu tun, sondern ebenso mit Gefällen von sozialen Chancen zwischen armen und reichen Frauen. Folgerichtig müssen in feministischen Studien zur „Frauenarbeit" zwei Achsen von sozialen Ungleichheitslagen und kulturellen Differenzen beachtet werden: die zwischen den Geschlechtern und die zwischen Frauen unterschiedlicher Klassen, Ethnien und Hautfarben.
- Da sich ökonomische, politische, kulturelle und psychologische Aspekte im Problemkomplex „gender and work in transition" verschränken, der Nexus „Frauenarbeit/Männerarbeit" sich zudem nicht ohne Rückgriff auf Geschichte erfassen lässt, ist neben Internationalität auch Interdisziplinarität eine unabdingbare Voraussetzung von Gender Studies in diesem Feld.
- Die Fülle von Diskriminierungen, denen Frauen ausgesetzt sind (gesellschaftliche Mehrarbeit in der Familie, schlechtere Entlohnung im Erwerbssystem, Allokation in prekären Erwerbsverhältnissen u.a.), fordert dazu heraus, anders über die Zukunft der Arbeit nachzudenken, als das einige unserer männlichen Kollegen tun, die z.B. „Bürgerarbeit" (Beck) und das

Konzept „Arbeit in einem dritten Sektor" (Rifkin) als Lösung für Arbeitslosigkeit anbieten. Von einem Abbau der Benachteiligung von Frauen auf dem Arbeitsmarkt ist in solchen Vorschlägen nicht die Rede. Von Belang ist eher die Ausbeutbarkeit von arbeitslosen Frauen für gesellschaftlich notwendige Arbeit wie care work und sonstige Dienstleistungen, für die so wenig Geld wie möglich bereitgestellt werden soll. Es sind vorwiegend Frauen, an die schlecht bezahlte „Bürgerarbeit" vermittelt wird.[3] Die deutsche Regierung zählt zur Zeit vier Millionen geringfügig Beschäftigte, die nicht mehr als 630 DM im Monat verdienen (Hannoversche Allgemeine Zeitung, 6.5.2000, 2). Die offizielle Arbeitslosenquote sinkt zwar durch die Einrichtung von solchen Minijobs. Verdeckt bleibt jedoch in einer Statistik, die nicht nach Geschlechtern differenziert, dass zur überwiegenden Mehrzahl Frauen in solchen prekären Beschäftigungsverhältnissen zu finden sind, die keine Chance für eine eigenständige Existenzsicherung gewähren. Dem „Report of Human Development 1999" kann man unter dem Stichwort „gender gaps" entnehmen, wie disparitär die Relationen zwischen Frauen und Männern in den Bereichen „Arbeit", „Erziehung", „Unternehmerische Aktivitäten" und „Politische Vertretung" im Weltmaßstab sind.

5. „Globalisierung" – ein vielschichtiges Phänomen

Wir können nicht für uns in Anspruch nehmen, Ergebnisse hervorgebracht zu haben, die auf systematischen komparativen Studien fußen. Sie sind vorläufig und unvollständig, wie das in einer so kurzen Zeit der internationalen Kooperation nicht anders sein kann. Aber einige Befunde sind hieb- und stichfest und werfen erhellendes Licht auf unsere Ausgangsfrage: „Wie wirken sich Globalisierungsprozesse weltweit auf Frauenarbeit aus?"

Ich gehe auf Ergebnisse aus dem Plenum und den Arbeitsgruppen ein, wo neben West-, Mittel-, und Osteuropa auch die Herkunftsregionen der nicht-europäischen Partizipantinnen behandelt wurden: Latein-Amerika, Afrika, Asien.

Überall zeigt sich: Globalisierung hat ein Doppelgesicht. Zwar entstehen durch die Etablierung von nicht staatlich dirigierten Arbeitsmärkten in ehemals kommunistischen Ländern oder durch Umstrukturierungen des Beschäftigungssystems im Westen neue Erwerbsmöglichkeiten für Angehörige des weiblichen Geschlechts. Aber vielerorts, z.B. in Russland, haben sich die Berufschancen für Frauen verschlechtert. Sie wurden aus qualifizierten Berufsbereichen (Ingenieurwesen z.B.) durch männliche Konkurrenz verdrängt. Arbeitslos gewordene

---

3   Gisela Notz: Die neuen Freiwilligen. Das Ehrenamt – Eine Antwort auf die Krise? Neu-Ulm 1998.

Männer, die in Branchen tätig waren, welche sich wirtschaftlich nicht halten konnten (Bergbau, Schwerindustrie z.B.), strömten in Bereiche, in denen vormals Frauen angesiedelt waren. Ähnliche Phänomene lassen sich in Polen und Ungarn feststellen. In Deutschland steigt zwar die Erwerbsquote von Frauen immer noch leicht an, aber sie sind unverhältnismäßig häufiger als Männer in Teilzeitjobs beschäftigt.

Des Weiteren: Die Verschiebung von Subsistenzarbeit auf den informellen Arbeitsmarkt, die wir in Afrika, Latein-Amerika, Ost-Europa und in Asien beobachten können, schafft für Frauen spezifische Probleme: Einerseits werden eigenständige Formen der Existenzsicherung und ihrer Organisation in Frauenkooperativen zerstört, anderseits ist Subsistenzarbeit eine Praxisform, die so an den Kräften von Frauen zehrt und wegen der Auslaugung der Böden, in die nicht investiert wird, so wenig Erträge bringt, dass nach neuen Quellen der Existenzsicherung gesucht werden muss.

In vielen Regionen kann Subsistenzarbeit das Überleben von Frauen und der von ihnen versorgten Angehörigen nicht mehr sichern. Unter dem Druck der Verelendung entstehen viele Kleinunternehmungen, in denen Frauen agrarische und handwerkliche Produkte verkaufen. Diese small-business-Aktivitäten entstehen zwar unter prekären finanziellen Bedingungen, sie können aber als emanzipatorische Schritte in die Marktwirtschaft verstanden werden, an der bisher in subsistenzwirtschaftlichen Zusammenhängen nur Männer teilhatten.

Globalisierungsprozesse vertiefen das Gefälle zwischen armen und reichen Regionen. Die multilateralen Fusionen, die weltweit anwachsen, sind januskӧpfig. Es entstehen zwar neue Arbeitsplätze, von denen auch Frauen profitieren, und die Öffnung von Grenzen macht Migration aus der Armut möglich, eine Chance, die auch Frauen ergreifen. Aber da Frauen aus Ländern der Dritten Welt nur selten Gelegenheit zu einer Ausbildung haben, führt Migration für sie oft in neues Elend: Prostitution und ungeschützte Arbeitsverhältnisse in den Haushalten reicherer Frauen. Des Weiteren binden multilaterale Vereinbarungen die Regierung abhängiger Länder in hohem Maße; wegen Versprechungen auf Wirtschaftshilfe lassen sie sich auf politische Entscheidungen ein, die für die Mehrzahl der Bevölkerung, vor allem für Frauen, problematische Folgen haben können: z.B. niedrige Löhne, lange Arbeitszeiten, geschlechtlich segregierte Arbeitsmärkte. Es ist in den Diskussionen des Projektbereiches sehr klar geworden, wie wichtig NGOs und andere Frauenbewegungen sind, die Druck auf die nationalen Regierungen, auf internationale Organisationen und Korporationen ausüben, für Frauen das Recht auf Ausbildung, auf politische Partizipation und auf berufliche Gleichstellung zu garantieren. Obwohl auch Männer Verlierer von Globalisierungsprozessen sein können, z.B. durch Verlust ihres Arbeitsplatzes, bekommen Frauen die Verschlechterung von Existenzbedingungen doch noch stärker zu spüren, weil sie zusätzlich belastet sind: Haushaltung und Kleinkindbetreuung sind weltweit als „female work" definiert; geringere Entlohnung, höhere Analphabetisierungsraten und sexuelle Gewalt betreffen sie anders als das männliche Geschlecht.

Als genereller Trend kann ebenfalls festgehalten werden, dass es ungleiche Modernisierungschancen im Stadt-Land-Gefälle gibt. Verarmungsprozesse auf dem Land forcieren Migrationsbewegungen. Auch in diesem Zusammenhang sind Männer besser vorbereitet als Frauen: Sie sind mobiler, weil sie weniger gebunden an die häusliche Versorgung von Angehörigen sind, und sie haben die besseren Ausbildungsvoraussetzungen.

Entwicklungstrends sind dennoch nicht universalisierbar. Transformationen in einzelnen Ländern zu analysieren schließt ein, ökonomische, politische und kulturbezogene Entscheidungen auch von der jeweils nationalen Warte aus zu sehen. Staaten und Gesellschaften reagieren sowohl auf Probleme, die auf nationaler Ebene akut sind (z.B. Krisen in bestimmten Branchen und als Konsequenz wachsender Arbeitslosigkeit; Veränderungen in der Zusammensetzung der Erwerbsbevölkerung und steigende Kosten in den Systemen sozialer Sicherung) als auch auf internationale Konstellationen (etwa auf Möglichkeiten der Wirtschaftshilfe). In Transformationen machen sich länderspezifische historische Hintergründe ebenso geltend wie die geografische Lage. Polen reagiert z.B. auf die Öffnung der Grenzen zu seinen westlichen Nachbarn. Dabei restrukturiert es nicht nur seine politischen Beziehungen; es bereitet auch ökonomisch seinen Eintritt in den Europäischen Markt vor.

Obwohl wir in Russland, Ungarn und Polen ähnliche Erscheinungen auf dem Arbeitsmarkt und im Bereich politischer Partizipation beobachten können – in beiden Dimensionen verlieren Frauen an Boden –, lassen sich jedoch auch abweichende Entwicklungen zwischen diesen Ländern konstatieren, etwa in der Familienpolitik, im Recht auf Abtreibung, in der Rolle der Kirche, in der Bedeutung des Staates als Arbeitgeber.

Als Fazit lässt sich festhalten: Phänomene von Frauendiskriminierung wie die unbalancierte Distribution von bezahlter und unbezahlter Arbeit oder die ungerechte Verteilung von wohlfahrtsstaatlichen Leistungen tauchen nicht isoliert in verschiedenen Sektoren auf, sondern sind bereichsübergreifend miteinander verknüpft. Der Staat, der nicht nur verantwortlich für die Systeme sozialer Sicherung ist, sondern auch für Regelungen, die den Frauenalltag in anderer Weise berühren (Abtreibung, Gesundheitswesen, Mutterschaftsurlaub, Kinderkrippen u.a.), versucht im Westen wie im Osten, im Norden wie im Süden Kosten für solche Dienstleistungen auf den öffentlichen Sektor abzuschieben: Der Arbeitsmarkt vernachlässigt hier wie dort, dass Frauen im Privatbereich noch einen zweiten, unbezahlten Arbeitsplatz haben, nämlich die Haushaltung, die Kinderversorgung und die Pflege von Angehörigen. Die Untersuchung von Frauendiskriminierung macht es darum erforderlich, die Überschneidung von geschlechtlicher Ungleichbehandlung in allen sozialen Sektoren zu beachten, die Einfluss auf die gesellschaftliche Verteilung von Arbeit haben. Erst eine solchermaßen komplexe Ausrichtung von Forschung kann gewährleisten, dass Globalisierung in ihrer Auswirkung auf weibliche Lebensverhältnisse so untersucht wird, dass die Verschärfungen von gender gaps genauso sichtbar werden wie Kristallisationspunkte, an denen hierarchische Gechlechterarrangements aufbrechen.

Heidrun Allert, Hadhami Dhraief, Wolfgang Nejdl[1]

Intelligente Online-Wissensbestände für handlungsorientiertes Lernen.
Computerunterstütztes und angeleitetes Design für Online-Wissensressourcen

1. Einleitung

Das Institut für Technische Informatik, Abteilung Rechnergestützte Wissensverarbeitung (Knowledge Based Systems, KBS) der Universität Hannover, unterstützte den Projektbereich ARBEIT. Forschungsprojekte im Bereich netzgestützter Lehre sind zahlreich. Viele behandeln Inhaltsbereiche aus den technischen und naturwissenschaftlichen Fachbereichen sowie der Mathematik, die sich dadurch auszeichnen, dass sie hoch strukturiert sind. Die Kooperation des Instituts für Technische Informatik mit dem Projektbereich ARBEIT eröffnete eine reizvolle Möglichkeit, Wissensressourcen und Strukturen für die Projektarbeit in einem interdisziplinären Inhaltsbereich der Sozialwissenschaften[2] zu visualisieren und bereitzustellen. Timothy Koschmann (1993/94) nennt diese Wissensdomänen „ill-structured" und betrachtet sie als besondere Herausforderung für das computerunterstützte kollaborative Lernen (Computer Supported Collaborative Learning, CSCL). Die Inhalte des Bereichs ARBEIT sind in die Gesellschaft integrierte soziale Arrangements, die durch sich wandelnde gesellschaftliche Konstellationen verändert werden können. Sie sind kulturell geprägt, länderspezifisch, unterliegen soziokulturellen Entwicklungen und werden stetig transformiert.

Wir entwickelten die technische Infrastruktur, eine gezielte Unterstützung der Dozentinnen und das Training der Teilnehmerinnen. Eine Gruppe von Dozentinnen der Internationalen Frauenuniversität (*ifu*) entwickelte das Curriculum, stellte die Inhalte für diesen Projektbereich zusammen und organisierte die

---

1 Dieser Artikel ist die für dieses Buch überarbeitete Version eines in englischer Sprache veröffentlichten Vortrags, abgedruckt mit der Erlaubnis der Association for the Advancement of Computing in Education (AACE), Norfolk, VA. This paper was published in the Proceedings of the World Conference on Educational Multimedia and Hypermedia 2001. PO Box 3728, Norfolk, VA 23514-3728, www.aace.org, pubs@aace.org.
  Die Übersetzung für dieses Buch besorgte Eleonore von Oertzen.
2 Im Projektbereich ARBEIT waren durch die Dozentinnen folgende Disziplinen vertreten: Soziologie, Sozialpsychologie, Erziehungswissenschaften, Politikwissenschaften, Ökonomie, Geschichtswissenschaften, Ethnopsychoanalyse (Anm. die Hg.).

Lehrveranstaltungen. Dem lag der Plan zu Grunde, diesen Projektbereich mit dem virtuellen Teil der *ifu*, der *vifu*, zusammenzubringen. Das KBS stellte einen speziellen Server zur Verfügung: http://www.work.uni-hannover.de und stellte Online-Ressourcen zusammen. Um die Bedürfnisse besser einschätzen zu können und zu klären, was genau gebraucht wurde, arbeiteten wir eng mit Regina Becker-Schmidt vom Psychologischen Institut sowie mit Margit Frackmann vom Institut für Berufspädagogik (beide Universität Hannover) zusammen. Solch eine interdisziplinäre Kooperation ist bis heute an Universitäten eher unüblich. Zu Beginn unserer Zusammenarbeit hatten die Sozialwissenschaftlerinnen keine genaue Vorstellung davon, wie der virtuelle Aspekt ihre Lehre erweitern und verändern könnte. Wir trugen deshalb auch dazu bei, ihnen die Möglichkeiten, die in einem solchen Vorgehen liegen, zu verdeutlichen.

Unsere Leitfrage war: Wie kann die virtuelle Universität, die einen Teil der *ifu* bildet, die Lehre und das Lernen in den Veranstaltungen während der *ifu* unterstützen und neue Aspekte einbringen?

Zunächst klärte unsere interdisziplinäre Projektgruppe aus Soziologinnen und Erziehungswissenschaftlerinnen, die den Inhalt bereitstellten, sowie Computerwissenschaftlerinnen, die für technische Infrastruktur, Training und Unterstützung zuständig waren, die Grundbedingungen der Lehre.

80 postgraduierte Teilnehmerinnen aus der ganzen Welt sollten im Projektbereich ARBEIT studieren – die meisten von ihnen aus Ländern außerhalb der westlichen Welt. In ihren Heimatländern arbeiten sie überwiegend als Forscherinnen, Dozentinnen oder wissenschaftliche Mitarbeiterinnen an Universitäten, bei staatlichen oder Nichtregierungsorganisationen (NGO). Ihre Studienfächer waren z.B. Betriebswirtschaft, Frauenforschung und Personalentwicklung. Die Dozentinnen der *ifu* wollten Bedingungen herstellen, die lebhafte Diskussionen über Theorien, Methoden und die Interdependenz und Verknüpfung von Faktoren ermöglichen sollten. Informationen sollten sowohl von den Dozentinnen als auch von den Teilnehmerinnen in ihren (kulturellen) Kontext eingebettet werden können. Sowohl die Wissensvermittlung als auch die Darstellung der studentischen Projektarbeit sollten von einer technischen Infrastruktur unterstützt werden, die die Herstellung von Netzwerken und die Integration erleichtern.

2. Concept Maps

Unterschiedliche kulturelle, politische, soziale und ökonomische Hintergründe sowie die Beachtung und Einbeziehung verschiedener Faktoren und relevanter Einflüsse ermöglichen unterschiedliche Perspektiven auf ein Thema. Concept Maps stellen eine Möglichkeit dar, die Struktur eines Themas unter einer bestimmten Perspektive zu visualisieren. Unter Struktur wird auch die Beziehung von Aspekten und Faktoren untereinander verstanden.³ Dabei ist die Concept Map eines Experten nur eine mögliche unter vielen. Sie bildet nicht das Expertenwissen ab, an das die Teilnehmerinnen ihre Wissensstrukturen und ihre Sichtweise anpassen müssen, sondern sie ist Grundlage der Diskussion, um verschiedene Perspektiven, die Einflüsse verschiedener Faktoren und Hintergründe transparent zu machen. So ist es anhand der Visualisierung der Interdependenzen zwischen Faktoren und Aspekten möglich, die Transformation der gesamten Konstellation bei Veränderung nur eines der Faktoren diskutierbar zu machen.

Das Ziel des Einsatzes von Concept Maps in der Vorlesung ist, dass die Teilnehmerinnen in die Diskussion der Perspektiven einbezogen werden und sie durch eigene Faktoren variieren können. Im Projektbereich ARBEIT wurden sowohl Dozentinnen als auch Teilnehmerinnen dazu qualifiziert, Concept Maps zu erstellen und in ihrer Projektarbeit wie auch in deren Präsentation einzusetzen.⁴

„Online knowledge resources" bezeichnet im Rahmen des Projektbereichs ARBEIT das Hinterlegen von Wissenseinheiten hinter der visualisierten Struktur eines Themas. Man kann dann diese Wissenseinheiten über die Struktur Schritt für Schritt „aufdecken". Die Concept Map bildet das Interface zwischen Nutzerin und Wissenseinheiten. Sie sind über das Internet allen zugänglich.

Das Projekt „Intelligente Online-Wissensbestände für handlungsorientiertes Lernen" konzentrierte sich beim Einsatz von Concept Maps zur Visualisierung von Zusammenhängen und Themen auf die folgenden drei Aspekte:

– Die lokale Dekanin des Projektbereichs ARBEIT Regina Becker-Schmidt benutzte Concept Maps, um das Curriculum zu strukturieren und deutlicher zu erklären.
– Dozentinnen visualisierten ihre Vorlesungen in Form von Concept Maps und präsentierten sie im Netz, wo sie jederzeit einzusehen waren. In den von Concept Maps strukturierten Vorlesungen wurden die Concept Maps auf Projektionstafeln gezeigt, die auf Berührungen reagieren wie auf Mausklicks. Die Interaktion der Dozentin mit den Concept Maps und den zu Grunde liegenden Wissensressourcen wird dadurch für alle sichtbar und nachvollziehbar.

---

3   Für den Projektbereich ARBEIT z.B. die untereinander bestehenden Beziehungen und Relationen von Faktoren wie: Gesellschaft – global/regional/lokal – Wirtschaft – Arbeit/Arbeitsteilung – Bildung/Ausbildung – Familie – Religion – soziale Sicherungssysteme etc. (Anm. die Hg.).
4   Der ebenfalls häufige Begriff „Mind Maps" bezeichnet nicht exakt das Ziel der Visualisierung von Strukturen, wie es im Projektbereich Arbeit angestrebt war. Mind Maps werden eingesetzt, um während des Lernprozesses ein besseres Verstehen zu ermöglichen. Eine Mind Map ist daher primär für den individuellen Lernfortschritt nützlich und bildet den eigenen Lernprozess ebenso ab wie den Fortschritt im Verständnis einer rezipierten Wissensressource.

– Online-Wissensressourcen wurden ebenso in Form von Concept Maps organisiert wie der Zugang zu ihnen.

Die meisten Dozentinnen verfügten bereits über einige Erfahrung im Umgang mit Computern und dem Internet. Sie benutzten das Internet für die Kommunikation per e-mail und auch als Wissensressource, aber sie setzten es noch nicht dazu ein, um selbst Wissen für ein Publikum zu strukturieren und zu präsentieren. Einige der Dozentinnen waren sehr am Konzept der Concept Maps interessiert und diskutierten im Vorfeld intensiv verschiedene Perspektiven und Strukturierungsmöglichkeiten, Faktoren und Aspekte ihres Themas. Sie realisierten die Bedeutung der gewählten Sichtweise auf das Thema und nahmen gern jegliche Unterstützung der Mitarbeiterinnen des Instituts für Rechnergestützte Wissensverarbeitung in Anspruch, um ihre Vorlesung bzw. ihr Projektthema in Form von Concept Maps im Netz zu präsentieren. Die Concept Maps strukturierten dann wiederum Vortrag und Diskussion während der Vorlesung und boten im Anschluss an die Vorlesung den Teilnehmerinnen über das Netz einen strukturierten Zugang zu den Wissenseinheiten.

Um dies zu ermöglichen, baten wir die Dozentinnen bereits mehrere Monate vor dem Beginn des *ifu*-Semesters darum, uns Zeichnungen, Notizen und andere Arbeitsmaterialien zur Verfügung zu stellen, und stellten damit jeweils eine Concept Map her. Auf diese Weise kamen wir zu einer ganzen Reihe von Concept Maps, die in Aufbau und Gestaltung sehr unterschiedlich und auf die Bedürfnisse und Ideen der Dozentinnen zugeschnitten waren.

Zugleich boten wir allen Teilnehmerinnen ein Computer-Training an, wobei wir uns nach ihren bereits vorhandenen Kenntnissen richteten. Fast alle Teilnehmerinnen nahmen an dieser Ausbildung teil, um eine erweiterte Computer-Literacy zu erwerben (inklusive der Kompetenz, eigene Inhalte im Internet zu publizieren). Einige von ihnen benutzten später Concept Maps, um ihre eigene Projektarbeit im Hörsaal ebenso wie im Netz zu präsentieren.

Vor allem zwei virtuelle Projekte wurden entwickelt, ausgearbeitet und zur Verfügung gestellt:

– Der Begriff Gender und das Konzept von Gender Studies, wie es im Curriculum verwendet wurde, wurden vor dem Hintergrund der Arbeitsteilung und der unterschiedlichen kulturellen Verhältnisse dargestellt.
– Die Auswirkungen der Informationstechnologie und ihre Bedeutung für die Arbeit von Frauen wurden vor dem Hintergrund der grundlegenden Veränderungen von Arbeit und Arbeitsbedingungen dargestellt.

Die Online-Ressourcen für diese Projekte wurden als Concept Maps organisiert. Wir halfen Dozentinnen, von denen einige nur kurz in Deutschland waren, sowie den Teilnehmerinnen, ihr Wissen und ihre Quellen auf diese Weise zu strukturieren, so dass nach und nach mehrere Projekte im Netz zugänglich wurden. Teilnehmerinnen konnten auf diese Ressourcen zurückgreifen, um Vorlesungen noch einmal durchzuarbeiten und Quellen für ihre eigene Projektarbeit zu finden.

3. Evaluierung

Wir evaluierten das Projekt anhand der definierten Ziele. Eine wesentliche Frage dabei war: Hatte der Ansatz der Concept Maps den Bedürfnissen der Teilnehmerinnen entsprochen? Um das herauszubekommen, führten wir viele Interviews mit Teilnehmerinnen durch, die auch auf Video aufgezeichnet wurden.

In den Interviews fragten wir die Teilnehmerinnen,

1. ob Concept Maps das Verständnis der Vorlesungen erleichterten,
2. wie sie den Unterschied zwischen Concept Maps und linearen Darstellungen von Konzepten in einer Vorlesung einschätzten,
3. ob die visuelle Darstellung die Diskussion in einer großen Plenumsgruppe erleichterte,
4. ob ihnen Concept Maps schon vorher bekannt gewesen seien,
5. ob sie andere Strukturierungsvorschläge hätten,
6. ob sie Concept Maps in ihrer eigenen Arbeit und in ihrem Projekt, das sie am Ende der *ifu* vorstellen sollten, benutzen wollten.[5]

Die folgenden Absätze enthalten einige repräsentative Antworten vor allem auf die ersten drei Fragen:

> „Lineare Texte regen die Teilnehmerinnen nicht dazu an, ihre eigenen Erfahrungen einzubringen, ihre Arbeitserfahrungen in ihrem Kontext, in ihrem Arbeitszusammenhang und ihrer Umgebung zu reflektieren. Wenn man aber eine Concept Map vorstellt, können sie das verstehen. Eine Dozentin oder Trainerin kann auch selbst lernen, denn sie ist ja keine Ein-Mann-Show, sie trägt nicht nur vor, sondern tauscht sich auch mit den Teilnehmerinnen aus. Als Trainerin sammle ich Erfahrung durch den Austausch mit den Teilnehmerinnen. Wenn man ihnen Concept Maps gibt, bekommt man neue Informationen, die man sonst nicht hat. Ein Text ist dagegen festgelegt. Manchmal lerne ich mehr von meinen Teilnehmerinnen als sie von mir. (...) In meinem Institut und überall im Sudan wird nicht die Rolle von Trainerinnen und Dozentinnen immer wichtiger, sondern die von Moderatorinnen, die den Austausch zwischen den Teilnehmerinnen möglich machen sollen. Und auf diese Weise lernst du selbst als Trainerin von deren Erfahrung. Denn du lernst aus ihren Erfahrungen in verschiedenen Teilen des Landes und verschie-

---

5   Viele Teilnehmerinnen wollten eine schon vorher begonnene Forschungsarbeit während der *ifu* beenden. Daher arbeiteten sie meist individuell an ihren Projekten und stellten nur die Ergebnisse ins Netz, ohne sie wirklich in die Online-Ressourcen zu integrieren.

denen Umgebungen. Es geht um die Moderation. Wir setzen Rollenspiele ein, Fallstudien und Übungen." *(Betriebswirtin, Sudan)*

„Der Kontext hilft, Ideen zu präsentieren. Es ist einfach, alle Ideen zu sehen und miteinander in Verbindung zu bringen. So werden die dialektischen Beziehungen zwischen Ideen sichtbar gemacht. Wenn Gegenstände nacheinander in linearer Struktur vorgestellt werden, ist es nicht so einfach, Verbindungen zwischen ihnen herzustellen. (...) Katalin Koncz [eine Dozentin aus Ungarn, d.Verf.] stellte ihre Idee vor, und wir trugen Ideen aus unserem Blickwinkel bei. Wenn ich die Möglichkeit habe, einen Gegenstand zu präsentieren oder zu strukturieren, dann kann ich ihn auch wieder neu strukturieren. Jeder hat eigene Ideen über den Gegenstand und seine Themen und einen eigenen Zugang zur Darstellung und Untersuchung des Gegenstandes selbst. Das ist von Person zu Person und je nach Hintergrund verschieden." *(Lehrerin, Sudan)*

„Wenn Concept Maps präsentiert werden, weiß man von Anfang an, was auf einen zukommt. Bei einem linearen Text muss man warten, was als nächstes kommt. Aber wenn man die Beziehung und den Kontext schon kennt, wird es immer einfacher, und die ganze Vorlesung wird interessanter, wenn man weiß, wohin man sich bewegt. Und außerdem: Manchmal merkte ich, dass in meinem Kopf ein anderer Kontext oder eine andere Beziehung in Hinblick auf dieselbe Concept Map entstand, während die Dozentin noch ihre andere Sicht erklärte. Wenn ich schließlich zu einer ganz anderen Perspektive gelangte, konnte ich der Dozentin das mitteilen. Das ist ein großer Vorteil, weil man verschiedene Dimensionen ins Auge fassen muss und sich gegenseitig unterschiedliche Perspektiven auf dieselbe Sache eröffnen kann. Mit einer einzigen Concept Map lässt sich so viel erklären. Man braucht kein Wort zu sagen und erklärt doch so viel. Jede/r schaut die Karte auf seine oder ihre eigene Weise an. Alle haben ihre eigene Art, alles in einer Concept Map miteinander in Beziehung zu setzen. Und in der Regel gibt es unterschiedliche Perspektiven. Die Vorlesungen, in denen Concept Maps verwendet wurden und die mit Concept Maps begannen, gehörten zu den interessantesten Veranstaltungen. Wir kamen immer wieder auf sie zurück.

Es ist ein interessantes Instrument, um anderen etwas klar zu machen, selbst wenn man tief in die Materie eindringt. Ich habe Concept Maps als Teil meiner Methoden benutzt, um Gender-Fragen zu diskutieren. Die Concept Map war sehr hilfreich, als es darum ging, den Anderen die Methodologie meiner Feldforschung zu erklären, um darzustellen, was ich mache und wie ich das tue. (...) Es ist sehr fruchtbar, um anderen etwas klar zu machen. Concept Maps lassen breiten Raum für Diskussionen. Es hilft dir auch als Dozentin, denn du stellst dein eigenes Konzept und Verständnis damit dar, und wenn dann die Diskussion anfängt, erweitert es deinen Horizont. (...) Sie sind wirklich hilfreich für eine Diskussion. Sicher läuft es manchmal in die falsche Richtung, weil man sich mehr auf die Concept Map konzentriert als auf die Idee, die dahinter steht. Aber sie befördert ohne Zweifel die Diskussion. Manchmal trägt sie dazu bei, sehr konstruktive Argumente hervorzubringen." *(Koordinatorin einer NGO)*

In diesen Interviews betonten die Teilnehmerinnen die Vorteile von Concept Maps gegenüber linearen Ressourcen. Concept Maps förderten die Diskussion in einem großen Plenum und veränderten die Rollen von Dozentin und Teilnehmerinnen in der Lehrsituation.

Wir fragten die Teilnehmerinnen auch nach einer speziellen Software (Mind Manager), mit der man ebenfalls Concept Maps herstellen kann, da wir bemerkten, dass es ihnen darauf ankam, nicht-hierarchische Strukturen hervorzubringen. Es ging dabei nicht um eine Bewertung von Mind Manager, sondern nur darum, ob hierarchische Strukturen, wie sie bei Mind Manager vorlagen, eher den Bedürfnissen der Teilnehmerinnen entsprachen. Einige sagten, ihrer Meinung nach seien Konzepte in sozialen Zusammenhängen nicht nur hierarchisch strukturiert, während dies für rechnergestützte Datenbasen oft zutreffe. Diese seien daher nicht in der Lage, Dimensionen, Interdependenzen, Abhängigkeiten oder Veränderungen darzustellen. Die folgende Aussage erklärt das sehr schön:

> „Nicht jedes Thema und jede Idee enthält Hierarchien wie die, die in Mind Manager ausgedrückt werden. Man möchte vielleicht nicht Verzweigungen darstellen, sondern Dimensionen. Es passt nicht wirklich zu dem Konzept, das jemand vielleicht hat. Eine Sache kann verschiedene Dimensionen haben, die ineinander übergehen, und da bin ich mit Mind Manager nicht weitergekommen. Wenn man zeigen will, dass es hier einen gemeinsamen Bereich gibt und dort die Bereiche, die zwei Dimensionen oder Faktoren nicht teilen – an der Stelle hatte ich mit Mind Manager Probleme. Ein Beispiel ist eine Überschneidung von zwei Kreisen. Das kann man mit verschiedenen Concept Maps darstellen, aber mit Mind Manager nicht. Eine andere Sache sind komplexe Beziehungen und Wechselbeziehungen. Ich weiß nicht, ob ich Recht habe, aber mir scheint, Mind Manager gehört zu den Sachen, die etwas über den Unterschied zwischen Natur- und Geisteswissenschaften aussagen: Naturwissenschaften haben klare Antworten wie ‚ja' und ‚nein', aber die Geisteswissenschaften nicht. Mind Manager ist von jemandem gemacht worden, der den Naturwissenschaften näher steht. Mind Manager hat klare Antworten. Wenn man selbst klare Antworten hat, kann man dieses Instrument sehr gut gebrauchen. Aber wenn die eigenen Antworten noch nicht so klar sind, wird es etwas schwierig, weil der Einsatz dieses Instruments einen in Widersprüche verwickelt. Denn dann zeigt man eine Sache und spricht von einer anderen. In den meisten Fächern, die wir hier an der *ifu* studiert haben, vor allem, wenn die Diskussion ein hohes Niveau erreicht hat, sind die Antworten niemals nur ‚schwarz' oder ‚weiß'. Da kann man mit Mind Manager an eine Grenze stoßen. Aber wenn man klare Trennungslinien hat, ist Mind Manager wirklich eine gute Sache." *(Assistenzprofessorin, Indien)*

Als Ergebnis geht aus diesen Interviews hervor, dass die Concept Maps tatsächlich die Rolle von Lehrenden und Lernenden veränderten. Die Lehrenden wurden mehr zu Moderatorinnen, und die Studierenden konnten ihre eigenen Erfahrungen stärker einbringen. Concept Maps erleichtern die Diskussion über Struktur, Begrifflichkeit und Inhalt. Dies erwies sich als besonders wichtig bei der Lehre für postgraduierte Teilnehmerinnen mit einem sehr unterschiedlichen Hintergrund in Hinsicht auf interkulturelle Erfahrungen, Bildungs- und Arbeitskenntnisse. Daraus ergaben sich sehr detaillierte Diskussionen über die Zusammenhänge und Interdependenzen von Faktoren und über unterschiedliche Formen der gesellschaftlichen Organisation in verschiedenen Ländern und Kulturen. Dabei wurden Realitäten und spezifische Probleme erkennbar, die in westlichen Ländern nicht vorkommen. Indem die Struktur und die Organisation von Wissen sichtbar wurden, sahen sich die Teilnehmerinnen in der Lage, die Unterschiede zu diskutieren, zu definieren und zu bezeichnen, so wie sie sich aus den ganz unterschiedlichen Blickwinkeln der verschiedenen Kulturen darstellten.

Dabei wurde auch mehrfach die Frage aufgeworfen, ob die Dinge völlig anders zu strukturieren wären: Teilnehmerinnen und Dozentinnen arbeiteten dann in ihren Diskussionen gemeinsam an einer Re-Strukturierung des Gegenstandes und nahmen auf diese Weise an ganz verschiedenen Kontexten und Perspektiven teil, was für viele eine deutliche Erweiterung des eigenen Horizonts bedeutete.

Literatur

Anderson-Inman, L. und Zeitz, L.: Computer-based concept mapping: Active studying for active learners: Benefit of concept mapping using computer software such as Inspirations [on line] Abstract from Education Development Center from the Computing Teaching. http://www.edc.org/FSC/NCIP/OT_CBFCM.html, 1996.

Becker-Schmidt, Regina: Erste Schritte zu einem Curriculum. Ein Erfahrungsbericht. In: Neusel, Aylâ (Hg.): Die eigene Hochschule. Opladen: Leske + Budrich, 2000, S. 97-109.

Gaines, B. und Shaw, M.: Concept Maps as Hypermedia Components [on line] Authors provide visual and written descriptions of using concept maps in hypermedia systems. http://ksi.cpsc.ucalgary.ca/articles/ConceptMaps/CM.html#Section1, 1996.

Koshmann, T.D.; Myers, A.C.; Feltovich, P.J. und Barrows, H.S.: Using Technology in Realizing Effective Learning and Instruction: A Principled Approach to the Use of Computers in Collaborative Learning. In: Journal of the Learning Sciences, Special Issue: Computer Support for Collaborative Learning. Jg. 3, 1993/1994, H. 3, S. 228.

Nejdl, Wolfgang; Frackmann, Margit, und Dhraief, Hadhami: Teilprojekt Intelligente Online Wissensbestände für handlungsorientiertes Lernen. In: Neusel, Aylâ (Hg.): Die eigene Hochschule. Opladen: Leske und Budrich, 2000, S. 186-188.

http://www.work.uni-hannover.de

Christiane Floyd

Verständnis und Gestaltung von Wissensprojekten am Beispiel des Projektbereichs INFORMATION

1. Einführung

Am Übergang in das Informationszeitalter stellt sich in ganz unterschiedlichen Zusammenhängen die Herausforderung, wie für die Beantwortung von interessierenden Fragen gemeinsames Wissen aufgebaut werden kann. Dabei gilt es, die Vielfalt der Sichtweisen zu berücksichtigen und über Gegensätze hinweg gangbare Problemlösungen zu suchen. Das erfordert die sinnvolle Nutzung von Information in einem Austausch zwischen Kulturen, sozialen Gruppierungen und Geschlechtern, bei dem unterschiedliche Wege des Wissens anerkannt werden und die Zusammenarbeit auf wechselseitiger Achtung beruht.

Wissensprozesse dieser Art zu fördern war das zentrale Anliegen des Projektbereichs INFORMATION, das sich in der inhaltlichen Orientierung und ihrer didaktischen Umsetzung niederschlug. Das Leitbild des Projektbereichs – *Information as a Social Resource* – thematisiert die Bereitstellung, Verfügbarkeit und Verwendung von Information zwischen Menschen und setzt von der Nutzungs- bzw. Rezeptionsseite her an. Hier geht es darum, wie Information aus der Sicht von Frauen verstanden wird und wie autonome Nutzung von Information gewährleistet werden kann mit dem Ziel, Information orientiert an menschlichen Bedürfnissen zu entwickeln. Wie Information als soziale Ressource behandelt wird, hängt wesentlich von den unterschiedlichen Kulturen ab. Moderne Informations- und Kommunikationstechnologien interagieren mit traditionellen Wegen der Informationsbehandlung und verändern sie radikal, so dass weltweit eine Vielfalt von Informationsgesellschaften entsteht.

Um dem Anspruch des Curriculums[1] gerecht zu werden, standen kooperative Projekte im Mittelpunkt, in denen zwischen fünf und 16 Teilnehmerinnen über drei Monate hinweg an einem gemeinsamen Ergebnis arbeiteten. Ausgehend von individuellen und gemeinschaftlichen Anliegen wurden dabei her-

---

[1] Das Curriculum ist in Floyd, Heinsohn und Klein-Franke 2000, beschrieben. Die Ergebnisse des Projektbereichs sind in Floyd, Kelkar, Klein-Franke, Kramarae und Limpangog 2002, zusammengestellt.

kömmliche Medien ebenso wie die Informations- und Kommunikationstechnologien genutzt.

Der Projektbereich INFORMATION fand an der Universität Hamburg statt. Meine Aufgabe war zum einen die Leitung des Hamburger Projekts, das mit der Vorbereitung und Durchführung des Studienprogramms betraut war,[2] an dem etwa 160 Dozentinnen und Studentinnen aus aller Welt teilgenommen haben. Zum anderen war ich als Dekanin zusammen mit einer amerikanischen Kollegin Cheris Kramarae verantwortlich für das wissenschaftliche Programm. Zugleich war ich die Leiterin des Forschungs- und Entwicklungsprojektes Kokonstruktion von Wissen, Teil der Virtuellen Internationalen Frauenuniversität (*vifu*), das Softwareunterstützung für das Studienprogramm bereitgestellt hat.[3] Diese drei unterschiedlichen, jedoch ineinander verschränkten Erfahrungshorizonte werden im nachfolgenden Beitrag gemeinsam betrachtet.

Unter einem *Wissensprojekt* verstehe ich ein organisiertes Vorhaben zum Aufbau von situiertem Wissen. Situiert ist Wissen, wenn die jeweiligen Problemsichten der Beteiligten die maßgeblichen Anliegen und Themenfelder konstituieren und den Hintergrund zur Bewertung passender Wissensinhalte und technischer Lösungen bilden. Beim Projektbereich trafen drei Aspekte zusammen:

- Der Projektbereich selbst wurde als Wissensprojekt betrachtet und gestaltet.
- Im Studienprogramm wurden Wissensprojekte thematisiert und exemplarisch durchgeführt.
- Die Informationstechnologien zur Unterstützung von Wissensprojekten waren zugleich Arbeitsmittel und Forschungsgegenstand.

Im Folgenden werden verschiedene Ebenen von Wissensprojekten und ihre Wechselwirkungen im Projektbereich INFORMATION betrachtet und anhand der Erfahrungen kritisch gewürdigt.

---

2   Die kontinuierlichen Mitglieder des Teams an der Universität Hamburg waren: Tina Bach (Leiterin des Service Centers), Dorit Heinsohn (Leiterin des Hamburger *ifu*-Büros), Dr. Silvie Klein-Franke (Koordinatorin des Projektbereichs). Dazu kam die Unterstützung durch Sekretärinnen, studentische Hilfskräfte, Praktikantinnen und freie Mitarbeiterinnen für einen jeweils begrenzten Zeitraum.

3   Das Projekt *vifu* wurde von Dr. Heidi Schelhowe an der Humboldt-Universität geleitet. Im Teilprojekt Kokonstruktion von Wissen stellte Wolf-Gideon Bleek, unterstützt von Arne Bestmann die Infrastruktur zur Verfügung, Dr. Ingrid Wetzel und Birgit Ebeling führten Skill-Kurse in Webtechnologien durch.

2. Wissensprojekte und ihre Gestaltung

Der oben eingeführte Begriff *Wissensprojekt* hilft, Gemeinsamkeiten von kooperativen Erkenntnisprozessen in verschiedenen Bereichen zu verstehen. Hier geht es um *Prozesse der Wissensbildung*, bei denen existierende Wissensinhalte aus einem bestimmten Erkenntnisinteresse angeeignet und neue erarbeitet werden. Diese Prozesse sind kreativ und einmalig, sie werden von den jeweils Beteiligten in der Situation getragen.

2.1 Verständnis von Wissensprojekten

Mit Prozessen der Wissensbildung setzen sich konstruktivistische Ansätze der Erkenntnis- und Wissenschaftstheorie auseinander. In den (radikal-)konstruktivistischen Ansätzen geht es vorwiegend darum, den überkommenen Anspruch des naturwissenschaftlichen Wissens auf Beobachterunabhängigkeit in Frage zu stellen. Autoren wie Maturana, von Foerster oder von Glasersfeld betonen die Beobachter*abhängigkeit* von Wissen. Für die Betrachtung der Wissensbildung als sozialen Prozess ist jedoch der bloße Hinweis auf einen Beobachter nicht ausreichend. Selbst in den Naturwissenschaften findet sich nicht der einzelne Wissenschaftler ohne Vorbedingungen, sondern das Denkkollektiv, geprägt durch ein sozioökonomisches Umfeld, das sich in einer geschichtlich bedingten Tradition bewegt. In den sozialkonstruktivistischen Ansätzen wird daher mit dem Begriff *Standpunktgebundenheit* hervorgehoben, dass der Prozess der Wissensbildung durch Bedürfnisse und Interessen, individuelle und kollektive Erfahrungen, vorhandene Ressourcen, Machtverhältnisse sowie andere Rahmenbedingungen geprägt ist.

Für die feministische Diskussion wurden konstruktivistische Denkansätze fruchtbar, als zunehmend klar wurde, dass vermeintlich objektives Wissen, auch in den Naturwissenschaften, implizit dennoch Standpunkte widerspiegelt, und zwar im traditionellen Wissenschaftsbetrieb typischerweise den von männlichen, weißen Intellektuellen. Durch diese dominierende Gruppe werden die zu Grunde liegenden Paradigmen und damit die Fragestellungen, Theorien und Methoden, in überkommenen Prozessen der Wissensbildung geprägt. Dabei werden andere Standpunkte, zum Beispiel die von Frauen, von kolonisierten Menschen oder von Arbeitenden, verdrängt und damit ausgegrenzt. Es ist nahe liegend, dass sich in der feministischen Diskussion Standpunktorientierung vor allem auf die Genderdifferenzierung bezieht. Harding (1998) verallgemeinert das Konzept aber so, dass es zum Beispiel auch für die Kommunikation von Angehörigen verschiedener Kulturen verwendet werden kann. Der von mir verwendete Begriff *situiertes Wissen* findet sich in ähnlicher Weise bei Haraway (1995), wo er die Verortung von Wissen in einer bewussten Positionierung im Sinne eines feministischen Standpunktes bezeichnet.

Im Folgenden geht es um Wissen*projekte*, also um organisierte Vorhaben zum Aufbau von situiertem Wissen, insbesondere um solche, in denen Gruppen *ein gemeinsames Ergebnis* erarbeiten.

Mein Zugang zu Wissensprojekten erfolgte über die Softwaretechnik. Um die kooperativen Erkenntnisprozesse bei der Softwareentwicklung besser zu verstehen, bin ich in einer mehrjährigen Untersuchung den erkenntnistheoretischen Grundlagen der Softwareentwicklung nachgegangen. Für mich war vor allem der Austausch mit Heinz von Foerster wichtig (vgl. Floyd 1997). Ich verwende daher den erkenntnistheoretisch ausgerichteten Begriff *Wissenskokonstruktion*, um gemeinsame Wissensbildung zu beschreiben.

Dagegen legt die marxistische Tradition den Begriff *Wissenskoproduktion* nahe, der in meinen Augen stärker den sozialen Prozess der Wissensbildung hervorhebt. Er findet sich auch in feministischen Ansätzen der Erkenntnis- und Wissenschaftstheorie, insbesondere in dem von Harding (1998) über Wissenschaft in einer postkolonialen multikulturellen Welt.

Wie sich ein Wissensprojekt entfaltet, kann nicht im Voraus bestimmt werden, sondern hängt von den Standpunkten der Beteiligten und ihrer Interaktion ab, wobei der Raum für die Wissensbildung durch die vorhandenen Ressourcen und die gewährte (Teil-)Autonomie begrenzt ist. Häufig werden Wissensprojekte mit emanzipatorischen Anliegen in Verbindung gebracht, zum Beispiel bei der partizipativen Systementwicklung.

2.2 Gestaltbildende Projekttechniken

Zu unterscheiden ist die bloße Beobachtung, dass Wissensprojekte stattfinden, von der Teilnahme. Für alle Beteiligten bedeutet dies *Mit-Tragen* des Prozesses und zugleich *Intervention* in den Prozess, wenn auch in unterschiedlicher Weise. Dies gilt auch für diejenigen, die das Projekt leiten. Die Leitung eines Wissensprojektes besteht darin, es ins Leben zu rufen, die Projektmitglieder zusammenzubringen, die Rahmenbedingungen zu schaffen und den Prozess der gemeinsamen Wissensbildung zu fördern.

Für Wissenskokonstruktion ist *Selbstorganisation* unerlässlich. Dabei ist zu unterscheiden zwischen der basalen Ebene von Selbstorganisation, die über die Kommunikation zwischen den Beteiligten immer stattfindet, und einer bewussten Orientierung auf Selbstorganisation durch (teil-)autonome Entscheidungsfindung der Gruppe. Wird letztere von der Projektleitung nicht zugelassen, so organisiert sich ein Wissensprojekt häufig an der Projektleitung vorbei.

Möglichkeiten und Grenzen der *Gestaltung* eines Vorhabens *als Wissensprojekt* ergeben sich aus einem vertieften Verständnis der stattfindenden Prozesse. Durch Maßnahmen wie einfühlsame Projektmoderation kann die gemeinsame Wissensbildung gefördert werden. Der Anspruch der Gestaltung ist dabei nicht, den Verlauf oder die Ergebnisse zu determinieren, sondern das Setzen und Erreichen gemeinsamer Ziele zu begünstigen. Wie das geschehen kann und wo die Grenzen der Gestaltung liegen, stellt sich in jedem Wissensprojekt einmalig dar.

Von der Softwaretechnik ausgehend, habe ich verallgemeinerbare Grundsätze für Wissensprojekte in Form von *Gestaltbildenden Projekttechniken* eingeführt. Mit Gestalt ist hier das gemeinsame Verständnis über Probleme, Sichtweisen und Lösungsmöglichkeiten in Wissensprojekten gemeint.

Wie in Floyd (2002) ausgeführt, sind die gestaltbildenden Projekttechniken auch bei der *ifu* zum Tragen gekommen. Hier gab es neue Herausforderungen. Zum einen wurden diese Grundsätze auf ein komplexes Vorhaben mit insgesamt über 180 Beteiligten in verschiedenen Rollen übertragen. Zum anderen wurden sie als *principles of group work* in die interkulturelle Zusammenarbeit der *ifu*-Projekte eingebracht.

Die gestaltbildenden Projekttechniken sind:

Grundlagen der Zusammenarbeit legen und erneuern: Zu Beginn gilt es, den Prozess zu etablieren, Rahmenbedingungen zu klären, vorgegebene Ziele zu konkretisieren bzw. eigene zu formulieren und die Aufgabe einzugrenzen. Ferner müssen die Interessen und Teilnahmemöglichkeiten, wechselseitige Erwartungen, Rechte und Pflichten der Teilnehmenden verdeutlicht werden. An vereinbarten Reflexionspunkten sollten diese Punkte wieder aufgenommen und Arbeitskonventionen entwickelt werden.

Perspektiven einnehmen und kreuzen: Unterschiedliche Sichtweisen der Beteiligten sowie verschiedene Anliegen und Bewertungsmaßstäbe sind wertvolle Ressourcen. Dabei gilt es, Diversität anzuerkennen und sorgfältig nach Gemeinsamkeiten und Differenzen zu suchen. Dieses Miteinander-in-Beziehung-Bringen von Einzelsichten bildet die Grundlage dafür, vertiefte Einsichten zu erlangen, sowie Wahlmöglichkeiten und Spielräume für das gemeinsame Vorgehen auszuloten.

Einbezogenheit und Vernetzung realisieren: Für die Entfaltung von Wissensprojekten ist der Beitrag aller Beteiligten wesentlich. Deshalb ist darauf zu achten, dass trotz unterschiedlicher Fähigkeiten, Arbeits- und Sprechstile alle den Prozess in eigener Verantwortung für ihren Bereich mittragen. Darüber hinaus gilt es, Raum für gemeinsame Wissensbildung in verschiedenen Zusammenhängen zu schaffen, zum Beispiel durch Bildung von Arbeitsgruppen in immer wieder unterschiedlicher Zusammensetzung.

Inkrementelle Arbeit planen und absichern: Die gemeinsame Arbeit in Wissensprojekten findet über einen längeren Zeitraum statt, in dem Zwischenergebnisse immer einen vorläufigen Stand widerspiegeln und mehrfach geändert werden können. Konstruktive Kritik ist wesentlich, um Einzelbeiträge zu würdigen und nach Überprüfung als Ergebnis der Gruppe anzuerkennen. Auch gilt es, die Rückkopplung aus Erfahrung und Bewertung in den Arbeitsprozess einzubeziehen, um auf Veränderungen reagieren zu können.

Projektsprache herausbilden: Gemeinsames Wissen aufzubauen bedeutet zugleich, Sprache weiterzuentwickeln. Die Fach- und Arbeitssprachen der verschiedenen Beteiligten treffen zusammen, Begriffe werden unterschiedlich verwendet, geklärt und für das Projekt rekonstruiert. Neue Begriffe und Sprechweisen entstehen, um die gemeinsamen Einsichten zu benennen und darzustellen. Dieser Sprachbildungsprozess sollte bewusst wahrgenommen und geeignet dokumentiert werden.

Rollen definieren, wahrnehmen und austauschen: In Wissensprojekten ist zunächst auszuhandeln, wie die *Projektleitung* wahrgenommen wird und wieviel Eigenveranwortung den anderen Beteiligten zukommt. Aufgabe der *Moderation* ist es, sowohl auf die inhaltliche Einigung als auch auf die Abstimmung und Koordination von Teilaktivitäten zu achten. Weitere Rollen können festgelegt werden – auf Dauer, wie die Zuständigkeit für bestimmte Wissensgebiete, oder temporär, wie die kritische Überprüfung eines Dokuments.

Milieu der Zusammenarbeit bilden und aufrechterhalten: Kooperation setzt Vertrauen voraus, was angesichts von persönlichen oder kollektiven Vorurteilen, Interessengegensätzen und Machtunterschieden nicht leicht gewährleistet werden kann. Unabdingbar ist dazu Transparenz, Anerkennung von Schwierigkeiten und Unterschieden sowie Glaubwürdigkeit in dem Bemühen, Entfaltungsmöglichkeiten für alle bereitzustellen. Informelle Begegnungen außerhalb des Arbeitszusammenhangs tragen wesentlich zur Gemeinschaftsbildung bei.

Diese Prinzipien erschließen sich durch das Zusammenspiel zwischen *Verständnis vor* der Situation, *Handeln in* der Situation und *Reflexion nach* der Situation, das im Verlauf von Wissensprojekten zu einer allmählich bewussteren Vorgehensweise führen kann.

2.3 Softwareunterstützung für Wissensprojekte

Wissensprojekte entfalten sich in der Zeit und führen zu Ergebnissen. Beides – die laufende Arbeit sowie die Präsentation von Ergebnissen – kann softwaretechnisch unterstützt werden. Dabei müssen projektrelevante Gegebenheiten modelliert, die Materialien verwaltet und die Projekthistorie nachvollziehbar werden. Hilfreich ist es, einen Innenraum des Projektes, der nur den Projektmitgliedern zugänglich ist, von einem öffentlichen Raum zu unterscheiden:

- Der *Innenraum eines Projektes* sollte den Beteiligten die Möglichkeit bieten, miteinander zu kommunizieren, die laufende Arbeit zu koordinieren, die

verwendeten Materialien zu verwalten und an den entstehenden Ergebnissen gemeinsam zu arbeiten.
- Der *öffentliche Raum* sollte dem Projekt gestatten, mit anderen Projekten, Individuen oder Gruppen zu kommunizieren, Ereignisse und Angebote anzukündigen sowie Ergebnisse zu präsentieren.

Dies kann mit verschiedenen technischen Mitteln erreicht werden. Allerdings ist zur Zeit kein System auf dem Markt, das alle erwünschten Leistungen in einer einheitlichen Umgebung bereitstellt. Die softwaretechnische Unterstützung von Wissensprojekten war daher Forschungsgegenstand im Projektbereich INFORMATION.

Die Virtualisierung der *ifu* (*vifu*) wurde als eigenes Drittmittelprojekt vom Bundesministerium für Bildung und Forschung (BMBF) gefördert, dessen Ergebnisse in *vifu*-team (2001) beschrieben sind. Als Basis wurde ein Bildungsserver www.vifu.de an der Humboldt-Universität entwickelt. Das Hamburger *vifu*-Teilprojekt *Kokonstruktion von Wissen* hat eng mit dem Projektbereich INFORMATION zusammengearbeitet. Hier erfolgte die Nutzung der Informationstechnologie auf mehreren Ebenen:

Kommunikation und Selbstorganisation auf Basis des vifu-Servers: Dazu wurde eine anspruchsvolle Infrastruktur geschaffen, die den Teilnehmerinnen gestattete, an jedem der circa 60 *ifu*-Rechner in drei unterschiedlich konfigurierten und heterogen genutzten Pools eine einheitliche Arbeitsumgebung zu verwenden und auf den *vifu*-Server in Berlin zuzugreifen.

Projektarbeit in der Lernumgebung CommSy: CommSy ist ein an der Universität Hamburg, Fachbereich Informatik, entwickeltes webbasiertes System zur Unterstützung der Kommunikation in Gemeinschaften (www.commsy.de). Mit CommSy können Mitglieder einer Gemeinschaft sich auf einer persönlichen Seite präsentieren, Neuigkeiten und Termine ankündigen, Arbeitsmaterialien und Literatur hinterlegen, in themenbezogenen Foren diskutieren und sich Kleingruppen zuordnen.

Erarbeitung von Wissensstrukturen in den Projekten: Fast alle Projekte erarbeiteten Websites, die Wissensstrukturen im interessierenden Bereich zur Verfügung stellen. Ihre Integration in den *vifu*-Server erfolgt im Rahmen der Konsolidierung der Ergebnisse nach der *ifu*.

Hier wird deutlich, dass die Unterstützung der im Studienprogramm vorgesehenen Projekte im Vordergrund stand. Andere Aktivitäten des Projektbereichs wurden nicht gesondert unterstützt.

3. Wissensprojekte im Projektbereich INFORMATION

Da die Vorbereitung und Durchführung des Projektbereichs INFORMATION ein komplexes Großvorhaben über mehrere Jahre hinweg war, sind mehrere Ebenen zu unterscheiden, deren Gestaltung unterschiedlich gut gelungen ist. In diesem Abschnitt geht es darum, die geleistete Arbeit im Rückblick unter das gemeinsame Dach „Wissensprojekte" zu stellen, um deutlich zu machen, wie sich Gestaltungsmaßnahmen und softwaretechnische Unterstützung ausgewirkt haben. Diese Ebenen sind:

- Die *Projekte*, die als Wissensprojekte vorbereitet und in zwölf parallel arbeitenden Projektgruppen durchgeführt wurden. Aus der *ifu* liegen Erfahrungen über die Gestaltung und Unterstützung von interdisziplinären und internationalen Projektgruppen vor.
- Die *Koordination* der Projekte in der Gemeinschaft der Lehrenden, die nicht als Wissensprojekt vorbereitet wurde, aber hier unter diesem Aspekt reflektiert wird. Aus den *ifu*-Erfahrungen werden Gesichtspunkte abgeleitet, wie eine vergleichbare Zusammenarbeit unter Lehrenden gestaltet und unterstützt werden könnte.
- Das *ifu-Studium* als Ganzes, das sich für jede Studentin in Interaktion mit Anderen als Wissensprojekt darstellte. Manche bewusst getroffenen Maßnahmen haben sich als hilfreich erwiesen, doch ist vor dem Hintergrund der *ifu*-Erfahrungen eine viel weiter gehende Gestaltung und Unterstützung denkbar.

3.1 Projekte

Da die internationale Curriculargruppe des Projektbereichs den Projekten eine besondere Bedeutung zumaß, wurden diese sorgfältig vorbereitet. Mehrere Mitglieder hatten bereits langjährige Erfahrungen mit unterschiedlichen Formen von Projektlehre. Aus den ursprünglich vorgebrachten 16 Ideen wurden 12 Projektthemen erarbeitet.[4] Jedes Mitglied (außer mir selbst) übernahm als *Projektdirektorin* die inhaltliche Vorbereitung von ein bis zwei Themen.[5] Jeder Projektdi-

---

[4] Die Koordination der Vorbereitung und später der Durchführung lag bei Silvie Klein-Franke.

[5] Als Projektdirektorinnen engagierten sich die Professorinnen Tone Bratteteig (Informatik, Universität Oslo, Norwegen), Edla Faust-Ramos (Mathematik und Pädagogik, Universität St. Catarina, Brasilien), Govind Kelkar (Gender, Education, and Development, Asian Institute of Technology, Thailand), Cheris Kramarae (Soziolinguistik und Women Studies, emeritiert, USA), Irma Avila Pietrasanta (Television und Video, Universität Ciudad de Mexico, Mexiko), Ester Williams (Bibliothekswissenschaften, Uni-

rektorin wurde eine *Projektmoderatorin* zugeordnet, die den Gruppenprozess begleiten sollte. Diese waren jedoch nicht als solche ausgebildet, sondern Fachwissenschaftlerinnen und überwiegend selbst Professorinnen.[6] Durch diese Doppelbetreuung wurden wissenschaftlich wie kulturell ganz unterschiedlich geprägte Arbeitsstile in die Projektarbeit eingebracht.

Die Studentinnen wählten ihr Projekt in der ersten Woche des Studienprogramms und waren während ihrer gesamten Studienzeit einem Projekt fest zugeordnet und in eine Projektgruppe integriert. Hier setzten sie sich mit den relevanten Themen unmittelbar auseinander und beteiligten sich an zielgerichteter Gruppenarbeit, deren Ergebnisse am Ende präsentiert wurden.

Thematisch waren die Projekte vielfältig[7] und gingen von realitätsnahen Problemstellungen aus. Jedes Projekt war interdisziplinär und international angelegt, doch gab es keine gleichmäßige Verteilung, da manche der behandelten Themen teilweise für Interessengruppen, die sich durch ihre professionelle oder regionale Zugehörigkeit bestimmten, besonders attraktiv waren.

Alle Projektgruppen sollten eine übergreifende Gruppenaufgabe definieren und gemeinsam bearbeiten. Dabei wurden die gestaltbildenden Projekttechniken als *principles of group work* eingeführt und verbindliche Rahmenbedingungen vorgegeben: Am Ende jeder Woche eine Reflexion über die geleistete Arbeit mit Protokoll, zur Halbzeit eine wechselseitige Evaluation zwischen Paaren von Projektgruppen, in der letzten Woche ein Gespräch mit der Strategie-Gruppe über mögliche Weiterarbeit und zum Abschluss eine Ausstellung der Ergebnisse.

Innerhalb des so definierten Rahmens arbeiteten die Projekte autonom. So stellte sich der Prozess der Themenfindung als eigenständige Herausforderung, die zum Teil mehrere Wochen in Anspruch nahm. Die Teilnehmerinnen erarbeiteten eine gemeinsame Problemsicht, sammelten Materialien und verständigten sich über die Untersuchungsmethoden. Hier mussten disziplinäre und kulturelle Barrieren überwunden und gemeinsame Perspektiven erarbeitet wer-

---

versity of South-Pacific, Fidschi-Inseln), Marsha Woodbury (Informatik, University of Illinois, USA).

6   Die Projektmoderatorinnen waren: Dorcas Akande (Gender Studies, Nigeria), Mona Dahms (Telecommunications, Dänemark), Yvonne Dittrich (Software Engineering, Schweden), Judith Gregory (Arbeitssoziologie, USA), Aleida Gutierrez (Kommunikationswissenschaften, Mexiko), Cirila Limpangog (Öffentliche Verwaltung und Massenmedien, Philippinen), Monika Pater (Journalistik, Deutschland), Jutta Weber (Philosophie, Deutschland), Zhang Wei (Erziehungswissenschaften, China), Heike Winschiers (Informatik, Namibia).

7   Die Themen der zwölf Curricularprojekte waren: Community Development; Cultural Modes, Self Expression and New Media; Curiosity, Intuition and Information Technology; Future of Education; Health Care Information; Identities and Globalization; Information Kiosk; Knowledge Architectures; Media Industries and Democracy; Reconstructing Gender on the Internet; Virtual Communities; Visions of Citizenship.

den. Der Prozess gestaltete sich zum Teil sehr schwierig, hilfreich war der Einsatz von Moderationstechniken.

Die konkrete Vorgehensweise war in den einzelnen Projekten unterschiedlich. So wurden im *Health-Care-Information*-Projekt bewährte Techniken aus der partizipativen Systementwicklung eingesetzt. In einem moderierten Prozess artikulierten und visualisierten die Teilnehmerinnen ihre Anliegen und bildeten dadurch gemeinsame Schwerpunkte heraus. Das *Future-of-Education*-Projekt konnte eine professionelle Metaplan-Moderatorin zur Mitarbeit gewinnen; so gelang es, die in dieser Gruppe besonders drastischen kulturellen Differenzen – es gab fast ebenso viele Sprachen wie Teilnehmerinnen – zu bewältigen. Die Zusammenarbeit im *Visions-of-Citizenship*-Projekt wurde unter anderem durch die gemeinsame Gestaltung eines Straßentheaters erreicht. In anderen Gruppen wurde sehr lange und manchmal konfliktreich debattiert, bis eine Lösung gefunden wurde.

Danach verschob sich der Schwerpunkt auf die ergebnisorientierte Arbeit. Gegen Ende wurde fieberhaft an den Ergebnissen gearbeitet, die in der Tat beeindruckend waren. Zum Beispiel entschied sich das *Health-Care-Information*-Projekt für die Themen Ernährungs- und Reproduktionsmedizin und erarbeitete dazu den Prototyp einer künstlerisch gestalteten und für verschiedene Kulturen anpassungsfähigen Website für Jugendliche im Alter von 13-17 Jahren. Die Teilnehmerinnen betonten generell, dass in den Projekten die Zusammenarbeit intensiv war, individuelle Beiträge wechselseitig anerkannt wurden und die Arbeit der Anderen unterstützt wurde. So wurden Websites, Videos, Texte bis hin zu gemeinsamen Veröffentlichungen, aber auch Straßentheater und andere Performances entwickelt und präsentiert. Dies führte zu einem großen Erlebnis des gemeinsamen Erfolges am Ende der *ifu*.

Aus den Erfahrungen wurde klar, dass die Aufgabe der Moderation von den Veranstalterinnen sowie von den Moderatorinnen selbst unterschätzt worden war. Zumindest wäre ein Moderationstraining erforderlich gewesen. Auch hätte die Zusammenarbeit zwischen Projektmoderatorin und Projektdirektorin besser durchdacht werden müssen, auch deshalb, weil die Teilnehmerinnen selbst sehr kompetent waren und manchmal keine Anleitung von einer Projektmoderatorin annehmen wollten.

Sehr bewährt hat sich die zur Halbzeit vorgesehene wechselseitige Evaluation zwischen je zwei Projektgruppen. Sie half, die eigene Gruppenarbeit zu fokussieren, ermöglichte den Austausch zwischen den Gruppen und zeigte Gemeinsamkeiten auf.

Der Bedarf an Softwareunterstützung stellte sich nicht einheitlich dar, in der Themenfindungsphase war er gering. In der zweiten Hälfte des Studienprogramms wurde das CommSy in acht Projekten als Projekt-Innenraum zur Unterstützung der Kommunikation und Koordination eingesetzt. Doch führte das Zusammenspiel von CommSy mit anderen Technologien (zum Beispiel zur Materialienverwaltung) sowie die Verbindung zum öffentlichen Raum des *ifu*-Servers zu Schwierigkeiten. Hieraus ergaben sich Anstöße zur technischen Weiterentwicklung. Der Nutzen von CommSy zeigte sich vor allem gegen Ende und ermöglichte zum Teil den Teilnehmerinnen nach der Rückkehr in die Heimatländer die Fertigstellung der gemeinsamen Ergebnisse.

Insgesamt haben sich die getroffenen Gestaltungsmaßnahmen bewährt und durch Zusammenwirken aller Beteiligten letztlich das Gelingen aller zwölf Wissensprojekte ermöglicht.

3.2 Koordination der Projekte

Die Teams von Projektdirektorinnen und Projektmoderatorinnen, die zusammen für die Projekte zuständig waren, wurden über einen längeren Zeitraum aufgebaut. In manchen Fällen gab es zwischen den beiden ein bereits existierendes Vertrauensverhältnis, in anderen lernten sie sich erst während der *ifu* kennen, was unterschiedlich gut glückte.

Als Mitglieder der Curriculargruppe hatten die Projektdirektorinnen sehr *weit gehende Partizipationsmöglichkeiten*. Die wesentlichen Entscheidungen über das Studienprogramm wurden gemeinschaftlich getroffen und, soweit erforderlich, nur nach Rücksprache mit der Gruppe revidiert. Dies führte zu einem multiperspektivisch angelegten Curriculum und zu einer hohen Identifikation mit dem Studienprogramm. Die Projektmoderatorinnen wurden dagegen mit einem weitgehend festen Studienprogramm konfrontiert, was Akzeptanzschwierigkeiten mit sich brachte.

Sehr schwierig war die Etablierung der Zusammenarbeit zu Beginn der *ifu*. Hier mussten Verständigungsprobleme überwunden, schwierige Arbeitsbedingungen und ein hohes Arbeitspensum in Kauf genommen und eine Vielzahl von Problemen bewältigt werden, die nur mangelhaft vorausgesehen worden waren. Zugleich musste die inhaltliche Arbeit in Gang kommen.

Als Veranstalterin wurde mir klar, dass wir die Interessen und Bedürfnisse der Lehrenden sowie ihre Zusammenarbeit in den Projekten nicht ausreichend berücksichtigt hatten. Durch unsere Fokussierung auf die Studentinnen hatte sich gleichsam ein blinder Fleck ergeben. Durch die Loyalität und Selbstdisziplin aller gelang es zwar, mit diesen Schwierigkeiten umzugehen, nicht jedoch, sie während der *ifu* zu überwinden. Die einzelnen Betreuungsteams arbeiteten erfolgreich, ihre Integration in eine übergreifende Gemeinschaft ist nicht gelungen. In den regelmäßigen Treffen kam es immer wieder zu Konflikten, bei denen sich kulturelle Differenzen, persönliche Antipathien und sachliche Schwierigkeiten überlagerten.

Die für mich schmerzliche Kritik einer Projektmoderatorin, sie hätte sich nicht selbst im Sinne der gestaltbildenden Projekttechniken – im Sinne eines *gemeinsam* erarbeiteten Problemverständnisses – behandelt gesehen, brachte mich auf die Idee, die Fakultätsbildung und Projektkoordination im Sinne eines Wissensprojektes zu reflektieren.

Der Gegenstand eines solchen Wissensprojektes müsste es sein, die unterschiedlichen Stile der Betreuung und Entfaltung von Wissensprojekten zusammenzutragen und zu reflektieren und so für die eigene Lehrtätigkeit Impulse zu erhalten. Weil Lehrende in der Regel allein mit Studierenden arbeiten und nicht gewohnt sind, sich über ihre Erfahrungen bei der Lehre auszutauschen, ist das ein besonders sensibler Bereich. Um hier eine echte Zusammenarbeit zu ermöglichen, müsste das Team der Lehrenden sorgfältig und in einem hohen Vertrauensverhältnis aufgebaut werden.

Dies war bei der *ifu* schon wegen der Größe und Heterogenität der Gruppe und auch wegen der knappen Zeit schwierig. Als fatal erwiesen sich die Hierarchie innerhalb des Lehrkörpers und unterschiedliche Vertragsgestaltungen, die Transparenz erschwerten. Dazu kamen Interessenkonflikte zwischen Lehrenden und dem Hamburger Team in Bezug auf den Grad der Autonomie der Projekte.

Als Konsequenz dieser Erfahrungen bin ich zu folgenden Prinzipien für eine kollegiale Zusammenarbeit gekommen:

– Nicht nur die Studierenden, sondern auch die Lehrenden beheimaten.
– Den Lehrenden Gelegenheit zur Verwirklichung eigener Interessen geben.
– Berücksichtigen, dass alle noch ein Leben außerhalb des Studienprogramms haben.
– Die Rollen aller Beteiligten klären und ihr Zusammenspiel bedenken.
– Wechselwirkungen verstehen und minimieren.

Deutlich wurde auch die Notwendigkeit einer geeigneten Softwareunterstützung für Lehre-Koordination. Im Vorfeld der *ifu* hatten wir mit wenig Erfolg das Dokumentenverwaltungssystem BSCW benutzt, wobei unklar blieb, ob technische Zugangsprobleme, Einarbeitungsschwierigkeiten oder mangelnde Leistungen dafür verantwortlich waren. Jedoch hatten wir für die Gemeinschaft der Lehrenden kein CommSy eingeplant und nicht einmal eine genau für die Projektkoordinationsgruppe zugängliche Mailing-Liste. Dadurch wurde die Kommunikation ganz erheblich erschwert.

Trotz aller Schwierigkeiten haben die meisten Lehrenden ihre Mitwirkung bei der *ifu* als positiv empfunden, weil sie so viele neue Beziehungen knüpfen konnten und durch die einmalige Erfahrung bereichert wurden.

3.3 Das *ifu*-Studium als Wissensprojekt

Nach allgemeiner Auffassung war das *ifu*-Studium in seiner Gesamtheit die wichtigste Lernerfahrung, zu dem die unterschiedlichen Lernereignisse, die informellen Begegnungen, das gemeinsame Leben am Studienort und der interkulturelle Austausch beitrugen. An diesem Wissensprojekt waren alle Studierenden und Lehrenden sowie das gesamte Hamburger Team beteiligt. Die räumliche Trennung vom Hauptcampus bewirkte eine relativ große Geschlossenheit des Projektbereichs.

Die 126 Teilnehmerinnen wurden durch ein Auswahlverfahren bestimmt, das sicherstellte, dass mindestens zwei Mitglieder des Hamburger Teams jede Bewerbung und damit jede Story kannten. Dazu kam noch die Betreuung durch das Service Center. Das schaffte grundsätzlich andere Voraussetzungen zur Gemeinschaftsbildung als an deutschen Universitäten sonst üblich. Schon bei der Ankunft konnten wir die Studentinnen persönlich willkommen heißen. Um die „Beheimatung" der Studentinnen zu unterstützen, haben wir ein informelles Willkommenstreffen mit gemeinsamem Essen arrangiert und zahlreiche organisatorische Einstiegshilfen gewährt. Die Umstellungsschwierigkeiten waren trotzdem enorm.

Um die Vernetzung zu fördern, wurden die sogenannten *Home-Groups* eingerichtet. Sie sollten der Vereinzelung vorbeugen und das Gespräch zwischen den Kulturen fördern. Von je einer Lehrenden betreut und schon am Begrüßungstag gebildet, trafen sich die *Home Groups* regelmäßig während der gesamten drei Monate. Sie boten den Rahmen für informelle Begegnungen sowie für Reflexion über die Erfahrungen beim Studium.

Das Studienprogramm selbst bot eine Mischung aus verschiedenen Lernforen an: Plenarvorträge, Diskussionen, Internet-Training, Kurse und Kunst-Workshops, die den Projekten zuarbeiten sollten. Allerdings hatten wir uns bei der Planung das Zusammenspiel der einzelnen Lernereignisse nicht genügend vor Augen geführt. Für die Studentinnen wie die Lehrenden stellte sich die Arbeitsbelastung als zu hoch dar, nicht alle eingeplanten Ereignisse als sinnvoll und der Zeitplan als zu voll. Wir wollten sicherstellen, dass wir den Studentinnen etwas boten, doch wäre weniger mehr gewesen. Zur Förderung eines Wissensprojekts „Studium" habe ich folgende Prinzipien der Curriculargestaltung gelernt:

– Alle erst einmal in Ruhe ankommen lassen.
– Gemeinschaftsbildende Veranstaltungen an den Anfang stellen.
– Die einzelnen Lernereignisse aufeinander abstimmen.
– Studienprogramm und Studienorganisation einfach und pflegeleicht halten.
– Viel Zeit für informelle Kontakte und spontane Interessengruppen einräumen.

Sehr bedauerlich war der Umstand, dass die *ifu* keine demokratischen Foren der studentischen Vertretung geschaffen hatte. So konnten auftretende Schwierigkeiten und Konflikte nicht adäquat behandelt werden. Die Hauptursache für Unzufriedenheit aus studentischer Sicht war, dass der Raum für Selbstorganisation nicht ausreichte.

Als softwaretechnische Unterstützung für das Gesamtstudium stand der *vifu*-Server zur Verfügung, der sowohl als Innenraum wie auch als öffentlicher Raum genutzt werden konnte. Nach einer Eingewöhnungsphase wurde die Kommunikation über den *vifu*-Server mit großer Intensität in der übergreifenden Mailing-Liste für den Projektbereich sowie in zwölf selbst organisierten Mailing-Listen wahrgenommen. Die übergreifende Mailing-Liste „information" wurde auch zu einem wichtigen Forum studentischer Kritik. Die anspruchsvolle technische Infrastruktur diente zugleich als Arbeitsmittel und als Forschungsgegenstand.

In vieler Hinsicht wurden die Vorbereitung und die Durchführung des Projektbereichs INFORMATION für die Beteiligten selbstreferentiell: Sie machten erfahrbar, worüber das Curriculum handelte. Im Rückblick wurde die *ifu* jedoch als überkomplex angesehen, trotz sehr hohen persönlichen Einsatzes vieler Beteiligten gelang es nur eingeschränkt, den Überblick über das Gesamtvorhaben zu behalten und im laufenden Prozess sinnvoll zu intervenieren.

4. Einlösen der *ifu*-Ansprüche

Mit der *ifu* entstand ein besonderer kultureller Raum, in dem jede Teilnehmerin herausgefordert war, sich auf andere Kulturen einzulassen, und in dem der kulturellen Dominanz ein Stück weit entgegengewirkt wurde. Die interkulturelle Begegnung in der Zusammenarbeit über drei Monate hinweg wurde von allen Beteiligten als ungeheure Bereicherung empfunden. Soweit möglich, fand ein kulturübergreifender Austausch statt. In den Projektgruppen gab es manchmal fast ebenso viele Länder wie Projektteilnehmerinnen. Da hieß es, sich auf verschiedene Englisch-Aussprachen einzulassen, andere Arbeitsstile anzuerkennen, andere Interessenschwerpunkte und Wertigkeiten hoch zu achten. Im Projektbereich INFORMATION ist das trotz gelegentlicher Spannungen geglückt, ohne dass es zu Brüchen gekommen ist – ein großer Wert im Zeitalter der Globalisierung. Die *ifu* hat gezeigt, welche Maßnahmen geeignet sind, um interkulturellen Austausch im Studium zu fördern: die Beheimatung ausländischer Studierender durch Erleichterung der Eingewöhnung am Studienort, die curriculare Verankerung relevanter Inhalte und Lernformen und ein interkulturell zusammengesetzter Lehrkörper. Nur dann wird der kulturelle Austausch auch glaubwürdig.

Die Interdisziplinarität war schwieriger umzusetzen als die Interkulturalität, da die Sozialisierung durch die und die Herangehensweise innerhalb der Disziplinen ganz unterschiedlich ist und die meisten Teilnehmerinnen für ihren eigenen Arbeitskontext Gewinn aus den Ergebnissen ziehen wollten. So hatte die indische Journalistin mehr Interesse, sich mit der mexikanischen Journalistin über gemeinsame Probleme auszutauschen, als eine fachliche Gesprächsbasis mit einer Medizinerin zu suchen. Diese Einstellung führte manchmal zu Enttäuschungen. So sollten die angebotenen Kurse Angehörigen einer Disziplin (z.B. Informatik) relevante Grundkenntnisse über die anderen (z.B. sozialwissenschaftliche Ansätze zum Verständnis von Technik) vermitteln, statt dessen gingen die Informatikerinnen lieber in die für die Neu-Einsteigerinnen konzipierten Technik-Kurse und beschwerten sich über das niedrige Niveau! Dem entgegen stand jedoch vielfach auch eine fruchtbare Zusammenarbeit zwischen den Disziplinen, vor allem in den Projekten.

Durch das Auswahlverfahren der *ifu* (keine Altersbegrenzung bei Bewerbungen) sowie das weltweit enorme Interesse an einer Internationalen Frauenuniversität, an der man nur als „Studentin" teilnehmen konnte, hat sich als ungeplante Herausforderung das Lernen zwischen den Generationen ergeben. Das Curriculum war für Studentinnen konzipiert. Doch nahmen erfahrene Wissenschaftlerinnen und Praktikerinnen den Studentinnenstatus in Kauf. Dieser Widerspruch konnte im Projekt nur teilweise aufgefangen werden. Aus den Erfahrungen lassen sich folgende Gesichtspunkte ableiten:

– Die erfahrenen Teilnehmerinnen müssen ihre Kompetenz einbringen können. Dies erfolgte bei der *ifu* vor allem in den Projekten. In Einzelfällen fanden auch von den Teilnehmerinnen organisierte Kurse statt. Jedoch sollte dafür weitergehend ein geeigneter Rahmen geschaffen werden.
– Unterschiedliche Lernstile und -geschwindigkeiten verschiedener Altersgruppen müssen berücksichtigt werden. Während die Jungen vor allem ihren Wissensstand erweitern wollten, waren die Älteren weit mehr an der Herausarbeitung von Zusammenhängen und an der Diskussion von Inhalten interessiert oder suchten gezielte Weiterbildung.
– Das Curriculum muss adaptionsfähig sein. Einerseits sind Vorgaben natürlich unerlässlich. Andererseits stellen sich gerade im Falle älterer Teilnehmerinnen, die Wert darauf legen, ihre Erfahrungen einzubringen, erst während des Prozesses Interessensschwerpunkte heraus. Um diesen nachgehen zu können, muss ein Raum gefunden werden.
– Wenn die Teilnehmerinnen in Kursen oder Projekten selbst vergleichbar oder sogar höher qualifiziert sind, kann die Lehrperson nicht im herkömmlichen Sinne „anleiten". Im Projektbereich wurde das in jeder Gruppe unterschiedlich bewältigt. In Einzelfällen kam es zu Konflikten, die nur durch Restrukturierung der Gruppen gelöst werden konnten.
– Besonders bei generationsübergreifendem Lernen ist es wichtig, die Mitbestimmung der Studierenden im Studienprogramm zu ermöglichen. Dies war

nicht eingeplant und konnte nur fallweise erfolgen. Darüber hinaus wäre es aber erforderlich, studentische Vertretungen vorzusehen, die eine der Kompetenz der Teilnehmerinnen gemäße Befugnis zur Mitwirkung haben.

Trotzdem bleibt festzuhalten, dass viele Teilnehmerinnen gerade auch das Zusammenarbeiten zwischen den Generationen sehr gelobt haben.

5. Wissensprojekte: Anspruch und Wirklichkeit

Die vorgegebenen Strukturen, Rahmenbedingungen und Vorschriften bei der Organisation und Durchführung wissenschaftlicher Ereignisse stehen nicht unbedingt im Einklang mit der hier dargestellten Philosophie von Wissensprojekten. Dies hat zu schmerzlichen Erfahrungen und Brüchen geführt, wobei die Selbstwahrnehmung des Hamburger Teams und die Wahrnehmung durch die Teilnehmerinnen zum Teil erheblich auseinander gingen.

Vorausplanung vs. Selbstorganisation: Das Studienprogramm des Projektbereichs war weitgehend festgelegt mit wenig Raum für Änderungen, dies stand der Entfaltung von Wissensprojekten im Weg. Unter den Lehrenden hatten die Projektdirektorinnen die Möglichkeit zur Mitbestimmung, nicht aber die als Tutorinnen eingestuften Projektmoderatorinnen. Die Studentinnen hatten erhebliche Wahlmöglichkeiten im Curriculum, aber nicht die Möglichkeit, es mitzugestalten. Rückblickend wäre es vielleicht besser gewesen, ein größeres Risiko einzugehen, um dem Prozess mehr Raum zu geben.

Hierarchie vs. Vernetzung: Die Paradoxie der *ifu* war, dass Vernetzung thematisiert und gefördert werden sollte, dies aber in hierarchischen Strukturen geschehen musste. Es gab sowohl die wegen der Kompetenz der Teilnehmerinnen problematische Hierarchie zwischen Lehrenden und Studierenden, als auch – noch problematischer – eine Hierarchie im Lehrkörper und dazu noch die Leitungsfunktion der Dekanin. Darüber war in vielerlei Hinsicht die *ifu*-Präsidentin als Letztinstanz für die Entscheidungsfindung spürbar. Dies führte in verschiedenen Zusammenhängen zu erheblichen Spannungen.

Dominanzkultur vs. Interkulturelle Begegnung: Der Anspruch, einen echten Austausch zwischen den Kulturen zu ermöglichen, traf auf die Realität eines vorwiegend von Deutschen geprägten Studienprogramms im für Ausländer feindlichen Umfeld deutscher Großstädte. Die Teilnehmerinnen anderer Kulturen mussten sich auf ein von ihnen als eurozentristisch wahrgenommenes Programm einstellen, auch in der *ifu*-Gemeinschaft begegnete ihnen Fremdes. So ist in Afrika Kritik an Lehrenden nicht üblich, in Deutschland desto mehr. Das führte zu erheblichen Verunsicherungen. Zugleich mussten sie sich an das kalte Wetter in Hamburg anpassen, neben der Studiensprache Englisch auch mit der ihnen oft unbekannten deutschen Sprache fertig werden und sich in der Stadt vorsichtig verhalten. Die Beheimatung ausländischer Studierender erfolgte bei der *ifu* zweifellos viel sorgfältiger als in anderen Studienprogrammen, trotzdem bleiben die Grundprobleme unserer Gesellschaft in der globalisierten Welt erhalten.

6. Zusammenfassende Bewertung und Ausblick

Was hat sich bewährt, und was würden wir das nächste Mal anders machen? Natürlich ließe sich aus Sicht der Beteiligten über dieses Thema allein ein Buch füllen. Statt dessen will ich mich so kurz wie möglich fassen. Alles, was wir getan haben, um die Gemeinschaft aufzubauen, um Partizipation zu ermöglichen, um Hierarchie abzubauen, war gut. Doch war es nicht genügend konsequent umgesetzt, was zum Teil an den äußeren Bedingungen und der zu bewältigenden Komplexität lag und zum Teil an unseren eigenen begrenzten Sichtweisen und Vorstellungsvermögen. Wir haben viel antizipiert, aber nicht genug, um allen Schwierigkeiten begegnen zu können, wir haben uns auf Vielfalt eingestellt, aber dennoch waren wir ihr nicht immer gewachsen.

Die wichtigste Erfahrung ist, dass gerade Wissensprojekte eine „Entschleunigung" erfordern. Hier kann Wissen nicht unter Zeitdruck routinemäßig produziert werden. Wir brauchen vielmehr Muße für Wissensbildung, Achtsamkeit, um auf die Perspektiven anderer einzugehen, und Ruhe, um gemeinsam Visionen zu entwickeln. Nach übereinstimmender Aussage aller standen die wechselseitige Begegnung, das Einander-Kennen-Lernen und das gemeinsame Arbeiten im Mittelpunkt. Vor allem das gilt es also zu fördern.

Literatur

Floyd, Christiane: Das Mögliche ermöglichen: Zur Praxis der Realitätskonstruktion am Beispiel Softwareentwicklung. In: Müller, Albert; Müller, Karl H., und Stadler, Friedrich (Hg.): Konstruktivismus und Kognitionswissenschaft. Kulturelle Wurzeln und Ergebnisse. Wien, New York: Springer, 1997, S. 107-124.

Floyd, Christiane; Kelkar, Govind; Kramarae, Cheris; Klein-Franke, Silvie, und Limpangog, Cirila (Hg.): Feminist Challenges in the Information Age. Opladen: Leske + Budrich, 2002.

Floyd, Christiane, und Klein-Franke, Silvie: Information as a Social Resource: Making *ifu*. In: Floyd et al., Opladen 2002.

Floyd, Christiane: On Supporting Knowledge Coconstruction. In: Floyd et al., Opladen 2002.

Haraway, Donna: Situiertes Wissen. In: Haraway, Donna: Die Neuerfindung der Natur. Primaten, Cyborgs und Frauen. Frankfurt am Main, New York: Campus Verlag, 1995.

Harding, Sandra: Is Science Multicultural? Postcolonialisms, Feminisms, and Epistemologies (Race, Gender, and Science). Indiana University Press, 1998.
Neusel, Aylâ (Hg.): Die eigene Hochschule. Internationale Frauenuniversität „Technik und Kultur". Opladen: Leske + Budrich, 2000.
vifu-Team: Wege zu einer virtuellen Universität. Abschlussbericht des Projektes Virtuelle Internationale Frauenuniversität. Hannover: Internationale Frauenuniversität, 2001.

Barbara Duden

Das Akademie-Konzept des Projektbereichs KÖRPER

1. Ausgangsüberlegungen

Die Herausforderung an die Planung des Projektbereiches KÖRPER im Rahmen der Internationalen Frauenuniversität bestand darin, konzeptuell neue Wege zu suchen, auf denen die geforderte Interdisziplinarität und die Internationalität des Programms zum „Körper" als „Erfahrung, Konzept und Politik" in „Technik und Kultur" realisiert werden können. Es gab eine Reihe von Bedingungen, die das Programm erfüllen sollte: So sollten der indische Subkontinent, das südliche Afrika und „Europa", bzw. US-Amerika Schwerpunkte sein, ebenso waren eine Anzahl von Akzentsetzungen für das Gesamtprogramm vorgegeben, darunter: die Neuen Reproduktionstechnologien, Gewalt gegen Frauen, Sexualpolitik, Wissenschaft und körperliche Wahrnehmung, Körpersymboliken in Nationalstaatsbildung und politischen Bewegungen.

Die Programmierung des fünften Projektbereich der *ifu* stand vor einer einzigartigen Herausforderung, denn mit dem Wort „Körper", mit „body" wird etwas bezeichnet, das nicht als Sache behandelt werden kann. „Körper" ist kein objektivierbarer, wissenschaftlich, also a-perspektivisch fassbarer Gegenstand, wenn man ihn nicht auf den Rahmen medizinisch-biologischer Fakten, auf Perspektiven bürokratischer Gesundheitsverwaltungen oder auf ein vielfach fungibles Symbol reduzieren will. Der „Frauenkörper" kann nicht untersucht werden, ohne die epochalen Effekte technischer, bio-medizinischer, medialer Transformationen des Bewusstseins in den industrialisierten Gesellschaften des Nordens und ihre Auswirkungen auf den Süden einzubeziehen. Auch drängen sich körpergeschichtliche Fragen auf, wenn diese nicht-westlichen Schwerpunkte aus frauenspezifischer Perspektive untersucht werden: Im Prozess der indischen/pakistanischen Nationalstaatsbildung und im Zuge der Bevölkerungspolitik auf dem indischen Subkontinent war ebenso wie im Ausbau der Kolonialpolitik, der Missionierung, der Dekolonialisierung und Entwicklungspolitik in (schwarz-)afrikanischen Ländern der „Frauenkörper" als ein Objekt vielfacher Interventionen und als ein privilegiertes Symbol nationaler Politik behandelt worden.

Das Leitprinzip für das Angebot war es daher, in den drei Monaten *ifu* den Teilnehmerinnen eine Einführung in die Vielfalt von Untersuchungen zum Frauenkörper zu geben, die im letzten Jahrzehnt in den Sozialwissenschaften, in Geschichte, Wissenssoziologie, Politikwissenschaften und Geschlechterstudien, aber auch in den feministischen Gesundheitswissenschaften erschienen sind. Es ging darum nachzuweisen, dass „Körper" als anerkanntes, vieldimensionales Objekt der Forschung weitgehend durch die frauenspezifische Leistung von wissenschaftlich ausgebildeten Forscherinnen zustande gekommen ist.

Wissenschaftlich wurde angeknüpft an die Thematiken der internationalen sozial- und kulturwissenschaftlichen Literatur zu Gewalt gegen Frauen, Medikalisierung und Alternativmedizin, Gen- und Reproduktionstechnologien, Hormonforschung, internationale Sexual- und Bevölkerungspolitiken, an viel „graue Literatur" aus dem Kontext der NGOs und von Aktivistinnen und schließlich an die feministischen Diskussionen zum Zusammenhang zwischen Körper, sozialer Konstruktion und Geschlecht. In einer Projektbibliothek wurden in- und ausländische Texte zusammengestellt, insbesondere wurde das gesamte Werk aller Senior Lecturers verfügbar gemacht. Dadurch war für die Studierenden die einschlägige Literatur zur „Körper"-Forschung umfassend bereitgestellt, die durch den reichhaltigen Bestand zur internationalen Geschlechterforschung ergänzt wurde, der in der sozialwissenschaftlichen Fachbereichsbibliothek der Universität Hannover auf Grund des hiesigen interdisziplinären Schwerpunktes Gender Studies vorhanden ist.

1.1 Vom Curriculum zur Akademie

Die wissenschaftliche Aufgliederung und Sequenzierung des Frauenkörpers als Lehrangebot in einem Curriculum hätte den zeitgenössischen Trend verstärkt, „Körper" als Resultat von Produktions- und Konstruktionsleistungen zu behandeln und damit eben jene Eigenart des Leiblichen zu tilgen: Wir wollten vermeiden, an der „Sache" selbst, an der epochenspezifischen Somatik von Selbst-Verständnis und Selbst-Wahrnehmung, an der weiblichen Autozeption vorbeizugehen. Das führte dazu, für den Projektbereich KÖRPER die Struktur einer Akademie und nicht eines Curriculums (wörtlich eines Lehr-Ganges) zu entwickeln. Mit „Akademie" wollten wir eine Form des gelehrten, engagierten Gesprächs aufgreifen, mit der in der europäischen Wissenschaftsgeschichte des 17. und 18. Jahrhunderts die Erstarrung der damaligen universitären Strukturen praktisch kritisiert worden war. Akademie steht für das suchende Gespräch in einem offenen, gastlichen Milieu, für den bei aller Unterschiedlichkeit gleichrangigen Zugang der Teilnehmenden zum Gespräch: Akademie steht für Respekt, Disziplin und Neugierde der Sache gegenüber. Mit dieser programmatischen Entscheidung wollten wir auch die Legitimität der damit gegebenen Auseinandersetzung innerhalb der Frauenstudien betonen. Die Konzepte des postmodernen Feminismus und ihre textbezogene Metaphorik haben unter der Hand den Schwund von somatischem Sinn und Verstand befördert. Sie haben die Entkörperung der Autozeption unterstützt und damit der Akzeptanz, Legitimität, ja Trivialisierung von Genetik, Körpermanipulation und systemanalytischem Nachdenken über Geschlechtlichkeit Vorschub geleistet. Feministische Autorinnen hatten schon seit längerem, oft mit nur geringem Erfolg versucht, das Paradox einer entkörpernden feministischen Körperforschung zur Sprache zu bringen. Die Einsicht, dass wir einen „körperlichen Feminismus" (Elizabeth Grosz, 1987) brauchen und es an Studien fehlt, die von der erlebten Leiblichkeit her argumentieren, ohne immerfort biologische Tatsache, fixe Identität, physische Essenz zu wittern, ist nicht passé. Die Studienperiode der *ifu* eröffnete die Chance, eine zeitgeschichtliche Problematik aufzugreifen und vielleicht auch zu überwinden: die Parallelität zwischen der technogenen (technikbestimmten) Entkörperung der letzten Jahrzehnte und dem feministischen Projekt der „Selbstbestimmung" in Bezug auf „Körper". Denn die Forderungen der feministischen Gesundheitspolitik – Wahl, Entscheidung, Option, informierte Selbstbestimmung und Selbstkontrolle – sind heute synonym mit der Tendenz, sich für die Herstellung einer selbstverantwortlichen Medizin-Klientin einzusetzen. Wir hofften, dieses zeitgeschichtliche Dilemma durch das Gespräch mit erfahrenen Forscherinnen mit Gelassenheit besprechbar zu machen.

Wir wollten die Chance nutzen, die besten der kritischen Stimmen aus aller Welt in Hannover zu versammeln, um den „Spuren des Körpers in einer technogenen Welt" nachzugehen. Damit hatten wir die Weichen für den weiteren formalen Aufbau unseres Angebots in akademisch extravaganter Weise gestellt: Es galt nun einerseits, die vorgegebenen Themen als Fragenkomplexe auszuarbeiten, andererseits ging es darum, eben jene Autorinnen aufzufinden und zu Wort kommen zu lassen, die in ihren Schriften der letzten zwei Jahrzehnte einen fruchtbaren, eigenwillig kritischen Zugang zu der Debatte gefunden haben, in der es um die *somatische Autozeption*, also die Verkörperung des Erlebnisses geht. Wir wählten Senior Lecturers für eine dreimonatige „body academy" aus und baten sie, in der ihnen eigenen „Stimme" zu Leserinnen ihrer Schriften zu sprechen.

Aus den inhaltlichen Zielsetzungen und der Entscheidung, die Frage nach Standpunkten und Haltungen in der Forschungspraxis in einer Akademie in den Vordergrund zu rücken, ergaben sich theoretische und methodische Konsequenzen.

– Jede Senior Lecturer war geladen, aus ihrer Erfahrung und von dem gegenwärtigen Standpunkt auf ihrem persönlichen und akademischen Werdegang aus zu einem der fünf zentralen Fragenkomplexe zu sprechen und dabei von

einem Beispiel, also *exemplarisch* vorzugehen: vom Körper als Fluchtpunkt des Erlebens, als unausgesprochener Referenz des „Ich"- oder „Du"-Sagens.
- In keinem Fall war beabsichtigt, einen Schwerpunkt, eine Region, ein Geschehen – z.B. Bürgerkrieg, Militarismus, Verschärfung von Gewaltanwendung gegen Frauen in afrikanischen Gesellschaften – das grundlegende Ziel eines dreimonatigen Gedankenaustausches überschatten zu lassen. Mit Vorsicht und Disziplin ging es darum, „Körper" nicht zum Anlass einer Soziologie oder Geschichtsschreibung von Krieg, Nationalismus, ja selbst des Machismo werden zu lassen, sondern über diese jeweiligen Kontexte die Spuren des Frauenkörpers in der Moderne zu interpretieren. Wir haben gehofft, dass diese von der Vortragenden geforderte exemplarische Vorgehensweise hinsichtlich ihrer Heuristik, d.h. der Begrifflichkeit, der Methoden, der Zugangsweisen, verallgemeinerbar wäre. Nicht auf diplomatisch ausgehandelte Interdisziplinarität und Internationalität (also Theorie zweiten Grades, *in hyperspace*) wollten wir hinaus, sondern durch die Vielfalt der oft sehr persönlichen Theorieansätze wollten wir die extreme, sprachlich kaum fassbare Konkretheit des Körpers betonen. Nicht vorgegebene Gegenstände und ein disziplinär verengter Ansatz, sondern die Vielfalt der Herangehensweisen und der Vergleich ihrer jeweiligen Erkenntnisleistung sollten die wissenschaftliche Erschließung des Projektbereichs KÖRPER ermöglichen.

2. Gegen alle Regeln: Wissenschaftliche Ergebnisse der „body academy"

2.1 Im Gespräch theoretische Grenzen überschreiten

Das Experiment, weltweit anerkannte Forscherinnen in einer body academy wechselseitig und mit Studentinnen ins Gespräch zu bringen, sollte konzeptuelle Engführungen lösen, die in der Geschlechterforschung den Ertrag von Studien zum zeitgeschichtlichen Schicksal des Frauenkörpers unserer Ansicht nach behindern. Dazu gehört das zum Dogma avancierte Kategorienset von „sex" und „gender", das wegen der unhistorischen Reduktion von „sex" auf Reste biologischer Merkmale für außereuropäische Kulturen nur sehr bedingt brauchbar ist; ebenfalls sollte der feministische Diskurs über den „Körper als soziale Konstruktion" revidiert werden, die Verwendung eines Kategoriengerüstes, das tendenziell unvergleichbare Erfahrungen und Deutungen in ihrem politischen und persönlichen Sinn einebnet und als Varianten differenter sozialer „Konstruktionen" in eine irreführende Vergleichbarkeit zwängt. Die Tendenz, den Begriff der „sozialen Konstruktion" zu verdinglichen, blendet durch ihre technizistischen

Anklänge (Konnotationen) Fragen aus, die im Mittelpunkt der Akademie stehen sollten: Wie lässt sich die erlebte Somatik untersuchen, der leibhaftige Fluchtpunkt derer, die „ich" sagen? Wie können wir an die soziale und kulturelle Prägung dieser *deixis* herankommen, also an jenes Soma, auf das die Sprechenden hinweisen? Wie lässt sich jenes *concretissimum* fassen, das die Leibhaftigkeit nun einmal ist?

Im Zeitalter der weltweit drohenden hegemonialen Definitions- und Wirkmacht bio-medizinischer, technogener, bürokratischer und deshalb aperspektivisch definitorischer Schlagworte und angesichts der bereits benannten Gefahr, dass auch in feministischen Studien leibliche Präsenz in der Vertextung des Körpers verblasst, wenn nicht schwindet, schien uns diese Aufgabe vordringlich. Was ist „body"? „Body is always somebody"! „Body" kann zwar als Konstrukt, als Biologie, als „Materialität", als Daten-Ensemble, als soziale Bildfläche, als gesellschaftlicher Spiegel, als diagnostizierbare Sache, als politisches Projekt, als nationales Emblem hergestellt, wissenschaftlich untersucht und so entkörpert werden, dennoch spricht das Wort auch heute noch von der akuten somatischen Selbstwahrnehmung derer, die leibhaftig da sind.

Selbstverständlich sind die Motive, Formen, Bedingungen der somatischen Orientierung von Frauen nicht universal, nicht „natürlich" – denn in ihnen verkörpern sich die widersprüchlichen Aspekte der Moderne, die religiösen und sozialen Traditionen, die Spannungen zwischen Familie, Nachbarschaft und Gemeinschaften, die Dichte technischer Milieus oder der Grad der Kommerzialisierung, die wirtschaftlichen Machtverhältnisse und vor allem die konfliktreichen Beziehungen zwischen Frauen und Männern.

Es ist kaum möglich, auf so engem Raum die „wissenschaftlichen Ergebnisse" der Akademie zu umreißen. Aus der Distanz betrachtet scheint mir, dass ein roter Faden aufgerollt wurde: die Suche nach der „Subjektposition" im Forschen und Schreiben über „Frauenkörper". Damit ist etwas Anderes gemeint, als neben sozialwissenschaftlichen, politologischen oder medizinischen Perspektiven auch „subjektbezogene Zugangsweisen" zur Sache zu berücksichtigen oder sich selbst in die Analyse einzubeziehen. Das englische „subject position" – so wie es Patricia Williams verwendet – könnte auch mit Mitleid, Anteilnahme und Urteilen übersetzt werden, die alle mit reflektierter Lebenserfahrung zu tun haben. In der Akademie, die kein umsetzbares „Wissen" liefern konnte und sollte, war die Konfrontation mit der Vielfalt solcher Standpunktnahmen wohl der eigentliche „wissenschaftliche" Ertrag.

Patricia Williams, unser erster Gast, die US-amerikanische Advokatin, Publizistin und Professorin des Vertragsrechts, brachte die Akademie mit einem Kontrast in Schwung: dem Kontrast zwischen ihrer Ur-Ur-Großmutter, die als junges Mädchen in den Südstaaten an einen Rechtsanwalt verkauft und gegen ihren Willen geschwängert worden war, und der weißen Studentin, die heute in New York ihre „Eier" auf dem Reproduktionsmarkt Gewinn bringend verkauft.

Damit war die Frage nach dem Eigentum am „Körper" aufgeworfen. Angesichts des neuen Reproduktionsbetriebs, in dem die Werte des Marktes Recht und Gerechtigkeit überlagern, kann diese Frage nicht umgangen werden; „my body, my property?" Wenn „agency", die Freiheit über sich im eigenen Handeln zu verfügen, zur angeblichen Agentur der Selbstobjektivierung und der Vermarktung wird, wie können Frauen dann von einem „Recht" auf den eigenen Körper sprechen? Wie bald darauf die indische Soziologin *Veena Das* so betonte schon *Patricia Williams* die Diskrepanz zwischen dem juristisch einklagbaren Faktum (tort) der Körperverletzung und dem erlittenen Schmerz derer, die verletzt wurden. Die Macht scheinbar universal gültiger subjektloser Sprechweisen, die der Sprache von Juristen, Medizinern oder Gesundheits-Bürokraten implizit ist, und die Gewalt, das soziale Leid durch die Enteignung der eigenen Stimme waren deshalb durchgängig Themen, die auch von *Ruth Hubbard* (USA), *Amina Mama* (Südafrika) oder *Shalini Randeria* (Berlin) aufgeworfen wurden.

Die katalytische Funktion wissenschaftlicher Termini in der Alltagssprache, die als Synthesen von Wunschbildern mit biokratischen Interventionen von Frauen zunehmend verkörpert werden, war für eine Anzahl der Gäste ein gemeinsames Thema. So waren *Emily Martin* (USA) beziehungsweise *Barbara Katz-Rothman* (USA) an der Selbstwahrnehmung der Patientinnen als „Immunsystem" oder „Genom" schon lange interessiert; am flexibel gewordenen, sich stets anpassenden Körper der Frau, während die kanadische Medizin-Anthropologin *Margaret Lock* das Phänomen der „hormondefizienten" Menopause als Effekt der Wechselwirkung zwischen einträglichem medizinischem Körpermodell und im Medizinkonsum sozialisierter Frauenwahrnehmung sichtbar machte. Im offenen Streit um die Konzepte, mit denen die Gewalterfahrungen von Frauen des Südens und Nordens besprechbar gemacht werden können, standen die Teilnehmerinnen vor heterogenen Begriffen, die nicht aufeinander reduziert werden können, sei es in der Medizin, der Sozialethnografie, der feministischen Gesundheitswissenschaft oder der Geschichte. Sehr deutlich kam dies zum Vorschein in den Diskussionen mit *Nahid Toubia* (Sudan/Großbritannien), *Janice Boddy* (Kanada), *Lisa Malkki* (Finnland/USA) oder *Nancy Hunt* (USA). Die Diskussionen standen so in einer Zerreißprobe zwischen der Scylla der Reprogenetik und Bevölkerungspolitik, die *Sarah Franklin* (Großbritannien) als Verkörperung des Versprechens von Fortschritt, Machbarkeit, Selbstbemächtigung oder *Sumati Nair* (Indien/Niederlande) als „globale Bemächtigung des Körpers der ‚anderen' Frauen" charakterisierte, und der Charybdis nationalistischer, fundamentalistischer Körperpolitiken (*Sumati Ramaswamy*, Indien/USA).

Die Organisation des Projektbereiches als Akademie stand programmatisch im Gegensatz zum erwarteten Modell eines gehobenen universitären Programmes zur Weiterbildung von Akademikerinnen mit abgeschlossenem Studium. Kein Wunder, dass nicht die curriculare Information über laufende Forschung und deren Kritik das maßgebliche Resultat des Semesters war, sondern der Versuch, dem Bewusstsein vom eigenen Körper, das alle Teilnehmerinnen zu Frauen macht, jenen Ausdruck im internationalen und transdisziplinären Gespräch zu ermöglichen, ohne dessen Legitimation Frauenstudien nicht durchgeführt werden können.

Die Intention der Akademie war es, für drei Monate einen Freiraum des Nachdenkens zu schaffen. Fragen sollten gefördert werden. Vor allem die Teilnehmerinnen aus Ländern des „Südens" suchten bei allen Themen danach, wie diese in konkretes politisches Handeln umgesetzt werden könnten. Dass brennende Fragen danach zu Gunsten konzeptueller Fragen tendenziell den Nachrang hatten, ist ein Aspekt unseres Konzeptes, der nicht von allen Studentinnen akzeptiert wurde. Zugleich waren es gerade auch Teilnehmerinnen aus der Dritten Welt, die einen solchen Freiraum für sich besonders begrüßten.

Im Rahmen der Diskussionen bei der *ifu* war es überraschend zu sehen, wie sehr der Versuch, das erlebte Soma von Frauen in seiner Vielfältigkeit zur Sprache zu bringen und den Anspruch universaler (verdinglichter) Objektdefinition über „Körper" zurückzuweisen, die Kritik nicht-westlicher Sozialwissenschaftlerinnen aufnehmen konnte. Diese Akademikerinnen weisen den Universalanspruch zentraler Paradigmen der Sozial- und Humanwissenschaften zurück und fordern, die untersuchten Sachen kontextbezogen zu betrachten und lokales Wissen zu erschließen. Lokales Wissen als Wissen „about somewhere" und „from somewhere" ist immer zeit- und ortsbezogen. Der autorinzentrierte Ansatz und das Gewicht, das in der *ifu*-Akademie der Stimme hervorragender Senior Lecturers zugewiesen wurde, haben uns geholfen, für diese „subjektzentrierte" und kontextbezogene Heuristik zu werben. Die „Haltung" der Forscherin zu verstehen erschien uns ebenso wichtig wie die Beschäftigung mit ihren Forschungsresultaten. Diesem Janusgesicht in der Frauenforschung um den Körper Sichtbarkeit verschafft zu haben, sehen wir als einen entscheidenden und wohl bleibenden Beitrag von *ifu*'s Körper-Akademie.

In allen Diskussionen gab die Alternative zwischen der „Sache", dem Körper, die sich als Objekt eines oder vieler Fachgebiete angehen lässt, einerseits und dem „ego-historischen", persönlichen, sinnlichen und visuell transzendenten Fluchtpunkt der Somatik andererseits den Anreiz zur Weiterdiskussion. In allen Diskussionssträngen geht es also um den Bezug zwischen „Ich" und Körper, Kultur, Gesellschaft, d.h. darum, in welchen Perspektiven das somatische Erleben zur Sprache gebracht werden kann.

Doch wollten wir diese Einsichten nicht nur „zur Sprache" bringen. Neben der Akademie und dem dichten Seminarprogramm boten wir deshalb acht Workshops (body work courses) an, um die Teilnehmerinnen zu motivieren, die schriftbezogene Arbeit mit Experimenten in Tanz, Rhythmus, Balance, Mimik und Gestik zu unterstützen. Für diese Kurse hatten wir Tänzerinnen, Akrobatinnen und Performance-Künstlerinnen gewinnen können, die bald durch überraschende, zusätzliche Kurse von Teilnehmerinnen ergänzt wurden. Während der

Studienphase organisierten wir in diesem Teil des Programms zusätzliche „lecture demonstrations", d.h. Performances und ihre Interpretation durch die Tänzerinnen, um Gestik, kulturellen Ausdruck, Lebensgeschichte, Ideologien um nationale Tanztraditionen zu untersuchen; z.B. an einem eindrucksvollen biografischen Abend mit *Elsa Wolliaston* (Paris/Senegal) oder bei der Open-Air-Performance der Gruppe um *Ursula Wagner*.

Der Mut, die Kopfarbeit in der „Körperarbeit" zu reflektieren und die Disziplin der Akademie vormittags als Prolegomenon für die spätere Zusammenarbeit in disziplinierter Gestik oder Akrobatik zu verstehen, hat sich gelohnt: Die gegenseitige Belebung des *symposions* durch das *gymnasion*.

2.2 Die persönliche Seite des Lernens

In den Rechenschaftsberichten über akademische Vorhaben wird meist die persönliche Seite des Lernens im Verlauf der Arbeiten nicht erwähnt. Die Effizienzkriterien der Wissenschaftsförderung und -verwaltung verlangen objektivierbare Ergebnisse. Sie brauchen keinen Bericht darüber, was das Vorhaben im Einzelnen in den Beteiligten auslöste. Unser Bericht über die Arbeit des Projektbereichs KÖRPER wäre aber unvollständig und würde den insgesamt außerordentlich erfolgreichen Studiengang trivialisieren, wenn diese Seite nicht – gegen alle Regeln – ausdrücklich unterstrichen würde. Es ist zu wenig, den Erfolg der *ifu* auf messbare, dingfeste Sachverhalte (Forschungsergebnisse) und die hier fraglos geleistete Nachwuchsförderung von aus- und inwärtigen weiblichen Eliten zu beschränken. Was hier als „Lernen" realisiert werden konnte, ist erstaunlich und war wohl nur möglich, weil unser Unterfangen akademisch so hochkarätig angelegt war, andererseits in Stil und Milieu betont konvivial und einladend gestaltet wurde. Ich will dies an einigen Teilnehmerinnen zeigen und beschränke mich auf acht Studentinnen, um die Vielfalt der persönlichen Seite des Lernens anzudeuten.

– Eine Sekundarlehrerin aus Kamerun, die nach Lösungen sucht, um ihre Schülerinnen gegen die Folgen zu früher Sexualität zu schützen, sagte mir: „*ifu* beweist mir, dass es Gott gibt! Nie sonst hätte ich Zeit für ein dreimonatiges Studium gehabt, nie sonst hätte mein Mann den Haushalt und die Töchter übernehmen müssen. Nie hätte ich über meine Schülerinnen so nachdenken können. Ich gehe mit neuem Mut." (*Abschlussarbeit*: Prevention of Crisis related to Female Teenagers)
– Als die griechische Gynäkologin in Hannover eintraf, war ihr das stramme Reglement der Geburtsabläufe in der Klinik berufsethisch unverzichtbar erschienen. Nach dem Studiengang wusste sie um die institutionellen Voraussetzungen dieses „autoritativen Wissens". Sie verließ Hannover mit der Ein-

sicht in die vielen kleinen Mechanismen, in denen medizinisches Wissen seine Bedingtheit und bedingte Brauchbarkeit im Nebel professioneller Selbst-Verständlichkeit verbirgt. Sie wird als Frauenärztin freier und liebenswürdiger handeln können. (*Abschlussarbeit*: The Hour of Birth)
– Eine indische Mathematikerin und Odissi-Tänzerin lernte durch die Anregungen zweier Literaturwissenschaftlerinnen, mit dramatischen Stoffen von Shakespeare und Hofmannsthal zu experimentieren. In den Gesprächen mit indischen Literaturwissenschaftlerinnen verstand sie auch, dass ihre eigene klassische Kunst als ein Aspekt des nationalstaatlichen Projekts der „Erfindung der Tradition" verstanden werden kann. Ihr erlaubte der Studiengang, nach neuen künstlerischen Ausdrucksmöglichkeiten zu suchen. (*Abschlussarbeit:* „Yaa Devi – Oh! Goddess!" in Odissi Dance)
– Eine Biologin aus Äthiopien verstand, die Problematik der immunologischen Übertragung des HIV-Virus in afrikanischen Regionen durch die Brillen der Sozialanthropologie und Bevölkerungswissenschaft zugleich zu sehen. Sie erschloss sich im Verlauf des Studienprogramms wissenssoziologische Zugänge zur Interpretation von Mikroben und Viren und zu den Ungereimtheiten in den privilegierten (westlichen) Erklärungsansätzen der Viren-Übertragung. (*Abschlussarbeit*: Possible Explanations for the Widespread of HIV in Developing Countries in Particular in Africa)
– Eine in Australien arbeitende deutsche Historikerin mit abgeschlossener Dissertation in Sozialanthropologie zu magischen Praktiken im frühneuzeitlichen Schweden nutzte die Studienphase, um ihr Habilitationsprojekt zur Heuristik des Körpers weiterzutreiben und die Zusammenarbeit mit deutschen Kolleginnen vorzubereiten. (*Abschlussarbeit*: Concepts of embodiment and their application in historical studies: The example of early modern Swedish magic)
– Eine griechische Fotografin und Mutter einer Tochter hatte endlich die Muße und die bibliothekarischen Voraussetzungen, um die Arbeiten anderer Fotografinnen zu untersuchen, in denen diese ähnliche Erfahrungen gestaltet hatten. Das Studium in der Bibliothek und mit den Kolleginnen war für sie, die sonst isoliert und eigenwillig arbeitet, ein Schritt zur Ausarbeitung ihres neuen Studienprojektes. (*Abschlussarbeit*: „As Mother, As Daughter". Views on the Mother-Daughter-Relationships in Contemporary Art Photography 1970-1990)
– Eine russische Ärztin lernte im Projektbereich KÖRPER, dass nicht nur die Frage gestellt werden muss, wie man eine Operation durchführt, sondern ebenso sehr die Frage, warum und aus welcher Sicht eine Operation zwingend erscheint. Sie schreibt: „Das Bemühen, die Wahrheit über Körper zu entdecken, ist nicht zu trennen vom Bemühen, die Wahrheit von Menschen zu verstehen". (*Abschlussarbeit*: Body Mutilations in the East and the West)

– Eine brasilianische Medizin-Anthropologin – in der Feldforschung sehr erfahren –, die das Körperideal der Frauen untersucht, das in der hohen Rate des Kaiserschnitts in ihrem Land zum Ausdruck kommt, begriff im body work course „Akrobatik" blitzartig, dass das Loslassen eine Bedingung ist, um aufgefangen anzukommen. (*Abschlussarbeit*: The Unbound Body: An Analysis of Reproductive Practices in Brazil)

Diese mühelos fortzuführenden Exempla für die Weitung der Amplituden des intellektuellen und seelischen Registers im Studium zeigen, dass Spuren kreativen somatischen Wissens und Lernens in einer technogenen Welt gesucht werden konnten, die ein stringent geplantes und strukturiertes Curriculum doch wohl behindert hätte. Um fruchtbar interdisziplinär zu arbeiten, braucht es nicht nur Zeit, sondern den Mut, die Sicherheit gebenden Geleise des Faches zu verlassen. Vor allem für die Studentinnen der „harten" Sciences dürfte die Begegnung mit vielfältigen „Körpern", Sprech- und Erfahrungsweisen eine nicht zu unterschätzende Herausforderung gewesen sein. In der Tat, viele unserer Studentinnen erarbeiteten sich mehr Fragen als Antworten. In einem kritischen „Feedback from the South" am Schluss der Studienphase bemerkt die studentische Evaluationsgruppe unter dem Titel: „What we got out of *ifu*" unter anderem: „I have become a different person ... I took things at face value", „now I have a different perception" und „I have come out with more questions". Dies scheint mir auch ein achtbarer frauenpolitischer Beitrag zu sein, wenn die körperbezogenen Begriffe des Feminismus durchdacht werden sollen, die in den 1980er und 90er Jahren noch unschuldig waren, im Jahr 2000 aber den Trend zur Entkörperung erlebter Somatik bekräftigen.

Helma Lutz, Mirjana Morokvasic-Müller

Transnationalität im Kulturvergleich. Migration als Katalysator in der Genderforschung[1]

Mit großem Enthusiasmus begann die Curriculumarbeitsgruppe (CAG) „Migration – Frauen, Identitäten und Systeme im Wandel" im Jahre 1998 ihre Arbeit.[2] Die Herausforderung, ein Curriculum für diesen Projektbereich zu entwickeln, ergab sich aus der Tatsache, dass es hier nicht nur unterschiedliche disziplinäre Ansätze zu verbinden galt, sondern lag vor allem in der Koppelung von zwei akademischen Arbeitsbereichen: einerseits der Frauen- und Geschlechterforschung und andererseits der Migrations- und Minderheitenforschung, die sich isoliert voneinander etabliert und bis heute wenig oder gar keine Berührung miteinander entwickelt haben.

Migrationsforschung ist ebenso wie die Frauen- und Genderforschung nicht durch eine fachspezifische Perspektive gekennzeichnet, sondern wesentlich interdisziplinär. Es gibt vielfältige Zugänge zu beiden Arbeitsbereichen, die sich aus unterschiedlichen Wissenstraditionen und Disziplinen der Sozial- und Geisteswissenschaften, der Geschichtswissenschaft, der Politikwissenschaft, der Ökonomie, der Rechtswissenschaft, der Geografie und Demografie, der Ethnologie, der Religions- und Kulturwissenschaft und der Kommunikationswissenschaft speisen. Das bedeutet, dass die Konzeption des Themas Migration im Rahmen der *ifu* Multidisziplinarität, Interaktion und transnationale Vergleiche integrieren musste. Es ging uns nicht darum, von Anfang an eine bestimmte Disziplin oder Perspektive vorzuziehen, sondern wir sahen den Sinn dieses Unterfangens gerade darin, ein möglichst breites Spektrum unseres Themas zu präsentieren.

---

[1] Wir danken Margot Poppenhusen für das sorgfältige Lesen, ihre hilfreichen Kommentare und ihre große Geduld, und Lena Müller, die in letzter Minute einige Teile des Textes übersetzt hat.

[2] Ilse Lenz, Helma Lutz, Mirjana Morokvasic-Müller, Maya Nadig und Claudia Schöning-Kalender.

1. Theoretische Ausgangsüberlegungen

1.1 Geschlechteraspekte von Migration

Migration ist keineswegs ein modernes oder gar postmodernes Phänomen, sondern Wanderungsbewegungen über Länder-, Staats- und Ethnizitätsgrenzen hinweg, auch Binnen-Wanderungen sind ein Motor der Menschheitsgeschichte. Sie haben zur Entwicklung und Veränderung von Kulturen beigetragen, zur Schaffung von Sozialität, zur Etablierung und Erweiterung von Wissenschaft und Technik. Zu einem weltumfassenden Phänomen neuer Qualität und Größenordnung hat sich Migration allerdings erst im 20. Jahrhundert entwickelt. Im Zeitalter der Globalisierung und des Informationskapitalismus (Castells, 2001) muss die Palette von Bewegungen und Motiven der Wanderungen, die sowohl auf freiwilliger wie auf erzwungener, auf individueller wie auf kollektiver Basis zustande kommen, neu bewertet werden: Schätzungen zufolge leben heute ca. 150 Millionen Menschen (World Migration Report 2000) außerhalb der Grenzen ihres Herkunftslandes, etwa die Hälfte davon sind Frauen. Zusätzlich sind 20 Millionen Menschen auf der Flucht, suchen mehrere Millionen Binnenmigranten (Menschen, die innerhalb von Staatsgrenzen wandern) eine Zukunft in den neuen Megastädten Asiens, Lateinamerikas und Afrikas. Millionen Andere, die grenzüberschreitend und in verschiedenen Pendelbewegungen – als Saisonarbeiter oder Händler – fast ihr ganzes Leben lang unterwegs sind, sind zahlenmäßig schwer zu erfassen und werden oftmals von den offiziellen Definitionen von Migration übersehen, außer wenn sie als Undokumentierte, Illegale oder als Transit-Migranten in den informellen Wirtschaftsnetzen der Länder, die sie durchwandern, erwähnt werden.

Im Vergleich zu Männern sind Frauen in allen diesen Bereichen gleich stark vertreten, in einigen sogar überrepräsentiert. Castles & Miller (1993) sprechen vom Zeitalter der Migrationen, die sich heute stärker denn je als feminisiertes Phänomen darstellen (Koser & Lutz, 1998). Tatsächlich ist fast die Hälfte der statistisch erfassten Migranten Frauen, wobei man annimmt, dass sie unter den Flüchtlingen weltweit sogar in der Mehrheit sind. Die Behauptung, die Feminisierung sei einer der bedeutendsten Trends in der Migration geworden, die „vorher überwiegend männlich war" (World Migration Report 2000), impliziert, dass die Frauenpräsenz in den Migrationsströmen etwas Neues ist. Frauen waren jedoch stets Teil der Bevölkerungswanderungen (INSTRAW 1994). Neu ist vielmehr, dass Forschung und Politik mittlerweile anerkennen, dass Frauen großen Anteil an der Migration haben.

Migration wurde in der Migrationsforschung lange Zeit als geschlechtsneutral oder männlich dargestellt, wohingegen die Frauen- und Geschlechterforschung wiederum Fragen der Rasse und Ethnizität ignoriert hat. Auch heute noch gibt es Migrationsstudien, die sich auf männliche Samples beschränken. Theorien werden weiterhin „geschlechtsblind" aufgestellt, und allgemeine Schlussfolgerungen beruhen auf Annahmen, die hinsichtlich der Geschlechter voreingenommen sind. Auch viele Feministinnen halten es nach wie vor nicht für nötig, den Kontext ihrer Vorgehensweise zu erläutern. Und dabei haben sowohl die Migrationsforschung wie die Geschlechterforschung den Anspruch, allgemeingültige Aussagen zu machen.

Immer mehr feministisch orientierte Migrationsforscherinnen wiesen nach, dass Migrantinnen nicht nur Opfer, Nachzügler oder Abhängige sind – als Ehe-Frauen von Arbeitsmigranten, als deren Familienangehörige oder Kinder. Sie konzentrieren sich auf Migrantinnen, die eigenständige Entscheidungen trafen, die die Initiative für ihre Familie ergriffen, die selbst Migrationsketten auslösten oder gar Hauptverdiener ihrer Familie waren (Safa 1981, Morokvasic 1987). Studien zur Migrationsforschung, die diese Lücken füllen wollten, neigen nun dazu, sich auf Frauen in der Migration zu beschränken. Solange der „male bias" und dessen Annahme, der internationale Migrant sei männlich, jung und wirtschaftlich motiviert, die Realität der weltweiten Migrationsströmungen verzerrt und damit gleichzeitig die Migrationspolitik beeinflusst, wird dieser kompensatorische Ansatz jedoch notwendig sein.

1.2 Migration und Ethnizität in der Geschlechterforschung

In der Gender- und Frauenforschung wurde die Universalisierung der Kategorie Frau zuerst von amerikanischen, schwarzen Feministinnen in Frage gestellt (Lutz 2001). Es ging ihnen nicht nur darum, zu zeigen, dass es nicht nur ein Universalmuster der Herrschaft von Männern über Frauen gibt, das für alle Frauen unabhängig von ihrer ethnischer Herkunft gilt (bell hooks). Die Familie, die als Ort der Unterdrückung weißer Frauen angesehen wird, kann demnach für Schwarze und Migrantinnen zum Zufluchtsort vor Rassismus werden. Erfahrene Diskriminierungen und Alltagsrassismus können dazu beitragen, dass schwarze Frauen und Migrantinnen sich ihren Ehe-Männern gegenüber loyal verhalten und gleichzeitig vor den Schwierigkeiten oder Feindseligkeiten zu Hause die Augen verschließen oder darin das kleinere Übel sehen (Morokvasic 1987).

Rosi Braidotti's „nomadische Subjekte" (1994) haben zweifellos eine inspirierende und provozierende Wirkung sowohl in der Geschlechterforschung als auch in der Migrationsforschung gehabt. Die Autorin versteht „nomadisch" nicht nur als Existenzform, sondern auch als Denkweise. Eine Frau, die sich zwischen verschiedenen Welten, Sprachen, Berufen und Orten fortbewegt, ohne einen festen Wohnsitz zu haben oder einen solchen anzustreben: Dieses endlos fragmentierten Subjekt „Frau" findet in der Mobilität, dem Reisen, dem Pendeln ihre Identität. Die Metapher der Nomadin ist sowohl für den feministischen wie für den Migrations-Diskurs attraktiv: Orte zu wechseln, um nach besseren zu suchen, jene Orte zu verlassen, an denen man Rassismus und Sexismus erfahren hat. Unterwegs-Sein ist zu einem Ausweg, zu einer Chance für neue Möglichkeiten geworden.

Diese Metapher schließt aber gerade jene Mehrheit von Frauen mit Migrationserfahrung aus, für die Mobilität keine Wahl, sondern erzwungen ist. „Having no passport or having many of them" sind zwei vollkommen unterschiedliche Lebenslagen, die Braidotti nicht unterscheidet. Sie führen jedoch zu ganz verschiedenen Lebenssituationen: Ohne Pass und ohne finanzielle Mittel ist man nicht freiwillig Nomadin. Die Verherrlichung von Mobilität und Bewegungsfreiheit als Ressource ist nur unter bestimmten Bedingungen möglich. Und selbst dann, wenn man mehrere „Heimaten" hat und das Pendeln dazwischen leicht fällt, unterscheiden sich doch die jeweiligen Beziehungen zu ihnen; sie sind bedeutungsvoll in dem Sinne, dass das einzige zu Hause das Unterwegs-Sein ist.

1.3 Transnationalität – Bewegungen im ent-grenzten Raum

Die aktuellen Wanderungsbewegungen unterscheiden sich von früheren durch neue Geografien, die als Folge von geo-politischen und geo-ökonomischen Veränderungen auftreten. Einerseits sind in jüngster Zeit neue Staaten gegründet worden und alte zerfallen, andererseits verlieren territorial und national definierte Grenzen zunehmend an Bedeutung. Dadurch kommt es nicht nur zu einer Hinterfragung der Bedeutung der klassischen Nationalstaatsordnung, sondern auch zu veränderten Vorstellungen von Raum und Zeit. Der Ent-Grenzung und De-Nationalisierung von Märkten, Konsumgütern, Kommunikationsmitteln und damit von Kapital, Arbeit und Arbeitskraft folgen Veränderungen auf der Ebene des Sozialen. Hier wurde der Begriff Transnationalität eingeführt vor allem, um der noch immer dominanten Konzeptualisierung von Migrationsbewegungen kritisch zu begegnen, die darin einen Verkehr nur in eine Richtung: von einem Herkunfts- in ein Aufnahmeland sehen, dem die Integration der Migrantengemeinschaft in den Aufnahmeländern (mehr oder minder zögerlich) folgt.

Transnationale oder „transstaatliche Räume" (Faist 2000 b), „Zirkulationsterritorien" (Tarrius 1992), transnationale Räume und Mobilitäten (Morokvasic 1994,1999) entstehen als Folge zunehmender grenzüberschreitender Bewegungen von Menschen, Gütern und Informationen. In transnationalen sozialen Räumen bilden sich, so Pries (Pries 2000), neue sozial-kulturelle Muster und Formen der Vergesellschaftung heraus, die Elemente der Herkunfts- und der Ankunftsgesellschaft miteinander vermengen und zu einer Neumischung in hybrider Gestalt führen. In transnationalen sozialen Räumen entwickeln Menschen plurilokale kollektive (Familien-)Netzwerke und Organisationen über Staatsgrenzen hinweg (Faist 2000b, S.10; Faist 2000a, S.2-3). Trans-Nationalität betont die übergreifende Qualität dieses Phänomens, innerhalb dessen Kommunikationsstrategien und neue Formen von Soziabilität entstehen, die, selbst dann, wenn sie als Übergangsformen erscheinen, oft von langfristiger Dauer sind. Menschen, die in solchen Netzen operieren, sind dann auch keine Aus- oder Einwanderer mehr, sondern Trans-Migranten (Glick-Schiller et al. 1995), die vielleicht als eine neue Form des klassischen „Fremden", „der heute kommt und morgen bleibt" (Simmel 1908, S. 764), aber eventuell auch weiterzieht, bezeichnet werden können. So entstehen transnationale Biografien, die sich den Einteilungsmustern klassischer Nationalstaats-Zugehörigkeit entziehen und als ent-grenzte Bewegungen in einem „dritten Raum", dem „in-between-space" (Bhabha 1994), beschrieben werden.

Wichtig in diesem Zusammenhang ist die Feststellung, dass hier nicht von der in vielen Theorien enthaltenen Prämisse ausgegangen wird, dass Menschen sozusagen als Verschiebemasse und als Marionetten den Push- und Pull-Faktoren der Arbeitsmärkte Folge leisten, sondern dass statt dessen die Perspektive der AkteurInnen, die verschiedenste Netzwerke errichten und sich innerhalb von Netzwerken bewegen, fokussiert wird.

Obwohl wir von den Grenzen überschreitenden Herausforderungen beeinflusst waren und obwohl Mobilität eine große Rolle bei der Ausarbeitung eines Konzepts für das Curriculum gespielt hat, haben wir uns doch gehütet, transnationale Mobilität als großen Gewinn darzustellen, so wie man auch mit der Glorifizierung des Nomandentums in feministischer Literatur vorsichtig umgehen muss.

Transnationalismus hat eine entscheidende Rolle des Nationalstaates, nämlich die der Kontrolle von Bewegungen an den Grenzen, eher verstärkt als eingeschränkt, wie Nyberg-Soerensen (1998) bemerkt. Ohne die zentrale Rolle der Politik der Nationalstaaten sind die transnationalen Migrationsbewegungen und ihre sozialen Praktiken nicht zu verstehen: Transnationale Beziehungen zwischen verschieden Orten sind oft vom legalen Status der wandernden Menschen abhängig. Nicht jeder kann über die eigene Mobilität frei entscheiden und beliebig Grenzen überschreiten. Für Viele stellen zwischenstaatliche Grenzen sehr reale Hindernisse für die Bewegungsfreiheit dar, und sie fordern andere transnationale Verbindungen und Netzwerke als diejenigen, deren Mobilität durch solche Hindernisse nicht gefährdet ist. Die wachsende Vernetzung fördert zwar internationale Mobilität; doch diese ist das Privileg von Menschen aus „dem Westen", den nördlichen Industrieländern und einigen Asiaten. Alle anderen müssen bleiben, wo sie sind, und jene, die trotzdem wandern wollen, müssen sich auf Menschenhändler einlassen.

Dies wird vor allem deutlich, wenn man transnationale Bewegungen und Gemeinschaften aus der Genderperspektive betrachtet. Vor allem hinsichtlich der Feminisierung der Migrationsbewegungen spiegelt verstärkte Mobilität nicht nur die Migration aus Heirats- oder Familiengründen wider, wie normalerweise angenommen wird (Sopemi 2000), sondern sie schließt auch neue Heiratsstrategien mit ein („mail order brides" nach Vartti 2002, Truong 1996). Darüber hinaus ist sie eine Folge der Verbreitung von ungeschützten Arbeitsverhältnissen im Haushalt (Lutz 2002a, b), in der Unterhaltungsindustrie oder in der Textilbranche, wo Frauen und junge Mädchen oftmals vollkommen abhängig von ihren Arbeitgebern sind, die sehr oft auch ihre Pässe einbehalten (IOM 1999, Anderson 2000, Truong 1996, Huang/Yeoh1999). Charakteristisch für diese Art von Jobs ist, dass sie eigentlich nur als Fortsetzung der Hausfrauenrolle gesehen werden, womit der niedrige oder gar fehlende Lohn, den sie bekommen, gerechtfertigt und ihre Abhängigkeit legitimiert wird. Der Extremfall von Mobilität ist Menschenhandel, wenn Migranten auf den Wert von Handelsgütern reduziert und Frauen für Sexarbeit und Prostitution verkauft werden.

All diese Beispiele geben wenig Anlass dazu, Mobilität zu zelebrieren, deshalb war es unser Ziel, Transnationalität sowohl hinsichtlich ihrer Möglichkeiten als auch ihrer Beschränkungen zu untersuchen.

2. Erfahrungen und Ergebnisse des *ifu*-Semesters

2.1 Kernfragen des Curriculums

Diese Feststellungen und Überlegungen waren die Grundlage für das Curriculum, in dem nun die Geschlechterforschung mit der Migrationsforschung verbunden werden sollte und für das wir folgende Kernfragen erarbeiteten:

- Wie werden Geschlecht, Ethnizität und Merkmale sozialer Zugehörigkeit als Ungleichheitsverhältnisse reproduziert und rekonstruiert?
- Welche politischen und ökonomischen Regulierungsmuster treten dabei auf?
- Welches sind die Mechanismen und Praktiken von Einschluss und Ausschluss, von Selbst- und Fremdzuschreibung, von Identitätskonstruktionen und symbolischen Handlungen, die dabei eine Rolle spielen?

Diese Fragen wurden in vier Themenblöcken behandelt:

Migration, Mobilität und Transmigrantinnen

In diesem einführenden Themenblock wurden zeitgeschichtliche Einblicke in Hintergründe, Ursachen und Kontexte von Migrationen gegeben, die dabei entstehende unterschiedliche Betroffenheit von Männern und Frauen thematisiert und die Bewertung dieser komplexen Phänomene erörtert. Wir wollten die geschichtliche Kontinuität in einer regional-vergleichenden und multidisziplinären Perspektive darstellen und an einigen Entwicklungen zeitgenössischer Formen der Überbrückung von Zeit und Raum zeigen, inwiefern sie Chancen bieten oder nicht. Die geschlechtspezifischen Determinanten der Migration in der globalisierten Welt sollten dabei im Mittelpunkt stehen, um die verschiedenen geschlechtsspezifischen Muster von Migration, Wanderung und Mobilität herauszuarbeiten. Dabei wollten wir die unterschiedliche Bedeutung von Grenzen und von Grenzüberschreitung für Frauen und Männer untersuchen, um die Konstruktion von transnationalen sozialen Räumen, Identitäten und Solidaritäten zu verstehen. Und schließlich sollten die durch Migration entstandenen Veränderungen in den familiären Haushalten, auf der individuellen ebenso wie auf der gesellschaftlichen Ebene analysiert und die Geschlechterpolitik der Migrations- und Asylpolitik in verschiedenen Ländern verglichen werden.

Nationalismen, Rassismen, Ethnisierungen

Die Zugehörigkeit zur Nation als quasi natürliche Einbindung in eine „imaginierte Gemeinschaft" (Anderson 1993) unterliegt der Differenzierung durch Machtunterschiede: zwischen den Geschlechtern, den sozialen Klassen und den ethnischen Gruppen (oder „Rassen"). Während Nationalstaaten als politische Kerneinheiten und Regulatoren sozialer Prozesse zunehmend unter Druck geraten, bestimmen rassistische, nationalistische und „ethnische" Kriege die politische Agenda in vielen Regionen der Welt. Nationalismen und Rassismen sind gleichzeitig Ursachen und Reaktionen in den regionalen politischen Spannungsfeldern, die jeweils Gender-spezifische Auswirkungen haben. In diesem Themenfeld wurden die geschlechtsspezifische Dimension von ethnischen und nationalen Positionierungen sowie Fragen der (Mit-)Täterschaft und/oder Viktimisierung bearbeitet.

Räume, Kulturen, Identitäten im Prozess

In den vergangenen Jahren sind statische Vorstellungen von Identität und Kultur durch dynamische und prozessorientierte Konzepte ersetzt worden. Theoretische Konzepte wie „diaspora space" (Brah), das der „Nomadin" (Braidotti) oder der „Exilantin" (Benhabib) versuchen, den als Folge von Migrationen entstandenen Fragmentierungen und Brüchen gerecht zu werden, indem sie die produktiven Kräfte dieser Umbrüche beschreiben. Veränderte Definitionen von Territorium, Zeit und Raum liegen den Konzepten transnationaler und territorial ent-grenzter (individueller und kollektiver) Identitäten zu Grunde. Dabei entstehen Konzepte von Kultur und Identität, die Repräsentationen und Diskurse analysieren und diese als Konstruktion und „Performance" begreifen.

Transnationale Geschlechterdemokratie: Gleichheit und Differenz

Wie bei den anderen drei Themenfeldern wirkt Migration auch im Zusammenhang mit Debatten über Gleichheit und Differenz als Katalysator: Es geht um Fragen der Rechtfertigung und Ressourcen-Verteilung und um die Öffnung von Demokratietheorien, die in der Lage sind, soziale Platzanweiser wie Ethnizität, Nationalität und Klasse in die Debatte über Geschlechterdemokratie mit einzubeziehen. Dabei ist zum einen die Entwicklung eines Menschenrechtsverständnisses gemeint, das „Frauenrecht als Menschenrecht" grundsätzlich mit einbezieht. Zum anderen stellt sich die Frage nach sozialer, kultureller und politischer Teilhabe in Einwanderungsgesellschaften neu. Deshalb wurden Vertreterinnen internationaler Netzwerke und Aktionsbündnisse geladen, um die Handlungsspielräume in diesem Bereich darzulegen.

Diese Themenblöcke, an denen alle Studentinnen teilgenommen haben, standen am Anfang der drei Monate. Von dieser Basis aus konnten theoretische und empirische Bezugspunkte zu den fünfzehn thematischen Forschungsprojekten hergestellt werden, die während der drei Monate von den Teilnehmerinnen in verschiedenen Gruppen durchgeführt und in der zweiten Semesterhälfte in den Workshops zu den verschiedenen Themen vertieft wurden. Am Ende wurden die aus den Projekten entstandenen individuellen oder Gruppen-Forschungsarbeiten im Plenum präsentiert.

2.2 Grenzen überschreiten – Heterogenität als Herausforderung

Von den 128 Teilnehmerinnen im Projektbereich MIGRATION kamen 35 aus Deutschland, die anderen 93 verteilten sich ihrer Herkunft nach auf 45 weitere Länder, die Mehrheit aus Asien, etwa die Hälfte aus den Westen. Die Teilnehmerinnen waren insgesamt in 23 verschiedenen Disziplinen „beheimatet", womit die Interdisziplinarität des Curriculums auch für die Teilnehmerinnen zur Herausforderung wurde. In den Themenblöcken lehrten 59 Dozentinnen – darunter 10 Künstlerinnen –, die ebenfalls ein breites Spektrum an Nationalitäten und Wissenschaftstraditionen repräsentierten. 18 Tutorinnen (davon neun aus Deutschland) betreuten die studentischen Forschungsprojekte.

Die Diversität der Teilnehmerinnen verstärkte sich noch durch die großen Altersunterschiede: Die Mehrzahl war in der Altersgruppe 25-35 Jahre, es gab aber auch 16 Frauen im Alter zwischen 41 und 60 Jahren. Für Lehrende, die sonst meistens mit Studierenden unter 25 Jahren arbeiten, ist eine solche Zusammenstellung eine besondere Herausforderung. Sie entspricht in etwa der Traumvorstellung von einem „Seminarraum", in dem sich ein breites Spektrum von gesellschaftlicher Vielfalt widerspiegelt.

Auf Grund der Differenzen im akademischen Niveau gab es auch sehr unterschiedliche Erwartungen gegenüber dem Curriculum, das aber für alle gleich war. Dies hat jedoch von Anfang an die Studentinnen dazu ermutigt, eigenständig Arbeitsgruppen und Workshops zu organisieren, wie z.B. die Gruppe „Migration in Asien" oder der Workshop über Europäische Identitäten. Die Begegnung von Kunst und Wissenschaft nahm im Projektbereich MIGRATION breiten Raum ein. Für einige Teilnehmerinnen, die mit guten, aber nur passiven Englischkenntnissen ankamen, wurde der künstlerische Ausdruck zu einem ausgezeichneten Kommunikationsmittel (vgl. auch L. Baumann und B. Loreck in diesem Band).

2.3 Die *ifu* – eine transnationale Heimat?

In den drei Monaten wurde ein breites Spektrum an weltweiten Migrationsprozessen bearbeitet. Der Schwerpunkt lag dabei auf jenen Regionen und „Erfahrungsräumen", die mit denen der beteiligten Dozentinnen und Teilnehmerinnen kompatibel waren. Auf diese Weise ist es gelungen, transnationale Biografien, internationale Lebenserfahrungen, Mehrsprachigkeit und Interkulturalität nicht nur „abstrakt" in das Curriculum einzubauen, sondern zur lebendigen Grundlage des wechselseitigen Austauschs zu machen.

Das Programm des Projektbereichs MIGRATION bewältigte innerhalb eines Semesters eine Stoffmenge, die sonst ein ganzes akademisches Jahr in Anspruch nimmt. Die Kreativität, Dynamik und Begeisterung, mit denen die Teilnehmerinnen ihre Ergebnisse „produzierten", zeigte sich in vollem Umfang während der abschließenden Präsentationswoche. Viele Teilnehmerinnen schrieben Aufsätze im Zusammenhang mit ihrer Magister- oder Doktorarbeit oder Thesenpapiere für ihre Dissertation. Einige von ihnen stellten fest, erst durch die *ifu* sei es ihnen gelungen, ihre Themenstellung genau zu formulieren. Doch am verblüffendsten war, dass neue theoretische und empirische Methoden sowie innovative Formen der Präsentation gefunden wurden.

Viele Teilnehmerinnen machten neue Erfahrungen und taten Dinge, die sie noch nie in ihrem Leben getan hatten wie etwa vor einem Publikum aufzutreten. So hatten die Autorinnen der Website zum Internationalen Frauenhandel nie zuvor das Internet benutzt; die Autorin einer CD-ROM betrat Neuland; Filme oder hervorragende künstlerische Aufführungen zum Thema Migration wurden von Teilnehmerinnen produziert, die mit solchen Medien und öffentlichen Darbietungen bislang wenig oder gar keine Erfahrung gemacht hatten.

Elf Teilnehmerinnen aus acht verschiedenen Ländern (China, Deutschland, Peru, Argentinien, Bulgarien, Ghana, Philippinen, Iran) erstellten eine Forschungsarbeit über selbstständige Migrantinnen in Hannover und führten dazu nicht nur eine kleine Umfrage in einer Stadt durch, in der sie nie zuvor gewesen waren, sondern produzierten auch einen Film. Die 40-Minuten-Dokumentation „*Being her own Boss*" liegt in einer englischen und einer deutschen Fassung vor und ist ein typisches Beispiel für ein Produkt der *ifu*, das für pädagogische Zwecke und für „consciousness raising" eingesetzt wird: Die Teilnehmerinnen werden die Produktion in Ghana, im Iran und auf den Philippinen in Projekten zur Reintegration von Frauen in den Arbeitsmarkt nutzen.

In dem Projekt „*At your service, madam*" wurde das Thema „neue Dienstmädchen" erarbeitet, indem Interviews mit Migrantinnen durchgeführt wurden, die momentan, oft ohne Aufenthaltsgenehmigung, in deutschen Haushalten Reinigungs- und Pflegearbeiten sowie die Kinderbetreuung übernehmen. Auch wurde eine Radiosendung hergestellt, in der die Situation von Dienstmädchen vor 100 Jahren mit der von heute und mit der in einem Land Südamerikas verglichen wurden.

Für viele Teilnehmerinnen wurde die *ifu* zum Sprungbrett für eine neue berufliche bzw. wissenschaftliche Laufbahn: Eine neue Stelle in Thailand, München oder Toronto, ein Magister-Stipendium für Oxford und ein Postgraduierten-Studium in Europäischem Recht in Bonn sind einige der bemerkenswerten Ergebnisse der Frauenuniversität. Dank der Website *vifu* brechen die Kontakte und der Austausch auch nach Ablauf der Studienzeit nicht ab. Die *ifu*-Teilnehmerinnen haben eine virtuelle Gemeinschaft geschaffen, in der sie Informationen über Veranstaltungen, Stellenangebote und Stipendienausschreibungen austauschen oder Treffen organisieren.

Eine weitere wichtige Erfahrung entsprang der Tatsache, dass die *ifu* monoedukativ war. Was bedeutete das insbesondere für einige Dozentinnen, die überzeugte Anhänger von Koedukation sind? Rückblickend kann man sagen, dass „nur Frauen" als Auswahlkriterium für alle Beteiligten – Teilnehmerinnen, Dozentinnen, Tutorinnen wie Mitarbeiterinnen in der Verwaltung – als Empowerment wirkte. Denn wir konnten uns ganz auf die kulturellen, sozialen und anderen Unterschiede unter Frauen konzentrieren. Die Geschlechterthematik hatte also auch eine integrative Funktion, weil Frauen, die nicht „genderconscious" waren und auch keine Genderperspektive entwickelt hatten, ins Gespräch kamen mit Frauen, für die Geschlechterforschung und Gender Policy schon lange im Zentrum ihrer Interessen standen. Unsere transnationale interkulturelle Umgebung bot beides: eine Entdeckungsreise und einen Lernprozess für einige – Kontinuität und Konfrontation für die Mehrheit.

Abgesehen von den positiven Lernerfahrungen gab es auch vielfache Irritationen und Verärgerungen. Auffällig war von Anfang an die Überforderung und Unerfahrenheit des Organisationsstabes mit Umfang, Logistik und Internationalität. Der Mythos der deutschen Perfektion und Effizienz, mit dem viele Teilnehmerinnen angereist waren, verschwand in den ersten drei Tagen. Aus dem Unmut entstanden jedoch zahlreiche Initiativen studentischer Selbstorganisation, die insbesondere das Demokratiedefizit anprangerten und studentische Mitsprache forderten. Es gab auch studentische Interventionen im Lehrprogramm; so etwa Vorträge zu diversen Themenschwerpunkten von Teilnehmerinnen, die in ihren Forschungsarbeiten bereits fortgeschritten waren. Schließlich kritisierten einige Teilnehmerinnen zu Recht, dass Heterosexualität als Norm im Curriculum selbst nicht in Frage gestellt wurde. Heftig waren auch die Auseinandersetzungen mit dem in Deutschland erfahrenen Alltags-Rassismus (siehe dazu Lutz in: Lenz et al. 2002; und Madew in diesem Band). Aus all dem entwickelte sich vor allem das Gefühl, dass die Teilnehmerinnen selbst dafür sorgen mussten, dass die *ifu* für sie und für diese drei Monate zu einer *transnationalen Heimat auf Zeit* wurde.

2.4 Interkulturelle Kompetenz im täglichen Umgang erwerben

Um die Lernerfolge während des *ifu*-Semesters zu bewerten, soll hier noch einmal auf zwei Aspekte interkultureller Kompetenzen eingegangen werden. Es ist bereits in anderen Beiträgen dieses Bandes hervorgehoben worden, dass Internationalität an sich noch keine Interkulturalität hervorbringt. Auch wenn die postulierte Interkulturalität ein Desiderat blieb, wie Kreutzner und Schöning-Kalender (in diesem Band) zu Recht behaupten, so gab es doch Lerneffekte im täglichen Umgang.

So etwa die „*language awareness*", was sich als „Gespür für die Bedeutungsnuancen von Sprache" übersetzen lässt. Language awareness ist eine Kompetenz, die mit der Aneignung einer fremden Sprache verbunden sein kann. Insbesondere dann, wenn Angehörige von Minderheitssprachen eine dominante Sprache erlernen, kann damit auch ein Prozess der Entwurzelung, eine für die Identität bedeutsame Verlusterfahrung einhergehen: Denn Sprache ist gleichzeitig Vermittlerin und ein Instrument zur Disziplinierung. Der Prozess der Einübung in eine neue Sprache ist damit auch ein Unterwerfungsprozess, der eine Realität beschreibt, die von der eigenen Person losgelöst sein kann. Sprache besitzt nicht nur definitive, sondern auch definitorische Macht und kann zur Quelle von Zweifeln und Ambivalenzen werden. In dem Prozess der Integration verschiedener Identitätsfragmente, die möglicherweise verschiedenen Sprachen zugeordnet sind, muss auch der Umgang mit Friktionen gelernt werden. Damit kann auch die Erkenntnis verbunden sein, dass eine dominante Sprache keine Konzepte besitzt für die Verbalisierung von Unterwerfungserfahrungen und daher diese Erfahrungen nicht kommunizierbar sind. Für die Angehörigen der Dominanzgesellschaft bedeutet *language awareness* Sensibilierung gegenüber Fremd-Sprachigkeit.

In der *ifu*, deren Lehr- und Umgangssprache Englisch war, wurde *language awareness* in vieler Hinsicht praktiziert: Nur für wenige Studentinnen war Englisch die Muttersprache – die meisten hatten eine oder mehrere andere Sprachen vor dem Englischen gelernt. Dies galt auch für einen großen Teil der Dozentinnen. Die symbolische Macht von Muttersprachlern war damit zwar nicht abgeschafft, jedoch erheblich relativiert. Daraus ergab sich ein ständiges Bemühen um Kommunikation und eine hohe Sensibilität für die Probleme von Übersetzung und Kommunizierbarkeit in einer fremden Sprache. Sogenannte Sprachfehler, die eben auch auf der Seite der Dozentinnen gemacht wurden, fielen dadurch weniger ins Gewicht, als das normalerweise der Fall ist. Sprachen-Springen war eher die Regel als die Ausnahme und wurde nicht als Abweichung, sondern als Normalfall akzeptiert.

Weitere wichtige Komponenten interkultureller Kompetenz sind die *Sensibilisierung für Außenseiterpositionen* und die *Konfrontation mit Fremddefinitionen*. Ein bewusster Umgang mit Fremddefinition ist keineswegs zwingend mit einem Auslandsstudium oder dem Aufwachsen als Minderheit in einer Dominanzgesellschaft verbunden, kann aber durch die reflexive Auseinandersetzung damit entstehen. Studierende machen beispielsweise die Erfahrung, dass sich ihr Selbstbild nicht mit dem dominanten oder dem im Wissenskanon vermittelten Fremdbild deckt, und müssen sich dazu verhalten. Das bewusste, behutsame Aufgreifen dieser Erfahrung im Seminarkontext, das sicherlich nicht immer, aber doch in Ansätzen gelang, kann die Entwicklung von Multiperspektivität und Empathie unterstützen. Dabei ging es eben nicht darum, diejenigen auf ihre Herkunft, Kultur etc. anzusprechen, die in den jeweiligen Kontexten der Mehrheitsgesellschaften als „ethnisch" oder als kulturell „anders" identifiziert werden. Ein solches Vorgehen führt unmittelbar zur Ethnisierung und Kulturalisierung von Unterschieden. Vielmehr geht es darum deutlich zu machen, dass Ethnizität kein Merkmal von Minderheiten ist, sondern eine Differenzlinie, mit der Markierung und Nicht-Markierung voneinander getrennt werden. Mit anderen Worten: Alle Anwesenden im Seminarraum sind „ethnisch" – mit dem Unterschied, dass die dominante, „weiße" Position als ethnische unsichtbar bleibt, während die „Anderen" als ethnisch konstruiert und „sichtbar gemacht" werden.

3. Grenzen verändern – ein Fazit

Die *ifu* hat uns Dozentinnen mit zahlreichen Herausforderungen konfrontiert, die uns immer wieder auch persönliche Grenzen überschreiten ließen. Wir stellten nicht nur die etablierten Sichtweisen unserer jeweiligen Disziplin in Frage, sondern suchten auch den Ausgleich zwischen unseren akademischen Zielen einerseits, den strukturellen und organisatorischen Möglichkeiten und dem entsprechenden Know-how andererseits. Wer tief verwurzelte, scheinbar unverrückbare Überzeugungen überwinden wollte, musste Grenzen überschreiten. Auf Grund der Begeisterung und konstruktiven Kritik, die wir von den Teilnehmerinnen als Rückmeldung bekamen, sei uns die Bemerkung erlaubt, dass die *ifu* für uns alle eine der intensivsten Lehr- und Lernerfahrungen unseres Lebens war.

Literatur

Anderson, Bridget: Doing the Dirty Work. The Global Politics of Domestic Labour. London: The Zed Books, 2000.
Anthias, Floya, and Yuval-Davis, Nira: Racialised Boundaries. London & New York: Routledge, 1992.
Bhabha, Homi K.: The Location of Culture. London: Routledge, 1994.
Braidotti, Rosi: Nomadic Subjects. New York: Columbia University Press, 1994.
Castells, Manuel: Der Aufstieg der Netzwerkgesellschaft. Teil 1 der Trilogie. Das Informationszeitalter. Opladen: Leske + Budrich, 2001.
Castles, Steven, and Miller, Mark J.: The Age of Migration. London & Basingstoke: MacMillan, 1993.
Faist, Thomas: The Volume and Dynamics of International Migration and Transnational Spaces. Oxford: Clarendon Press, 2000a.
Faist, Thomas: Grenzen überschreiten. Das Konzept transstaatlicher Räume und seine Anwendung. In: ders. (Hg): Transstaatliche Räume. Bielefeld: Transscript 2000b, S. 9-56.
Huang, Shirlena, and Yeoh, Brenda S.A.: „Ties that bind: State Policy and Migrant female Domestic Helpers in Singapore". In: Geoforum, 1996, vol. 27. No.4, pp. 479-492.
INSTRAW: The Migration of Women. Methodological Issues, Santo Domingo 1994.
Koser, Khalid, und Lutz, Helma: The new Migration in Europe. Contexts, Constructions and Realities. In: dies. (Hg): The new Migration in Europe. Social Constructions and Social Realities. London & Basingstoke: MacMillan, 1998, S.1-20.
Lutz, Helma: Differenz als Rechenaufgabe: über die Relevanz der Kategorien Race, Class, Gender. In: Lutz, Helma, und Wenning, Norbert (Hg): Unterschiedlich Verschieden. Differenz in der Erziehungswissenschaft. Opladen: Leske + Budrich, 2001, S.215-230.
Lutz, Helma: At your service, Madam! The Globalization of Domestic Service. In: Feminist Review, 70 (Special Issue on Globalisation), London, 2002a (im Druck).
Lutz, Helma: In fremden Diensten. Die neue Dienstmädchenfrage im Zeitalter der Globalisierung. In: Gottschall, Karin, und Pfau-Effinger, Birgit (Hg.): Zukunft der Arbeit und Geschlecht. Opladen: Leske + Budrich, 2002b (im Druck).
Morokvasic, Mirjana: La tobilité transnationale comme ressource: le cas des migrants de l'Europe de l'Est. In: Cultures et Conflits, 32, 1999, p. 105-122.
Morokvasic, Mirjana: Emigration und Danach: Jugoslawische Frauen in Westeuropa, Frankfurt/Main: Stroemfeld/Roter Stern, 1987, S. 251f.
Morokvasic, Mirjana: The overview: Birds of passage are also women. In: International Migration Review, no 68, vol. 18, 1984, pp. 886-907.
Morokvasic, Mirjana: Pendeln statt auswandern. Das Beispiel der Polen. In: Morokvasic, Mirjana, und Rudolph, Hedwig: Wanderungsraum Europa. Menschen und Grenzen in Bewegung. Berlin: Sigma, 1994.
Nyberg-Soerensen, Ninna: Narrating Identity Across Dominican Worlds. In: Smith, Michael Peter, and Guarnizo, Luis Eduardo (eds.): Transnationalism from Below. New Brunswick: Transaction Publishers, 1998, pp. 241-269.

Pries, Ludger: „Transmigranten" als ein Typ von Arbeitswanderern in pluri-lokalen sozialen Räumen. In: Goglin, Ingrid, und Nauck, Bernhard (Hg.): Migration, gesellschaftliche Differenzierung und Bildung. Opladen: Leske + Budrich, 2000, S. 415-438.

Glick-Schiller, Nina; Basch, Linda, and Szanton-Blanc, Cristina: From Immigrant to Transmigrant: Theorizing Transnational Migration. In: Anthropological Quarterly, 1995, 68, 1, pp. 48-63.

Safa, Helen: Runaway Shops and Female Employment: The Search for Cheap Labor. In: Signs 7(2), 1981, pp. 418-433.

Simmel, Georg: Soziologie. Untersuchung über die Formen der Vergesellschaftung. Leipzig: Duncker und Humblot, 1908.

SOPEMI: Tendances des migrations internationales. Paris: OECD, 2000.

Tarrius, Alain: Les Fourmis d'Europe. Paris: L'Harmattan, 1992.

Truong, Than-dam: Gender, International Migration, and Social Reproduction: Implications for Theory, Policy, Research and Networking. In: Asian and Pacific Migration Journal 5, 1, 1996, pp. 27-52.

Vartti, Riita: German matchmaking web-sites. Ongoing trafficking in women? In: Morokvasic, Mirjana; Erel, Umut, and Shinozaki, Kyoko (eds.): Gender and Migration: Crossing Borders and Shifting Boundaries. Vol. 1: On the Move. Opladen: Leske + Budrich, 2002.

World Migration Report 2000, Geneva: IOM, 2000.

Ulla Terlinden

City and Gender – ein Projektstudium

1. Die Stadt als Studienfeld – Das Studienkonzept

Stadtplanung in Deutschland geht von völlig anderen Bedingungen aus, hat andere Methoden und Instrumente als Stadtplanung z.B. in New Delhi. Ist es sinnvoll, die Architektin aus Damaskus mit den hier gebräuchlichen Baumaterialien und mit der – die Architektur und den Städtebau prägenden – europäischen Moderne vertraut zu machen? Sind für die Stadtsoziologin aus Johannesburg unsere Ansätze und Instrumente der Sozialplanung und Sozialarbeit für ihre Arbeit in Ghettos angebracht? Ein Lehrangebot mit internationalen Professorinnen sollte unbedingt internationale und interkulturelle Perspektiven in den Vordergrund rücken.

Das Studienkonzept des Projektbereichs CITY war nicht vorrangig an einzelnen Disziplinen, sondern an dem realen Gegenstand „Stadt" als einem komplexen Gesamtthema ausgerichtet. Und nicht die europäische Stadt bildete das Zentrum der Überlegungen, sondern die großen Probleme der Verstädterung in den ärmeren Ländern der Welt, der fortschreitende Zuzug der Menschen in die Städte, die Entstehung von Slumgebieten, die durch schlechte technische Infrastruktur hervorgerufene Umweltverschmutzung, die durch Armut bedingte Hässlichkeit der Städte und das oft im Argen liegende Demokratieverständnis der städtischen Behörden waren die wesentlichen Inhalte des Projektbereichs. Denn Verstädterung, die nicht in einem ausgewogenen Verhältnis mit Industrialisierung und Demokratisierung einhergeht, führt nicht zur Hebung des Wohlstands, sondern zu krassen Armutszonen an den Randgebieten von Megacities.

Die klassischen wissenschaftlichen Disziplinen haben eine unterschiedliche Sichtweise auf die Stadt. Die Sozialwissenschaften interessieren sich vor allem für soziale Segregation und Armutsquartiere; die Politikwissenschaft untersucht das lokale politische System; die Architektur betrachtet die Gebäude, ihre Materialien, Konstruktionen und Formen; die Planung widmet sich der räumlichen Organisation der Funktionen in der Stadt. Im Projektbereich CITY sollten sich diese verschiedenen Sichtweisen zu einem interdisziplinären Diskurs unter Berücksichtigung der Genderperspektive vereinen: Was bedeuten diese Probleme,

Situationen und Strukturen für das Leben von Frauen in Städten und für das Verhältnis der Geschlechter in der jeweiligen Gesellschaft auf verschiedenen Kontinenten?

Das Studienprogramm wurde in vier Studienfelder aufgeteilt, die sich an den weltweit bekannten Problemen und am internationalen wissenschaftlichen Diskurs orientierten.

- The City as a Place of Civil Society and Gender Democracy
- The City as a Place of Technology and Sustainability
- The City as a Place of Difference and Solidarity
- The City as a Place of Symbolic Signs and Emancipation

Weil das Studium interdisziplinär ausgerichtet war, bezog es die Disziplinen Stadtplanung, Sozialwissenschaften, Architektur, Geografie und Politologie ein.

Vom didaktischen Ansatz her war es geteilt in Projekte und sie begleitende Vorlesungen, Seminare und Kurse. Während in den mehr theoretisch orientierten Veranstaltungen Grundlagenwissen vermittelt wurde, wurden in den Projekten praxisnahe Fragestellungen in Gruppen gemeinsam bearbeitet und nach Lösungsmöglichkeiten für die verschiedenen Länder gesucht.

Im Studienfeld *„The City as a Place of Civil Society and Gender Democracy"* standen Diskussionen um die Formen ziviler Gesellschaften und um die Repräsentanz von Frauen im öffentlichen, politischen Raum im Vordergrund. Wesentliche Module in diesem Studienfeld wurden von den Kernprofessorinnen Marianne Rodenstein von der Universität Frankfurt und von Rachel Kallus vom Technion Haifa/Israel angeboten. Im Studienfeld *„The City as a Place of Technology and Sustainability"* wurden die wissenschaftstheoretischen Grundlagen des Verhältnisses von Natur und Gesellschaft kritisch diskutiert und alternative Ansätze nachhaltiger Stadt- und Verkehrsplanung vorgestellt. Hier waren es vor allem Giulietta Fadda von der Universidad de Valparaíso in Chile und Beverly Willis, Direktorin am Architecture Research Institute in New York, die – wie andere Kernprofessorinnen auch – sowohl einführende Vorlesungen hielten wie auch Projekte betreuten. Im Studienfeld *„The City as a Place of Difference and Solidarity"* ging es um Globalisierung, urbane Differenzierung und Armutsquartiere. Aysegul Baykan von der Koc Universität in Istanbul und Ruth Becker von der Universität Dortmund waren hier die verantwortlichen Kernprofessorinnen. Im Studienfeld *„The City as a Place of Symbolic Signs and Emancipation"* befassten sich die Teilnehmerinnen mit Repräsentationsformen in Architektur und Stadtbild. Kernprofessorinnen waren Kerstin Dörhöfer von der Hochschule der Künste Berlin und Myra Warhaftig, Architektin aus Berlin und Tel Aviv. An der Planung des gesamten Studienkonzeptes waren Ruth Becker (Universität Dortmund), Aysegul Baykan (Koc Universität Istanbul), Aylâ Neusel (Universität Kassel und *ifu*), Elisabeth Wilson (University of North London) und zahlreiche dazugeladene Expertinnen beteiligt.

In Form von empirischen Fallbeispielen wurden diese Hauptthemen fokussiert behandelt. Ausgewählt waren:

- *Istanbul* als Megacity zwischen Orient und Okzident mit unübersichtlichen Wachstumsraten und großen Gebieten wilder Siedlungen, den „Gecekondos";
- *Tel Aviv* als Stadtregion sich ständig verändernder ethnischer Nachbarschaften, deren Strukturen durch permanente An- und Zuwanderung geprägt sind;
- *Santiago de Chile* als Stadt mit großen Umweltproblemen und einer bürgerschaftlichen Tradition;
- das wiedervereinigte *Berlin* als europäische Stadt auf der Grenze zwischen Ost und West mit großen planerischen Herausforderungen.

Das Studienkonzept der Vorbereitungsgruppe wurde bei der Durchführung etwas modifiziert, weil die Teilnehmerinnen ihre eigenen Vorstellungen hatten. So wurden wöchentliche Termine eingeschoben, an denen die Teilnehmerinnen ihre Arbeiten vorstellten. Deshalb ist es wichtig, etwas über ihre wissenschaftlichen Hintergründe und nationalen Herkünfte zu wissen.

Im Projektbereich CITY nahmen 87 Studentinnen aus 37 Ländern an den Studien zu „City and Gender" teil. Über die Hälfte waren Architektinnen und Planerinnen, mehr als ein Drittel kam aus den sozialwissenschaftlichen Disziplinen, der Rest aus Sprach- und Literaturwissenschaften, Geschichte, Jura und Kunst. Ein Viertel der Studentinnen kam aus Industriestaaten, die überwiegende Mehrheit aus den sogenannten Entwicklungs- und Schwellenländern, so z.B. aus Indien, China, Nepal, Korea, Laos, Kirgisien, Weißrussland, Nahost, Sambia, Kongo, Sudan, Südafrika und verschiedenen Ländern Lateinamerikas. Die disziplinäre und kulturelle Vielfalt war demnach groß, und es war nicht immer einfach, die Grenzen zwischen den völlig verschiedenen Herkünften und Wissenschaftskulturen mit ihren sehr unterschiedlichen Qualifikationsniveaus zu überwinden. Das zeigte sich insbesondere, wo Sozial- und Geisteswissenschaftlerinnen mit Ingenieurinnen zusammenarbeiteten. Verstärkt wurde diese Vielfalt durch die aus zehn Ländern und diversen Disziplinen kommenden Dozentinnen.

2. Das Projektstudium

Die unterschiedlichen Kenntnisse und die Kontextgebundenheit der Erkenntnisse wurden in den Diskussionen des Projektbereiches CITY deutlich. Sie haben jedoch zur Bereicherung des Studienkonzeptes beigetragen. Dies zeigte sich vor allem in den Projekten, in denen von den Studentinnen ausgewählte Themen bearbeitet wurden.

In diesen Projekten, die breiten Raum im Studienkonzept des Projektbereiches einnahmen, ließ sich auch ein immer wieder auftauchender Konflikt am ehesten lösen: die wissenschaftlich anerkannten neuen Erkenntnisse aus dem angelsächsischen Wissenschaftsbereich mit den Erfahrungen aus anderen wissenschaftlichen Kulturen zu verbinden. Die intensive Zusammenarbeit an konkreten Fragestellungen und planerischen Problemen führte zur Überwindung der kulturellen Unterschiede und schaffte einen Freiraum für hierarchiefreie Diskussionen.

In allen Projekten wurden zudem mit viel Kreativität diverse Medien eingesetzt. Neben analytisch orientierten Diskussionen spielten gestalterische Entwürfe eine große Rolle. Sicherlich bedingt durch die jeweilige Mischung von Architektur/Planung und Sozialwissenschaften fanden sich in fast allen Projekten mehr oder weniger künstlerisch-gestalterische Elemente, wobei im Analyse- und Gestaltungsprozess die neuen Medien mit hoher Professionalität eingesetzt wurden. Die große Kreativität und das Spielen mit den verschiedenen Medien hatten auch etwas mit einem lustvollen und emotional bestimmten Studienverlauf zu tun. Universität neu denken heißt also auch, dem forschenden Lernen mehr sinnliche Elemente zuzubilligen.

Im Projekt „*Are cities sustainable? Inequities in quality of life: international comparison*" wurden von zwölf Studentinnen aus elf Ländern und drei Disziplinen unter dem Titel „Urbanization, environment, and gender – their relationship to quality of life" Konzepte für die Verbesserung der Lebensbedingungen in städtischen Slumgebieten von Salvador de Bahia, Porto Alegre und Mumbai erarbeitet. Die Erfahrungen der überwiegend in der Praxis arbeitenden Planerinnen, Ökonominnen und Soziologinnen aus ihren jeweiligen Heimatländern zeigten, dass sie nicht – wie in Deutschland bzw. allen Industrieländern üblich – von einer Umweltverschmutzung durch Wohlstand ausgingen, sondern Umweltverschmutzung als Folge von Armut sahen. Dieser andere Blick auf Nachhaltigkeit und Umwelt erforderte andere Konzepte und Methoden. Durch den Austausch der Teilnehmerinnen untereinander konnten Problemlösungen auf andere Regionen übertragen werden. (Leiterin: Giulietta Fadda aus Chile)

Im Projekt „*Visions of personal life: new concepts of housing, family and neighbourhood*" untersuchten elf Teilnehmerinnen aus sechs Ländern und fünf Disziplinen den Wandel der Lebensbedingungen von Frauen in urbanen Gebieten. Sie interviewten ausgewählte andere Studentinnen und präsentierten zusammen mit ihren eigenen Erfahrungen eine Toncollage typischer Aussagen. Dadurch wurden Realitäten aus unterschiedlichen Kulturen in entfernten Ländern zu einem multikulturellen Bild zusammengefügt. (Leiterin: Ruth Becker aus Deutschland)

City and Gender – ein Projektstudium					129

Im Projekt „*The complex meaning of public urban space*" entwickelten elf Architektinnen und Kulturwissenschaftlerinnen unter dem Titel „re: fascinating Kassel" einen Stadtführer von Kassel, dem eine kritische und subjektive Wahrnehmung der Stadt zu Grunde lag. Sehr deutlich wurde in dieser Projektarbeit, wie unterschiedlich eine Stadt „gelesen" werden kann. Solche Differenzen in der Wahrnehmung stellen das fest gefügte, objektive und offizielle Bild einer Stadt in Frage. (Leiterin: Rachel Kallus aus Israel)

Im Projekt „*Spatial biography and mental maps*" stellten zwölf Teilnehmerinnen aus acht Ländern und vier Disziplinen ihre eigene Wohnbiografie, ihre „Raummemoiren" zeichnerisch dar. Hierbei ging es nicht vordergründig um räumliche Strukturen oder Funktionsräume, sondern um das Erinnern individueller räumlicher Umgebungen. Dieses ganz subjektiv angelegte und persönliche Thema führte in der Gruppe zu intensiven Kontakten und Diskussionen zu unterschiedlichen Wohnweisen und Familienformen, zu Architektur und Geschichte der jeweiligen Heimatländer, über kulturelle Traditionen, Sitten und Gebräuche, Unterschiede zwischen Stadt und Land. Ergebnis waren eine Ausstellung der Zeichnungen und eine Videoaufzeichnung der Präsentationen. (Leiterin: Kerstin Dörhöfer aus Deutschland)

Das von der Anzahl der Teilnehmerinnen her umfangreichste Projekt „*New technology – new visions for the cities*" entwarf in verschiedenen Teilprojekten, z.B. „The knowledge city", „Governance and new city forms", „Mobility in the new millenium", „Open city – beyond boundaries", „Technology shapes the city" global orientierte Konzepte für eine Stadtpolitik und Stadtplanung der Zukunft. Als Ergebnis entstand eine Website, die als Austauschmedium für Diskussionen zwischen Planerinnen und Architektinnen dienen soll, um weltweit neue Ideen für die Megacities der Welt zu sammeln. (Leiterin: Beverly Willis aus den USA)

Im Projekt „*Feminist politics in urban development*" sammelten die Teilnehmerinnen – es waren neun aus neun Ländern – ihre Erfahrungen mit Frauenpolitik in ihren jeweiligen Ländern und verarbeiteten diese in einem Theaterstück „Thinking outside the circle or I am a feminist but...". Voller Ironie gegenüber der Dominanz des westlichen, weißen Feminismus griffen sie dessen Themen auf, um deren Allgemeingültigkeit und Relevanz zu hinterfragen. Die Aufführung stieß auf helle Begeisterung aller Teilnehmerinnen. (Leiterin: Marianne Rodenstein aus Deutschland)

Im Projekt „*The spaces of music*" wurde eine Annäherung an die Dimension Raum durch die Analyse von Musik und Geräuschen gesucht. Mit dem Medium Ton wurden Unterschiede und Gemeinsamkeiten in verschiedenen städtischen Regionen in vielen Teilen der Welt akustisch erfahrbar gemacht. (Leiterin: Aysegul Baykan aus Istanbul)

3. Ein Fazit

Für die aus Deutschland kommenden Studentinnen und Dozentinnen hat die Arbeit im Projektbereich CITY die Notwendigkeit der Internationalisierung der Stadtforschung überzeugend deutlich gemacht. Die großen Probleme, zu deren Lösung es intensive Untersuchungen geben muss, treten vorwiegend in den Megacities der Dritten Welt und der Schwellenländer auf. Durch Globalisierung und Wanderungsströme sind sie auch zu unseren Problemen geworden. Diese Erkenntnis und die dazugehörenden Daten und theoretischen Ansätze werden sich in einigen Planungs- und Architekturstudiengängen an unseren Hochschulen sicher niederschlagen. Hinzu kommt, dass sich internationale Forschungskontakte entwickelt haben. Gemeinsam sind Artikel publiziert worden, Teilnehmerinnen des Projektbereichs promovieren in Deutschland, diverse Forschungsaufenthalte z.B. in Indien, China und Kuba sind geplant oder bereits durchgeführt worden. In Australien haben zwei Studentinnen des Projektbereiches, eine Australierin und eine Italienerin, auf einer Konferenz ein Papier zum Projektbereich CITY der *ifu* präsentiert. In New York hat das Architecture Research Institute zur Reform in der Architekturausbildung Teile des Studienprogramms von „City and Gender" diskutiert. Diese wenigen Beispiele mögen zeigen, wie sich die weltweiten Netze entwickelt haben.

Es zeigte sich, dass zwei der angestrebten Ziele nicht immer kompatibel waren. Einerseits sollten die neuesten internationalen wissenschaftlichen Diskurse und ihre Protagonistinnen präsentiert, andererseits die Probleme der Verstädterung dort, wo sie besonders massiv auftreten (in den sogenannten Entwicklungsländern), diskutiert werden. Die internationalen theoretischen Diskurse zu „City and Gender" werden eindeutig von der angelsächsischen Wissenschaftskultur geprägt, und sie streifen nur am Rande die mehr praxisorientierten Fragen der Megacities in den anderen Regionen der Welt. Allerdings waren es gerade die feministischen Wissenschaftlerinnen aus den industrialisierten Ländern, die diesen „Kolonialismus" reflektierten und einen „post-kolonialen Ansatz" vertraten. Der weitaus größte Teil der Studentinnen aus den ärmeren Ländern hat einerseits die angelsächsische Dominanz kritisiert, war aber andererseits von den dargebotenen Lehrinhalten gerade der amerikanischen Kolleginnen sehr angetan. So waren die am besten besuchten Vorlesungen – mit einigen Ausnahmen – die von Sandra Harding, Susanna Torre, Ann Forsyth und Christine M. Boyer, alle Professorinnen an renommierten US-amerikanischen Universitäten wie Harvard, Princeton oder Berkeley.

Ein weiteres wichtiges Resultat war die Etablierung des relativ neuen Themas „City und Gender" in der internationalen akademischen Community. Es ist zu hoffen, dass dieses Thema sowohl in den europäischen und nordamerikanischen Universitäten als auch in Universitäten anderer Länder zunehmend mehr erforscht wird, damit die vielfältigen und unterschiedlichen Kulturen in der Stadt- und Genderforschung sichtbar werden.

Rückschauend konstatiere ich, dass – zwar in etwas anderer Form als in dem *ifu*-Pilotsemester 2000 – ein postgradualer Studiengang in der Stadtforschung insbesondere für Akademikerinnen aus den ärmeren Ländern erfolgreich sein könnte. Denn gerade für die Wissenschaftlerinnen aus diesen Ländern ist es leichter, an einer Frauenuniversität zu studieren als an einer von Männern dominierten Universität. Diese hoch gebildeten Frauen, die zur Elite ihres Landes gehören, könnten bei der ökonomischen und zivilen Entwicklung ihrer Länder eine zentrale Rolle einnehmen. Gerade wenn es um ingenieurwissenschaftliche Fächer geht, ist ein Studium, zu dem nur Frauen zugelassen werden, besonders für diese Länder durchaus sinnvoll.

Giulietta Fadda

Geschlechtsspezifische Wahrnehmung von Lebensqualität.
Ein Vergleich zwischen drei Städten.[1]

Im Rahmen des *ifu*-Projektbereichs CITY habe ich das Programm für das Projekt „*Stadt und Nachhaltigkeit*" entwickelt. Die Grundlage für die theoretischen Vorlesungen ebenso wie für das Forschungsprojekt bildeten zwei zentrale Fragen: Gibt es in Städten auf Nachhaltigkeit ausgerichtetes Planen und Handeln (orig.: *urban sustainability*[2])? Wie wird die Lebensqualität in Städten beurteilt?

Die Vorlesungen bezogen sich durchgehend auf Santiago de Chile, eine der vier Städte, die im Rahmen des Kurses untersucht wurden (Fadda 2001). Der genaue Titel des Forschungsprojekts lautete: „*Planen Städte nachhaltig? Ungleichheiten der Lebensqualität in Städten: ein internationaler Vergleich.*" Dieses Forschungsprojekt wurde nach dem Muster einer Untersuchung über Lebensqualität (Quality of Life, QOL) in Wohnvierteln mit niedrigen Einkommensgruppen konzipiert, die in Santiago kurze Zeit vorher durchgeführt worden war. Methodisch lehnte sich das *ifu*-Projekt eng an diese Untersuchung an (s. Fadda und Jiron 1999; Fadda, Jiron und Allen 2000).

Das *ifu*-Projekt sollte mit Hilfe von Fallstudien in drei Ländern die Beziehung „Umwelt – Lebensqualität – Gender" in armen städtischen Wohnvierteln untersuchen. Außerdem sollte es kritische Situationen von Ungleichheit ebenso

---

1   Eleonore von Oertzen hat diesen Artikel aus dem Englischen für dieses Buch übersetzt.
    Ein Artikel in englischer Sprache zu diesem Thema von Giulietta Fadda erscheint in dem Buch: Ulla Terlinden (Hg.): City and Gender – Intercultural Discourse on Gender, Urbanism, and Architecture. Opladen: Leske + Budrich, 2002. Eine Kurzfassung des hier abgedruckten Artikels ist veröffentlicht in: Goethe-Institut Inter Nationes (Hg.): Bildung und Wissenschaft 2-2001: Mit dem Kopf der Anderen denken. Die Internationale Frauenuniversität „Technik und Kultur". Bonn 2001.
2   Das englische Sustainability, sustainable = „Nachhaltigkeit", „nachhaltig" werden hier manchmal etwas freier übersetzt. Dabei halten wir uns an folgende Definition: Nachhaltigkeit bezeichnet die Notwendigkeit, die Grundbedürfnisse der heutigen Generation zu befriedigen, ohne die Fähigkeiten und Möglichkeiten der zukünftigen Generationen zu unterhöhlen, ihre eigenen Grundbedürfnisse zu befriedigen. Nachhaltigkeit bedeutet ein unter diesen Prämissen ökologisch, ökonomisch wie sozial langfristig ausgerichtetes Handeln. Wir danken Prof. Dr. Michael Bohnet, Bonn, für diesen Hinweis (die Hg.).

aufdecken wie positive Beispiele und auf diese Weise Vorschläge für eine Verbesserung der oben genannten Beziehung machen. Darüber hinaus sollte es einen Vergleich zwischen den ausgewählten Beispielen in den verschiedenen Ländern anstellen. Es gibt eine weitgehende Übereinstimmung in der Literatur darüber, dass Indikatoren für Lebensqualität qualitative Aspekte ebenso einbeziehen müssen wie quantitative.

Aus diesem Grunde waren die Teilnehmerinnen aufgefordert worden, sowohl objektive Daten (Zahlen, Statistiken, Karten, Fotos, Filme, Pläne, Informationen über Politik und Strategien etc.) aus ihren Ländern mitzubringen als auch subjektive Einschätzungen und Wahrnehmungen (durch Workshops mit oder Umfragen bei EinwohnerInnen) zu einem bestimmten Wohnviertel. Schon lange vor Beginn des Semesters hatten die Teilnehmerinnen, die sich gleichzeitig mit ihrer Bewerbung für den Projektbereich CITY für diesen Kurs angemeldet hatten, detaillierte methodische Hinweise von mir erhalten, um ihre Fallstudien schon zu Hause vorbereiten zu können. Von Kassel aus standen sie stets in Kontakt mit ihren Herkunftsorten, an denen sich eine oder mehrere Personen um die möglicherweise fehlenden Daten kümmerten und ihnen diese auf Nachfrage zukommen ließen. Die *ifu* hatte bezüglich Internet und e-mail eine hervorragende Infrastruktur, die die Teilnehmerinnen hierfür sehr gut nutzen konnten.

1. Drei Fallbeispiele

Zwölf Teilnehmerinnen[3] schrieben sich für das Projekt ein. Sie bildeten drei Arbeitsgruppen zu je vier Personen. Für die Fallstudien wurden die armen Wohnviertel von *Panjarapol* in Mumbai City [Bombay] (Indien), *Planetario* in Porto Alegre (Brasilien) und *Novos Alegados* in Salvador de Bahia (Brasilien) ausgewählt.

Das Slumviertel *Bhimnagar* in *Panjarapol* in Mumbai City (Indien) ist eines der größten Armenviertel in diesem südlichen Vorort von Mumbai. Als 1970 die Entwicklung von Navi Mumbai (Neu-Bombay) einsetzte, verlagerte sich der Großhandel zum überwiegenden Teil von Mumbai nach Navi Mumbai, was zur Folge hatte, dass der Transport von Süden nach Osten Vorrang erhielt. Daher wurde vorgeschlagen, eine neue Straße zu bauen, um die vorhandenen Verkehrswege zu entlasten und Staus zu vermeiden. Das Slumviertel *Bhimnagar* gehört zu jenen armen Wohnvierteln, die vom Bau dieser neuen Straße betroffen wären. Die Hauptprobleme des Viertels sind die fehlende Wasserversorgung, die mangelhaften hygienischen Einrichtungen und der schlechte Zustand der

---

3   Sie kamen aus folgenden Ländern: Bolivien, Brasilien, Kuba, Indien, Indonesien, Kirgystan, Malaysia, der Mongolei, Nigeria, den Philippinen, Tansania.

Wohnungen. Die Fallstudie wurde von den Teilnehmerinnen Cholpon Kokumova, Swati Baneriee, Tsedendamba Tungalag und Fong Lin Teng erarbeitet (Fadda u.a. 2000).

Planetario in Porto Alegre (Brasilien) entstand 1960 und gilt als sozialer Brennpunkt.[4] Anfangs war das Viertel von extremer Armut und einem völligen Mangel an grundlegender Infrastruktur geprägt. Während des Regulierungsprozesses wurde beschlossen, dass alle Einwohner, die schon im Viertel wohnten, dort auch bleiben sollten; daraufhin übernahm die Stadtverwaltung in Abstimmung mit der Gemeinde die Reparatur der beschädigten Häuser und die Erschließung des Gebietes. Diese Fallstudie wurde von den Teilnehmerinnen Leticia Marques Osorio, Claudia Aranibar Miranda, Obehi Momodu und Sri Maryati durchgeführt (Fadda u.a. 2000).

Novos Alegados in Salvador (Brasilien) ging aus dem permanenten Urbanisierungsprozess der Stadt Salvador hervor. Die Ursprünge des Viertels können bis 1948/1949 zurückverfolgt werden, und bis heute dehnt es sich immer weiter aus. *Novos Alegados* ist ein Symbol für alle Herausforderungen informell entstandener Siedlungen: Umweltverschmutzung und Erosionsprobleme verbunden mit hoher sozialer und gesundheitlicher Gefährdung. Die Studie wurde von den Teilnehmerinnen Abigail Alcantara Silva, Beatrice Mushi, Rosa Oliveras und Stephanie Faculo durchgeführt (Fadda u.a. 2000).

Die Gesamtstudie richtete den Blick auf die komplexen Fragen der Umweltbelastung und des fehlenden Zugangs zu Ressourcen in allen drei Slumvierteln und fragte danach, wie diese Faktoren die Lebensqualität der BewohnerInnen beeinflussen.

2. Methodische Grundlagen für die Untersuchungen

Lebensqualität als Maßstab für menschliches Wohlbefinden, Zufriedenheit und Glück ist ein sehr subjektiver Begriff. Daher unterscheiden sich die Menschen in der Regel darin, wie sie ihre Probleme wahrnehmen. Das heißt, dass eine bestimmte Umgebung für unterschiedliche Personen je nach ihrem Geschlecht, ihrem Alter, ihrer Kultur, ethnischen Herkunft und Religion usw. sehr unterschiedliche Bedeutungen, Bilder und Wahrnehmungen hervorruft. Auf Grund dieser Eigenart von *Lebensqualität* beabsichtigte die Untersuchung, die möglicherweise unterschiedlichen Wahrnehmungen von Männern und Frauen zu be-

---

4 Gebiete, die Soziale Brennpunkte sind, werden für den Bau und den Erhalt von Sozialwohnungen vorgesehen, die besonderen Bestimmungen und Gesetzen im Hinblick auf die Belegung und Nutzung von Grund und Boden unterliegen.

rücksichtigen. Mit anderen Worten: Das Projekt untersuchte die Einschätzung von Lebensqualität unter dem Aspekt geschlechtsspezifischer Wahrnehmungen.

In der Verwendung als Indikator unterscheidet sich Lebensqualität von anderen Sozialindikatoren. Die angewandte Methodologie hatte zum Ziel, hinter die objektiv beobachtbaren Fakten zu blicken und die subjektive Einschätzung von Lebensumständen mit in Betracht zu ziehen. Daher wurden in den Fallstudien nicht nur objektive, sondern auch subjektive Indikatoren genutzt. Erstere beziehen sich auf quantitativ messbare Aspekte der Umweltbedingungen, letztere auf qualitative Aspekte wie die subjektiv empfundene Umweltqualität.

Auf der Grundlage dieses theoretischen Rahmens und unter Anwendung der vorher festgelegten Methodologie und des Arbeitsplans stellte jede Arbeitsgruppe ihre Forschungsziele dar und formulierte ihre Hypothese. Dann verarbeiteten und analysierten die Gruppen die objektiven und subjektiven Daten ihrer Fallstudie und gelangten so zu einer Schlussfolgerung über die Beziehung „Umwelt – Lebensqualität – Gender". Ausgehend von den geschlechtsspezifischen Indikatoren für Lebensqualität, die sich dabei ergeben hatten, machten sie Vorschläge für politisches und strategisches Vorgehen für ihren Fall.

Die synoptische Liste in Tabelle 1 ist eine Zusammenfassung der vorgeschlagenen Methodologie und beschreibt die Hauptthemen der Untersuchung. Die erste Spalte enthält die Umweltelemente, die als die wichtigsten bei der Untersuchung eines Wohnviertels gelten. Die Spalten zwei und drei entsprechen den Umweltbedingungen und der Qualität dieser Elemente in jeder Fallstudie. Für jedes Element sollten mit Hilfe objektiver und subjektiver Messmethoden Informationen zusammengetragen werden. In Spalte drei wird zwischen den Wahrnehmungen von Frauen und Männern unterschieden.

In der Analyse der zusammengetragenen Informationen wurden vier Typen von Indizes bzw. Feldern unterschieden, die die Lebensqualität bestimmen: das natürliche, das soziale, das physische und das soziokulturelle Feld (vgl. Tabelle 2, Spalte 1). Diese Felder sollten dazu dienen, die Daten nach Sub-Indikatoren (Spalte 2) und Variablen (Spalte 3) zu ordnen. Diese Methode sollte eine qualitative Analyse der in einer Befragung erhobenen Wahrnehmungen ermöglichen.

Tabelle 1. Umwelt-Elemente und Indikatoren für Lebensqualität

Umwelt-Elemente für Lebensqualität	2. Objektive Indikatoren (Zahlen, Messungen, Illustrationen, Berichte, Umweltbedingungen und Fakten)	3. Subjektive Indikatoren (Beobachtungen, Befragungen, Diskussionen)	
		Frauen	Männer
I. Physische Umwelt TopograFie Luftreinheit Wasserreinheit Lärm Böden			
II. Bebaute Umwelt Straßen Fahrzeuge Öffentliche Verkehrsmittel Wohnungen Bauqualität Bequemlichkeit Privatheit Sicherheit Geräumigkeit Lärm Lage			
III. Bedingungen für Aktivitäten Schulen Freizeitgebiete Einkaufsmöglichkeiten			
IV. Kommunales Umfeld Gesundheitsdienste Sicherheitssysteme Erholungsmöglichkeiten Grünflächen Kommunikationssysteme Infrastruktur Strom Gas Wasser Abwasserentsorgung Müllentsorgung Freundlichkeit Gefühl von Identität, Zugehörigkeit Physische Hindernisse Umweltschutzniveau			

Quelle: Fadda und Jirón, 1999, unter Bezug auf Milbrath, 1978.

Tabelle 2: Felder, Indikatoren und Variablen von Lebensqualität

Felder	Sub-Indikatoren	Variablen
Natürliches Feld	Qualität des Viertels	Äußere Erscheinung des Viertels, Lärmpegel, Luftreinheit, Überflutungen
	Wohnqualität	Temperatur, Lärmpegel
	Qualität der Umwelthygiene	ansteckende Krankheiten, Verschmutzung von Flüssen
Soziales Feld	Soziale Probleme in der Gemeinde	Betroffenheit von sozialen Problemen (Drogensucht, Alkoholismus, Teenager-Schwangerschaften)
	Qualität von Sportmöglichkeiten und Gesundheitsdiensten	Gesundheitsdienste, Notfalldienste, Sportmöglichkeiten
	Erholung und Freizeit	Freizeitangebote, Entfernung zu Parks
	Schulwege u.ä.	Zeitaufwand für Wege zu Schulen und Kindergärten
	Wege zu Gesundheitsdiensten	Zeitaufwand für Gesundheitsversorgung
	Qualität und Aufnahmekapazität von Schulen	Bewertung von Schulen Kinderbetreuungseinrichtungen
Physisches Feld	Wohnqualität	Äußere Erscheinung der Gebäude, Bauzustand, Größe, Privatleben
	Wohngebäude	Verbesserungen am eigenen Wohnhaus
	Vergleich mit früheren Wohnbedingungen	Gefühl der Verbesserung
	Qualität von Dienstleistungen / Infrastruktur	Gas, Strom, Wasser / Abwasser, Müll, Regenwassersammelstellen
	Vergleich mit früherem Wohnviertel	Gefühl der Verbesserung im Vergleich mit früherem Wohnviertel
	Verbindungen zu Innenstadt und Bezirk	Zugang zu Aktivitäten innerhalb und außerhalb des Bezirks
kulturelles Feld	Zugang zu Erholungsmöglichkeiten	Zugang zu Sportmöglichkeiten, Grünflächen, Gebetshäusern
	Umzug innerhalb oder Wechsel des Wohnviertels	Wunsch nach Wechsel der Wohnung oder des Wohnviertels
	Nachbarschaft	Wahrnehmung von Freundlichkeit, Solidarität, Respekt; Gefährlichkeit.
	Sicherheit für Bürger	Wahrnehmung des Schutzes durch Polizei, Sicherheit auf der Straße
	Beteiligung an öffentlichen Aktivitäten oder Gefühl der Isolation	Kennen von und Beteiligen an Mütterzentren, Eltern-, Sportvereinen, Studentenvereinigungen, politischen Parteien; Errichtung von Absperrungen
	Empowerment	Einfluss auf Entscheidungen, Stolz auf das eigene Wohnviertel. Kümmert sich die Stadtverwaltung um die Gemeinde, bietet sie Lösungen an, informiert?
	Katastrophenprävention	Wahrnehmung der Fähigkeiten der Feuerwehr
	Isolation von der Außenwelt	Kein Zugang zum Stadtzentrum

Quelle: Fadda, Jirón und Allen 2000.

Entsprechend den Antworten der InterviewparterInnen wurden die Indizes vier Kategorien zugeordnet: sehr schlecht (1), schlecht (2), gut (3) und sehr gut (4).

3. Einige vorläufige Schlussfolgerungen

Nachdem die Untersuchungen der einzelnen Fallstudien beendet waren, fand sich der Kurs als internationales Team zusammen, um die drei Beispiele zu vergleichen und einige allgemeine Schlussfolgerungen zu ziehen (vgl. auch Fadda u.a. 2000). Auf der Grundlage der drei Fallstudien konnte festgehalten werden, dass Männer und Frauen bestimmte Aspekte der Lebensqualität unterschiedlich wahrnehmen.

Im Falle von *Mumbai* stimmten Frauen und Männer zwar darin überein, dass das physische Feld unter den vier Feldern der Lebensqualität in ihrem Slumgebiet am schlechtesten zu bewerten war, sie räumten jedoch einigen Aspekten unterschiedliche Prioritäten ein. Frauen hielten die Wasserversorgung für das größte Problem, während Männer die sanitären Verhältnisse am schlimmsten fanden. Dies lässt sich vermutlich damit erklären, dass Frauen unter schlechter Wasserversorgung mehr leiden als Männer, weil sie dafür verantwortlich sind, jeden Tag Wasser zu holen. Die Frauen bewerteten auch alle anderen Aspekte der Lebensqualität schlechter als die Männer mit der Ausnahme des Zugangs zu Erholungsmöglichkeiten und der Freundlichkeit der NachbarInnen. Da Frauen mehr mit den Aufgaben der täglichen Haushaltsführung zu tun haben, haben sie keine Zeit, sich um Freizeitangebote zu kümmern, und sind daher mit deren Qualität nicht so vertraut wie die Männer. Dass Frauen ihre Nachbarschaft freundlicher beurteilen, als das die Männer tun, kann damit zusammenhängen, dass Frauen häufiger mit den Nachbarinnen in Kontakt kommen und Erfahrungen mit deren Hilfsbereitschaft zum Beispiel beim Gang zu den öffentlichen Wasserstellen gemacht haben.

In *Planetario* unterscheidet sich die allgemeine Bewertung bei Männern und Frauen nicht sehr, aber ganz allgemein schätzen Frauen ihre Lebensbedingungen schlechter ein als Männer. Das „soziale Feld" wurde von Männern wie Frauen hier am besten beurteilt, weil das Viertel relativ nah bei der Innenstadt gelegen ist, wo sich die öffentlichen Angebote konzentrieren. Daher sind sowohl Männer als auch Frauen zufrieden, dass sie nur wenig Zeit brauchen, um Krankenhäuser, Parks, Schulen usw. zu erreichen. Das „natürliche Feld" erhielt wegen des Vorkommens ansteckender Krankheiten die niedrigste Bewertung. Dennoch gibt es einige Variablen, die von Männern und Frauen auch hier unterschiedlich eingeschätzt wurden. So schnitt z.B. bei den Frauen die Verbesserung des Viertels am schlechtesten ab, während bei den Männern die Instandhaltung der Gebäude am negativsten bewertet wurde. Alle BewohnerInnen wünschten sich Verbesserungen im sozialen Bereich vor allem bei der öffentlichen Sicherheit und den Maßnahmen gegen den Drogenhandel.

Dagegen wurde in *Novos Alegados* der Bereich der zwischenmenschlichen Beziehungen von Männern wie Frauen am schlechtesten bewertet, während das „soziokulturelle Feld" am besten abschnitt. Im Gegensatz zu den Frauen, die viel Zeit zu Hause verbringen, scheinen Männer mehr unter Luftverschmutzung und Lärmbelästigung zu leiden, weil sie mehr Zeit außer Haus verbringen. Dass die Frauen das „soziokulturelle Feld" so positiv bewerten, lässt sich damit erklären, dass für Frauen die Interaktion mit Anderen eine Form von Überlebensstrategie ist. Dagegen beklagen sich die Frauen über einen geringeren Zugang zu Freizeitangeboten, die sich in der Tat auf kleine Bars, Brett- und Kartenspiele beschränken, die für Männer attraktiver sind. Zwar gibt es ein Fußballfeld, aber auch das ist eine männliche Sportart. Sowohl Männer als auch Frauen äußerten ein allgemeines Gefühl der Unsicherheit und Unzufriedenheit mit öffentlichen Dienstleistungen sowie mit dem schlechten Zugang zu Grundversorgungseinrichtungen wie Gesundheitszentren oder Schulen.

Schematisch lassen sich diese Vergleiche in den folgenden Tabellen darstellen:

Tabelle 3. Vergleich der Felder

	Mumbai	Planetario	Novos Alegados
Soziales Feld		am besten	am schlechtesten
Soziokulturelles Feld	am besten		am besten
Natürliches Feld		am schlechtesten	
Physisches Feld	am schlechtesten		

Tabelle 4. Am besten bewertete Indikatoren

	Mumbai	Planetario	Novos Alegados
Frauen	Freundliche Nachbarinnen	Zeitaufwand zum Erreichen öffentlicher Angebote	Wohnangebot, Austausch innerhalb des Viertels
Männer	Freundliche NachbarInnen	Zeitaufwand zum Erreichen öffentlicher Angebote	Austausch innerhalb des Viertels, Wohnangebot

Tabelle 5. Am schlechtesten bewertete Indikatoren

	Mumbai	Planetario	Novos Alegados
Frauen	Wasser	Ansteckende Krankheiten, Verbesserungen im Viertel	Zugang zu Freizeitangeboten
Männer	Sanitäre Verhältnisse	Ansteckende Krankheiten, Instandhaltung von Gebäuden	Gefühl der Sicherheit

Quelle für alle drei Tabellen: Fadda u.a. 2000.

Diese exemplarische Untersuchung der Lebensqualität in verschiedenen Ländern macht deutlich, dass die angewandte Methode sich für unterschiedliche Realitäten und Situationen eignet. Sie beweist ihre Validität für die Forschung ebenso wie für pädagogische Zwecke. Allgemein lässt sich festhalten: Durch den Einsatz gemeinsamer Indikatoren und Indizes wurde bestätigt, dass sich alle Einzelfälle in der Bewertung fast aller Felder unterscheiden. Dies gilt ganz besonders für die jeweils am schlechtesten bewerteten Felder: das „physische" für Mumbai, das „natürliche" für Porto Alegre und das „soziale" für Salvador. Auch die geschlechtsspezifischen Ungleichheiten werden bei den am schlechtesten bewerteten Indikatoren normalerweise am deutlichsten sichtbar.

Literatur

Fadda, Giulietta: Urban Sustainability. Quality of Life and Gender in an *ifu's* Academic Activity. The Case of Santiago de Chile. In: Le Carré Blue, Frühjahr 2001.

Fadda, G., und Jirón, P.: Quality of Life: A Methodology for Urban Research. In: Environment and Urbanization, Jg. 11, 1999, H. 2.

Fadda, G., und Jirón, P.: Abschlussbericht des Projekts FONDECYT N° 1980865/98 und N° 1000414/2000: Calidad de Vida y Género en sectores populares urbanos. Estudio de Caso en Santiago. Santiago 2000.

Fadda, G.; Jirón, P., und Allen, A.: An explorative assessment of the factors and causes affecting quality of life under the gender-environmental bifocals: A neighbourhood analysis in Santiago de Chile. Planning for a Better Quality of Life in Cities. L. L. Y. a. G. W. K. M. Foo Tuan Seik. Singapore, School of Building and Real Estate, NUS. Bd. 1, 2000.

Fadda, G.; Gehlen, V.; Alcantara Silva, A.; Mushi, B.; Kokumova, C.; Aranibar C.; Lin Teng, F.; Marques, L.; Momodu, O.; Oliveras, R.; Maryati, S.; Faculo, S.,; Baneriee, S. und Tungalag, T.: Urbanization, Environment and Gender. Its Relationship to Quality of Life in the City. Report of Project „Are Cities Sustainable? Inequities in Quality of Life in Cities: International Comparison". Projektbereich CITY and Gender: Kassel 2000.

Milbrath, L.W.: Indicators of environmental quality. In: UNESCO (Hg.): Indicators of Environmental Quality and Quality of Life. Reports and papers in the Social Sciences, Bd.38, 1978, S.33-56.

Danksagung

Dieser Artikel wäre nicht zu Stande gekommen, hätte es nicht die internationalen und von vielen getragenen universitären Aktivitäten gegeben, die von der *ifu* ermöglicht wurden. Für die Umsetzung der Ziele der *ifu* war die wertvolle Mitarbeit der Teilnehmerinnen Abigail Alcantara Silva, Claudia Aranibar Miranda, Swati Baneriee, Stephanie Faculo, Cholpon Kokumova, Leticia Marques Osorio, Sri Maryati, Obehi Momodu, Beatrice Mushi, Rosa Oliveras, Fong Lin Teng und Tsedendamba Tungalag, die aus unterschiedlichen Ländern der sogenannten

Dritten Welt kamen und ihre vielfältigen nationalen Erfahrungen, den Reichtum ihrer Informationen und ihre zuverlässige und unermüdliche Arbeit beisteuerten, absolut unentbehrlich. Ebenso verdienstvoll war die stetige Unterstützung durch die Tutorin Victoria Gehlen, die für den Erfolg des Kurses entscheidend war.

Sabine Kunst

Innovation durch Interdisziplinarität?
Der Projektbereich WASSER

Internationalität, Interkulturalität und Interdisziplinarität zogen sich als Leitprinzipien der *ifu* und damit auch des Projektbereiches WASSER durch alle Komponenten des Programms. Für eine *inter*aktive Auseinandersetzung mit verschiedenen Disziplinen und Kulturen ist eine offene Grundhaltung Voraussetzung, reicht aber nicht immer aus. Während die internationale und die interkulturelle Dimension der Veranstaltungen als anregend, spannend und gelungen empfunden wurden, ist rückschauend die Frage zu stellen, ob bzw. in wieweit der Anspruch einer interdisziplinären Zusammenarbeit umgesetzt werden konnte. Dabei handelte es sich bei der *ifu* um eine mehrdimensionale Interdisziplinarität, nämlich zwischen den verschiedenen fachlichen Disziplinen, aus denen die Teilnehmerinnen kamen, und der interdisziplinären Verbindung der Genderdimension mit den Facetten des Themas Wasser.

1. Einführung: Der Projektbereich WASSER zur Nachhaltigen Wasserwirtschaft

Der Projektbereich WASSER war mit seinen thematischen Schwerpunkten im Bereich der technisch-naturwissenschaftlich orientierten Projekte der Entwicklung eines *sustainable water and soil managements* verpflichtet. Dabei stand die Bewirtschaftung der Ressourcen im Vordergrund. Es wurde komprimiert der Stand des Wissens zusammengetragen (ausführlich s. Kunst et al. 2001). Durch die Kombination der traditionellen Inhalte der technischen, wissenschaftlichen, ökologischen und ökonomischen Aspekte mit sozialwissenschaftlichen, Genderbezogenen, kulturellen und politischen Gesichtspunkten wurden innovative Konzepte entwickelt für Abwasserreinigung, Trinkwasseraufbereitung und Regenwassernutzung (rainwater harvesting) sowie für den Bereich des Flussgebietsmanagements und den des Zusammenhangs zwischen Wasser und Boden. Der Innovationsgehalt entwickelte sich aus

- der themenzentrierten Projektbearbeitung brisanter Fragestellungen,
- dem Einbringen Gender-spezifischer Kriterien für die Planung und Ableitung von Bewirtschaftungsmaßnahmen,
- der Interkulturalität und Internationalität,
- dem interkulturellen Diskurs und der interdisziplinären Bearbeitung konkreter, praxisbezogener Themenstellungen.

Daraus ergab sich ein Transferpotenzial, das neue Anstöße für das planerische, ökologische und soziale Handeln gab und zwar für die Teilnehmerinnen aus Deutschland und Europa ebenso wie für diejenigen aus den sogenannten Entwicklungsländern. Diese haben heute den historischen Vorteil, dass viele Infrastrukturentscheidungen noch zu treffen sind, bei denen in den entwickelten Ländern bereits von durchweg männlichen Experten Fakten geschaffen wurden.

Da sich Umweltprobleme nicht an die Grenzen von Nationalstaaten halten und die ausreichende Versorgung mit Wasser schon heute ein bedrohliches Konfliktpotenzial aufweist, wurde „Wasser" als Politikum thematisiert. Die Brisanz dieses Themas ist vor allem in den Ländern der sogenannten Dritten Welt deutlich zu spüren. Gerade in diesen Ländern wird die Kluft in der Bevölkerung auch hinsichtlich der Versorgung mit sauberem Trinkwasser immer größer. Während in den wasserreichen Ländern des Nordens Stürme und Fluten zunehmen, ist die Situation in den Ländern des Südens durch Wassermangel gekennzeichnet. Sinkende Grundwasserspiegel lassen ganze Regionen absacken, wie es beispielsweise in Mexico City zu verfolgen ist. Durch die Überbeanspruchung der Grundwasserressourcen ist der Grundwasserspiegel in den letzten Jahren um 14 cm gesunken, was im Falle dieser Stadt zu Gebäudeschädigungen und z.T. Einsturzgefahr alter Gebäude (wie der zentralen Kathedrale) führen kann. Monsunregen führen zu gewaltigen Sturzfluten mit Erdrutschen.

Die internationale Zusammensetzung der Teilnehmerinnen förderte die kritische Auseinandersetzung mit den Anderen und der jeweils eigenen Kultur, mit den eigenen Werten und der eigenen Praxis. Die Verknüpfung des Wissens und der Erfahrungen möglichst vieler Expertinnen aus Wissenschaft und Praxis wurde als Weg gewählt, um ein nachhaltiges Management und eine gerechtere Verteilung von Wasser und Boden vorzubereiten und möglichst auch zu erreichen. Durch die Bündelung traditionell unterschiedlicher Techniken und unterschiedlichen Wissens über Hygiene, Gesundheit, Bewässerung, Trinkwassergewinnung, Regenwassernutzung und Abwasserreinigung erhofften wir uns, Einfluss auf zukünftige planerische Entscheidungen im Umweltbereich nehmen zu können. Dabei führt die Genderdimension verbunden mit dem ausdrücklichen Ziel, nur einfache und finanzierbare Technologie zu nutzen, zu neuen Konzeptionen. Kennzeichnend für solche Konzepte sind die Neukombination bekannter Elemente (z.B. im Bereich des rain water harvesting oder bei der Abwasserentsorgung für Dörfer und Gebiete mit einigen tausend Einwohnern) und der Verzicht auf manches, was in den entwickelten Ländern an technischen Lösungen heute angeboten wird.

2. Internationalität und Interkulturalität

Die Teilnehmerinnen im Projektbereich WASSER kamen aus 48 Ländern, wobei der Anteil aus den sogenannten Entwicklungsländern bei 85 Prozent lag. Das größte Interesse am Thema *sustainable water and soil management* kam also aus den Ländern des Südens. Das erklärt sich aus der Brisanz dieser Themen und Projekte für die Länder Südostasiens, Afrikas, Südamerikas und Osteuropas und erst zuletzt Westeuropas.

Dabei ist die Interessenlage so unterschiedlich wie die Kulturen in den verschiedenen Ländern. Während für Südostasien der Zusammenhang von Water und Gender sehr wichtig, vielleicht sogar essentiell ist, um für zukünftige Generationen zu tragfähigen Konzepten des Wasser- und Bodenmanagements zu kommen, ist dies beispielsweise in Osteuropa von nachgeordnetem Interesse – zumindest in der Wahrnehmung der Expertinnen und Teilnehmerinnen an den Projekten der *ifu* 2000. Wasser und Boden sind ein Politikum für viele Frauen in Südostasien. Entsprechend ist ihnen die Bedeutung von Strategien einer politischen Arbeit viel eher bewusst als den fast ausschließlich auf Fachinhalte konzentrierten Osteuropäerinnen. Aktive NGO-Arbeit lässt sich auch in vielen Ländern Süd- und Zentralamerikas finden, während sie in den afrikanischen Ländern gerade erst entsteht. Dafür sind die Ausstattung mit PCs und der Zugang zum Internet entscheidende Instrumente, weil sie auch eine wichtige Hilfe für die Bildung von weltweiten Netzwerken sind.

Auf dem Wege der Internet-Recherche konnten wir Kontakte mit Frauennetzwerken und -organisationen herstellen. Als besonders hilfreich hat sich hierbei das „Women's World Wide Web" AVIVA erwiesen, in dem weltweit alle Organisationen, Initiativen, Gruppen und vielseitige Informationen etc. für Frauen nach Ländern sortiert aufgelistet sind. Auf diesem Wege lassen sich über das Netz Kontakte mit der ganzen Welt knüpfen. Die Möglichkeit, nähere Informationen zu Organisationen wie z.B. über die IWA (International Water Association), über deren Mitglieder, Kongresse und Vertretungen in Deutschland auf schnellem Wege zu erhalten, war für die Internationalisierung des Curriculums wichtig.

Um die internationale Zusammensetzung und die Ausrichtung an einer wissenschaftlichen Bearbeitung von Fachthemen für einen interkulturellen Dialog nutzen zu können, ist eine breite Information Vorbedingung. Dabei darf sich diese Information nicht nur auf fachwissenschaftliche Inhalte beziehen, sondern muss gerade auch die kulturellen Differenzen im Umgang mit Wasser thematisieren. Dies ist die Basis für einen interdisziplinären Diskurs, der zu innovativen Konzepten führen kann. Die Erfahrungen aus dem Projekt WASSER zeigen aber auch, dass der interkulturelle Austausch über die Bedeutung von Ressourcenbewirtschaftung, von Gebräuchen, Mythen und Normen einen anderen Rahmen braucht als die anfangs gewählten traditionellen didaktischen Zugangsweisen wie Vorlesungen und Diskussionsveranstaltungen, in denen der interdisziplinäre Diskurs nicht gut gelang. In den ersten Wochen, in denen relativ viele Veranstaltungen diesen traditionellen Zuschnitt hatten, erfolgte ein fruchtbarer und sehr intensiver Austausch in der Freizeit, im Zusammensein auf dem Campus, d.h. „nebenher". In diesem Nebenher entfalteten sich das Mitteilungsbedürfnis und die Offenheit der verschiedenen Teilnehmerinnen. Viele waren – verglichen mit unserer deutschen Mentalität – geradezu brennend daran interessiert, über ihre besondere persönliche Identität und Prägung zu kommunizieren. Der Vergleich mit den Anderen wurde wesentlicher Gegenstand informellen Gesprächs, kulturelle Besonderheiten vermittelten sich durch Tanzen, Singen, künstlerische Arbeiten, Kochen und Essen.

In der zweiten Phase des Projektbereiches WASSER wurden projektorientierte Kurse zu den verschiedenen Themen angeboten mit dem Ziel, jeweils neue, interdisziplinär diskutierte, gemeinsam vereinbarte Lösungen zu entwickeln. In diesen Gruppen gelangen der interdisziplinäre Diskurs und die gemeinsame Arbeit an einer Lösungsstrategie sehr wohl. Es wurden neue Konzeptideen für die Wasserversorgung in Dörfern in Afrika geboren oder unterschiedliche Fälle der Anwendung von Abwasserreinigungskonzepten nach einem dezentralen Organisationsprinzip entwickelt, u.a. für ein touristisch genutztes Gebiet Südbrasiliens, als Maßnahme gegen die Verslumung in Süd- und Zentralamerika, oder ein stufenweise erweiterbares Reinigungskonzept für Bergregionen Vietnams usw. (siehe auch Kunst et al. 2001).

2.1. Themenschwerpunkte durch Internationalität

Bewertet man die Auswirkungen der internationalen Zusammensetzung der Teilnehmerinnen auf die Auswahl der Themen, so zeigen sich, auf die verschiedenen Weltregionen bezogen, spezifische Präferenzen. Die Themenauswahl spiegelt zum einen die drängenden Probleme der Entwicklungsländer wider, zum anderen den Einfluss der Tatsache, dass es sich um eine Veranstaltung handelte, die maßgeblich von Fach*frauen*, also Ingenieurinnen und Naturwissenschaftlerinnen vorbereitet wurde. Im Gegensatz zu anderen Fachauseinandersetzungen standen daher Themen wie der Zusammenhang von „Water and

Health" und die Partizipation der NutzerInnen an Wasserprojekten im Mittelpunkt des Interesses. In dem Titel der Beiträge von Mary Lindsay Elmendorf (Nobelpreisträgerin 1947) „Water is Life – a View Through the Eyes of Women" kommt das Andere in solchen internationalen Fachdiskussionen mit Frauen zum Ausdruck. Selbstverständlich geht es auch um fachwissenschaftliche Erkenntnisse, aber der Focus liegt auf einer ganzheitlichen Entwicklung von Konzepten zum Ressourcenmanagement. Neben den rein fachwissenschaftlichen Inhalten des Wasserressourcen-Managements werden hierbei auch die spezifischen Belange von Frauen in Bezug auf Wasser (Gesundheitserziehung und -vorsorge, Verfügbarkeit der Ressource, Nutzung, Reinigung) einbezogen.

„Rural women and water problems", „Women, water, and health" und „Feminization of water management" waren Themen, die großes Interesse bei den Teilnehmerinnen fanden. Am Beispiel Indien konnte anschaulich vermittelt werden, mit welchen Mitteln und Möglichkeiten sich die zumeist arme dörfliche Bevölkerung sogenannter Entwicklungsländer in Planungs- und Entscheidungsprozesse einmischen kann und welche Rolle hierbei im Besonderen die Frauen spielen bzw. spielen können. Die Teilnehmerinnen diskutierten Methoden zur Wasserbeschaffung und zur einfachen Trinkwasseraufbereitung ohne Chlor. Als einen Schwerpunkt behandelten wir die Randbedingungen und Probleme der Entnahme von Trinkwasser aus stehenden Gewässern wie auch Methoden der Gesundheits- und Hygieneaufklärung. Intensiv wurde an den Möglichkeiten der Regenwasseraufbereitung gearbeitet, die in Ländern wie Indien die Wasserversorgung für die Zukunft sicher stellen sollen. Weitere Kernpunkte der Diskussionen waren die Einbeziehung der dörflichen Gemeinschaft in Planungsabläufe, die Bedeutung von Empowerment-Bestrebungen von Frauengruppen und Strategien zur Konfliktvermeidung und -bewältigung.

Hinter dem projektorientierten, interdisziplinären Arbeitsansatz während der zweiten Phase des Semesters mit dem Titel „Integrated wastewater management in urban and rural areas including source separation and reuse of resources" verbirgt sich die Beschreibung verschiedener innovativer Pilotprojekte in Deutschland und Schweden, in denen neue konzeptionelle Ansätze der Trennung von Abwässern und der Wiederverwertung erprobt werden. Diese Ansätze wurden durchdacht, auseinandergenommen und weiterentwickelt, indem die Teilnehmerinnen prüften, in welcher Weise und mit welchen Änderungen diese Ansätze auf verschiedene klimatische Verhältnisse in anderen Weltregionen übertragen werden könnten. Fast alle Diskussionen, die sich mit dem Abwasserentsorgungsproblem beschäftigten, kamen zu dem Ergebnis, dass nachhaltige Konzepte für eine Abwasserentsorgung in Ländern, die über eine gering entwickelte Infrastruktur für die Wasserversorgung (water supply) verfügen, auch die Trennung von Fäkalien und Grauwasser berücksichtigen müssen. „Planning for recycling" wurde als Motto dafür formuliert. Die Teilnehmerinnen machten sich Gedanken darüber, ob und inwieweit die Bevölkerung sowie die Entscheidungsträger solche Konzepte akzeptieren würden, überlegten sich Maßnahmen zur Durchführung breit angelegter Aufklärungskampagnen und diskutierten leidenschaftlich darüber. Straßentheater und Informationskioske stellten sich schließlich als die favorisierten Maßnahmen heraus und als Ausdruck für das Gelingen der interdisziplinären und internationalen Zusammenarbeit in den Projekten.

Zusammenfassend ist die Bedeutung der Internationalität für den Projektbereich WASSER wie folgt zu charakterisieren:

- Internationales Ressourcenmanagement ist eine Querschnittsaufgabe, die nur interdisziplinär zu lösen ist. Auf *ein* Medium beschränkt ist dies nicht möglich. Die Ressource Wasser z.B. muss man im Kontext der Wechselwirkungen zwischen Boden und Wasser betrachten.
- Der internationale Dialog wird durch eine interkulturelle Gemeinschaft von Teilnehmerinnen positiv befördert.
- Analysiert man Zielsetzungen für ein nachhaltiges Ressourcen-Management, so kommt man zu einer kritischen Einschätzung wenn nicht gar Ablehnung gerade der europäischen Konzepte.
- Ein konzeptionell innovativer Entwurf ist getragen von einer ganzheitlichen Sicht, die ökologische und ökonomische Fragestellungen ebenso einbezieht wie die Umsetzung von Genderperspektiven.

3. Möglichkeiten und Grenzen von Interdisziplinarität

Süßwasserressourcen sind knapp und darüber hinaus ungleich über die verschiedenen Regionen der Welt verteilt. Schon heute leben ca. zwei Milliarden Menschen ohne Zugang zu sauberem Trinkwasser, und diese Zahl wird sich – da sind sich die Experten einig – mit dem Wachstum der Weltbevölkerung in diesem Jahrhundert immer mehr erhöhen. Die Verschmutzung der Wasservorräte z.B. durch industrielle und häusliche Abwässer, die oft ungeklärt in die Natur entsorgt werden, verseuchtes Sickerwasser wilder Mülhalden und ein häufig unsachgemäßer Einsatz von Pestiziden und Düngemitteln beeinträchtigen das Oberflächenwasser genauso wie das Grundwasser. Die gigantischen Aufgaben, die zu lösen sind, wenn das Wasser als Ressource gesichert werden soll, verlangen neben internationaler und interkultureller Kooperation vor allem auch interdisziplinäre Forschungsarbeit. Darüber hinaus sind Projekte für die Entwicklung technischer Konzepte, von Bauten oder Managementstrategien nötig. Die Bewirtschaftung der Wasserressourcen unter Anwendung interdisziplinär erworbenen Wissens kann helfen, die knappen Vorkommen zu schonen und gerecht zu verteilen; und sie kann helfen, dass diese Ressourcen wieder zunehmen. Unter dem Begriff „Bewirtschaftung" werden die Erfassung (Quantität, Qualität und Ort), die Planung und Erschließung, die Verteilung sowie die Güteüberwachung und der Schutz der Wasservorräte zusammengefasst. Berücksichtigt man hierbei alle Elemente des hydrologischen Kreislaufs und alle Ebenen der Nutzung, dann spricht man von einer „Integrierten Wasserressourcen-Bewirtschaftung" (BMZ 1999).

Das Schwierigste dabei scheint zu sein, eine wirklich interdisziplinäre Zusammen- und Entwicklungsarbeit aufzubauen und durchzuführen. Dies gilt auch für den Projektbereich WASSER. Während die internationale Bearbeitung der Themen gekoppelt mit dem interkulturellen Austausch der Akteurinnen die Attraktivität wissenschaftlicher Arbeit eher zu erhöhen vermochte, lag in der praktischen, interdisziplinären Zusammenarbeit relativ viel Konfliktstoff. Die Wissenschaftskulturen der verschiedenen Regionen der Welt sind doch sehr unterschiedlich.

Tendenziell war während der *ifu* zu beobachten, dass Natur- und Ingenieurwissenschaftlerinnen sich so gut wie ausschließlich in den Grenzen ihrer Fachdisziplin bewegen und durch deren Denkweise „sozialisiert" sind. Was der Mainstream in der eigenen Wissenschaftsdisziplin für qualitativ gut hält, ist wissenschaftlich und damit etwas wert. Dass auch naturwissenschaftlich-technische Arbeit durch subjektive Vorstellungen geprägt ist, scheint nicht allgemein bekannt zu sein. Insbesondere bei Teilnehmerinnen aus Ländern, in denen eine elitäre, von der gesellschaftlichen Realität weitgehend abgekoppelte Wissenschaftler-Welt dominiert, haben wir häufig eine gänzlich unkritische Haltung gegenüber wissenschaftlicher Arbeit angetroffen. Nicht der gesellschaftliche Nutzen der Forschung wird bewertet oder als positiv eingeschätzt, sondern die Anzahl von Einzelveröffentlichungen, die bei der Bearbeitung eines Themas entstanden sind. Hingegen befanden sich unter den Teilnehmerinnen aus Ländern, in denen beispielsweise zu den Fragen der Ressourcenbewirtschaftung gar kein Knowhow an Universitäten oder anderen Ausbildungsstätten zu erwerben ist, ein hoher Anteil an Autodidakten. Diese müssen sich nicht selten bei den täglichen Anforderungen ihrer Arbeit mit einem „learning by doing" behelfen und waren meist wegen ihres politischen Engagements besonders motiviert. Auf dem afrikanischen Kontinent gibt es beipielsweise kaum Ausbildungstätten für Wasser-Ingenieure, sondern nur die Möglichkeit, Qualifikationen im Bereich der Chemie, Mathematik, Biologie etc. zu erwerben. Dieses Grundwissen ist in Fragen der ganzheitlichen Ressourcenbewirtschaftung nicht ausreichend, so dass ein autodidaktisches Studium unvermeidlich ist. Dieses speist sich verständlicherweise aus dem sogenannten Alltagswissen, das aus dem eigenen täglichen Umgang mit der Ressource entstanden ist und vorbehaltloser auf seine Verwertbarkeit hin überprüft und angewendet wird.

Die Nähe zur Praxis bzw. mehr noch diejenige zu konkreter Anwendung fördert darüber hinaus die Diskussion über die politische Dimension von technischen Projekten. Diesen aus problemorientierten Wissenschaftskulturen stammenden Wissenschaftlern ist die Verquickung von Ökonomie und Wissenschaft nur allzu gegenwärtig, und sie akzeptieren sie, auch um an der Entwicklung politisch umsetzbarer Konzepte teilzuhaben, während das für Andere nahezu einen Verrat an wissenschaftlicher Arbeit bedeutet. Beispielsweise wurde gerade von Teilnehmerinnen aus den sogenannten Entwicklungsländern immer wieder betont, dass die Bedeutung einer Ressource über ihren Geldwert gesteigert werden muss. Kostet die Leben erhaltende Ressource etwas, so reguliert das den Wasserverbrauch sehr schnell. Eine effiziente Regulierung des Wasserverbrauchs über die Einführung eines Wasserpreises ist sicherlich eine wichtiges Hilfsmittel, um einen nachhaltigen Ressourcenschutz durchzusetzen. Die Kritikerinnen dieses Vorhabens, welches in mehreren Ländern heute bereits praktiziert wird, verweisen dagegen auf die sozialen Gesichtspunkte: Die Versorgung ärmerer Bevölkerungsgruppen mit sauberem Wasser sei dann nicht mehr möglich – sauberes Wasser für die „Reichen", dreckiges Wasser für die „Armen". Obwohl solche Entwicklungen nicht auszuschließen sind, zeigt doch der praxisnahe, auf die Verwertung hin orientierte Wissenschaftsansatz große Erfolge (NGO-Arbeit).

Es gibt bisher keine befriedigenden Konzepte für die Zusammenführung so verschiedener Sichtweisen wissenschaftlicher Arbeit, zu denen die interdisziplinäre Bearbeitung von Fachthemen und die Gender-Aspekte noch hinzukommen müssten. Die Erfolge der *ifu* auf diesem Gebiet sind am besten anhand der Projektergebnisse darzustellen, die sich vom Mainstream der Fachwissenschaft doch deutlich unterscheiden (Kunst et al. 2001). Im Projektbereich WASSER wurden ganzheitliche Konzepte erarbeitet, welche die sozialen, ökologischen sowie die ökonomischen Aspekte miteinander vereinen.

Dabei zeigten sich greifbare Erfolge. Die Kombination von Interkulturaliät und Interdisziplinarität inspirierte zu neuen zukunftsorientierten Projekten. Am eindrucksvollsten ist die Vernetzung von Fachfrauen auf der ganzen Welt, die einen permanenten Wissenstransfer ermöglicht: Im Projektbereich WASSER wurde die Nicht-Regierungsorganisation WINS (Women's International Network for Sustainability) gegründet. WINS integriert die Leitideen des Projektbereiches und definiert seine Zielsetzung folgendermaßen: „The goal of WINS is: To achieve sustainable development based on gender equality emphasizing women empowerment, community participation, international networking and the link between Art and Science".

4. Gender Mainstreaming als politisches Konzept für Nachhaltige Entwicklung

Die zentrale Aussage der Agenda 21 ist, dass nachhaltige Entwicklung ohne die Integration ökologischer und ökonomischer, sozialer und politischer Belange nicht erreicht werden kann. „Der Bezug der Agenda 21 auf Frauen ist zentriert um die strategischen Begriffe Integration in Umwelt- und Entwicklungsaktivitäten und Partizipation, vor allem an Entscheidungsprozessen" (Wichterich 2001). Beide Aktivitäten werden in dem Begriff *Mainstreaming* zusammengefasst.

Unter dem Begriff *Gender* versteht man die spezifischen sozio-kulturellen Ausprägungen von Männern und Frauen in unterschiedlichen Gemeinschaften. *Gender Mainstreaming* meint Geschlechtergerechtigkeit von Frauen und Männern – vor allem von Frauen – bei Integration in und Partizipation an Entscheidungsprozessen. Die Umsetzung von Gender Mainstreaming ist entscheidend für die Gestaltung der umgebenden Lebenswelt, die Auswirkungen berühren direkt die Lebensqualität.

Frauen sind diejenigen, die in vielen Teilen der Welt – vor allem in denen, wo das Wasser knapp ist und es große Anstrengungen erfordert, die gesamte Familie mit dieser wertvollen Ressource zu versorgen – den intensiven alltäglichen Umgang mit Wasser pflegen. Daraus hat sich nicht nur ein besonderer Naturbezug entwickelt, sondern es ist auch ein Wissen entstanden um die Notwendigkeit eines sparsamen Umgangs mit Wasser und um Möglichkeiten, es zu schützen oder aufzubereiten. Obwohl Frauen also im Alltag mit dem Wasser wesentlich enger verbunden sind als Männer, sind sie in den politischen Instanzen und den wasserwirtschaftlichen Berufen weltweit immer noch stark unterrepräsentiert. So wird verhindert, dass die lebensweltlichen Erfahrungen von Frauen für die Entwicklung einer nachhaltigen Wasser- und Gewässerbewirtschaftung genutzt werden. Um diesem Missstand entgegenzuwirken, müssen geschlechtsspezifische Aspekte in die Diskussion wasserbezogener Themen integriert werden.

Die strukturellen Zusammenhänge zwischen Geschlechterbeziehung, Umwelt und Entwicklung wurden im Projektbereich WASSER vor dem fachlichen Hintergrund transparenter gemacht; allerdings gelang die Übertragung in tatsächliche ingenieurwissenschaftliche bzw. naturwissenschaftliche Fragestellungen nicht überall gleich gut.

4.1 Die Bedeutung der Genderperspektive in der Wasserbewirtschaftung

Die Beachtung der Genderperspektive ist ein wichtiger Querschnittsaspekt für alle Projekte, die während der *ifu* bearbeitet wurden. Dabei war das Bemühen kennzeichnend, Genderfragen direkt in die Zielsetzungen einzubeziehen. Dies lässt sich am Beispiel konzeptioneller Ansätze zum Thema „rainwater harvesting" verdeutlichen. Einerseits ist offensichtlich, dass nur durch die Nutzung von Regenwasser (rainwater harvesting) genügend verwertbares Wasser für Haushaltszwecke gesichert werden kann. In den Haushalten in Indien sind z.B. die Frauen diejenigen, die für die rainwater-harvesting-Anlagen zuständig waren – bevor es in jüngster Zeit zu diversen staatlichen Förderprogrammen kam. Diese allerdings beachteten in der Regel weder die Nutzungsansprüche der Frauen noch deren Erfahrungen z.B. mit bestimmten bewährten Konstruktionen. Im Rahmen der konzeptionellen Arbeiten erfolgte in unseren Projekten aber genau dies, so dass veränderte Konstruktionen und Vorschläge zur Hälterung (Speicherbecken für Regenwasser) entwickelt wurden. Welche Konsequenzen diese Art der Einbeziehung der Genderperspektive für die Rolle der Frauen bzw. für das Geschlechterverhältnis in Dörfern hat, in denen rainwater harvesting angewandt wird, wäre ein Thema für weitere sozialwissenschaftliche Studien. Immerhin zeigen die Studien von Zwarteveen et al. 2001, dass sich die Durchsetzung von Nutzerinnenansprüchen in Bewässerungsprojekten nicht nur positiv auf das Empowerment von Frauen auswirkte. Die Frauen, die eine höhere Kompetenz und Qualifikation in Fragen der Bewässerung erwarben (90 Prozent der landwirtschaftlichen Produktion beruht in einer Reihe asiatischer Länder nur auf Bewässerung), mussten dann in ihrem sozialen Umfeld wegen ihrer nunmehr höheren Kompetenz auch ihre Rolle als Frauen in der gesellschaftlichen Hierarchie neu aushandeln. Das bedeutete für einige so viel Stress, dass sie darauf verzichteten, ihre neu erworbenen Fähigkeiten auch als Vehikel für ihre Emanzipation nutzbar zu machen.

Bei der Auswertung der während des *ifu*-Semesters erzielten Ergebnisse zeigt sich ein weiterer sehr positiver Effekt aus der Beschäftigung mit der Genderperspektive in technisch-naturwissenschaftlichen Projekten. Die global katastrophale Situation der natürlichen Ressourcen zwingt die betroffenen Menschen, Männer wie Frauen, in eine aktiv gestaltende Rolle. In den NGOs Süd- und Zentralamerikas gibt es eine sehr hohe Frauenbeteiligung, viele Gruppen werden von Frauen geleitet. Selbsthilfe ist das einzige noch zur Verfügung stehende Mittel, um nachhaltige Lösungen zu schaffen. Die Geduld, auf große Änderungen und Verbesserungen von weiterhin unbefriedigenden Lösungen zu warten, wie z.B. bei sanitären Anlagen und Abwasserreinigung, ist überall zu Ende. Die häufig durch Frauen getragene Arbeit in den NGOs (z.B. durch Josefina Mena Abraham, Dekanin im Projektbereich WASSER, die GTASC in Mexiko) führte zur Entwicklung ganzheitlicher innovativer Konzepte – dies bestätigen auch die vielfältigen Erfahrungsberichte während der *ifu*. In Mexiko wurde ein Recycling-System für Fäkalien und Bioabfall entwickelt, bei dem kein Wasser für Toilettenspülung etc. benötigt wird, sondern die festen Exkremente mit Pflanzenabfällen kompostiert werden. Diese Düngemittel werden direkt wieder zur Verbesserung der Böden eingesetzt, so dass höhere Erträge in der landwirtschaftlichen Produktion von Haushalten erwirtschaftet werden können. Die Gesundheit der Bevölkerung und insbesondere der Kinder hat sich eklatant verbessert, da eine weitgehende Entkeimung der fäkalbürtigen pathogenen Keime bei den Kompostierungsprozessen (Temperaturen > 80 °C) nachweisbar ist. Solche auch durch Laien durchführbare dezentrale Lösungen werden allerorts von Frauen, z.T. in reinen Frauengruppen entwickelt. Ihr waches Problembewusstsein ist ein Grund für ihre hohe Beteiligung, wodurch wiederum eine pragmatische Bewertung der möglichen Lösungen eine größere Chance erhält. Die klare Formulierung ihrer Bedürfnisse, oft aus der Sorge um die Familien, führt dort dazu, das die Dinge aus der Genderperspektive betrachtet werden. Die Partizipation der Frauen hat eine spezifische Gestaltung von innovativen, der Realität angepassten Technologien zur Folge. Das dies tatsächlich (so leicht) möglich ist und zu überzeugenden Lösungen führt, bedeutete einen ungeheuren Lerneffekt gerade für die Europäerinnen, die als Ingenieurinnen häufig keinen Ansatz mehr sehen, etwas anders zu machen. Insofern war die *ifu* ein sehr erfolgreiches Projekt des transkulturellen Dialogs und des wechselseitigen Lernens. Der Aufbau und die Fortführung der Kontakte über Frauennetzwerke wie WINS lassen erwarten, dass die Zukunft noch mehr konkrete Erfolge bringen wird.

5. Schlussfolgerungen und Erkenntnisse für eine zukünftige Entwicklung

Eine optimale *inter*aktive Kommunikation zwischen verschiedenen Denkkulturen erfordert vor allem gegenseitige Akzeptanz und die Akzeptanz des „Andersseins". Das kommt nicht von allein, sondern erfordert die Reflexion über Selbst- und Fremdwahrnehmung. Nur so kann man auch durch die Brille einer anderen Denkkultur sehen, und nur so kann man die entsprechenden Themen übergreifend diskutieren. Solches Lehren und Lernen basiert auf unterschiedlichen Weltsichten und birgt eine Vielfalt innovativer Momente und ein hohes Potenzial an kreativen Problemlösungen.

Innovativ und erfolgreich an dem Programm des Projektbereiches WASSER waren

– die Durchführung dieses Programms nur mit Frauen,

- die Einbindung virtueller Komponenten der *vifu*,
- die internationale Konzeption, Betreuung und Durchführung von Lehre,
- die gleichberechtigte Stellung der Genderperspektive neben fachwissenschaftlichen Fragen,
- die Multikulturalität,
- die Integration von künstlerischen Projekten (s. hierzu B. Loreck in diesem Band).

Interaktion zwischen den Denkkulturen bedarf der Freiräume in der Lehrmethode. Dabei ist es unerlässlich, an Erfahrungen und Interessen der Studierenden anzuküpfen. Diese wichtige Grundvoraussetzung interdisziplinären Arbeitens haben wir nicht genügend umgesetzt – zumindest nicht am Anfang des Programmes. Allerdings haben die Teilnehmerinnen diesen Freiraum sehr energisch eingefordert, und das Programm wurde entsprechend variiert; am Ende der Projektarbeit war der interdisziplinäre Diskurs in vielen Gruppen erfolgreich realisiert und führte zu produktiven Ergebnissen, die z.B. im Rahmen der Abschlussveranstaltung der Öffentlichkeit präsentiert wurden.

5.1 Interdisziplinarität

Die Interdisziplinarität sollte stärker in den akademischen Dialog integriert werden. Für die interdisziplinäre Arbeit im Projektbereich WASSER erwies es sich allerdings als problematisch, dass für die Auswahl der Teilnehmerinnen der *ifu* grundsätzlich galt, dass das Programm für Wissenschaftlerinnen sowohl aus den Natur- und Ingenieurwissenschaften als auch aus den Geistes- und Sozialwissenschaften offen war. Dabei lag eine enorme Schwierigkeit darin, dass so viele unterschiedliche Fachdisziplinen vertreten waren. Von welcher Basis ausgehend sollte der interdisziplinäre Diskurs starten? Das musste immer wieder neu vereinbart werden, häufig mit nur mäßigem Erfolg. Denn wenn Linguistinnen und Ingenieurinnen sich über bestimmte Themen einer Gender-sensiblen wasserwirtschaftlichen Planung unterhalten, dauert die Klärung der gemeinsamen Basis unter Umständen sehr lange. Für die Zukunft wäre also darauf zu achten, dass die Bewerberinnen zumindest auch für den Bereich Naturwissenschaften/Ingenieurwissenschaften eine Vorqualifikation mit den erforderlichen disziplinären Grundkenntnissen mitbringen, die auch im Rahmen einer entsprechenden Berufspraxis erworben sein können. Eine von den Grundkenntnissen her relativ homogene Gruppe der Studierenden sichert ein möglichst effektives Zeitmanagement, da so mehr Raum für weiterführende Arbeiten an Problemlösungen zur Verfügung steht.

5.2 Genderperspektive im wissenschaftlichen Wassermanagement

Anders als in anderen Projektbereichen gibt es noch keine genderspezifische Arbeitsweise im Bereich des wissenschaftlichen Wassermanagements. Es gibt zwar ein Know-how über Gendertraining, über Hintergründe der Genderdimension usw., aber die konkrete Umsetzung neuer oder gar schon verankerter Aspekte der Genderdimension in wissenschaftliche Fragestellungen der Wasserwirtschaft wurde im Rahmen des projektorientierten Studierens während der *ifu erst* neu entwickelt.

Frauenförderung durch einen ganzheitlich-interdisziplinären Ansatz ist ein Aspekt, der als Reformansatz auch in die deutschen Hochschulen zurückwirken sollte: Der Bund-Länder-Modellversuch „Frauen im Ingenieurstudium an Fachhochschulen" an der Fachhochschule Bielefeld in den Jahren 1994 bis 1997 hatte zu der Schlussfolgerung geführt, dass eine interdisziplinäre Ausrichtung des Studiums, in dem kommunikative Elemente ein integraler Bestandteil sind, Frauen besonders anspricht (Schwarze 1999). Die Umsetzung dieser Erkenntnis könnte dadurch erfolgen, dass zum einen neben der Lehre von Fachinhalten Schlüsselqualifikationen trainiert werden, und zum anderen dadurch, dass das jeweilige Fachthema in seinen historischen, gesellschaftlichen und ökonomischen Kontext gestellt wird. Genau dieses war in der Konzeption der *ifu* enthalten.

5.3 Anstöße für eine curriculare Reform der Ingenieurausbildung

Betrachtet man den Output im Projektbereich WASSER im Hinblick auf Anregungen für eine zukunftsweisende Ingenieurausbildung, so muss eines der zukünftigen Ziele darin bestehen, die enge fachdisziplinäre Ausbildung aufzulösen und eine ganzheitliche Betrachtung der Zusammenhänge zu fördern.

Die Globalisierung hat die Qualifikationsanforderungen an Ingenieure verändert. Zu dieser Erkenntnis kommt eine Reihe einschlägiger wissenschaftlicher Untersuchungen. Ein hohes Niveau an technischem Wissen und an Verständnis bei der Anwendung von Technik ist zwar Voraussetzung, sie bedarf jedoch der Ergänzung durch „hard skills" und „soft skills" (Büchtemann und Grote 1999).

Die „hard skills" umfassen beispielsweise

- system- und problemlösungsorientiertes Denken,
- betriebswirtschaftliches Verständnis,
- Methoden des Projektmanagements und der Entscheidungsfindung,
- Marketingfähigkeiten,
- Fremdsprachen,
- Wissen um die sozial-ökologische Einbettung und Folgen von Technikanwendungen.

Die „soft skills" integrieren unter anderem

- Kommunikations- und Teamfähigkeit,
- Präsentationstechniken und sachliche Überzeugungskraft,
- Führungstechniken und –verhalten,
- interkulturelles Verständnis und kulturelle Empathie,
- Bereitschaft und Fähigkeit zu lebenslangem Lernen,
- markt- und kundenorientiertes Denken,
- kosmopolitische Einstellung
- sowie ein ausgeprägtes gesellschaftliches und umweltbezogenes Verantwortungsbewusstsein.

Die Ingenieurausbildung in Deutschland gilt als eine ausgezeichnete Fachausbildung mit ausgeprägten technisch-analytischen und methodischen Bausteinen (Büchtemann und Grote 1999). Die Kompetenzprofile von Ingenieuren weisen jedoch häufig Defizite im Bereich der „soft skills" und der über die unmittelbare fachspezifische Qualifikation hinausgehenden „hard skills" auf. Diese hat der Projektbereich WASSER für ein begrenztes ingenieurwissenschaftliches Tätigkeitsfeld in wichtigen Punkten angeboten und hat angeregt, für entsprechende Fähigkeiten Freiräume zu schaffen. Der Projektbereich WASSER der *ifu* hat – trotz aller oben ausgeführten Einschränkungen – traditionelle fachdisziplinäre Abgrenzungen aufgehoben und ein interdisziplinäres Arbeiten ermöglicht.

Literatur

Bundesministerium für wirtschaftliche Zusammenarbeit und Entwicklung (BMZ): Wasser: Konflikte lösen, Zukunft gestalten. Bonn 1999.
Büchtemann, C.F. und Grote, K.H.: Kernergebnisse der transatlantischen Konferenz „Engineers in the Global Economy". In: BMBF (Hg.) Neue Ansätze für Ausbildung und Qualifikation von Ingenieuren – Herausforderungen und Lösungen aus transatlantischer Perspektive. Bonn 1999.
Elemendorf, M: Water is Life. A View Through the Eyes of Women. Reader Script, Project Area Water, International Women's University, Hannover 2000.
Kunst, Sabine; Burmester, Andrea, und Kruse, Tanja (eds.): Sustainable Water and Soil Management. Berlin, Heidelberg, New York: Springer Verlag, 2001.
Schwarze, Barbara: Frauen im Ingenieurstudium an Fachhochschulen – Eine Frage der Qualität des Studiums? In: BMBF (Hg.) Neue Ansätze für Ausbildung und Qualifikation von Ingenieuren – Herausforderungen und Lösungen aus transatlantischer Perspektive, Bonn 1999.
Wichterich, Christa: Bilaterale Entwicklungszusammenarbeit, Gender und Umwelt. Verknüpfungsprobleme. In: Politische Ökologie 70a Gender 21. 2001.
Zwarteveen, M., und Meinzen-Dick, R.: Gender and Property Rights in the Commons, Examples of Water Rights in South Asia. In: Agriculture and Human Values 18, 2001, p. 11-25.

3. Intercultural Community Building

Vorbemerkung

Die *ifu* hat über die Gestaltung neuartiger Studiengänge hinaus auch in anderer Hinsicht hochschulreformerisches Neuland betreten. Was bei vielen Hochschulen in anderen Ländern seit langem üblich ist, wird in der Bundesrepublik erst seit wenigen Jahren diskutiert: die Notwendigkeit, eine positive Identifizierung mit der eigenen Universität herauszubilden. Dafür gibt es noch keinen umfassend zutreffenden deutschen Begriff. Wir haben diesem Kapitel daher als Titel das englische „Intercultural Community Building" gegeben.

Damit sind Überlegungen gemeint, die – im Zusammenhang mit der zunehmenden Autonomie der Hochschulen und ihrer damit wachsenden auch ökonomischen Konkurrenz untereinander – die Studierenden als „KundInnen" betrachten, um die auf verschiedenen Ebenen und mit neuen Mitteln geworben werden muss. Die Hochschule muss neben selbstverständlicher fachlicher Exzellenz etwas bieten, das die Studierenden anzieht, ihre Zufriedenheit mit „ihrer" Universität und eine möglichst lebenslange Verbundenheit als spätere Alumnae fördert.

Die *ifu* hat hier von Anfang an neue Wege beschritten und zum Teil auch beschreiten müssen, weil es sich um ein beispielloses Experiment ohne irgendwelche Vorbilder handelte. Das betraf zunächst das internationale Marketing des Konzepts, die Definition der Zielgruppen, die internationale Ausschreibung der Studienplätze, das Auswahlverfahren und nicht zuletzt das Gewinnen von Förderern. Bei all diesem war die Kooperation mit dem DAAD von ganz entscheidender Bedeutung. Auf welche Weise und mit welchem Erfolg dabei vorgegangen wurde und bei welchen Frauen diese Werbung auf Interesse gestoßen ist, darüber geben die Artikel von Manfred Stassen und Vera Lasch einen ersten Eindruck.

Die Initiatorinnen der *ifu* sind frühzeitig davon ausgegangen, dass insbesondere, wenn Studierende aus aller Welt in einem fremden Land zusammenkommen, eine gute Beratung und Betreuung für den Studienerfolg unerlässlich ist. Dafür wurde das Konzept eines Service Centers entworfen, das sich als eine konzentrierte Dienstleistungseinrichtung *für* die Studierenden schon Monate *vor* ihrer Ankunft am Studienort und – selbstverständlich – für die ganze Zeit ihres Aufenthaltes hier verstand. Über dieses Konzept und die Erfahrungen, die damit gemacht wurden, berichten Christiane Bradatsch und Nicole Puscz.

Absolutes Neuland vor allem in Hinsicht auf das derzeitige deutsche Hochschulsystem betrat die *ifu* mit ihrem Konzept von Internationalität. Alle Artikel dieses Buches spiegeln die Bemühungen wider, dieser neuen Herausforderung gerecht zu werden. Es war für alle Beteiligten ein Wagnis: Für diejenigen, die sich monatelang vor Ort versuchten darauf vorzubereiten, ebenso wie für viele derjenigen, die sich, von weither kommend, auf eine sehr andere, ihnen teilweise sehr fremde Kultur eingelassen haben. Auf welche Weise der zunächst vage Begriff Internationalität sich in der Diskussion und im „Gebrauch" der *ifu* zur Interkulturalität veränderte, welche immer neuen Probleme im *ifu*-Alltag dabei auftauchten und immer wieder neu bewältigt werden mussten, aber auch welchen Gewinn, welche Bereicherung letztendlich alle Beteiligten dabei erfahren haben – damit setzen sich Gabriele Kreutzner, Claudia Schöning-Kalender und Melinda Madew auseinander.

Zum Intercultural Community Building hat die virtuelle Frauenuniversität (*vifu*) eine ganze Menge beigetragen. Durch sie standen viele Studierende untereinander und mit der *ifu* (vor allem dem Service Center und den Projektbereichen) schon Monate vor Beginn des *ifu*-Semesters in Verbindung, und viele sind seither darüber auch in Verbindung geblieben. Die Organisatorinnen und Mitarbeiterinnen der *vifu* haben in einer solchen Vernetzung ihre Hauptaufgabe gesehen. Darauf weist schon der Titel des Aufsatzes von Gabriele Kreutzner, Heidi Schelhowe und Barbara Schelkle hin: „Nutzerinnenorientierung, Partizipation und Interaktion als Leitprinzipien". Seda Gürses und Barbara Lüthi geben einen Eindruck vom *vifu*-Alltag während des Semesters.

Inwieweit es in dem einen *ifu*-Semester gelungen ist, die eigenen hohen Ansprüche umzusetzen und das Gefühl einer Intercultural Community zwischen den Beteiligten herzustellen – dazu gibt es zweifellos verschiedene Meinungen und persönliche Ansichten. Vieles spricht dafür, dass trotz der kurzen Zeit bei den allermeisten Beteiligten ein hohes Maß an Identifizierung mit der *ifu* erreicht worden ist, was berechtigte Kritik keineswegs ausschließt. Wir haben versucht, für dieses Kapitel möglichst unterschiedliche Autorinnen zu gewinnen (darunter auch der einzige Autor dieses Buches, der als Vertreter des DAAD das Studierenden-Marketing und das Zulassungsverfahren wesentlich mit bestimmt hat), um eine möglichst große Vielfalt von Sichtweisen darzustellen. Meistens sind es Mitarbeiterinnen der sogenannten zentralen Projekte Service Center, *vifu*, Presse- und Öffentlichkeitsarbeit, die sich eineinhalb Jahre lang auf vielfältige Weise um den Aufbau und Erhalt des inneren Zusammenhalts der wachsenden *ifu*-Gemeinde gekümmert haben. Unter den Autorinnen sind aber auch Tutorinnen und Teilnehmerinnen, die kurz vor oder erst direkt zur Präsenzphase dazukamen und sich von einem Tag auf den anderen in ein Experiment stürzen mussten, das wegen seiner unvermeidlichen Unvollkommenheit auch ihren eigenen vollen Einsatz forderte, wenn sie die Zeit Gewinn bringend nutzen wollten. Dass sie dies in der weit überwiegenden Mehrheit getan und damit zum Gelingen des ganzen Projektes wesentlich beigetragen haben, ist eine der positivsten Erfahrungen des *ifu*-Sommers 2000.

Margot Poppenhusen

Manfred Stassen

Ein Bildungsinstitut der Zukunft:
ifu – nachfrageorientiert, international, monoedukativ, autonom

In einer globalisierten, wettbewerbsorientierten Welt der Wissensvermittlung wird man die Angebote künftiger Bildungsinstitute von den potenziellen NutzerInnen und ihren Bedürfnissen her denken und organisieren müssen. Die erste Internationale Frauenuniversität (*ifu*) in Deutschland war von ihren Initiatorinnen in erster Linie im Sinne dieser Erkenntnis als *Hochschulreformmodell* konzipiert worden. Die durchgängige Beschränkung auf eine homosoziale Hochschulpopulation – Frauen – hat den Reformcharakter des Pilotprojekts besonders akzentuiert und dabei Aspekte ins Licht gerückt, die erst durch die Radikalität dieses Ansatzes und seiner konsequenten Implementierung als unabdingbare Komponenten einer Bildungsanstalt der Zukunft ins Bewusstsein aller Beteiligten getreten sind.

1. Ziele und Zielgruppen der *ifu*

Die *ifu* war von der Voraussetzung ausgegangen, dass es überall auf der Welt hoch qualifizierte Frauen gibt, deren Potenzial für Führungspositionen in Wissenschaft und Gesellschaft, zum Schaden der jeweiligen Volkswirtschaften und der Völkergemeinschaft insgesamt, bislang noch nicht ausreichend ausgeschöpft worden ist. Zwar sind weibliche Eliten in vielen nationalen Bildungssystemen auf der Ebene des grundständigen Erststudiums (undergraduate studies) inzwischen in ausreichendem Maße vertreten, aber es mangelt weltweit an herausragenden Ausbildungseinrichtungen für diese Frauen auf dem Niveau des weiterführenden Studiums (graduate studies) und der Forschung, zumal in einem internationalen Kontext. Dies trifft besonders zu in den Bereichen Technik- und Naturwissenschaften und an ihren Schnittstellen mit den Geistes- und Sozialwissenschaften.

Bei dem Versuch, diese Lücke exemplarisch zu schließen, hat sich die *ifu* von dem Gedanken leiten lassen, dass, wenn man längerfristig die Gleichstellung von weiblichen Eliten in der Gesellschaft durch deren qualifizierte Beteiligung an Wissenschaft und Forschung sicherstellen will (Empowerment), dies am ehesten durch die Erneuerung der Hochschulen selbst gewährleistet werden kann. Im Zeitalter der Globalisierung muss einer der wesentlichsten Aspekte dieser Erneuerung ihre Internationalisierung sein. Dabei meint Internationalisierung nicht den Dialog der Wissenschaftler und Wissenschaftlerinnen aus den führenden Industrieländern untereinander, sondern die Auseinandersetzung mit den künftigen wissenschaftlichen und gesellschaftlichen Bedürfnissen einer immer stärker aufeinander bezogenen „globalen" Welt, also einen wissenschaftlichen Beitrag zum Nord-Süd-Dialog. Die *ifu* verstand sich somit als eine im doppelten Sinne *solidarische* Einrichtung: gegenüber den Frauen – als der noch weitgehend „schweigenden", aber von den mit der Globalisierung und der Ressourcenverknappung einhergehenden Verwerfungen (vor allem in den Bereichen Gesundheit, Migration, Wasser etc.) am stärksten betroffenen Mehrheit der Weltbevölkerung – und gegenüber der Dritten Welt.

Die Frauenperspektive sollte dabei nachdrücklich unterstreichen, dass mit der Erneuerung der Hochschulen als künftig internationalen Einrichtungen mit einer globalen, an den realen Bedürfnissen der Menschen orientierten Agenda eine Erneuerung der Wissenschaften selbst, ihrer Gegenstände sowie ihrer Prioritäten und Methoden, notwendig einhergehen muss.

2. Umsetzung des Konzepts

Bei der Umsetzung dieses Ansatzes und der Einschätzung des innovativen Potenzials des Pilotprojekts *ifu* im internationalen Vergleich sind die nachfrageorientierte, ganz auf die Bedürfnisse der potenziellen Teilnehmerinnen abgestimmte *Organisationsform* und die *Autonomie* der *ifu* in Bezug auf das „Management" dieser Klientel von besonderer Bedeutung. Bei letzterem hat sich die Zusammenarbeit mit dem Deutschen Akademischen Austauschdienst (DAAD), der mit der Unterstützung der *ifu* förderungspolitisches Neuland betreten hat, als besonders fruchtbar erwiesen.

2.1 Organisationsformen

Die *ifu* war formal eine *International Graduate Summer School* in englischer Sprache auf deutschem Boden und weitestgehend in deutscher Regie mit einem besonderen wissenschafts-, bildungs- und gesellschaftspolitischen Anspruch: Anstoß zur Reform der Wissenschaftsorganisation und -praxis, insbesondere durch die durchgängige Betonung der *Genderperspektive* sowie Nachwuchsförderung von hoch qualifizierten Wissenschaftlerinnen im Hochschulbereich und *Empowerment* von weiblichen *Eliten* aus der ganzen Welt. Dieses *customized program* hat sich an eine klar definierte, bewusst zahlenmäßig beschränkte Klientel gewandt und ist von immerhin 1.547 Frauen mit dem intendierten Profil, freilich nach Kontinenten und Herkunftsländern unterschiedlich stark, mit einer Bewerbung „nachgefragt" worden.

Es war somit bewusst nicht als Massenprogramm konzipiert und sollte – aus der Perspektive der deutschen Förderer – gerade durch die Qualität und Diversität seiner Teilnehmerinnen, nicht durch deren Menge, einen Beitrag zur „längerfristigen Sicherung des Studienstandorts Deutschland" leisten.

Die Präsenzphase 2000 der *ifu* (vom 15. Juli bis 15. Oktober 2000) war für die meisten der Teilnehmenden ein *weiterqualifizierendes internationales Auslandssemester* der besonderen Art: das Zusammentreffen der frauenspezifischen globalen Thematiken (Arbeit, Information, Körper, Migration, Stadt, Wasser) mit dem lokalen Ereignis der EXPO 2000 in Hannover hat die *ifu* zu einer „magnet school" für Ausländerinnen werden lassen, wie sie ansonsten nur unter den „graduate schools" in den USA anzutreffen sind. Für die deutschen Teilnehmerinnen bot sich die einmalige Chance einer nachhaltigen interkulturellen Begegnung im eigenen Land. Die *ifu* war damit das bislang größte internationale und interkulturelle Hochschulprojekt der Bundesrepublik.

Die *ifu* war bewusst als *monoedukative Graduate School für Frauen* konzipiert worden. Alle Teilnehmerinnen – die Studierenden, die Angehörigen des Lehrkörpers und die Angestellten in den Betreuungs- und Dienstleistungsbereichen – waren Frauen. Fast zwei Drittel der Teilnehmerinnen kamen aus Ländern und Kulturen ohne eine monoedukative Bildungstradition und -praxis. Dennoch haben sich weit über die Hälfte der Teilnehmerinnen positiv über dieses Experiment ausgesprochen.

Diese Programmatik sollte einen herrschaftsfreien, nicht-hierarchischen wissenschaftlichen Diskurs empathisch begünstigen und der bisher in der männerdominierten Wissenschaft vernachlässigten „einen" weiblichen Seite der wissenschaftlichen Betrachtung der Welt durch bewusste „Ein-Seitigkeit" zum Durchbruch verhelfen.

Die 747 Studierenden aus 105 Ländern wurden von 313 Dozentinnen und ca. 90 Tutorinnen aus 49 Ländern wissenschaftlich betreut. Internationalität und Interkulturalität waren damit nicht nur auf die Herkunft der Teilnehmerinnen bezogen, sondern Teil der alltäglichen wissenschaftlichen und lebenswirklichen Praxis (vgl. auch Gabriele Kreutzner/Claudia Schöning-Kalender und Melinda Madew, in diesem Band).

2.2 Autonomie des Studentinnen-Managements – Kooperation mit dem DAAD

Neben der Nachfrageorientierung, der Internationalität und Solidarität der *ifu* war es besonders die uneingeschränkte *Autonomie*, derer sie sich erfreute, die zu ihrem Erfolg beigetragen und beachtenswerte Perspektiven für die Hochschullandschaft der Zukunft eröffnet hat. Die positiven Auswirkungen der Autonomie zeigten sich einerseits besonders in den Bereichen des *Marketings* für das „Produkt" *ifu*, der gezielten *Rekrutierung*, *Auswahl* und *Zulassung* sowie *Zertifizierung* der Studierenden – nach einem jeweils maßgeschneiderten Kriterienkatalog –, und andererseits in den Formen des Umgangs mit *Studiengebühren* bzw. der finanziellen Förderung, sprich: der *bedürfnisorientierten Stipendierung* und schließlich der *Betreuung* und *Nachbetreuung* der Teilnehmerinnen.

In allen diesen Bereichen hat sich die *ifu* der internationalen Sachkunde, Erfahrung und der Verfahrenslogistik des Deutschen Akademischen Austauschdienstes (DAAD) versichert. Dabei kam ihr zugute, dass der DAAD auf allen Kontinenten vertreten ist, seine Angebote sich ebenfalls an die akademischen Eliten des Auslands wenden und er zusammen mit seinen ausschließlich mit WissenschaftlerInnen besetzten Auswahlkommissionen ein über Jahrzehnte erprobtes System von „Antennen" zur Früherkennung von künftigen Fach- und Führungskräften unter dem wissenschaftlichen Nachwuchs der Welt entwickelt hat. Für den DAAD war die *ifu* eine erste Erprobung der Prinzipien seines „Aktionsprogramms zur Internationalisierung der Hochschulen" unter den realen Bedingungen der durchgängigen Umsetzung an einer Pilothochschule.

(a) Marketing und Rekrutierung. Zusätzlich zu einer Werbebroschüre, die über die DAAD-Außenstellen und -Lektoren, die Goethe-Institute, die Kulturabteilungen der Deutschen Botschaften und Generalkonsulate und über die Büros der deutschen Stiftungen im Ausland verteilt worden ist, haben *ifu* und DAAD eine besondere „Produktwerbung" im Internet sowie – mit regional- und länderspezifischen, individualisierten Rekrutierungskonzepten – über die Netze der ehemaligen Stipendiatinnen des DAAD und der Alexander-von-Humboldt-Stiftung (AvH) einerseits und der zur Mitarbeit bei der *ifu* gewonnenen in- und ausländischen Dozentinnen und Tutorinnen andererseits betrieben. Dabei hat sich gezeigt, dass die persönliche Ansprache potenzieller Kandidatinnen sowie die „word-of-mouth-propaganda" von mit Deutschland und/oder der *ifu* vertrauten Einzelpersönlichkeiten weitaus effektiver war als alle schriftlichen Informationen in den elektronischen und/oder den Printmedien. Über die Hälfte der Teilnehmerinnen kam aus den 13 Ländern, in denen der DAAD Außenstellen unterhält.

Diese Form des „Marketings" und der Rekrutierung ist bereits im Vorfeld dem Prinzip der Qualitätssicherung verpflichtet: Um weltweit die Besten zu gewinnen, verbindet es eine demokratische Informationspolitik (möglichst breit gestreute, internationale Ausschreibung) mit dem ausdrücklichen Hinweis auf die spätere gezielte, konzeptorientierte Selektion (im Sinne des französischen „concours" oder der angelsächsischen „limited competitive admission"), d.h. einer handverlesenen Zulassung der aussichtsreichsten Bewerberinnen. Nur auf diesem Wege kann den Prinzipien von Chancengleichheit und Elitebildung gleichzeitig Rechnung getragen werden.

(b) Auswahl und Zulassung. Die nach angelsächsischem Muster, im Besonderen in Anlehnung an die Praxis der US „Women's Colleges" aufgebauten, umfangreichen Bewerbungsunterlagen wurden nach dem üblichen DAAD-Format bearbeitet und einzeln von den Dekaninnen der jeweiligen Projektbereiche und drei bis vier weiteren Gutachterinnen geprüft. Die Zulassungsentscheidungen wurden unter der Moderation des DAAD nach seinen allgemeinen Leistungskriterien und, zusätzlich, nach eigens für die *ifu* entwickelten Qualifikationsmerkmalen getroffen:

- erster Hochschulabschluss mit herausragenden Ergebnissen,
- sehr gute Englischkenntnisse,
- Erfahrung in der Genderforschung bzw. auf wissenschaftlicher Basis fußende praktische Kenntnisse in der frauenorientierten Sozial- oder Entwicklungsarbeit,
- ausführliche Begründung der Bewerbung und Darstellung der mit der Teilnahme verbundenen Erwartungen,
- Vorlage einer Projektskizze für eine wissenschaftliche Arbeit im Rahmen eines der Projektbereiche der *ifu*.

Die *Autonomie bei der Festsetzung der Zulassungskriterien und des -verfahrens* ermöglichte, über die Sicherstellung der Qualität hinaus, besonders dreierlei: Bei der „Komposition" der sechs Studienkohorten der Projektbereiche aus Teilnehmerinnen der verschiedenen Weltregionen und mit je unterschiedlichen „Vorbildungsprofilen" konnten die jeweiligen inhaltlichen Schwerpunkte der Projektbereiche kreativ berücksichtigt werden. Die Bewerberinnen hatten in ihren Bewerbungsunterlagen subjektive Wünsche in Hinsicht auf einen bestimmten Schwerpunkt artikuliert, z.T. haben sie auch auf objektive Defizite an Kenntnissen und Fertigkeiten in ihren Herkunftsländern verwiesen, die sie durch ihre Teilnahme an der *ifu* hofften ausgleichen zu können; diesen Wünschen konnte zumindest teilweise dadurch entsprochen werden, dass bei der Zulassungsentscheidung auch eine Rolle spielte, inwieweit der Motivation der zulassungsberechtigten Bewerberinnen durch die Lehrangebote der verpflichteten Dozentinnen am ehesten entsprochen werden konnte. Und schließlich war der *ifu* daran gelegen, das wichtige Leitprinzip der Interkulturalität auch bei der Auswahl der Bewerberinnen zum Tragen kommen zu lassen: Bei der Komposition der Studienkohorten sollten nicht nur die wissenschaftlich-fachliche Komponente allein in Gewicht fallen, sondern auch die jeweiligen Persönlichkeitsprofile und kulturellen Sozialisierungen der Kandidatinnen mit Blick auf eine produktive kulturelle Kompatibilität und eine halbwegs „ausgewogene" Vielfalt der Altersstruktur. Dies hat allerdings zu einer extremen Heterogenität geführt, die trotz erheblicher Bemühungen der Dekaninnen nicht in allen Fällen den erhofften produktiven Effekt erzielte. Die hinter diesem Verfahren stehende Konzeption ist eher dem ästhetischen Prinzip der Komposition eines Mosaiks als einer auf juristisch einklagbaren Kriterien beruhenden Verteilungslogistik „nach Antragslage" verpflichtet.

Von 1.547 Bewerberinnen konnten mit 959 Frauen 62 Prozent zugelassen werden, von denen mehr als zwei Drittel aus devisenschwachen Ländern, insbesondere aus der sogenannten Dritten Welt, kamen. Dabei fiel auf, dass die Wahl des Englischen als Unterrichtssprache viele Interessentinnen aus den romanischen Ländern (z.B. war keine einzige Teilnehmerin aus Frankreich dabei !), aber auch aus den immer noch stark am Deutschen orientierten osteuropäischen und zentralasiatischen Ländern, die früher zur Sowjetunion gehört haben, davon abhielt teilzunehmen. Überhaupt ist das Gesamtkonzept der *ifu* weniger von potenziellen Interessentinnen aus den westlichen Industrienationen und aus Deutschland selbst (zusammen nur ca. 20 Prozent) „angenommen" worden. Dabei mag eine Rolle gespielt haben, dass es sowohl für noch studierende Graduierte wie für Berufstätige aus diesen Ländern nicht unproblematisch ist, ohne einen Ausgleich für den Verdienst- oder Zeitausfall sich drei Monate in einem experimentellen Weiterbildungsangebot zu engagieren.

Die Mehrheit der zugelassenen Studentinnen der *ifu* verfügte bereits über einen höheren akademischen Grad als den für die Zulassung erforderlichen Bachelor: 54 Prozent kamen mit einem Master Degree, 9 Prozent waren bereits promoviert. Die Internationalität wurde noch dadurch unterstrichen, dass 23 Prozent ihren Abschluss in einem Drittland erworben hatten, während sogar 47 Prozent bereits Studien- oder Forschungserfahrung im Ausland, teils auch in Deutschland, gesammelt hatten. Mit 57 Prozent stellten die Teilnehmerinnen aus den Geistes-, Kultur- und Sozialwissenschaften eine knappe Mehrheit, 43 Prozent hatten einen Abschluss in den Natur- und Ingenieurwissenschaften, ein Teil hatte in beiden Bereichen studiert (vgl. auch Vera Lasch in diesem Band).

(c) Zertifizierung. Die Zertifizierung der Studienleistungen der Teilnehmerinnen wurden nach einem modular strukturierten internationalen System, in Anlehnung an das *European Credit Transfer System (ECTS)*, in Zusammenarbeit mit den beteiligten Hochschulen und dem DAAD, von denen die durch die *ifu*-Dekaninnen attestierten Studienleistungen und -bewertungen „gegengezeichnet" wurden, für den internationalen Anerkennungsprozess transparent vorgenommen. Mit wenigen Ausnahmen sind alle Studierenden (97 Prozent) zertifiziert worden. Diese auch im internationalen Vergleich ungewöhnlich hohe „Trefferquote" ist letztlich auf die autonome Regie der Auswahl und der Zulas-

sung sowie auf das nachfrageorientierte Studienangebot zurückzuführen, das zu einem self-selection-Prozess mit hoher Eigenmotivation bei den Teilnehmerinnen geführt hat. In diesem Zusammenhang interessiert der Umstand, dass auch an den traditionellen deutschen Hochschulen die Quote der Studienabbrecher unter den ausländischen Studierenden prozentual niedriger ist als bei den einheimischen. Nicht zuletzt wird dies darauf zurückgeführt, dass die deutschen Hochschulen bei der Auswahl der ausländischen Studierenden relativ autonom sind, d.h. die große Mehrheit der zugelassenen Ausländer nicht über die Zentralstelle für die Vergabe von Studienplätzen (ZVS) verteilt wird.

(d) Studiengebühren und Stipendien. Als graduales Studienangebot einer autonomen Bildungsanstalt war das *ifu*-Semester zwar *gebührenpflichtig, aber, als Pilotprojekt, bei weitem nicht kostendeckend.* Es wendete sich durchaus an Selbstzahlerinnen, die bereit waren, in ihre eigene Weiterbildung zu investieren. Dieses Angebot wurde immerhin von 20 Prozent der Teilnehmerinnen angenommen (ca. 150 Frauen). Die erfreulich hohe Subventionierung der *ifu* insgesamt und die „aggressive" und erfolgreiche Einwerbung von staatlichen und privaten Mitteln zur Förderung der Teilnehmerinnen erlaubten eine Beschränkung der Studiengebühren auf DM 600 für drei Monate. Die Teilnahme hoch qualifizierter Frauen aus devisenschwachen Ländern wurde außerdem durch ein System der *Stipendierung, der Bezuschussung bzw. des Gebührenerlasses* aus eben diesen Mitteln größtenteils (zu 80 Prozent) sichergestellt.

Die *ifu* ist nach dem an den Spitzenuniversitäten in Nordamerika praktizierten System der „need-blind admission" verfahren. Das heißt, es wurden zunächst alle qualifizierten Bewerberinnen, die die Hürden des Bewerbungsverfahrens genommen hatten, zugelassen. In einer zweiten Runde wurde nach Wegen der ausreichenden Finanzierung derjenigen zugelassenen Bewerberinnen gesucht, die einen Stipendienantrag gestellt hatten, wobei die Zusatzkriterien der einzelnen Geldgeber zu berücksichtigen waren (besonderes politisches und soziales Engagement, thematische Fokussierung auf Umweltfragen, Herkunft aus bestimmten Weltregionen bzw. besondere Relevanz für die Außenbeziehungen einzelner Bundesländer, Landeskinder etc.). Wegen des unerwartet hohen Anteils an qualifizierten Bewerberinnen aus Ländern der Dritten Welt und der ehemaligen Sowjetunion hätte der Stipendienetat der *ifu* (ca. DM 3,6 Mio, davon mehr als ein Drittel über den DAAD) eigentlich noch höher sein müssen. Ca. 200 Zugelassene konnten letztlich, vermutlich wegen mangelnder Finanzierungsmöglichkeiten, nicht teilnehmen.

(e) Betreuung und Nachbetreuung. Bei der Betreuung der Teilnehmerinnen wurden ebenfalls neue Wege beschritten: Durch die Vereinigung der verschiedenen Funktionen, die an einer traditionellen Hochschule entweder administrativ getrennt oder aber gar nicht existent sind, unter dem Dach eines *Service Centers* (vgl. auch Christiane Bradatsch und Nicole Puscz in diesem Band)**,** wurde an jedem der vier Hauptstudienstandorte (Universität Hannover: die Projektberei-

che ARBEIT, KÖRPER und MIGRATION, Universität Hamburg: Projektbereich INFORMATION, Universität Gesamthochschule Kassel: Projektbereich STADT und Fachhochschule Suderburg: Projektbereich WASSER) ein veritabler Campus, das heißt ein Studien- und Lebensmittelpunkt, unter Berücksichtigung der besonderen Bedürfnisse von Frauen (z.B. Kinderbetreuung) geschaffen. Bereits bei der Ankunft in Deutschland waren die Teilnehmerinnen durch einen vom DAAD organisierten Informationsstand von HAPAG-Lloyd-Mitarbeiterinnen am Flughafen Frankfurt in Empfang genommen und an ihre jeweiligen Studienorte weitergeleitet worden. An den Studienorten schlossen sich eine Reihe von Begrüßungsveranstaltungen an. Am Ende wurden die Zertifikate in einer besonderen, mit einem geselligen Abend verbundenen Zeremonie von der Präsidentin und dem Vertreter des DAAD verliehen; eine gemeinsame Abschlussveranstaltung für die *ifu*-Studierenden aus allen Studienstandorten, auf der gerade auch die Teilnehmerinnen zu einer ersten Einschätzung des Pilotprojekts zu Wort kamen, rundete das Semester in einem würdigen Rahmen ab. Das Gesamt-Betreuungskonzept der *ifu* ist inzwischen durch einen Preis der deutschen Hochschulrektorenkonferenz (HRK) besonders gewürdigt worden.

Vorab auf ihren Einsatz bei der *ifu* hin besonders geschulte ca. 90 akademische und „soziale" *Tutorinnen* halfen den Teilnehmerinnen bei der Bewältigung der mit der hohen kulturellen Vielfalt der Lebens-, Lehr- und Lerntraditionen verbundenen Probleme und machten aus diesem durchaus gewollten „clash of civilizations" einen (Selbst-)Erfahrungs- und Erkenntnismehrwert für die ausländischen, aber nicht zuletzt auch für die deutschen Teilnehmerinnen. Gerade in Zeiten erhöhter Konfrontation der Kulturkreise kann eine solche Arbeit der Einübung in praktische Toleranz nicht hoch genug eingeschätzt werden.

Durch die intensive Betreuungsarbeit der Tutorinnen und die Fortführung der Kontakte nach der Präsenzphase wurde schon vor Ort eine Band geknüpft zu möglichen „Alumnae", den ehemaligen Teilnehmerinnen der *ifu*. Dadurch dass fast alle im Rahmen der *vifu* erfasst und vernetzt wurden, verfügt die *ifu* über ein Reservoir von über 1.000 Frauen, auf deren Sachkenntnisse und Erfahrungen sie in Zukunft in verschiedenen internationalen Kontexten zurückgreifen kann. Außerdem wurden die Teilnehmerinnen in die Systeme der Ehemaligenarbeit der deutschen Hochschulen und des DAAD integriert, so dass die Nachhaltigkeit der während der Präsenzphase der *ifu* geleisteten Arbeit zumindest organisatorisch und finanziell gewährleistet ist.

3. Schlussfolgerungen und Ausblick

Aus den bereits vorliegenden Evaluierungen der *ifu* und den Reaktionen der wichtigsten Beteiligten (Hochschulen, Dozentinnen, Studentinnen, HRK,

DAAD etc.) sowie nicht zuletzt aus dem umfangreichen, positiven Presseecho kann geschlossen werden, dass die *ifu* ihre Ziele im Großen und Ganzen erreicht hat. Von der „Präsenzphase 2000" der *ifu* ist eine weltweite Signalwirkung in Bezug auf einen Innovationsschub im Hochschulwesen ausgegangen. Die zahlreichen Anfragen nach einer möglichen Fortführung der *ifu* bzw. einer Verstetigung ihres Studienangebots in Form von Master-Studiengängen für Frauen, mit internationaler Beteiligung, bestätigen, dass die *ifu* trotz der relativen Kürze ihrer Entfaltungsmöglichkeit einen wichtigen Beitrag zur internationalen Hochschulreform und, aus der besonderen Sicht der deutschen Förderer, zur längerfristigen Sicherung des Studienstandorts Deutschland geleistet hat.

Mit der großzügigen Unterstützung der *ifu* auf vielen Ebenen hat die Bundesrepublik Deutschland wichtige binnen- und außenwirksame Akzente gesetzt. Im Interesse der Erhaltung der Wettbewerbsfähigkeit der Bundesrepublik im Kampf um die – weiblichen – Welteliten auf dem internationalen Bildungsmarkt sollte nach Wegen gesucht werden, den von der *ifu* erarbeiteten Vorsprung in diesem Bereich nachhaltig zu nutzen und auszubauen. Da die Kombination von *ifu*-Semester und Weltausstellung in Zukunft nicht wieder herzustellen sein wird, ist es für die mögliche Verstetigung des *ifu*-Konzepts umso wichtiger, dass der „Magnet"-Charakter einer potenziellen Nachfolgeinstitution und ihre Autonomie organisatorisch abgesichert und die Studienangebote der Nachfrageorientierung besonders verpflichtet bleiben.

Die Betonung von Diversität, Toleranz und Solidarität hat darüber hinaus den Beweis dafür geliefert, dass die Bemühungen um die Sicherung eines nationalen Studienstandorts nicht zu „brain drain" führen müssen, sondern zum „brain gain" für alle Beteiligten gestaltet werden können. Diese Art der internationalen Hochschulpolitik ist damit letztlich ein wesentlicher Beitrag zur Gewährleistung des Friedens in der Welt. Dass die Initiative dazu in diesem Falle von Frauen ausging und die Durchführung ausschließlich Frauen oblag, ist dabei kein Zufall, sondern vielleicht eher ein Glücksfall.

Vera Lasch

Profile und Interessen der Teilnehmerinnen

Zu Beginn des Ausschreibungsverfahrens konnte niemand genau voraussagen, wie viele Bewerbungen eingehen, aus welchen Regionen der Welt sie kommen, welche Nachfrage sich bei den angebotenen Studienbereichen ergeben und wie genau das Profil dieser Bewerberinnen aussehen würde.

Das Projekt *ifu* hat mit der inhaltlichen Ausrichtung der Studienbereiche an globalen, fächerübergreifenden Themen international geworben. Welches Spektrum von Frauen hat dies angesprochen? Welche Erfahrungen und Interessen haben sie mitgebracht?

Das Auswahlverfahren hatte zunächst sichergestellt, dass die Zusammensetzung der Teilnehmerinnen international war und – durch die Kombination von eingereichten Qualifikationen, beruflichen Erfahrungen und sozialem Engagement als Kriterien für ein forschungsorientiertes postgraduales Studium – dass es sich um qualifizierte Frauen handelte.

Im Folgenden wird ein differenziertes Bild der studentischen Teilnehmerinnen, ihrer Interessen und Forschungsideen gezeichnet. Dieser Blick auf Ausbildungsprofile und berufliche Erfahrungen zeigt das Spektrum der Interessentinnen und gibt einen Eindruck über ein Segment des Bildungsmarktes, das für Frauen aus den unterschiedlichsten Ländern interessant ist. Es zeigt gleichzeitig, welche unterschiedlichen Gruppierungen an dem Studienprogramm teilgenommen und in einem interkulturellen Zusammenhang gearbeitet haben. Sie waren es, die die Curricula mit Leben gefüllt haben und die zur Zielgruppe der Betreuungsbemühungen des Service Centers gehörten.

Am Beispiel eines der Studienbereiche, des Projektbereiches WASSER, kann anhand der eingereichten inhaltlichen Fragestellungen der Teilnehmerinnen die Bedeutung des Studienangebotes für ihre wissenschaftlichen Arbeiten beschrieben werden. Auch dies ein wichtiger Beleg für die Ausbildungsmotivation und -ziele dieser Gruppe von Frauen.

1. Die Profile der Studierenden [1]

In der Regel werden bei Studiengängen zur Beschreibung der Profile der Studierenden deren länderspezifische Herkunft, ihre Ausbildungsabschlüsse und bei postgradualen Studiengängen die Fachgebiete der Studierenden herangezogen. Diese Form der Profile dient als Vergleichsmaßstab für die Zusammensetzung der Studierenden an unterschiedlichen Studienstandorten/Universitäten. Im Fall der *ifu* stehen darüber hinaus detaillierte Informationen aus der Erstbefragung der Teilnehmerinnen vor ihrer Ankunft zur Verfügung. Dazu gehören Angaben zur Vorbildung, der beruflichen Erfahrung, über die Motive, das Alter und vieles andere mehr. Mit diesen Daten lässt sich ein genaueres Bild der Teilnehmerinnen zeichnen. Zwei Fragen können vorab beantwortet werden: In welchem Stadium ihrer beruflichen oder persönlichen Karriere hat das *ifu*-Angebot Frauen erreicht? Und gibt es besondere Gruppen, die angesprochen wurden?

Bei einem Blick auf die 130 Länder, aus denen Bewerbungen vorlagen (Anteil der Bewerbungen aus den Weltregionen: Australien/Ozeanien 2 Prozent, Asien 24 Prozent, Afrika 22 Prozent, Nahost 2 Prozent, Lateinamerika 9 Prozent, Nordamerika 4 Prozent, Osteuropa 13 Prozent, Westeuropa 8 Prozent, Deutschland 16 Prozent), fallen zwar bestimmte regionale Schwerpunkte auf – z.B. Asien und Afrika –, ansonsten aber waren alle Regionen der Erde vertreten. Bei einem genaueren Blick auf das beteiligte Länderspektrum fällt, wie schon bei Stassen erwähnt (s. Beitrag in diesem Band), das Fehlen der romanischen Länder, bzw. die eingeschränkte Teilnahme von Ländern auf, in denen Englisch nicht zur gängigen Wissenschaftssprache gehört (auch Osteuropa und Zentralasien).

Mit diesem Ergebnis haben die Projektbereiche mit ihrem neuartigen Themenzuschnitt eine Resonanz erhalten, die die Chancen für einen Ost-West- ebenso wie für einen Nord-Süd-Dialog erheblich erweiterten. Sigrid Metz-Göckel hat darauf hingewiesen (s. ihr Beitrag in diesem Band), dass die länderspezifische Zusammensetzung der Teilnehmerinnen in den einzelnen Projektbereichen durch deren je spezifische Problemstellung beeinflusst war und sich deutlich unterschied, so dass sich „die *ifu* noch einmal in sechs eigene Welten aufgeteilt hat".

Es ist zwar letztendlich nicht erreicht worden, dass alle nach ihrer Qualifikation zugelassenen Studierenden auch teilnehmen konnten, weil trotz großzügiger Unterstützung durch viele Förderer die Zahl der Stipendienanträge die zur

---

1 Basis für die Daten sind die Erhebung und der Evaluationsbericht von Friedhelm Maiworm und Ulrich Teichler, hier die Erstbefragung der Studierenden (Rücklauf: 74 Prozent) bei der Ankunft bei der *ifu*, als Beschreibung derjenigen, die tatsächlich teilgenommen haben. Für die Beschreibung der Bewerbungen zu den Studiengängen wurde die DAAD-Statistik verwendet.

Verfügung stehenden Gelder bei weitem überstieg. Daher waren einige Regionen, gemessen am Anteil ihrer Bewerbungen, in etwas geringerem Maß unter den schließlich 105 Ländern vertreten. Aber entscheidend ist, dass es der *ifu* mit ihrem Angebot gelungen ist, eine weltweite Resonanz zu erhalten und somit einen weltweiten Dialog zu ermöglichen.

Ein Überblick darüber, welches Spektrum an Wissenschaftlerinnen an der *ifu* teilgenommen hat, lässt sich anhand der wissenschaftlichen Abschlüsse und der Fachrichtungen sowie der Tätigkeit vor Beginn der *ifu* schaffen:

– Das Spektrum der wissenschaftlichen Abschlüsse reichte vom Bachelor (24 Prozent), über ein Fachhochschuldiplom (8 Prozent), dem Master (54 Prozent) bis zur Promotion (9 Prozent) und Habilitation (5 Prozent). An Altersgruppen war ebenfalls ein breites Spektrum vertreten: In der Altersgruppe bis 25 Jahre 16 Prozent, zwischen 26 und 35 Jahren 56 Prozent, zwischen 36 und 45 Jahren 20 Prozent und älter als 46 Jahre waren 8 Prozent der Teilnehmerinnen. Die Studienfächer der Studierenden lagen zu 57 Prozent im Bereich der Geistes- und Sozialwissenschaften, zu 22 Prozent in Naturwissenschaft und Technik, und 20 Prozent hatten in beiden Bereichen Studienfächer belegt. Die Bandbreite der Teilnehmerinnen umfasste damit eher junge Nachwuchswissenschaftlerinnen mit gerade erfolgtem ersten Abschluss bis hin zu älteren Wissenschaftlerinnen mit langjähriger Berufserfahrung.
– Vor Beginn des *ifu*-Studiums waren 42 Prozent der Bewerberinnen berufstätig, 40 Prozent befanden sich im Studium, 11 Prozent studierten und waren gleichzeitig berufstätig, zwei Prozent waren arbeitslos und ein Prozent ehrenamtlich tätig. Vier Prozent gaben „sonstige Aktivitäten" an. Die Teilnehmerinnen aus Entwicklungsländern waren eher berufstätig (Afrika 72 Prozent), während die Teilnehmerinnen aus Europa und Nordamerika überwiegend noch studierten (Deutschland 57 Prozent, Nordamerika 68 Prozent) und im Durchschnitt jünger waren. Damit waren die unterschiedlichsten Erfahrungsbereiche zwischen Studium und Beruf und die entsprechenden weltregionalen „Arbeitskulturen" vertreten.
– Von den Berufstätigen – rund die Hälfte der *ifu*-Teilnehmerinnen – kam etwa die Hälfte aus der Hochschule oder aus Forschungseinrichtungen, 13 Prozent arbeiteten in Behörden auf Bundes-, Landes- oder Kommunalebene und eine geringere Zahl in Schulen, privatwirtschaftlichen Bereichen und Non-Profit-Organisationen. Die Erfahrungen aus unterschiedlichsten „Berufswelten" und Praxissegmenten waren ebenfalls vorhanden.

Etwas zeichnet die *ifu*-Teilnehmerinnen in besonderer Weise aus: Bezogen auf das Ausbildungsverhalten, die berufliche Erfahrung, das persönliche Engagement und die interkulturelle Mobilität haben eher aktive und engagierte Frauen an der Internationalen Frauenuniversität teilgenommen.[2]

- Als Hochschulangehörige waren sie vielfach hochschulpolitisch engagiert: 43 Prozent waren in studentischen Vertretungen, 57 Prozent als Tutorinnen oder Mentorinnen tätig. Viele hatten ein weiterführendes Studium aufgenommen bzw. abgeschlossen und zeigten dadurch ihr Interesse an weiterführender Bildung und Ausbildung.
- Als Berufstätige an einer Hochschule verfügten sie in hohem Maße über Forschungs- und Lehrerfahrung: 67 Prozent hatten Forschungserfahrung, 39 Prozent hatten als Dozentinnen gearbeitet.
- Ein Großteil der Teilnehmerinnen war in einem weiten Spektrum gesellschaftspolitischer Aktivitäten ehrenamtlich engagiert: Drei Viertel der Teilnehmerinnen gaben eine oder mehrere Formen gesellschaftspolitischen Engagements an.
- Und zwei Drittel hatten vor der *ifu* mindestens drei Monate Auslandserfahrung.[3]

Die *ifu*-Teilnehmerinnen waren somit in hohem Maße bildungserfahren und bildungssuchend und dies auch interdisziplinär. Sie zeigten sich als qualifiziert und engagiert in Wissenschaft und Praxis und waren zusätzlich gesellschaftspolitisch tätig und international erfahren.

Die *ifu* hat als Frauenuniversität geworben, daher ist es interessant, einen Blick darauf zu werfen, wie viele der Teilnehmerinnen bereits Erfahrungen mit Gender-Forschung oder Frauenuniversitäten gemacht hatten. Zwar hatten nur rund 8 Prozent ihr Erststudium an einer Frauenhochschule absolviert und weitere 5 Prozent Hochschulen mit einem speziellen Angebot für Frauen besucht. Nur relativ wenige Teilnehmerinnen hatten also Monoedukation bzw. frauenspezifische Angebote während des Studiums kennen gelernt, für die meisten der Teilnehmerinnen war das die erste Erfahrung in diesen Bereichen. Aber immerhin zwei Drittel der Studierenden beschäftigte sich in Beruf, Studium oder privat mit Frauenthemen und hatte Erfahrungen in Frauenzusammenhängen gesammelt. Die Behandlung von globalen Themen unter dem Gesichtspunkt der Genderperspektive in den Projektbereichen interessierte daher durchaus auch Frauen, die bisher mit geschlechtsspezifischen Fragestellungen weder in ihrer Ausbildung noch in ihrer Berufspraxis Erfahrungen gemacht hatten.

---

2 Vgl. ausführlicher auch Lasch, Vera: Profile der Teilnehmerinnen. In: Metz-Göckel, Sigrid (Hg.): Lehren und Lernen an der Internationalen Frauenuniversität. Opladen: Leske + Budrich, 2002.
3 Vgl. Maiworm, Friedhelm, und Teichler, Ulrich: Die Internationale Frauenuniversität aus der Sicht der Studentinnen. Evaluationsbericht. Kassel, Februar 2001, unveröffentlichtes Manuskript.

Für die Ausrichtung eines Studienangebotes in Deutschland ist ebenfalls von Interesse, welchen Bezug die Teilnehmerinnen zum Studienstandort Deutschland hatten. 45 Prozent waren schon einmal in Deutschland gewesen, und fast ebenso viele gaben an, Kontakte nach Deutschland zu haben. Für die Mehrheit der afrikanischen und asiatischen Teilnehmerinnen war es allerdings die erste Begegnung mit Deutschland. Die *ifu* hat damit sowohl Frauen angesprochen, die mit Deutschland teilweise vertraut waren, als auch solche, die kaum Vorerfahrungen hatten.

Die Studierenden wurden nach den Beweggründen gefragt, die sie zur Teilnahme an der *ifu* bewogen hatten. Sie hatten 24 Einzelaspekte zur Auswahl, die sie auf einer Skala von „sehr wichtig" bis „völlig unwichtig" bewerten konnten. Die folgenden Ergebnisse der Auswertung zeigen, welche Faktoren für die Motivation zu einer Bewerbung zentral waren (in der Reihenfolge ihrer Bedeutung[4]):

- *Wissenschaftliche Weiterqualifikation*; dazu gehörten vor allem die Vertiefung wissenschaftlicher Kenntnisse und die Erweiterung in Hinsicht auf interdisziplinäre und interkulturelle Ansätze;
- *Frauenorientierung des Angebotes*; vor allem die Verbesserung der Kenntnisse über Gender-Themen und die Chance, in einem Arbeitsumfeld mit Frauen aktiv zu sein;
- Möglichkeit von *Teamarbeit und der Herstellung von Kontakten*; vor allem der Aufbau eines Netzwerks von Wissenschaftlerinnen und von wissenschaftlicher Kooperation in einer Lernumgebung ohne aggressiven Wettbewerb, sowie die Möglichkeit, Partner für sozialpolitische Aktivitäten zu finden;
- *Persönlichkeitsentwicklung* im allgemeinen; vor allem die Chance, Erfahrungen in internationalen und interkulturellen Kooperationen zu sammeln;
- *Impulse und Kontakte für die wissenschaftliche Karriere:* Suche nach Kooperationspartnern für zukünftige wissenschaftliche Projekte, Spezifizierung des Dissertationsthemas, Finden von wissenschaftlichen Betreuerinnen und
- die Möglichkeit, die *gewohnten Lebenszusammenhänge zu unterbrechen* und neue Eindrücke zu sammeln.[5]

Eine solche Mischung von Beweggründen für die Anmeldung zu einem Studienprogramm ist nicht ungewöhnlich. Interessant ist, wie hier das Streben nach Verbesserung und Vertiefung wissenschaftlicher Kenntnisse zusammenkommt mit dem Bedürfnis nach persönlicher Weiterentwicklung, wie der Wunsch nach individueller wissenschaftlicher Beratung und Entwicklung sich verbindet mit

---

4 Alle der genannten Items wurden nach Bedeutung sortiert und entweder von allen Studierenden (auch in verschiedenen Varianten) für „wichtig" bis „sehr wichtig" beurteilt oder von bis zu zwei Dritteln als „wichtig" bis „sehr wichtig" bezeichnet.
5 Vgl. Maiworm und Teichler 2001, a.a.O.

der Suche nach Unterstützungsnetzwerken. Aus der Sicht dieser Ansprüche war die *ifu* eine Drehscheibe für die unterschiedlichsten Karriereaspekte von Frauen aus den verschiedensten Tätigkeitsbereichen. Hervorzuheben ist, dass die Frauenorientierung des Angebots bei diesen durchaus karrierebewussten Frauen an zweiter Stelle ihrer Motivation für eine Bewerbung steht.

Diese Motive machen in ihrer Mischung und Reihenfolge auch deutlich, welche der Aspekte des *ifu*-Angebotes bei den Bewerberinnen angekommen waren, also welches Profil die *ifu* bei ihnen hatte. Dabei erweist sich der hohe fachliche Anspruch, der in den meisten der Beweggründe zum Tragen kommt.

Bei genauerem Hinsehen zeigen sich auch divergente Bedürfnisse von Teilnehmerinnen. Für einen Teil ist eher die Vernetzung im Wissenschaftsbereich wichtig, für andere die Vernetzung im Bereich sozialpolitischer Aktivitäten. Ein Teil sucht Kooperationspartnerinnen für gemeinsame Projekte, Andere wiederum Betreuung für die eigene wissenschaftliche Entwicklung.

Der hohen Motivation entsprechend wurde auch während des Studiums immer wieder mehr Beteiligung und Mitsprache gefordert, ein Wunsch, der sowohl in den Sprechstunden der Präsidentin wie in den Gesprächen mit dem Evaluationsteam häufig geäußert wurde. Es empfiehlt sich daher, bei der Auswahl engagierter und hoch qualifizierter Teilnehmerinnen, vor allem bei zeitlich länger dauernden Studienangeboten, Formen der Mitsprache einzuplanen, die dem Engagement und dem Enthusiasmus der Beteiligten entgegenkommen.

Es gab also in den einzelnen Projektbereichen neben den berufserfahrenen Wissenschaftlerinnen mit differenzierten Fragestellungen auch eine Gruppe eher jüngerer, am Anfang ihrer wissenschaftlichen oder beruflichen Karriere stehender Teilnehmerinnen. Frauen, für die die Genderperspektive bei der Bearbeitung ihrer Themen zum wissenschaftlichen Alltag gehörte, studierten gemeinsam mit Frauen, für die Gender als Forschungsthema neu und ungewohnt war. Es waren Frauen gekommen, die Konzepte ihrer beruflichen Praxis durch internationalen Austausch erweitern wollten, und gleichzeitig Wissenschaftlerinnen, die vor allem eine theoretische Weiterentwicklung ihres Themenbereiches erwarteten. Frauen mit mehrfachen Auslandserfahrungen trafen auf Frauen, die das erste Mal in ihrem Leben in ein fremdes Land kamen. Sichtweisen der abendländischen christlichen Tradition begegneten anderen Weltreligionen, so dass die Bewältigung kultureller Heterogenität eine anspruchsvolle Aufgabe für die Lehre und eines der bestimmenden Merkmale für das Lernen in den Projektbereichen wurde.[6]

Gerade diese Heterogenität wurde in Gesprächen von den Teilnehmenden als Begegnung mit einer Vielfalt von Erfahrungen als ein ganz wichtiger, einmaliger Vorteil der *ifu* empfunden, auch wenn das teilweise einen schwierigen

---

6   Vgl. Metz-Göckel, Sigrid (Hg.): Lehren und Lernen an der Internationalen Frauenuniversität. Opladen: Leske + Budrich, 2002.

Spagat beim Lehren und Lernen erforderte. Didaktische Konzepte, die diesen Differenzen eine produktive Wendung geben können, gewinnen daher in einem so international und interkulturell ausgerichteten Vorhaben an Bedeutung.

Letztlich hat gerade der Erfahrungsaustausch zwischen den Generationen und über disziplinäre und kulturelle Grenzen hinweg das Bewusstsein und das Verständnis für die eigene Situation geschärft und positive Impulse gegeben. Die Möglichkeit, eigene Interessen in das Studienprogramm einzubringen, gemeinsam an Projekten zu arbeiten, fachliche Kenntnisse auszutauschen und darüber hinaus sich am Gesamten engagieren und beteiligen zu können, war ein ausgeprägtes Bedürfnis der Teilnehmerinnen. Das zeigt, wie wichtig es gerade für Konzepte einer postgradualen Ausbildung ist, die hohe Motivation und das Engagement der Teilnehmerinnen zu berücksichtigen.

2. Studien- und Forschungsinteressen am Beispiel des Projektbereichs WASSER

So unterschiedlich das Interesse der Bewerberinnen für die einzelnen Projektbereiche ausfiel – die größte Nachfrage hatten die Projektbereiche INFORMATION und KÖRPER zu verzeichnen –, so verschieden war auch die fachspezifische und weltregionale Resonanz auf die einzelnen Projektbereiche. Daher ist es ratsam, die eher inhaltlichen Aussagen zu den Forschungsinteressen, die einen Eindruck der konkreten Fragestellungen der Teilnehmerinnen geben, anhand der einzelnen Projektbereiche auszuwerten. Der Projektbereich WASSER hat vor allem Bewerberinnen aus sogenannten devisenarmen Ländern interessiert und stellte mit seiner Themenstellung die hinsichtlich der Fachdisziplinen breiteste Kombination von Ingenieur- und Geisteswissenschaften dar. Um einen lebendigen Eindruck der Forschungsinteressen der Teilnehmerinnen zu geben, wird aus diesem Projektbereich hier exemplarisch berichtet.

Im Bewerbungsverfahren wurde Wert auf die Begründung der Bewerbung gelegt. Dazu haben die Studierenden einen Projektvorschlag eingereicht. Wie wichtig dieses Projekt für die Teilnehmerinnen selbst war, haben Maiworm und Teichler in ihrer Erstbefragung erfasst. Für einen Großteil der Studierenden, nämlich 40 Prozent, war es sehr wichtig, dass das Thema ihres Projektvorschlags im Studienprogramm vorkam, rund 38 Prozent wollten ihn als eine der vorrangigen Studienaktivitäten neben neuen Themen sehen, lediglich 17 Prozent als eine unter anderen Aktivitäten. Damit hatte das eingebrachte Projektinteresse und das in den Curricula vorgesehene Projektstudium einen wichtigen Stellenwert.

Die Arbeitsprojekte und Fragestellungen, die die Teilnehmerinnen des Projektbereiches WASSER laut Anmeldeunterlagen mitbrachten und für die sie besonderes Interesse bekundeten, lassen sich zu folgenden Gruppen zusammenfassen:

Eine Gruppe von Teilnehmerinnen konzentriert sich in der Ausarbeitung ihrer Fragestellung auf aktuelle Problemlagen in ihren Herkunftsländern im Bereich der Wasserqualität. Dafür möchten sie übertragbare und durchdachte Lösungsmöglichkeiten erarbeiten. Sie sind sowohl an der Verbesserung ihres Wissens interessiert als auch an komplexen Lösungsansätzen oder an der Weiterentwicklung eines Projektvorhabens, an oder in dem sie arbeiten. Als Beispiel die Vorhaben[7] von zwei Teilnehmerinnen:

– *Eine Geografin aus Indien*, 31 Jahre alt: In ihrer Forschung befasst sie sich mit der Erosion und den sich ändernden Strukturen der Landnutzung, die durch Städtewachstum, Kohlebergbau, Mangel an Wasserscheiden-Management und Entwaldung verursacht werden. Das Problem ist in dem Beobachtungsgebiet so akut, dass sich das Land absenkt, das Wasser verschmutzt ist und große Waldgebiete und Landwirtschaftszonen unfruchtbar und karg geworden sind. Konstruktive Empfehlungen und gesteigertes Umweltbewusstsein sind das Ziel ihres Studiums an der *ifu*.
– *Eine Chemikerin aus Äthiopien*, 24 Jahre alt: Dürre und Hungersnot werden zu einer „Seuche" in den an die Sahara grenzenden Ländern. Sie gibt Beispiele für die Situation in Äthiopien. Sie möchte an einer Lösung der Probleme in den ländlichen Gebieten arbeiten und mehr Kenntnisse und Wissen über Technologien zu ihrer Bewältigung erwerben.

Aus anderen Anmeldungen geht ein dezidiertes Interesse an der interdisziplinären Sichtweise des Programms hervor, wodurch man neue Erfahrungen und Erkenntnisse zu gewinnen hofft.

– *Physikerin aus Vietnam*, 38 Jahre alt: Sie möchte ihre Kenntnisse erweitern und Kolleginnen aus aller Welt treffen. Sie bringt Beispiele über die Wasserversorgungssituation in Vietnam und möchte gerne Beispiele aus anderen Ländern kennen lernen und Lösungsmöglichkeiten austauschen.

Wieder eine andere Gruppe von Frauen hat bei ihrer Arbeit erfahren, dass Frauen von Wasserproblemen besonders betroffen sind, weil sie es sind, die in der Landwirtschaft in Trockengebieten Wasser beschaffen und damit wirtschaften müssen. Sie wollen die Situation dieser Frauen verbessern und suchen nach Strategien, wie die Frauen in diesen Ländern in Entscheidungsstrukturen eingebunden und dazu angeregt werden können, ihr Wissen zu vergrößern. Meistens

---

7 Die Aussagen sind aus den Bewerbungstexten, die zwischen einer halben und einer Seite lang sind, als Stichworte in der genannten Abfolge extrahiert.

argumentieren diese Bewerberinnen ausschließlich fachspezifisch, freuen sich aber auch auf das Lernen in Frauenzusammenhängen, da sie monoedukative Situationen kennen oder weil sie sich Unterstützung von Frauen erhoffen.

– *Agronomin aus Brasilien*, 37 Jahre alt: Sie möchte ihre Kenntnisse in nachhaltiger Entwicklung, über Mitbestimmungsmöglichkeiten der Zivilbevölkerung und Wasserressourcen-Bewirtschaftung erweitern. Sie möchte etwas über gemeindeorientierte Konzepte lernen und an der Situation der Frauen in Brasilien arbeiten.
– *Anglistin aus Bangladesh*, 24 Jahre alt: Sie arbeitet in einem Frauenprojekt in Bangladesh, das sich mit den Themen Trinkwasser und Hygiene befasst. Für sie ist es notwendig, ihre Kenntnisse zu erweitern und Erfahrungen auszutauschen. Sie möchte, dass die Zusammenarbeit mit Frauen aus der Gesundheitsvorsorge verbessert wird.

Und schließlich gibt es die Sozialarbeiterinnen, Lehrerinnen und Dozentinnen der Erwachsenenbildung, die ihre Kenntnisse erweitern wollen, um ihr Wissen in Erziehung und Ausbildung an Frauen in ihren Ländern weiterzugeben. Sie wollen z.B. etwas über die Zusammenhänge von Wasser und Gesundheit erfahren oder Möglichkeiten der verbesserten Erwachsenenbildung in diesem Bereich kennen lernen.

– *Sozialarbeiterin aus Indien*, 28 Jahre alt: In ihrem Land herrscht Wassermangel, wovon besonders Frauen betroffen sind: Sie müssen weite Wege zurücklegen, um an frisches Wasser zu kommen. Sie möchte die Bildungsstrategien kennenlernen, mit deren Hilfe sie den Frauen Lösungsmöglichkeiten anbieten kann, durch die sie mit dem Wassermangel besser wirtschaften können.

Gerade die globalen Fragestellungen der Projektbereiche erweckten das Interesse von Frauen aus den unterschiedlichsten Erfahrungsbereichen.

Es gab allerdings gerade im Projektbereich WASSER größere Unterschiede in Motivation und Forschungsfragestellung, die auch die Behandlung des Themas aus der Genderperspektive betrafen. Hier spielten die unterschiedlichen Fachdisziplinen eine Rolle und die Tatsache, dass die Genderperspektive in den Technikwissenschaften noch ganz neu ist. Für die Naturwissenschaftlerinnen war es zwar auch ein Motiv, Frauenzusammenhänge kennen zu lernen, aber bei ihren konkreten Forschungsinteressen wurde dies sehr viel seltener als Fokus formuliert, als das bei den Sozial- und Geisteswissenschaftlerinnen der Fall war.

3. Resümee

Die Resonanz auf die Ausschreibung der Studiengänge der *ifu* und die entstandenen Profile der Teilnehmerinnen zeigen, dass insgesamt gesehen aktive, engagierte und hoch motivierte Frauen teilnahmen. Gleichzeitig zeigen die Profile auch, dass eine interessante Bandbreite an Gruppierungen unterschiedlichster Altersgruppen mit unterschiedlichen Bildungs- und Erfahrungsbiografien und aus verschiedenen Arbeits- und Wissenskulturen anwesend waren. Ein Amalgam an Erfahrungen, das die Grundlage für eine lebendige interkulturelle Gemeinschaft wurde und die Essenz der von Vielen erlebten spezifischen *ifu*-Kultur war.

Ein exemplarischer Einblick in die konkreteren Forschungsfragestellungen der Teilnehmerinnen des Projektbereiches WASSER zeigt, dass es gelungen ist, Frauen mit ganz unterschiedlichen Interessenlagen anzusprechen. Für deren Zufriedenheit mit dem Studium ist es wichtig, dass auch an und mit diesen inhaltlichen Fragestellungen gearbeitet werden kann – sei es, indem man Theorie und Praxis verbindet, spezifische Themen vertieft oder indem man didaktische Konzepte für einen größeren Einfluss von Frauen auf die brennenden Problemen ihrer Länder entwickelt –, wichtig wird sein, dass diese Fragestellungen eine nachhaltige konzeptionelle Berücksichtigung finden. Didaktische Modelle, die eine heterogene Interessenlage der Teilnehmerinnen und deren Bedürfnis nach Austausch von Erfahrungen und unterschiedlichen Sichtweisen berücksichtigen, sind somit ein wichtiges Instrument für den Dialog und sind auch Garanten für Anziehungskraft und Erfolg eines solchen Studienprogramms.

Christiane Bradatsch

Studienbegleitung statt Studierendenverwaltung.
Pilotprojekt Service Center

1. Einleitung

Als „Reformexperiment" fand die *ifu* in Politik und Öffentlichkeit insbesondere im Hinblick auf die Impulse für die Neuorganisation der für Studierende zu erbringenden Leistungen und Angebote der Hochschulen große Aufmerksamkeit. In den letzten Jahren hat die Beratungs- und Betreuungssituation für Studierende an deutschen Hochschulen viel Kritik[1] erfahren, und eine Reihe von Reformmaßnahmen wurden in Gang gesetzt.[2] Die Internationale Frauenuniversität hat mit dem Service Center für die Teilnehmerinnen eine ganz neue aufgaben- und zielgruppenorientierte Dienstleistungseinrichtung konzipiert, deren Funktionieren und Erfahrungen im Folgenden dargestellt werden sollen.[3]

Dienstleistungen im Bereich der Beratung und Betreuung der Studierenden sind an den meisten Hochschulen in Deutschland sowohl zentral (Zentrale Studienberatung; Beratung durch das akademische Auslandsamt) als auch auf Fakultätsebene (Prüfungsberatung) und auf Fachebene (Fachstudienberatung) organisiert. Die Zuständigkeiten dieser Ebenen und ihr Zusammenspiel sind für die Studierenden oft nur schwer zu durchschauen. Intransparenz und mangelhafte Kommunikation zwischen den Instanzen sind häufig auch für die am Beratungsprozess Beteiligten unbefriedigend. Daher gehen aktuelle Reformkonzepte für die Studienberatung an deutschen Hochschulen meist davon aus, die Dienstleistungen zu konzentrieren, d.h., dass die Studierenden alle studienfach- und studiengangsbezogenen Dienstleistungen „aus einer Hand", von einer Stelle erhalten, und zwar dort, wo sie studieren. Diesem Ziel dient z.B. die Einrichtung von Fach-Service-Center in Fachbereichen. Hier sollen die Studierenden über

---

1   Vgl. z.B. Bundestag 2001.
2   Z.B. auf dem Weg der Verwaltungsreform durch bessere Verzahnung von Abteilungen (so TU Berlin) oder durch verlängerte Öffnungszeiten der Beratungseinrichtungen, Weiterbildung des Personals, Schaffung von Beratungsstandards u.ä. (Universität München).
3   Verantwortlich für die Konzeption des Service Centers war Andrea Hoops (s. Hoops 2000); die Leitung während der Präsenzphase hatte die Autorin.

die Studienberatung hinaus alle für ihr Studienfach und ihren Studiengang notwendigen Dienstleistungen erhalten; darüber hinaus werden Schnittstelleneinrichtungen zur Koordination und Information für die verschiedenen studienbezogenen Dienstleistungsebenen innerhalb und außerhalb der Universität empfohlen. Neu und innovativ ist dabei nicht nur die Idee einer integrierten „Anlaufstelle", die bisher getrennte Funktionen in sich vereinigt, sondern vor allem der damit verbundene Wandel von der Verwaltungs- zu einer Dienstleistungsorientierung. Hochschulverwaltungen sind bisher „hoheitlich" organisiert, zumeist bestimmen administrative Strukturen die Abläufe. Erst in der letzten Zeit rücken die Studierenden als Kunden bzw. als Klienten in das Zentrum der Aufmerksamkeit der Hochschulen. Konsequent weitergedacht bedeutet dies eine grundlegende Veränderung des Blickwinkels, in diesem Konzept dominieren nicht mehr Verwaltungsvorgänge, sondern die Bedürfnisse und Ansprüche der „Kunden" – der Studierenden – erhalten ein stärkeres Gewicht. Hierzu müssen u.a. deren Bedarfe ermittelt und neue Strukturen und Standards geschaffen werden.

Die *ifu* konnte nicht auf in der deutschen Hochschullandschaft erprobe Modelle zurückgreifen. Zusätzlich erwartete sie mit Nachwuchswissenschaftlerinnen aus der ganzen Welt eine besondere Zielgruppe mit spezifischen Betreuungsbedarfen. Diese Erwägungen gaben den Anstoß zur Konzeption einer neuartigen Hochschul-Dienstleistungseinrichtung: des *ifu*-Service-Centers.

2. Das Konzept des *ifu*-Service-Centers

Das Service Center der *ifu* war als moderne Dienstleistungseinrichtung entworfen, in der Aufgaben zusammengeführt wurden, die sonst von verschiedenen Instanzen in deutschen Hochschulen wahrgenommen werden. Das Zusammenspiel von sozialer und fachlicher Betreuung sowie die Konzentration aller administrativen Dienstleistungen „rund um die Studentin" waren der Kern des Konzepts. Wir gingen von der Feststellung aus, dass erfolgreiches Studium nur dann möglich ist, wenn die Bedingungen des Studienaufenthalts auch außerhalb eines engen fachlichen Rahmens dazu beitragen. Nicht allein die fachliche Studienberatung ist Garant für den Studienerfolg, sondern eine ganzheitliche Vorgehensweise. Begriffe, die bei der englischsprachigen *ifu* zur Beschreibung der Service-Center-Dienstleistungen verwendet wurden, wie „guidance", „counseling", „advice" und „empowerment" werden mit dem deutschen Begriff „Studienberatung" nicht ausreichend erfasst.

„Unter einem Dach" sollte das Service Center den Studentinnen zu allen Angelegenheiten des Studiums (wissenschaftsnahe Dienstleistungen) und des Studienaufenthalts (soziale, alltagspraktische und administrative Dienstleistungen) Unterstützung anbieten. Es leistete so einen wesentlichen Beitrag zur Gestaltung der Hochschule als Lebenswelt und trug außerdem mit verschiedenen Projekten und Angeboten zur Förderung der Kommunikation und Vernetzung bei.

Vier Leitkriterien bestimmten die Ausrichtung der Konzeption:

Aufgabenorientierung: Konsequent auf die Ziele der *ifu* ausgerichtet, sollte die Durchführung der Kernaufgaben Studium, Lehre und Forschung durch das Service Center effizient unterstützt werden.

Zielgruppenorientierung: Aufgabenprofil und Organisationsentwicklung sollten auf den Bedarf der *ifu*-Teilnehmerinnen ausgerichtet werden. Die Erwartungen ausländischer Studentinnen hinsichtlich ihrer Studiensituation in der Bundesrepublik Deutschland sollten für das Aufgabenspektrum des Service Centers ebenso wegweisend sein wie ein Blick auf das Angebotsspektrum anderer Länder.

Dienstleistungsorientierung: Für einen optimalen Nutzerinnenservice orientierte sich das Service Center an gegenwärtigen Konzepten für eine „kunden- bzw. serviceorientierte" Verwaltung, deren Kunden Anspruch auf qualitativ gute und wirtschaftliche Dienstleistungen und auf effektive, zeitnahe Problemlösungen haben.

Orientierung an New-Public-Management-Konzepten: Organisationsstruktur und Arbeitsorganisation des Service Centers orientierten sich an modernen Verwaltungsreformkonzepten. Dazu zählten flache Hierarchien, Ergebnisorientierung statt Verfahrensorientierung, horizontaler statt vertikaler Zuschnitt von Aufgabenbereichen und damit die Zusammenfassung herkömmlicher, stark fragmentierter und spezialisierter Organisationseinheiten zu größeren, ganzheitlichen Arbeitszusammenhängen (vgl. Hoops 2000, S. 67f.).

2.1 Umsetzung des Konzepts

Organisation und Kommunikation in einer Netzwerkstruktur

Die Struktur des Service Centers war hochgradig flexibel. Obwohl der Zeitrahmen zur Vorbereitung sehr eng und die Ressourcen limitiert waren, so bestand doch der Anspruch, den Bedürfnissen und Anforderungen der Teilnehmerinnen und Dozentinnen umfassend und möglichst zeitnah Rechnung zu tragen.

Sechs dezentrale Studienbüros auf dem Campus (eins pro Projektbereich) und ein zentrales Service-Center-Büro in der *ifu*-Zentrale in Hannover, das deren Aktivitäten koordinierte, bildeten eine netzwerkartige Struktur, deren Herzstück das zentrale Service Center war: Von hier gingen die Konzepte zur Einrichtung der einzelnen Studienbüros aus, hier wurden rechtliche, administrative und finanzielle Entscheidungen herbeigeführt und an die Studienbüros weitergeleitet. In Hamburg, Kassel und Suderburg gab es zudem je eigene dezentrale

Service Center, die mit dem zentralen Service Center in Hannover eng zusammenarbeiteten.

Die Studienbüros

Die Studienbüros befanden sich „vor Ort", dort, wo die Projektbereiche ihre Veranstaltungen hatten, wo also Beratung und Betreuung nachgefragt wurden. Ihre „Öffnungszeiten" entsprachen weitgehend den Veranstaltungszeiten. Das Personal der Studienbüros, zumeist Service-Center-Tutorinnen, war also mitten im Geschehen oder wie Sigrid Metz-Göckel es für die Tutorinnen formulierte: „Mittendrin und überwältigt" (vgl. Metz-Göckel 2002). Aus diesem Grund wurden später auch die Studienbüros vor Ort als „front office" und die leitenden Stellen, die koordinierenden Service Center, als „back office" bezeichnet.

2.2 Die Betreuung durch Tutorinnen

Die insgesamt 21 Service-Center-Tutorinnen in den Studienbüros bildeten das Rückgrat der Betreuung und waren die wichtigste Größe für die Betreuungsqualität. Sie waren Ansprechpartnerinnen für die Teilnehmerinnen und z.T. auch für die Lehrenden in allen Fragen der alltäglichen Belange. Sie waren in den Studienbüros vor Ort für ihre Klientel präsent. Im Gegensatz zu den Fachtutorinnen, die feste Teilnehmerinnengruppen betreuten, waren sie für alle Teilnehmerinnen ihres Projektbereichs zuständig. Organisatorisch waren also die Service-Center-Tutorinnen in ihre Projektbereiche ebenso eingebunden wie in das Service-Center-Netzwerk als Ganzes, was bedeutete, dass sie sich in einer Mittlerposition zwischen den fachlichen Belangen der Projektbereiche und den administrativen Anforderungen der Gesamt-*ifu* befanden.

Auch wenn es bei der Planung der Tutorinnen-Aufgaben schwierig war, Art und Umfang des Betreuungsbedarfs der Teilnehmerinnen zu antizipieren, war schnell klar, dass von ihnen höchste soziale und interkulturelle Kompetenz, größtes organisatorisches Geschick und Durchsetzungsfähigkeit verlangt werden würden. Ihre Aufgabengebiete reichten vom Bereitstellen von Informationsmaterial[4] über Hinweise zu Veranstaltungen des Projektbereiches, Beratung in Wohnungs- und Versicherungsfragen bis zur Begleitung zu Behörden, Ärzten usw. Außerdem hatte jeweils eine Tutorin Rufbereitschaft am Abend und an Wochenenden.

---

4   Z.B. Informationen über den Studienort, Ärztelisten, Hinweise auf Einkaufsmöglichkeiten u.v.m.

Zur Vorbereitung auf ihre Aufgaben nahmen alle Tutorinnen vor Beginn der Präsenzphase der *ifu* an einer vierwöchigen Schulung teil, die ebenfalls vom Service Center organisiert wurde.[5]

3. Das Besondere der Zielgruppe

Neben dem Hochschulreform-orientierten Ansatz einer studierendenzentrierten Dienstleistungseinheit gab es für die *ifu* noch eine Reihe weiterer besonderer Bedingungen zu berücksichtigen: z.B. die multinationale Zusammensetzung der Studentinnenschaft, der knappe Zeitrahmen des Projekts, das umfangreiche Netzwerk der Kooperationspartner.

Schon für die reguläre Studienberatung an deutschen Universitäten ist selbstverständlich, dass ausländische Gaststudierende einen anderen, erweiterten Betreuungsbedarf als die Studierenden des eigenen Landes haben. Nicht zuletzt werden die nicht ausreichenden Betreuungsangebote für diese Gruppe häufig als Grund für die sinkende Attraktivität des Studiums an einer deutschen Hochschule genannt. Für die *ifu* kamen bei der Entwicklung ihres Betreuungskonzeptes weitere Besonderheiten hinzu:

– Die *ifu* hatte ausschließlich weibliche Studierende. Damit waren besondere Herausforderungen an die Organisation verbunden. Z.B. dominierte beim Akquirieren von Wohnraum (in Privatunterkünften und Studentenwohnheimen) vor allem der Gesichtspunkt, dass sich die Teilnehmerinnen dort wohl fühlen sollten. Voraussetzung dafür war, dass die Unterkunft ihren subjektiven wie objektiven Sicherheitsbedürfnissen entsprach, dass die vorgefundenen Verhältnisse die Teilnehmerinnen, gleich welcher nationalen, kulturellen oder religiösen Tradition, nicht abstießen, verunsicherten oder gefährdeten.[6] Auch die Veranstaltungsräume wurden auf diese Sicherheitsaspekte hin überprüft. Sorgen um die Sicherheit der Teilnehmerinnen, die Angst vor Übergriffen oder Belästigung wegen ihres Frauseins oder aus ras-

---

5 Die Tutorinnen-Schulung war für Service-Center-Tutorinnen wie für Fachtutorinnen obligatorisch; einige Schulungsinhalte wurden für beide Gruppen gemeinsam angeboten, andere waren projektbereichsbezogen, wieder andere ausschließlich für Service-Center-Tutorinnen. Bestandteile waren u.a.: Einführung in die *ifu*; Einführung in die Projektbereiche; Aufgaben des Service Centers; Einführung in die Bibliotheksbenutzung; Stadtführung; Campusführung; virtuelle *ifu*: Nutzung des *vifu*-Servers; interkulturelle Kommunikation.
6 Vor allem in der EXPO-Stadt Hannover war damit – angesichts der angespannten Wohnraumsituation – hoher Vorbereitungsaufwand verbunden.

sistischen Motiven oder beidem waren für die Verantwortlichen ständig präsent.
- Die Heterogenität der Teilnehmerinnen ist andernorts bereits ausführlich beschrieben worden (vgl. Lasch in: Metz-Göckel 2002). Die *ifu*-Studentinnen deckten die ganze mögliche Bandbreite einer weltweiten Akademikerinnenschaft ab: Da gab es junge Hochschulabsolventinnen, Anfang zwanzig, die gerade eben ihr Bachelor-Degree erworben, wenig oder gar keine Auslandserfahrung hatten und mit der *ifu* die ersten Schritte in Richtung einer weiteren akademischen Ausbildung unternahmen. Am anderen Ende des Spektrums standen ältere, meist international erfahrene Akademikerinnen mit fortgeschrittener wissenschaftlicher Karriere, einige bereits habilitiert, die spezielle Forschungsinteressen zur *ifu* geführt hatten, sowie erfahrene Aktivistinnen mit Hochschulabschluss, die sich, hochgradig politisch und oft in Frauenprojekten engagiert, häufig ebenfalls international erfahren, von der *ifu* einen Mehrwert für eben dieses Engagement sowie einen Zuwachs an globaler Vernetzung erhofften. Zwischen diesen Extremen gab es alle nur denkbaren Varianten. Zudem kamen die Teilnehmerinnen aus den unterschiedlichsten kulturellen, ethnischen, religiösen Traditionen.
- Anders als beim organisierten Studierendenaustausch (z.B. im Rahmen von ERASMUS) waren die einheimischen Teilnehmerinnen an dieser besonderen Hochschule in der Minderzahl. Tatsächlich war die *ifu* als Hochschule nicht in einem Land, einer Region oder einer Stadt beheimatet, sondern sie konstruierte einen „Dritten Ort", wie Aylâ Neusel es formulierte, einen Ort jenseits nationaler Zuordnungen. Die Folgen dieser Verortung waren im Service Center der *ifu* tagtäglich zu spüren: Die *ifu*-Studentinnen, die aus allen Teilen der Welt zusammenkamen (schließlich reichte das Einzugsgebiet von Ozeanien bis Kanada, von Südafrika bis Island), konnten sich mit studien- und lebenspraktischen Fragen nur an das *ifu*-Personal selbst wenden, außer diesen gab es keine „Kennerinnen" der Institution (z.B. Kommilitoninnen höherer Semester).
- Für 43 Prozent der Teilnehmerinnen war dies der erste Aufenthalt in Deutschland. 61 Prozent hatten keine oder nur geringe deutsche Sprachkenntnisse (vgl. Maiworm und Teichler 2002). Auch dieses Charakteristikum der *ifu*-Teilnehmerinnen musste bei Vorbereitung und Durchführung berücksichtigt werden – wie insgesamt die Besonderheit der *ifu*, eine englischsprachige Einrichtung inmitten einer deutschen Hochschullandschaft zu sein, einige Hindernisse für alle Beteiligten bereithielt (z.B. die wöchentliche Übersetzung der Speisepläne der Mensen, die Übersetzung der Schlagwortliste eines Bibliothekskatalogs oder die aufwändige Umstellung der Rechner in den Cip-Pools der gastgebenden Universitäten auf englischsprachige Programm-Oberflächen).

In der Vorbereitung auf eine wahrhaft internationale Teilnehmerinnenschaft plus internationalen Lehrenden waren interkulturelle Kompetenzen von zentraler Bedeutung. Im interkulturellen und internationalen Kontext Handlungskompetenzen zu erwerben und dabei Eurozentrismus zu vermeiden, das verstanden alle Beteiligten während des gesamten Prozesses der *ifu* als „Gemeinschafts- und Querschnittsaufgabe".[7] Grundsätzliche Aufgeschlossenheit und Sensibilität im Umgang mit kulturell begründeten Differenzen waren die Basis für die Arbeit des Service Centers und bildeten neben eigenen Auslandserfahrungen und Sprachkenntnissen relevante Kriterien bei der Personalauswahl.

4. Das Besondere der Aufgabe

Was leistete nun das Service Center für die Teilnehmerinnen, die Lehrenden und für die *ifu*-Organisation? Das Aufgabengebiet war äußerst komplex und lässt sich grob in fünf Bereiche unterteilen:

– *Leben und Wohnen*: Die *ifu* dauerte drei Monate, für die meisten Teilnehmerinnen aus Nicht-EU-Staaten war das auch genau die Zeitspanne, für die ihr Visum gültig war. Wegen der Kürze der Zeit war es den Teilnehmerinnen nicht zuzumuten, selbst für ihre Unterkunft während des Studienaufenthaltes zu sorgen oder andere organisatorische und bürokratische Hindernisse zu bewältigen. Im Vorfeld der *ifu* beschaffte daher das Service Center für etwa 700 Personen Wohnraum,[8] sorgte mit Unterstützung des DAAD für Kranken-, Haftpflicht und Unfallversicherungen der Teilnehmerinnen und der mitreisenden Kinder, half z.B. bei Schwierigkeiten mit der Visumsbeschaffung im Heimatland, richtete Bankkonten für die Stipendiatinnen ein, sorgte für Mobilität und Transport der Teilnehmerinnen vor Ort.

---

7   Mit zwei Schulungen zu „Interkultureller Kommunikation" wurde das *ifu*-Personal im Vorfeld auf die Aufgaben vorbereitet. Siehe auch Kreutzner / Schöning-Kalender in diesem Band.

8   Dies erwies sich als Mammutaufgabe. Im Zuge des Zulassungsverfahrens hatten die Teilnehmerinnen ihren Wohnraumbedarf präzisiert. Unsere Leitlinie war, individuelle Bedürfnisse so weit möglich zu berücksichtigen, zugleich aber eine Balance in Qualität und Beschaffenheit der Unterkünfte zu halten. Die finanziellen Restriktionen (im Durchschnitt durften die Unterkünfte nicht mehr als 500,- DM monatlich kosten), der knappe Wohnraum in Hannover, wo in Erwartung der EXPO 2000 private und kommerzielle Vermieter enorme Mieten verlangten, und die Anforderungen, die wir mit Blick auf unsere Teilnehmerinnen an Erreichbarkeit, Sicherheit, Ausstattung und Angemessenheit der Unterkunft hatten, machten die Wohnraumbeschaffung zu einer schwierigen Aufgabe. Die angemessene Unterbringung der Mütter, die mit Kindern anreisten, bildete eine weitere Herausforderung für das organisatorische Geschick der *ifu*-Mitarbeiterinnen.

Auch die Anreise der Teilnehmerinnen (Flüge[9], Anreise zum Studienort, Abholung und Empfang am Studienort) organisierte das Service Center. Außerdem wurden für die mitreisenden Kinder der Teilnehmerinnen Betreuungsmöglichkeiten gefunden bzw. organisiert.[10]

- *Information*: Das Service Center diente bereits in der Vorbereitungsphase als generelle Auskunftsstelle für (und über) die Teilnehmerinnen. Während der Präsenzphase verlagerte sich ein Teil des Informationsbedarfs auf die Projektbereiche, während für das Service Center andere Informationsschwerpunkte (z.B. Stipendien, Exkursionen, Zertifizierung) entstanden.
- *Begleitung und Betreuung*: Ansprechpartner vor Ort zu sein, für alle Fragen und Probleme zur Verfügung zu stehen, seien sie bürokratischer, organisatorischer, finanzieller oder sozialer Art, war das Ziel des Service Centers. Dazu gehörte auch, bei *ifu*-fremden Institutionen Akzeptanz für das *ifu*-Projekt und gegebenenfalls für dessen Teilnehmerinnen und Lehrende zu schaffen.
- *Empowerment und nicht-studienorientierte Aktivitäten*: So kurz die Zeit der *ifu* auch war und so angefüllt mit studienbezogenen Aktivitäten – es sollte den Teilnehmerinnen auch Gelegenheit gegeben werden, sich außerhalb des engen fachlichen Rahmens selbst zu organisieren und gegenseitigen Austausch zu ermöglichen. Hierzu diente die Einrichtung von *ifu*-Clubs. Außerdem wurden verschiedene Projekte organisiert, deren Aktivitäten[11] dazu beitragen sollten, dass die Hochschule *ifu* als Lebenswelt erfahren wurde.
- *Administration*: Das Service Center erfüllte nicht nur in mancherlei Hinsicht Aufgaben eines akademischen Auslandsamts für die Teilnehmerinnen, sondern war außerdem „Immatrikulationsamt und Prüfungsamt zugleich". Damit war es auch Schnittstelle zur *ifu*-Verwaltung und den zahlreichen Kooperationspartnern; hier wurden die zentrale Studentinnendatenbank geführt, das Zertifizierungssystem entwickelt und Zertifikate erstellt.

---

9   Mit Unterstützung des DAAD wurden für alle Stipendiatinnen aus nicht EU-Ländern von Seiten der *ifu* Flüge gebucht und Tickets hinterlegt.
10 An den Studienorten gab es unterschiedliche Kinderbetreuungskonzepte. 45 Kinder von *ifu*-Teilnehmerinnen (sieben Tage bis 18 Jahre alt) wurden in verschiedenen Kindertagesstätten, durch Tagesmütter sowie Tutorinnen im städtischen Ferien-Programm betreut. Nach Ablauf der Schulferien konnten einige Kinder in Grund- und weiterführende Schulen als Gastschüler eingeschult werden. Ursprünglich war keine externe Betreuung für Kleinkinder unter zwei Jahren vorgesehen, auf Initiative der Teilnehmerinnen wurde dies nach der Anfangsphase der *ifu* nachgeholt.
11 So z.B. Sportprogramme, ein Fahrrad-Projekt in Hannover, diverse Kulturveranstaltungen, eine Exkursionswoche mit 22 angebotenen Exkursionen und vieles mehr.

5. Ergebnisse und Erfahrungen mit dem Konzept des Service Centers

Welche Elemente des Konzepts erwiesen sich als tragfähig und als erfolgreich und welche nicht? Welche Entwicklungen waren durch die Einzigartigkeit der *ifu* bedingt und sind nicht mit anderen institutionellen Bedingungen vergleichbar, und welche bergen – im Prinzip – Transferpotenzial für andere Hochschulen in sich?

Zunächst zur *Netzwerkstruktur*.

Das gewählte Modell, projektbereichsbezogene Anlaufstellen einzurichten, die zusammen mit ihren übergeordneten Einheiten und einer koordinierenden Zentralstelle in eine Netzwerkstruktur eingebunden waren, hat sich bewährt. Sie machte Dienstleistung statt Verwaltung, wie wir es uns vorgestellt hatten, erst möglich. Allerdings stellte die Struktur hohe Anforderungen an die interne Information und Kommunikation; gerade diese erwiesen sich während der Präsenzphase als besonders schwierig. Die Kommunikation zwischen den einzelnen Einheiten kam insbesondere in den turbulenten ersten Wochen der *ifu* oft zu kurz und trat hinter vordergründig „drängenderen" Problemen zurück. Das Ergebnis war, dass sich Service-Center-Tutorinnen und -Koordinatorinnen zuweilen mit Entscheidungen und Problemen „allein gelassen" fühlten. Auf der anderen Seite wurden die großen Entscheidungsspielräume der Einzelnen, die ja durchaus durch flache Hierarchien beabsichtigt waren, von allen Beteiligten begrüßt (vgl. auch Bülow-Schramm und Schindler 2002). Dass die Studienbüros einerseits in die Projektbereiche eingebunden waren, andererseits als Teile des Service-Center-Netzwerkes in die *ifu*-Verwaltung, stellt für mich in der Rückschau ein wichtiges Organisationsprinzip dar. Sie waren in vielen Fällen die Schnittstellen zur „Gesamt-*ifu*". Wo für die Projektbereiche (vergleichbar den Fachbereichen anderer Hochschulen) fachliche Eigeninteressen im Vordergrund standen, waren die Service Center stärker an projektbereichsübergreifende Verfahren und Richtlinien gebunden, andererseits war ihr Feedback zu den Anforderungen und Besonderheiten der Projektbereiche und deren Teilnehmerinnen ein äußerst wichtiges Regulativ für die *ifu*-Zentrale. Doch dieses Organisationsprinzip eröffnete für die Service-Center-Mitarbeiterinnen auch ein Konfliktfeld. Unterschiedliche Auffassungen zwischen Projektbereichsleitung und *ifu*-Verwaltung oder -Präsidium wirkten sich als widersprüchliche Anforderungen oft nachteilig auf die Arbeit aus.

Die Betreuung der Studierenden – Erfolg des Dienstleistungsansatzes

Das Konzept der Studienbüros erwies sich als großer Erfolg. Man kann dies an der Frequentierung dieser Einrichtungen ablesen – in den ersten Wochen mussten die Öffnungszeiten der Studienbüros in Hannover ausgedehnt werden, und die Tutorinnen machten viele Überstunden – wie auch am Spektrum der Aufgaben und Probleme, mit denen die Studienbüro-Mitarbeiterinnen konfrontiert waren und die sie (oft in Eigenregie) lösten. Die Studienbüros haben ihre Aufgaben insofern erfolgreich erfüllt, als sie Lehre, Studium und Forschung an der *ifu* zielorientiert und effizient unterstützten. Wie erwartet, wurden bei den Studienbüros Dienstleistungen in fast allen Fragen des Alltags und des Studiums nachgefragt.

Die Tutorinnen als Schlüsselpersonen

Die Qualifikation der Service-Center-Tutorinnen war sehr hoch und erfüllte in hohem Maße das Anforderungsprofil, das die *ifu* für diese Stellen gesetzt hatte. Hochschulabsolventinnen mit sehr guten Englischkenntnissen, internationalen Hochschulerfahrungen, interkultureller Kompetenz, Teamfähigkeit und Organisationsvermögen wurden für diese Aufgabe ausgesucht; außerdem wurde großer Wert auf einen möglichst hohen Anteil nicht-deutscher Tutorinnen gelegt. Die Service-Center-Tutorinnen bildeten die Schnittstelle für alle Informationen, und sie waren die Schlüsselpersonen für die Betreuung der Teilnehmerinnen. Ihre Präsenz vor Ort und ihr Engagement waren die Voraussetzungen für die Integration der Studentinnen in die *ifu*. Eine positive Atmosphäre in den Studienbüros wirkte auf die Teilnehmerinnen zurück. Das Feedback der Tutorinnen war wichtig für Entscheidungen, die Präsidium oder zentrales Service Center in studentischen Angelegenheiten während der laufenden *ifu* treffen mussten.

Die Service-Center-Tutorinnen haben ihre Aufgaben hervorragend und mit großer Begeisterungsfähigkeit gemeistert. Dabei waren die Rahmenbedingungen, unter denen sie arbeiteten, nicht einfach. Die Definition ihrer Aufgaben und Entscheidungskompetenzen erwies sich als relativ diffus. Darin steckte das Risiko, in der Rolle eines „Mädchens für alles" zu enden, was denn auch oft von den Tutorinnen beklagt wurde. Außerdem hatte die *ifu* in Hinsicht auf ihre Ressourcen enge Grenzen, die für Teilnehmerinnen und Lehrpersonal oft schwer zu verstehen und zu akzeptieren waren. Hier steckten die Tutorinnen vor Ort manchmal berechtigte, manchmal ungerechtfertigte Kritik an den *ifu*-Bedingungen ein und mussten sich um Akzeptanz und Ausgleich bemühen.

Die Allzuständigkeit und die Abgrenzungsprobleme, mit denen die Tutorinnen zu kämpfen hatten, lassen darüber nachdenken, ob deren Rolle nicht klarer hätte definiert werden können und ob die Teams der Studienbüros nicht durch weiteres, nicht-akademisches Personal, hätten verstärkt werden sollen. Die Tutorinnen selbst bemerkten oft, dass das Label „Service" zu Missverständnissen geführt hätte: Sie seien weniger als Tutorinnen denn als Office-Staff angesehen und angesprochen worden.[12]

---

12 Besonders schwierig war es, den Dozentinnen der Projektbereiche, die oft nur kurze Zeit an der *ifu* lehrten und wenig Einblick in *ifu*-Strukturen hatten, zu vermitteln, dass die

Die besonderen ifu-Bedingungen

Im Prinzip bei der Planung antizipiert, aber in Ausmaß und Intensität gewaltig unterschätzt wurde der Betreuungsbedarf der Teilnehmerinnen. Die *ifu* startete mit einem Paukenschlag: Anreise am 14. und 15. Juli, Begrüßungsfeier am 15. Juli, Beginn der Lehrveranstaltungen am 16. Juli. In den ersten Wochen waren die Teilnehmerinnen z.T. noch extrem erschöpft von der Anreise;[13] sie hatten kaum Zeit, sich zu akklimatisieren, in der fremden Umgebung und Kultur zurechtzufinden, sahen die ersten organisatorischen, bürokratischen oder kulturellen Hürden[14] vor sich und bewältigten gleichzeitig die Herausforderung voller intellektueller Konzentration auf die beginnenden Lehrveranstaltungen. Die Service-Center-Mitarbeiterinnen hatten alle Hände voll zu tun, den Teilnehmerinnen in dieser schwierigen ersten Phase, bei der Eingewöhnung in der neuen Umgebung und der Bewältigung von Problemen zu helfen. Die schiere Zahl der anfallenden Probleme, deren Beantwortung keinen Aufschub duldete, schien überwältigend. Angesichts der eigenen hohen Ansprüche an ihre Dienstleistungsfunktion und auch der Erwartungen der Teilnehmerinnen fühlten sich viele Mitarbeiterinnen in dieser Zeit wie in einen Mahlstrom geworfen. Die große Identifikation mit dem Projekt *ifu*, aber auch positives Feedback der Teilnehmerinnen, die aufregende und bereichernde Atmosphäre von Multikulturalität und Intellektualität wogen einerseits diese Belastungen auf, führten aber auch bei den Mitarbeiterinnen zu „Selbstausbeutung" (vgl. Bülow-Schramm und Schindler 2002).

Empowerment

Ein Element zur Verwirklichung dessen, was in der Zielformulierung des Service Centers eher vage als „Empowerment" beschrieben wurde, war der *ifu*-Club. Initiiert vom Service Center und betreut von Service-Center-Tutorinnen, sollte er als zentraler Begegnungsort den Austausch unter den Studentinnen erleichtern, die Bildung einer *ifu*-Community unterstützen und dadurch ihr Empowerment fördern. Hier diskutierte man miteinander über selbst gewählte Themen, es wurden Vorträge gehalten oder gemeinsam gekocht, gegessen und gefeiert. Der *ifu*-Club war ein voller Erfolg. Die Teilnehmerinnen nutzten die Gelegenheit, sich jenseits des akademischen Programms auszutauschen, aber

---

Service-Center-Tutorinnen Teilnehmerinnen betreuten und nicht den Lehrenden z.B. durch Sekretariatstätigkeiten zuarbeiteten.

13 Manche waren mehrere Tage unterwegs. Eine Teilnehmerin saß z.B. wegen eines Visumproblems tagelang in Kasachstan fest.

14 Gängige Komplikationen der ersten Tage waren: verlorenes Fluggepäck, Schwierigkeiten mit Ausweispapieren und Visa, Probleme mit dem öffentlichen Nahverkehr, der Kommunikationstechnik, der Haustechnik, Unzufriedenheit mit der Wohnsituation, nicht eingetroffene Stipendienraten, fehlende Krankenversicherungsunterlagen usw.

auch Ausflüge zu organisieren, Sport und Freizeitaktivitäten zu planen und durchzuführen, kurz: Wie erhofft, trug der *ifu*-Club dazu bei, ein Gruppen- und Gemeinschaftsgefühl zu entwickeln und die Teilnehmerinnen in fremder Umgebung zu stärken.

5.1 Erfolg des Dienstleistungskonzepts aus der Sicht der Teilnehmerinnen

Maiworm und Teichler haben im Rahmen der Gesamtevaluation der *ifu* in zwei schriftlichen Befragungen aller Teilnehmerinnen deren Erwartungen im Hinblick auf das *ifu*-Semester zunächst vorab festgehalten und am Ende retrospektiv nach deren Erfüllung gefragt. Im Einzelnen zeigen ihre Ergebnisse: Mehr als zwei Drittel der Befragten erhielten Informationen zu praktischen Aspekten des Studiums über das Service Center; 62 Prozent bekamen dort Unterstützung in anderen lebenspraktischen Angelegenheiten, Informationen zu Kulturangeboten bzw. Freizeitaktivitäten. 53 Prozent empfanden sich durch Empowerment gestärkt; in wissenschaftlichen Angelegenheiten erhielten immerhin 59 Prozent durch das Service Center Unterstützung. Mindestens 87 Prozent der Studentinnen wurden durch das Service Center mit einer Wohnmöglichkeit versorgt. 65 Prozent beurteilten die Qualität ihrer Unterkünfte als sehr gut oder gut. Erfreulich aus der Sicht der Service-Center-Verantwortlichen ist, dass 59 Prozent der Befragten sehr zufrieden bzw. zufrieden mit der Unterstützung und Betreuung waren. Die Etablierung von wissenschaftlichen Netzwerken, neue Freundschaften, Selbstentwicklung im Allgemeinen und die Integration in das soziale und akademische Leben an der *ifu* gehören zu den wertvollen Ergebnissen, die die Studentinnen mit nach Hause genommen haben.

6. Schlussbemerkung

Das Konzept „Dienstleistung aus einer Hand" hat sich auch unter der Belastung der ersten Präsenzphase der *ifu* als tragfähig erwiesen. Viele der Rahmenbedingungen, unter denen die Dienstleistungen „rund um die Studentinnen" stattfanden, waren besondere, so wie auch die *ifu* eine einzigartige Institution war, und lassen sich nur schlecht verallgemeinern, andere erfolgreiche Prinzipien lassen sich hingegen auch auf andere Hochschuleinrichtungen übertragen. Dazu gehören m.E.: Studienbüros in den Fachbereichen, Integration der Funktionen von Beratung, Betreuung und Verwaltung, flache Hierarchien, kundInnenorientierte Aufgabenerfüllung, Abkehr vom Verwaltungsprinzip, Ausweitung der Beratung und Betreuung auch auf nicht unmittelbar studienbezogene Problemfelder und vor allem Steigerung der Identifikation der Studierenden mit „ihrer" Hochschule: „Hochschule als Lebenswelt".

Ifu-typische Charakteristika hingegen waren die heterogene Zusammensetzung der Teilnehmerinnenschaft, der große Anteil an Teilnehmerinnen aus nicht-europäischen Ländern, einer Gruppe mit besonders hohem Betreuungsbedarf und großen Anforderungen an organisatorische Vorbereitung – und das kurze, mit Lehre und Forschung übervolle *ifu*-Semester, das den Teilnehmerinnen kaum Zeit ließ, im Gastland „heimisch" und damit auch unabhängiger von der Unterstützung durch das Service Center zu werden.

Was das Projekt am stärksten geprägt hat, war sein experimenteller Charakter. Große, tradierte Institutionen wie die deutschen Hochschulen haben Routinen, bewährte Verfahren und Regeln. Die *ifu* konnte und wollte auf solche Routinen nicht zurückgreifen. Das machte einerseits die Bewältigung vieler organisatorischer Probleme schwieriger – Ad-hoc-Management ersetzte sorgfältige Planung, wo das Unerwartete auftrat –, andererseits bedeutete dies große Offenheit und Gestaltungsfreiraum und verlangte ein immer neues Nachdenken über die effizienteste Problemlösung, die den Teilnehmerinnen am besten gerecht wurde und nicht primär verwaltungskonform war. Damit erwies sich als eine der Stärken der *ifu*, was anfangs wie ein Nachteil ausgesehen hatte.

Schließlich brachten die Teilnehmerinnen und Dozentinnen aus ihren Heimatinstitutionen sehr verschiedene Überzeugungen davon mit, wie die akademischen oder administrativen Regeln einer Hochschulinstitution aussehen sollten, und auch ganz unterschiedliche Auffassungen vom Dienstleistungsbegriff. Wir haben in dieser hochgradig internationalen Zusammensetzung – gerade auch im Hinblick auf Hochschulkulturen – viel voneinander gelernt.

Literatur

Bülow-Schramm, Margret, und Schindler, Delia: Das Service Center der *ifu*: Möglichkeiten und Grenzen eines modernen Betreuungskonzepts für Studierende In: Metz-Göckel, Sigrid (Hg.): Lehren und Lernen an der Internationalen Frauenuniversität. Opladen: Leske + Budrich, 2002.

Deutscher Bundestag: Antrag der Fraktionen SPD und BÜNDNIS 90/Die Grünen an den Bundestag. Bundestagsdrucksache 146209 vom 1. Juni 2001.

Maiworm, Friedhelm, und Teichler, Ulrich: Die Internationale Frauenuniversität aus der Sicht der Teilnehmerinnen. In: Metz-Göckel, Sigrid (Hg.): Lehren und Lernen an der Internationalen Frauenuniversität. Opladen: Leske + Budrich, 2002.

Metz-Göckel, Sigrid (Hg.): Lehren und Lernen an der Internationalen Frauenuniversität. Ergebnisse der wissenschaftlichen Begleituntersuchung. Opladen: Leske + Budrich, 2002.

Metz-Göckel, Sigrid (Hg.): Die Evaluation des ifu-Studienprogramms. In: Metz-Göckel, Sigrid (Hg.): Lehren und Lernen an der Internationalen Frauenuniversität. Opladen: Leske + Budrich, 2002.

Hoops, Andrea: Alles unter einem Dach. Das Service Center der Internationalen Frauenuniversität. In: Neusel, Aylâ (Hg.): Die eigene Hochschule. Die Internationale Frauenuniversität „Technik und Kultur". Opladen: Leske + Budrich, 2000, S. 65-73.

Nicole Puscz

Beratung von Akademikerinnen aus aller Welt

Wenn Wissenschaftlerinnen aus aller Welt mit einer Vielfalt von Lebenserfahrungen, unterschiedlichster kultureller Sozialisation und sehr heterogenem Lebensalter zu einem dreimonatigen Studium zusammenkommen, fallen von der Bewerbung bis zur Abfahrt jede Menge Fragen an. Die Frauen kommen in Deutschland in ein fremdes Land, von dem sie unterschiedlich viel und nicht immer nur Gutes gehört haben. Es tauchen Probleme auf bei der Beschaffung eines Visums, es gibt Schwierigkeiten bei der Anreise, praktische Fragen wie z.B. zur Unterkunft, zu Krankenversicherungen für sich selbst und die mitgebrachten Kinder und natürlich auch zu Studienprogramm und -ablauf. Um diesem voraussehbaren Beratungsbedarf zu begegnen, hat sich das Service Center schon vor der Anreise der Studentinnen als Ansprechpartner angeboten.

Mit der Zusagebestätigung erhielten die Teilnehmerinnen ein umfangreiches Informationspaket über das Studium, über Land und Leute, über Anreise und Unterkunft etc.. Die Annahme allerdings, dass die Teilnehmerinnen das alles komplett lesen und sich merken würden, stellte sich als Irrtum heraus: Über vieles, wozu sie hier hätten Auskunft finden können, baten sie immer wieder um Aufklärung.

Die Anfragen der Teilnehmerinnen begannen kurz nach der Verschickung der Zusagen Anfang des Jahres 2000. Und sie wurden immer zahlreicher und detaillierter, je näher die Anreise rückte. Fast sämtliche Fragen vor der Anreise erreichten das Service Center per e-mail; ganz wenige Teilnehmerinnen griffen zum Telefon oder nutzten ein Fax-Gerät. Die elektronische Post ist für die Kommunikation eines weltweiten Projekts unabdingbar: E-mail ist schnell, billiger als Telefonieren, und im Gegensatz zum Telefon müssen keine Zeitunterschiede zwischen den Ländern beachtet werden; als schriftliche Kommunikationsform ist e-mail präzise und bleibend, zugleich auch wesentlich schneller und zuverlässiger als konventionelle internationale Post, die im schlimmsten Fall bis zu sechs Wochen für einen Weg brauchte.

Alle Fragen, die nicht direkt das Curriculum oder die Stipendienvergabe betrafen, wurden zentral vom koordinierenden Service Center in Hannover beantwortet, für die städtespezifischen Fragen zu den Standorten Hamburg, Kassel und Suderburg waren die dortigen *ifu*-Service Center zuständig. Um einigermaßen zutreffende Informationen geben zu können und wiederholte Nachfragen möglichst zu vermeiden, war ein ständiger gegenseitiger Austausch zwischen allen Stellen, den Projektbereichen, der Verwaltung, dem Management, dem DAAD, notwendig; manche Fragen wiesen auf Probleme hin, die erst intern geklärt werden mussten, ehe die Antworten an die Studentinnen weitergeleitet werden konnten. Bei sehr speziellen Fragen erwies es sich als das Beste, den direkten Kontakt zwischen der Studentin und der jeweils entscheidenden Stelle herzustellen.

1. Viele Fragen – nicht immer leichte Antworten

Vorgehen bei Standardfragen: Zu verschiedenen Zeiten gab es bestimmte Schwerpunktfragen, für die das Service Center Standardantworten und Textbausteine entwickelte, welche die Beantwortung erleichtern und sicherstellen sollten, dass die Informationen auch einheitlich waren. Diese Fragen mit den dazugehörigen Antworten wurden als FAQs („Frequently Asked Questions") auf die Website des Service Centers der *vifu* gestellt, laufend aktualisiert und erweitert. Solche Fragen waren z.B.: „Ich habe erst vor kurzem von der *ifu* gehört und möchte teilnehmen. Was kann ich tun?" oder „Kosten Doppelzimmer weniger als Einzelzimmer?" Auf der Website des Service Centers waren auch die Texte der verschickten Informationsmaterialien nachzulesen. Im Folgenden sollen die wichtigsten Fragenkomplexe zusammengefasst werden, welche die Teilnehmerinnen bewegten; manchmal konnten sie standardisiert beantwortet werden, sehr viel häufiger jedoch waren individuelle Informationen notwendig.

(a) Zulassung: Bereits vor der endgültigen Entscheidung über die Zulassung wollten viele Bewerberinnen (ab März 2000) wissen, wie es um ihre Bewerbung steht. Und kaum waren die Info-Pakete mit den Zulassungs- bzw. Absagebriefen verschickt, gingen Nachfragen zu den Stipendien ein und rund 40 Verlustmeldungen zu Teilen der angekündigten Post (nicht eingeschlossen die für das Visum benötigten „Letters of Acceptance", die allein mindestens doppelt so häufig wie die Informationsbriefe nochmals versendet werden mussten). In Zusammenarbeit mit dem DAAD musste dann die Sachlage in Bezug auf jede Bewerberin geklärt werden, und verloren gegangene Materialien wurden (soweit möglich per e-mail oder per Fax) aufs Neue zugesandt.

(b) Stipendien: Nachdem die Entscheidung über die Stipendien gefallen war, wollten viele Stipendiatinnen Näheres über die genaue Höhe des Stipendiums,

die Zahlungsmodalitäten, die jeweiligen Stipendiengeber und deren Auflagen an die Stipendiatinnen wissen. Einige Frauen, denen kein Stipendium zugesagt werden konnte, sagten ab, andere versuchten bis unmittelbar vor der Anreise noch das notwendige Geld aufzutreiben – zum Teil mit sehr viel Eigeninitiative und Unterstützung von anderen Studentinnen, die über das Diskussionsforum der *vifu* im Internet einen „Hardship Fonds" gründeten, der mit Hilfe des Service Centers Kontakt zur *ifu* hielt (s. auch Kreutzner/Schelhowe/Schelkle in diesem Band).

(c) Anreise, Flugtickets: Den dringendsten Informationsbedarf hatten die Stipendiatinnen wegen ihrer Flugdaten und -tickets, die im Auftrag des DAAD alle über ein hannoversches Reisebüro zentral gebucht worden waren. Die verschiedenen beteiligten Fluggesellschaften hätten eigentlich die Passagierinnen benachrichtigen sollen, wo und wann sie ihre Flugscheine abholen können, taten dies aber nur unzuverlässig, was verständlicherweise zu einer großen Verunsicherung der Teilnehmerinnen führte:

> „It is almost only two weeks away from the launch of our extraordinary Summer programme in Hanover. (...) However, I haven't received any travelling details how and when is my flight to Germany (...). Quite honestly, I am really worried." (e-mail an das Service Center von der Teilnehmerin Winnie Yi-Chen Chang vom 29. Juni 2000).

Das Service Center nannte den Stipendiatinnen ihre Flugdaten und teilte ihnen mit, bei welcher Fluggesellschaft sie ihre Flugscheine abholen konnten. Die Beantwortung dieser Fragen – die umso häufiger kamen, je näher die Anreise rückte – nahm überdurchschnittlich viel Zeit in Anspruch, besonders weil nicht sämtliche Flugdaten im Service Center vorlagen und erst beim hannoverschen Reisebüro erfragt werden mussten.

(d) Visa-Probleme: Bis zum Anreisewochenende vom 14. bis 16. Juli 2000 stand das Service Center den Teilnehmerinnen immer wieder wegen Visa-Problemen zur Seite. Es mussten wiederholt Teilnahmebestätigungen und Versicherungsnachweise verschickt werden, es waren Extra-Einladungen für die Kinder zu schreiben, welche die Frauen mitbringen wollten, damit diese auch ein Visum erhielten. Dabei musste direkter Kontakt mit den jeweiligen deutschen Botschaften hergestellt und diplomatisch gepflegt werden; in harten Fällen wurde auf die guten Kontakte und den Ruf des DAAD in den Botschaften zurückgegriffen. Dieses Problemfeld bereitete relativ vielen Teilnehmerinnen mehr oder weniger große Schwierigkeiten: Manche warteten stundenlang in den Schlangen vor den Visa-Stellen in den Botschaften, bei anderen ignorierten die Botschaftsangestellten ganz einfach die offiziellen Schreiben vom DAAD oder von der *ifu*. Am 14. Juni 2000 schickte eine Teilnehmerin folgende e-mail an das Service Center:

> „Today, I waited in the line at the German Embassy, Visa Section, for approximately three hours, and when I finally reached the counter I encountered a most rude and unhelpful person. (...) I asked her to read the document *(ifu-letter of invitation, das of-*

fizielle Schreiben für die Beantragung von Visa. N.P.) but she bluntly refused and refused to proceed. After a three hours wait, this arrogance was almost enough to reduce me to tears or worse!"

Ihre Probleme konnten, wie die meisten anderen auch, schließlich mit Hilfe verschiedener *ifu*-Stellen unter der Koordination durch das Service Center gelöst werden.

(e) Unterbringung: Besondere Wünsche in Bezug auf die Unterbringung – vor allem aus gesundheitlichen Gründen – waren zum Teil bereits auf den Fragebögen zur Anmeldung für die Unterbringung vermerkt worden, zum Teil wurden sie aber auch bei ganz speziellen gesundheitlichen Bedürfnissen direkt an das Service Center gerichtet. So meldete eine Studentin per e-mail, dass sie wegen einer Gluten-Allergie eine Küche für sich allein benötigte. Eine andere, die unter einer Hauterkrankung litt, erkundigte sich, ob eine Klimaanlage in der Wohnung sei. Wieder andere Studentinnen wollten wissen, ob und in welcher Höhe mit zusätzlichen Kosten für die Unterbringung mitgebrachter Kinder, Partner oder sonstiger Familienangehörige zu rechnen sei. Einige Teilnehmerinnen, die Geld sparen wollten, fragten, ob Einzelzimmer nicht doppelt belegt werden könnten, was für die deutschen Vermieter aber undenkbar war. Eine kurz vor der Anreise sehr häufig gestellte Frage richtete sich auf die Ausstattung der Unterkunft (Bettzeug, Küchenausrüstung etc.) und darauf, was die Teilnehmerinnen selber mitbringen müssten.

(f) Fragen wegen der Kinder – Altersbegrenzung, mögliche Dauer ihres Aufenthalts, Möglichkeit und Kosten der Betreuung, zusätzlicher Stipendienbedarf etc. – waren ein weiterer wichtiger Fragenkomplex. Wenn man bedenkt, dass an allen Studienorten zusammen „nur" 45 Kinder mitgebracht wurden, war der Informationsbedarf der Mütter hier relativ hoch. Dies lag unter anderem daran, dass zum Zeitpunkt der Verschickung der ersten Informationsmaterialien zu diesem Thema wichtige Hinweise fehlten, weil Verfahren und Einzelheiten erst in der Folgezeit geklärt werden konnten (z.B. Einzelheiten zur Kinderbetreuung, die nur nach Ermittlung des Bedarfs zu organisieren war). Auch in anderen Zusammenhängen (Unterbringung, Versicherung, Visa) tauchte bei den Müttern verständlicherweise immer gleich auch die Kinderfrage auf.

(g) Versicherungen: Die *ifu* hatte allen Teilnehmerinnen – den deutschen ebenso wie den ausländischen – eine Kranken-, Unfall- und Haftpflichtversicherung zur Verfügung gestellt. Das war vor allem für jene Teilnehmerinnen wichtig, die ein Visum benötigten und dafür nachweisen mussten, dass sie für die Zeit ihres Aufenthaltes in Deutschland eine Krankenversicherung abgeschlossen hatten. Um den Verwaltungsaufwand zu mindern, erhielten alle Teilnehmerinnen dieses Versicherungspaket. Das hatte viele Anfragen der deutschen Teilnehmerinnen zur Folge, denen jedoch davon abgeraten werden musste, ihre bereits bestehenden Versicherungen für die Dauer der *ifu* zu kündigen. Zu diesem

Thema bestand auch Informationsbedarf bei den Müttern, die verständlicherweise ganz sichergehen wollten, dass ihre Kinder tatsächlich auch versichert waren.

2. Internet-*vifu*

Das Informationsangebot der *virtuellen ifu (vifu)* im Internet, besonders die „Frequently Asked Questions" und das Diskussionsforum, war eine wichtige Ergänzung der persönlichen Betreuung und wurde sehr gut genutzt. Dieses Forum wurde vom Service Center täglich beobachtet, um dort gestellte Fragen offiziell und schnell beantworten zu können. Das wurde in der Korrespondenz von den Studentinnen mit dem Service Center explizit als positiv hervorgehoben: „Thanks for your frequent responses to the *ifu* discussion list. They have been very helpful" oder „I am led to understand through the discussion forum (an excellent idea by the way)...".

Im Laufe der Zeit beantworteten sich die Teilnehmerinnen – wie es im Sinne des Empowerment auch gewollt war – ihre Fragen sogar schon gegenseitig im Diskussionsforum, das gleichzeitig dem Informationsaustausch der Studentinnen untereinander diente, wie dieser Beitrag vom 26. Juni 2000 zeigt:

> „I found that contacting the women at the Service Center was VERY VERY helpful – they are there to help us. I am sure they can answer any question you have regarding the IFU – or at least tell you who will contact you promptly. Check out the 'service center' area on the left side of the web-site to contact the various women who work there ...".

Als Reaktion auf solche Beiträge wurden nicht im Forum beantwortete Fragen per e-mail direkt ans Service Center gesandt mit Bemerkungen wie „I read in the forum list that contacting you might be a good way of getting good answers to our questions..." Wiederholt rieten die Teilnehmerinnen ihren zukünftigen Mitstudentinnen, sich per e-mail direkt an das Service Center zu wenden, weil sie selber bereits positive Erfahrungen mit der Betreuung gemacht hatten.

Im Diskussionsforum aufkommende „Panikdiskussionen" konnten durch die tägliche Beobachtung des Forums durch das Service Center entschärft werden. Am Freitag, dem 12. Mai 2000, findet sich ein Beitrag, der den Titel „PANIC" trägt:

> „I am very apprehensive: I've got a scholarship and the letter of ifu communicating my acceptance mentioned some documents that should arrive. They didn't. (...) So can someone answer me: 1) is this delay relative to the scholarship? 2) How can I know if my Declaration of Acceptance arrived. 3) Can anyone of you that have a scholarship too tell me how is your situation? 4) AND PANIC: AM I OUT BECAUSE OF UNDELIVERED MAIL?"

Bis zum Montagmorgen hatten bereits sechs weitere Teilnehmerinnen reagiert, zum Teil mit beruhigenden Worten, zum Teil mit ähnlichen Ängsten. Das Service Center stellte am gleichen Tag eine offizielle Antwort ins Forum unter anderem mit der Information, dass die ersehnten Schreiben erst in der vorausgegangenen Woche mit der konventionellen Post versendet worden waren. Zum Abschluss der „Panikdiskussion" fasste die Teilnehmerin Claudia Rosario den Stellenwert dieses Forums unter dem Titel „Relaxed ...a little!!!" noch einmal zusammen: „Thank you, girls (...) I'm more relaxed now. (…) Internet is something, don't you think? If it weren't for it I would not know IFU, and even if I did, I would now be still in panic because I wouldn't so fast know that people are in the same situation." (14. Mai 2000)

Durch das Diskussionsforum wurden auf diese Weise manche Fragen ähnlich wie die „Frequently Asked Questions" öffentlich, für andere zugänglich beantwortet und brauchten nicht jedes Mal einzeln bearbeitet zu werden. Andere, speziellere Fragen wurden durch die Informationen im Diskussionsforum gezielt zum Service Center geleitet.

Die Angebote der *vifu* im Netz leisteten bereits vor der Anreise einen wichtigen Beitrag zur Bildung einer dauerhaften Gemeinschaft von Frauen in aller Welt, die auch das Ende der Präsenzphase in Deutschland überdauerte. Eine Teilnehmerin meldete sich am 13. Juni 2001 im Forum mit einem Beitrag zu Wort, der den Stellenwert der *vifu / ifu* für viele Teilnehmerinnen in aller Deutlichkeit zusammenfasst – und das immerhin ein Jahr *nach* dem Beginn der Präsenzphase:

> „*vifu* is our collective memory and suffering amnesia will be terrible. I hope that every single *ifu*-woman writes a letter to Ayla Neusel to tell her that with *ifu* a powerful project started that is alive and bubbly through *vifu*. *Ifu* might go on in other forms, but we *ifu*ites also are *ifu* and we are a potential to support *ifu* even if it will / can [sic] not be as it was the first time. If *vifu* dies *ifu* was in vain. Still believing that we can fight amnesia! Mara".

3. Beratung in den Studienbüros auf dem Campus

In den ersten Tagen war der Beratungsbedarf in den Studienbüros auf dem Campus verständlicherweise am größten. Die Öffnungszeiten (ursprünglich nur für vormittags vorgesehen) mussten in den ersten Wochen auf den ganzen Nachmittag ausgedehnt werden. Probleme tauchten anfangs häufig bei der Unterbringung auf (die Wohnung lag zu weit außerhalb der Stadt, in Studentenheimen wohnten Musliminnen zu nahe mit Männern zusammen, der Kontakt mit den Vermietern war schwierig usw.). Hilfe wurde gesucht bei der Orientierung in der Stadt, es gab Interesse an Sprachkursen, und Teilnehmerinnen wollten ihr Drei-Monatsvisum für eine Reise im Anschluss an die *ifu* bei der städtischen Ausländerstelle verlängern lassen. Hier begleiteten die Tutorinnen der Studienbüros die Teilnehmerinnen – meistens in größeren Gruppen, um diese Arbeit möglichst effektiv zu gestalten –, um bei Sprachproblemen zu helfen, aber auch ideelle Unterstützung im Umgang mit der Behörde zu geben.

Ein weiterer wichtiger Bereich wurden sehr schnell Arztbesuche – der Frauen selbst, aber auch der mitgebrachten Kinder. In den Studienbüros lagen Listen, in denen verschiedene ÄrztInnen mit den jeweiligen Sprachkenntnissen aufgeführt wurden. Aus den Arztbesuchen folgte meist Beratungsbedarf wegen der Arzneimittel-Abrechnung, die über das koordinierende Service Center organisiert wurde.

Mit der Zeit halfen sich die Teilnehmerinnen bei alltäglichen Fragen gegenseitig, so dass die Studienbüros auf dem Campus sich mit weniger, dafür aber spezielleren Problemen beschäftigen konnten, wie im Falle einer Teilnehmerin, deren Auto aufgebrochen worden war und die die gestohlene Gegenstände über die Versicherung abrechnen wollte. Gegen Ende der dreimonatigen Präsenzphase der *ifu* häuften sich Fragen zur Abreise, insbesondere danach, ob und wie es möglich sei, das Gepäck-Limit bei Fluggesellschaften zu erhöhen oder, als Alternative, möglichst kostengünstig überschüssiges Gepäck zu versenden. „Ins Gewicht" fielen vor allem Bücher, Broschüren und Arbeitspapiere, welche die Teilnehmerinnen im Laufe des Semesters für ihre weiteren Studien zu Hause angesammelt bzw. gekauft hatten.

Bis zur allerletzten Minute war schnelles Eingreifen gefordert. So vermisste zum Beispiel eine Mutter mit Kleinkind aus Papua Neuguinea zwei Tage vor Abreise ihre Pässe und Flugtickets (sie fanden sich erst nach der Abreise wieder: Das Kind hatte sie auf seine Weise „entsorgt", nämlich in eine Kiste auf dem Campus geworfen, wo sie erst während der späteren Aufräumarbeiten gefunden wurden): Es mussten also schnell neue Papiere besorgt werden, was gerade noch rechtzeitig gelang.

Das Beratungsangebot durch die *ifu*-Service-Center an allen Studienstandorten war sehr breit gefächert, auf persönlichen Kontakt und individuelle Hilfe ausgerichtet. Die Betreuerinnen und Service-Center-Tutorinnen mussten viel Flexibilität, interkulturelle Kompetenz und hohe Stressresistenz aufbringen. Die Resonanz der Teilnehmerinnen auf dieses Angebot war größtenteils sehr positiv, denn es half ihnen, sich in einem für die meisten von ihnen fremden Land und in einer fremden Sprache zurechtzufinden. Das Service Center trug auf diese Weise nicht unwesentlich dazu bei, dass die meisten der 747 Akademikerinnen aus 105 Ländern einen nicht nur akademisch erfolgreichen Aufenthalt in Deutschland erleben konnten.

Gabriele Kreutzner und Claudia Schöning-Kalender

Akademische Kultur ANDERS gestalten: Interkulturalität als unvollendetes Projekt

1. Exposition

> Der Blick über den eigenen Tellerrand bringt erstaunliche Tatsachen zu Tage und hat zur Folge, dass wir unser Selbstbild zuweilen kräftig korrigieren müssen.[1]

Im Herbst des Jahres 2001 wurde der Präsidentin der Internationalen Frauenuniversität „Technik und Kultur" der Sonderpreis der Deutschen Hochschulrektorenkonferenz verliehen. Die Ehrung galt dem Projekt Internationale Frauenuniversität, mit dem sich Aylâ Neusel in herausragender Weise um die Internationalisierung der deutschen Hochschullandschaft verdient gemacht hat. Mit dieser Auszeichnung fand ein viel beachtetes, teils heftig umstrittenes und in seiner Art einzigartiges Hochschulreformvorhaben die Anerkennung des akademischen Mainstreams in Deutschland. Auch im selbstkritischen Rückblick ist diese Würdigung hoch verdient, und wir machen sie zum Ausgangspunkt, von dem aus wir die Herausbildung der Leitideen Internationalität und Interkulturalität und den Prozess einer zunehmend von diesen Leitideen durchwirkten *ifu*-Praxis aus der Binnenperspektive nachzeichnen. Dabei wird eine im Zusammenwirken unterschiedlichster Akteurinnen und Akteursgruppen erarbeitete und erstrittene Programmatik erkennbar, die es als durchaus auch widersprüchliches, heterogenes und spannungsgeladenes Werk eines weltweiten Kollektivs verdient, fortentwickelt zu werden.

Den Ausführungen liegt ein kulturanthropologisches Verständnis von Kultur zu Grunde, das inzwischen zur „Konsensformel" (vgl. Kaschuba 1995, S. 4) avanciert ist und sich unter dem Schlagwort des „weiten Kulturbegriffs" auch über den engeren Wissenschaftsdiskurs hinaus etabliert hat: Kultur als „the whole way of life" (Raymond Williams), das aber auch und notwendigerweise „the whole way of conflict" (Edward P. Thompson) beinhaltet: Kultur als Ensemble von Praxen und als Prozess.

---

[1] Aylâ Neusel: 100 Tage für 100 Jahre – Internationale Frauenuniversität „Technik und Kultur", 1997, S. 78.

Um in einem konkreten gesellschaftlichen Rahmen mit diesem „weiten" Kulturbegriff arbeiten zu können, muss allerdings die Art von Praxen, um die es hier geht, näher bestimmt werden. Wir verstehen die *ifu* selbst als Praxis, als stets temporäres Ergebnis von verschiedenen Praxen und als Prozess mit einer spezifischen Verortung in den Koordinaten von Distanz und Nähe, Kritik und Affirmation zur akademischen Kultur, wie wir sie im konkreten gesellschaftlichen Raum der Bundesrepublik Deutschland um die Jahrtausendwende vorfinden. Wir nehmen die *ifu* selbst auch deshalb als Praxis in den Blick, weil sich Interkulturalität als ein Prozess der Hervorbringung, Veränderung, Verwerfung oder Fortschreibung von Differenzen niemals abstrakt in einem Vakuum, sondern immer in einem spezifischen historischen und sozialen Kontext vollzieht.

Wir beabsichtigen also keineswegs, die Vorstellung von der *ifu* als eines homogenen Ganzen zu transportieren. Im Gegenteil: Aus unseren Erfahrungen und Reflexionen resultiert ein Verständnis der *ifu* als Kaleidoskop unterschiedlicher und auch widersprüchlicher Praxen.

2. Zielvorstellung Internationalität

It is the unexpected that instructs us.[2]

Den Anstoß zu einer internationalen Ausrichtung gaben die Initiatorinnen, ein Kreis von Akteurinnen aus Wissenschaft und Politik im norddeutschen Raum. Die Ausrichtung auf Internationalität[3] taucht erstmals als Empfehlung zur Durchführung eines „Experiments" im Sinne eines „international anspruchsvollen Angebotes für Studentinnen und Doktorandinnen"[4] auf. Diese noch „schwach ausgeprägte" Leitidee erfuhr rasch eine qualitativ und quantitativ heterogene Ausformung und somit eine merkliche Konturierung und Vitalisierung.

Ein zweiter, sich teils mit dem ersten überschneidender Akteurinnenkreis waren die Curriculum-Arbeitsgruppen (CAGs), in denen jeweils mindestens eine internationale Kollegin aktiv an der Entwicklung des Curriculums beteiligt war. Diese unbefriedigende Situation war vor allem den schwierigen finanziellen und organisatorischen Bedingungen geschuldet. Umso mehr war man bemüht, im Kontext der sich entwickelnden thematischen Akzente Dozentinnen aus möglichst vielen Weltregionen für die *ifu* zu gewinnen und zugleich in der Entwicklung der Curricula selbst weltregionale Schwerpunkte zu setzen. Das Lehr- und Forschungspro-

---

2 Gayatri Chakravorty Spivak.
3 Vgl. hierzu Aylâ Neusels Darstellung in „Die Internationale Frauenuniversität – Das Besondere des Konzepts." In: Neusel, Aylâ (Hg.): „Die eigene Hochschule", insbesondere den Abschnitt 3 „Von der Internationalisierung der Hochschule zur interkulturellen Wissenschaft".
4 Bericht der zweiten niedersächsischen Frauenforschungskommission 1997, S. 510.

gramm der *ifu* sollte sich – nach dem erklärten Willen der Initiatorinnen – auf keinen Fall in eine euro- bzw. west-zentrierte Richtung entwickeln.

Allerdings zeigte sich auch, dass es wenig Sinn machen würde, für sämtliche Projektbereiche ein in geografischer Hinsicht jeweils flächendeckendes Curriculum anzustreben. Entsprechend wurden in den Projektbereichen je unterschiedliche weltregionale Akzente gesetzt (vgl. auch Neusel 2000):

> „Die ausgewählten Projektthemen halten sich nicht an die Grenzen der Nationalstaaten, vielmehr ist ein Charakteristikum ihre globale Bedeutung, wenngleich auch regionale, politische und kulturelle Unterschiede bei der Wahrnehmung, Formulierung und Lösung der Forschungsfragen bestehen." (Neusel 1997, S. 78)

Eine andere frühe Zielvorgabe war die Drittel-Quotierung für die Zusammensetzung des *ifu*-Teilnehmerinnenkreises: Jeweils ein Drittel der Beteiligten sollten aus den Industrieländern (einschließlich GUS-Staaten), den „Ländern des Südens" sowie dem Gastgeberland kommen. Außerdem sollte Internationalität frühzeitig und nachhaltig auf der strukturell-institutionellen Ebene etabliert werden. Dies schlug sich auf der Leitungsebene in der Doppelbesetzung mit jeweils einer inländischen („lokalen") und einer ausländischen („internationalen") Dekanin pro Projektbereich und auf der Ebene der akademischen Struktur in der Einrichtung des „Council" als höchstem Entscheidungsgremium nieder.

Rückblickend sind drei Aspekte hervorzuheben: Zum einen wurden bei der Umsetzung der Leitvorstellung Internationalität unterschiedliche Akzente gesetzt und diese in inhaltlicher Hinsicht heterogen gefüllt. Insgesamt ist die konkrete Ausgestaltung ein deutliches Indiz dafür, dass man eine möglichst große Anzahl beteiligter Nationen als eine zwar notwendige, keineswegs jedoch hinreichende Bedingung für die Einlösung jener besonderen Qualität sah, die mit dem Begriff „Internationalität" noch vage und unspezifisch gefasst war. Die damalige Zielvorstellung wollte im Unterschied zu Internationalitätskonzepten, wie sie im Wissenschaftsbetrieb dominieren, den herrschenden West-Zentrismus überwinden und fühlte sich einem auf soziale Gerechtigkeit orientierten Bildungs- und Wissenschaftsmodell verpflichtet. Die Anforderungen, die mit der Einlösung dieser Vorstellungen verbunden waren, wurden zwar deutlich unterschätzt und waren noch immer verschwommen; aber rückblickend ist hier der Keim der sich herausbildenden *ifu*-Leitvorstellung gelegt worden, die zutreffender als Interkulturalität im Weltmaßstab zu bezeichnen ist.

Zweitens: Bei der Konturierung der Curricula ließen es die materiellen Gegebenheiten in der Regel nicht zu, über bereits vorhandene internationale Vernetzungen hinaus weitere Kolleginnen in der Vorbereitungszeit zu rekrutieren. Dies hatte mit Sicherheit auch konzeptionelle Auswirkungen, die später denkbare Erweiterungen zum Teil verhinderten. Die multinationale wie auch weltregionale Zusammensetzung des Kreises der 313 Lehrenden aus 49 Ländern kann aber zweifellos als großer Erfolg gewertet werden. Dass der Akzent bei der Rekrutierung der Dozentinnen auf dem deutschen und nordamerikanischen Raum verblieb, das ist verbesserungsbedürftig; ein Blick auf andere internationale Wissenschaftsveranstaltungen und -praxen spricht jedoch für die diesbezüglich von der *ifu* vollbrachte herausragende Leistung.

Drittens – und das ist entscheidend – verschob sich die angestrebte Quotierung bei den Teilnehmerinnen sehr markant. War schon das von den *ifu*-Initiatorinnen angestrebte Drittel von Frauen aus dem „Süden" im Vergleich mit der deutschen Hochschullandschaft einmalig, so stellte die spätere Zusammensetzung die Verhältnisse vom Kopf auf die Füße und entsprach weit mehr den tatsächlichen Mehrheitsverhältnissen, die zwischen den oft gebildeten Polen: dem „Westen" und dem „Rest der Welt", dem „Norden" und den „Ländern des Südens" bestehen. Die Zusammensetzung der Teilnehmerinnen, die sich nach Abschluss von Auswahlverfahren und Stipendienvergabe etwa Ende Februar 2000 abzeichnete, wurde von allen Akteurinnengruppen begrüßt, brachte aber auch zusätzliche Bewältigungsanforderungen nicht zuletzt im Bezug auf Interkulturalität mit sich. Außerdem war erst zu diesem Zeitpunkt wirklich abzusehen, dass die Zugelassenen zwar die formalen Studienvoraussetzungen als kleinsten gemeinsamen Nenner erfüllten, darüber hinaus jedoch über äußerst heterogene und nur schwer vergleichbare Qualifikations- und Kompetenzprofile verfügten. Das alles brachte eine Dynamik ins Spiel, deren Bewältigung in der letzten Phase der Vorbereitung für alle Beteiligten eine große Herausforderung darstellte und die den Verlauf des Studiensemesters maßgeblich mitbestimmte.

3. Aufgabenstellung Interkulturelle Kommunikation

> Kultur ist also nichts Feststehendes, Undynamisches, sondern das Ergebnis von Auseinandersetzungen, Kommunikation, Kampf, Selbstbehauptung und Verhandlung.[5]

Die in der konzeptionellen Entwicklung folgende Station stand unter dem Stichwort „interkulturelle Kommunikation". Zeitlich setzte sie im Frühjahr / Sommer 1999 ein. Mit ihr verbunden war ein Wechsel der beauftragten Akteurinnen. Die Zuständigkeit für die Querschnittsaufgabe Interkulturelle Kommunikation wurde auf die Ebene der ab Mai 1999 für die *ifu* arbeitenden Koordinatorinnen delegiert. Inhaltlich oblag sie der Koordinatorin des Projektbereichs MIGRATION, während das zentrale Projekt Service Center für die existenziellen Rahmenbedingungen des Studierendenalltags zuständig war und eine weitere Koordinatorin die Verantwortung für die Konzeption der Tutorinnenschulung für dieses Thema übernahm. Zur Bewältigung der Gesamtaufgabe bildeten die drei Beauftragten eine Arbeitsgruppe.

---

5 Helma Lutz: „Ist Kultur Schicksal? Über die gesellschaftliche Konstruktion von Kultur und Migration." In: Leiprecht, Rudolf (Hg.): Unter Anderen. Rassismus und Jugendarbeit. Duisburg 1992, S. 45.

Das erste Positionspapier, das anlässlich der feierlichen Amtseinsetzung der Dekaninnen im Juli 1999 in Hannover vorgelegt wurde, belegt neben einem differenzierten Problembewusstsein die Sichtweise von interkultureller Kommunikation als einer zentralen Herausforderung für den künftigen wissenschaftlichen Austausch:

> „Intercultural communication is bound to be a basic component of teaching and learning methods in the *ifu* curricula. Beyond this, strategies need to be developed to cope with the generally complex communication situation of this experimental international university. Last but not least, it needs special emphasis on an equal distribution of regional origin not only among students and faculty, but also among other scientific personnel and at the executive level as well."[6]

Der Kreis der die Projektbereiche tragenden Lehrenden (im Sinne von Schlüsselpersonen) ebenso wie das zentrale Gremium der *ifu* als akademische Einrichtung, der Council, waren aufgefordert, sich der interkulturellen Kommunikation als einer essenziellen didaktischen Aufgabenstellung anzunehmen und an ihrer Bewältigung mitzuwirken.

Rückblickend lässt sich feststellen, dass diese versuchte Initiation einer Praxis des Zusammenwirkens nicht wirklich griff. Von den organisatorischen Bedingungen her war der appellierende Charakter des Papiers ebenso angemessen wie logisch stringent, da die Gruppe der Koordinatorinnen im Rahmen der akademischen Struktur lediglich indirekt Einfluss nehmen konnte, aber nicht über die maßgebliche Autorität und das strukturelle Durchsetzungspotenzial verfügte. Für die *ifu* als Ensemble von Praxen ist wichtig, dass hier die dringende Notwendigkeit bestand, Akteursebenen miteinander zu verbinden. Von der tatsächlichen Entwicklung her ist zu sagen, dass das Council als das Gremium, aus dem heraus die Ausgestaltung dieser Querschnittsaufgabe hätte verbindlich gesteuert werden können, in dem Augenblick erst in Gründung begriffen war und sich seine Handlungsfähigkeit aus einer Reihe von Gründen nicht voll entfaltete. Im Endergebnis nahm das Gremium als Ganzes die Herausforderung einer interkulturellen Kommunikationspraxis als Auftrag an sich selbst und an die weitere Planung der *ifu* nicht an, konnte sie auf Grund der schwierigen Bedingungen wohl gar nicht annehmen. Auch für die Dekaninnen der Projektbereiche ist daran zu erinnern, dass sie ihre Anstrengungen für die *ifu* unmittelbar bis zum Semesterbeginn als zusätzliche Arbeitsbelastung erledigten und die Kapazitätsgrenzen bei den Beteiligten tendenziell bereits überschritten waren. Plausibel erscheint zudem, dass die Problematik einer Lehrpraxis, die besondere und neuartige Anforderungen stellen würde, zum damaligen Zeitpunkt nicht genügend drängte, zumal noch Unklarheit über den tatsächlichen Teilnehmerinnenkreis herrschte. Darüber hinaus standen noch andere Aufgaben wie etwa die Feinkonzeptionierung der

---

6 Intercultural Communication. Als Tischvorlage eingebrachtes Positionspapier für die konstituierende Sitzung der Projektbereiche und zentralen Projekte anlässlich der feierlichen Inauguration der Dekaninnen, Hannover, 10. Juli 1999 (*Ifu* 1999).

Curricula im Vordergrund, und es galt, die Projektbereiche wie die *ifu*-Gremien als Praxen funktionsfähig zu machen.

Im Rückblick auf international besuchte *ifu*-Veranstaltungen wie die Inaugurationsfeier oder auch das „Richtfest" im Oktober 1999 fällt auf, über welche Vorstellungen hinsichtlich der Problematik des interkulturellen Miteinanders Konsens bestand und welche Bereiche ausgeblendet blieben. Diskutiert wurde über Probleme, die sich aus „Essen als Kulturphänomen" ergaben, wie etwa die nach wie vor unzulängliche Fähigkeit von Restaurants oder Catering-Anbietern in Deutschland, sich auf die Bedürfnisse von Menschen, die sich vegetarisch, vegan, koscher oder nach muslimischer Tradition etc. ernähren, einzustellen. Im internationalen Kreis wurde ebenfalls heftig über künstlerische Performances debattiert, die für eine internationale und polykulturelle Frauenuniversität als geeignet bzw. ungeeignet erachtet wurden.

Was nicht angesprochen und somit wohl auch nicht als diskussionswürdiges Thema erkannt wurde, waren die Konventionen, Regeln, Verfahren und Formen für die in der *ifu* und ihren Gremien gepflegten kommunikativen Praxen. Für dieses Ausklammern dürfte es verschiedene Motive und Gründe gegeben haben. Für die gastgebende Seite lässt sich anführen, dass diese Thematik im Bereich der deutschen Hochschule (wenngleich mit Sicherheit nicht nur dort) bislang schlichtweg nicht existiert. Aber auch Erfahrungen auf dem „internationalen", d.h. in der Praxis „westlich" und angloamerikanisch geprägten Wissenschaftsparkett verleiten dazu anzunehmen, dass das kommunikative Miteinander, seine Standards und Konventionen, universelle Gegebenheiten sind. Möglicherweise wird im Bestreben dazuzugehören, das Erlernen dieser Regeln und Konventionen als selbstverständlich zu erbringende Leistung verstanden. Die vielleicht gerade bei Frauen zu vermutenden Entfremdungs- und Marginalisierungserfahrungen in der akademischen Welt scheinen jedenfalls im Zuge der erfolgreich vollbrachten eigenen Akkulturationsleistung tendenziell unterdrückt zu werden. Im Ergebnis fand der in der *ifu* realisierte intellektuelle und wissenschaftliche Austausch so gut wie vollständig unter Kuratel der etablierten Standards des akademischen Betriebs statt.

4. Das *ifu*-Konzept von Interkulturalität

> Kultur verstehen wir als faktische und imaginative Praxis der Erzeugung,
> Bewahrung und Veränderung von symbolischen Differenzen
> und sozialen Macht- und Ungleichheitsverhältnissen.[7]

Schon das kurze Positionspapier zur interkulturellen Kommunikation hatte darauf hingewiesen, dass Internationalität keine zwingende Voraussetzung für ein

---

7   Mecheril, Paul: Zu den Begriffen Multikulturalität und Interkulturalität. In: *Ifu* 2000, S. 39.

interkulturelles Setting sei. Damit war eine weit verbreitete Vorstellung in Frage gestellt, derzufolge Kultur „sozusagen in verschiedenen Paketen auftritt, durch die sich menschliche Kollektive, welche wiederum in der Regel zu bestimmten Territorien gehören, auszeichnen und unterscheiden" (Hannerz 1995, S. 67). Die Vorstellung von Kultur als homogenes, in sich geschlossenes, territorial fest verankertes System muss spätestens seit den 1990er Jahren und unter den Vorzeichen von Globalisierung, informationstechnischem Wandel sowie dem Hervortreten der Netzwerkgesellschaft[8] als obsolet gelten. Für die gesellschaftliche Wirklichkeit der *ifu*-Macherinnen und -Vorbereiterinnen gilt, dass interkulturelle Konstellationen einen festen Bestandteil ihres Lebensalltags bildeten. Ob Hannover, Kassel oder Hamburg[9]: „Normale" Alltagssituationen sind zunehmend dadurch gekennzeichnet, dass Menschen, die miteinander in Austausch treten, sich in Hinblick auf ihre soziale, ethnische, religiöse, generationsspezifische, Gender- sowie sexuelle Identität unterscheiden.[10] Um so mehr war für das *ifu*-Semester zu erwarten, dass die spezifische Zusammensetzung einer so großen Zahl beteiligter Akteurinnen die Heterogenität des Gesamtprozesses und die Komplexität der auszuhandelnden und auszuhaltenden Differenzen zusätzlich erhöhen würde.

Am 11. Februar 2000 fand in Hannover ein Workshop zum Thema Interkulturalität statt, an dem Akteurinnen der unterschiedlichen Ebenen von der Präsidentin über die Dekaninnen, Projektleiterinnen, Dozentinnen und Koordinatorinnen bis zu den Kolleginnen in der Verwaltung, den Sekretariaten beteiligt waren. Erstmals gab es ein gemeinsames kommunikatives Handeln, und es gelang, ein anspruchsvolles und weites Kulturkonzept zu etablieren, das die Gefahr einer Überstrapazierung kultureller Unterschiede als Konfliktquelle und einer Exotisierung des kulturell scheinbar so Anderen aufzeigte.

Der Workshop stellt ein Schlüsselereignis für die Entwicklung des Interkulturalitätskonzeptes der *ifu* dar. Die dort diskutierten theoretischen Grundlagen deuteten an, dass wir es im Falle der *ifu* als Praxis im Grunde mit zwei Kulturkomplexen oder mit einem kulturellen „Außen" bzw. Makro-Umfeld und einem kulturellen „Innen" zu tun haben würden. Ausgehend von einem weiten Kulturbegriff kritisierte Paul Mecheril den in der bundesrepublikanischen Gesellschaft etablierten Begriff von Multikulturalismus, der nach seiner Analyse dazu dient, die unproduktive Vorstellung von Kulturen als etwas Feststehendes, Essenzielles, in sich Geschlossenes und Homogenes aufrechtzuerhalten. Damit

---

8 Vgl. Castells, Manuel: Der Aufstieg der Netzwerkgesellschaft. Opladen: Leske + Budrich, 2001.

9 Die Situation im ländlichen Suderburg hob sich hiervon merklich ab, was sich auch in Bezug auf Interkulturalität in überraschenden Endergebnissen niederschlug.

10 Zu verweisen ist hier aber auch auf die gegenläufige Tendenz, d.h. Strategien der Exklusion, Abgrenzung und Abkapselung, und auf die konsequente Vermeidung solcher Situationen.

richtete er den Blick auf das die *ifu* umgebende kulturelle Terrain, auf das von da an im internen Austausch meist mit dem Begriff der „Dominanzkultur" Bezug genommen wurde (vgl. Rommelspacher 1995). Maria del Mar Castro Varela wies in ihrem Impulsreferat auf die Möglichkeit hin, das Feld Hochschule und ein singuläres Hochschulprojekt als kulturelle Praxis zu begreifen.

Für die Vorbereitung des bevorstehenden *ifu*-Semesters gelang es, an diesem Tag zentrale theoretische Ausgangspositionen zu etablieren und gleichzeitig einen überzeugenden Brückenschlag in die konkrete Umsetzung zu offerieren. Das Konzept ANDERS stellte eine hervorragende Grundlage für die Auseinandersetzung mit der interkulturellen Dimension curricularer und didaktischer Fragen bereit:

A *Auftragsorientierung*. Aus der ursprünglichen Beratungssituation in den Kontext der wissenschaftlichen Lehr-/Lernsituation übertragen, heißt das: eine Orientierung auf die gemeinsame Erarbeitung von Konzepten, die bewusst davon absieht, Expertenlösungen überzustülpen.

N *Nichtwissen*. Gemeint sind die Akzeptanz und das Zulassen von Nichtwissen auf allen Seiten. Hierdurch bieten sich auch Chancen für Zusammenarbeit. Nichtwissen und dessen Eingeständnis wird als Element von Professionalität und als Möglichkeit verstanden, Handlungs- und Veränderungsfähigkeit zu erhalten. Wissenschaft lässt sich auch als eine Anhäufung von Wissenslücken verstehen, deren Anerkennung ein Handeln ermöglicht, das diese Lücken überspringt, umgeht oder auch schließt.

D *Dominanzsensibilität* im Sinne einer Sensibilisierung für die Kategorien von Über- und Unterordnung, für das Wahrnehmen und Reflektieren der Dominanzkultur und -haltungen sowie der Ordnung, die dadurch entsteht.

E *Empowerment* im Sinne der Anerkennung des Gegenübers, der Entwicklung einer Sichtweise vom Gegenüber als eines Experten bzw. einer Expertin und der Bereitschaft, Macht zu teilen.

R *Respekt* im Sinne der Anerkennung des Gegenübers als eines selbstbestimmten und vernünftigen Objekts bzw. Wesens.

S *Selbstreflexivität* im Sinne von Infragestellung der eigenen Haltung und Handlungen als Revitalisierung, als Wahrnehmung der Machtverhältnisse und der eigenen Verstrickungen in diese. (s. *ifu* 2000, S. 12)

Der Workshop offenbarte die vorhandene Sensibilität für das Thema und die von den Anwesenden vorangetriebenen Bemühungen. Es zeigte sich, wie notwendig das Insistieren auf konzeptionellen wie praktischen Lösungen für die absehbaren Problem- und Konfliktsituationen eines interkulturellen Hochschulalltags ist. Er machte deutlich, dass ein differenziertes Konzept auf Basis eines weiten und prozessbetonten Kulturbegriffs das Nachdenken bzw. Imaginieren möglicher Formen von kollektivem wie individuellem „Anders-Sein" in Bezug auf alltagsrelevante Situationen keineswegs überflüssig macht. Die Gefahren des „Othering" als kulturalisierende Eigenkonstruktion einkalkulierend, wurde über konkret Vorfindliches bzw. nicht Vorfindliches an den unterschiedlichen *ifu*-Standorten nachgedacht und debattiert. Dies reichte von Essgewohnheiten, seien sie regional, religiös, gesundheitlich, lebensphilosophisch oder individuell begründet, über unterschiedliche Kommunikationsformen und -regeln (unterschiedliche Standards und Bedeutungen von Höflichkeit, von Nähe und Distanz, unterschiedliche kommunikative Strategien in der Praktizierung von Auseinandersetzungen, etc.) bis hin zu potenziell divergierenden Erwartungen an eine akademische Kultur und ihre Rituale.

Eine Workshop-Dokumentation belegt die weit reichenden theoretischen wie auch praxisbezogenen Erkenntnisse, die aus der Arbeit am Nachmittag resultierten. Es wurde eine Fülle von teils sehr konkreten Vorschlägen erarbeitet, deren Umsetzung mit Sicherheit zu einer Optimierung der *ifu*-Praxen geführt hätte. Als Beispiel kann auf die empfohlene Etablierung eines Frühwarnsystems für interkulturelle Konflikte verwiesen werden, für dessen Ausgestaltung z.B. Komponenten vorgeschlagen wurden wie: ein jour fixe für die Diskussion von Konflikten; eine Schulung der Tutorinnen im Sinne von Beobachterinnen; die Institutionalisierung eines regelmäßigen Austauschs über latente oder offene Probleme und Konflikte zwischen Teilnehmerinnen, Mitarbeiterinnen und Professorinnen; die Einrichtung eines Kummerkastens bzw. von Hotlines.

5. Umbrüche, Abbrüche, Aufbrüche

> In den Arbeitsgruppen wurden Desiderata wie Transparenz, Verantwortung, Reflexion und Kritik als zentrale Elemente einer produktiven *ifu*-Kultur identifiziert. Kernbegriffe, die immer wieder auftauchen, sind Information, Dialog und Prozessorientierung, Verlassen von Sicherheiten, Fehlerfreundlichkeit und Lösungsorientierung.[11]

Mit den auf dem Februar-Workshop erarbeiteten Grundlagen stand also auch für die in der akademischen „Dominanzkultur" verwurzelten Akteurinnen ein Instrumentarium zur Verfügung, mit dessen Hilfe die Tauglichkeit der Curricula, Lehrmethoden und Kommunikationsformen für die sich abzeichnende interkulturelle Konstellation hätte reflektiert werden können. Eine Modifizierung und konkrete Umsetzung des erreichten Vorbereitungsstandes blieb jedoch weitgehend aus. Dies kann unter den gegebenen Bedingungen und dem akuten zeitlichen Druck in Kenntnis der zu bewältigenden Anforderungen nicht verwundern. Die konzeptionelle Entwicklung stagnierte in dieser Phase vor dem Studiense-

---

11 Aithal, Vathsala, und Weber, Susanne: Resumée und Empfehlungen der Moderatorinnen. In: *Ifu* 2000, S. 4.

mester; die vorhandenen Ressourcen und Kräfte wurden anderweitig eingefordert. Für die Situation ist kennzeichnend, dass der ursprünglich geplante, nunmehr auch international besetzte Workshop unter Beteiligung der Mitglieder des Council und weiterer an der Lehre beteiligter Kolleginnen nicht stattfand. Die meisten Eingeladenen sagten ihre Teilnahme aus Zeitmangel ab.

Es gibt mindestens zwei Bereiche, in denen man eine vertiefende Reflexion und darauf folgende Umsetzung auf der Basis des mit dem Workshop erreichten Diskussionsstands hätte vorantreiben müssen: in der Absicherung der Rahmenbedingungen des studentischen Lebensalltags und bei der Ausgestaltung des forschenden Lernens während des *ifu*-Semesters. Wir maßen uns nicht an, die Situation im Bereich Service Center angemessen beurteilen zu können. Eine Insider-Einschätzung wird von den betroffenen Kolleginnen (s. Bradatsch und Puscz in diesem Band) gegeben. Es spricht jedoch einiges dafür, dass die Anforderungen, die mit diesem für deutsche Verhältnisse absoluten Neuland verbunden waren, von ihrem Kräfte- und Ressourcenverbrauch her unterschätzt bzw. die Tauglichkeit vorhandener Strukturen womöglich überschätzt worden waren.

In diese Richtung deuten jedenfalls Trends und Einsichten aus dem von den Mitarbeiterinnen in Anspruch genommenen zweiten Workshop zum Thema Interkulturalität. Hier zeigte sich, dass sich die Sorgen und Ängste weniger auf den Bereich interkultureller Konflikte als solche richteten als vielmehr darauf, ob die vorhandene Power zur Bewältigung der organisatorischen Probleme reichen würde. Es waren immerhin die Herausforderungen eines dreimonatigen Studienalltags aufzufangen, in dem im Unterschied zum regulären deutschen Hochschulbetrieb die Institution selbst die Verantwortung dafür trug, ihre Klientel in kürzester Zeit in die Lage zu versetzen, sich eine tragfähige Alltagsstruktur zu schaffen, in einer vielen Beteiligten äußerst fremden Umgebung zurechtzukommen und sich umgehend in die wissenschaftliche Arbeit einzufinden. Vor diesem Hintergrund war die entscheidende Frage nicht die, ob der vorhandene Professionalitätsgrad im Umgang mit interkulturellen Problemen genügen würde, sondern vielmehr, ob die verfügbaren Kräfte, Ressourcen und Infrastrukturen hierfür ausreichend waren. In den auch exemplarisch z.B. in Rollenspielen ausagierten Befürchtungen zeichnete sich bereits eine Struktur ab, die in den später von Teilnehmerinnen aufgeschriebenen Geschichten[12] bestätigt wird: Organisatorische Mängel bzw. Unterbesetzungen bergen die Gefahr einer antagonistischen Positionierung von Mitarbeiterinnen und Teilnehmerinnen; der Umgang miteinander bzw. mit dem zu lösenden Problem impliziert dann auf beiden Seiten die Gefahr einer Kulturalisierung des Konflikts. Auf die interkulturelle Konstellation bezogen zeigten sich insbesondere Ängste und Befürchtungen vor hoffnungslosen Überforderungen auf Grund schlechter Rahmenbedin-

---

12 Gemeint ist die Sammlung „A Hundred Stories for a Hundred Days." Written and compiled by Melinda Madew (ed.). Hanover, October 27, 2000.

gungen, vor Missverständnissen, aber auch vor Kritik. Ansatzweise spürbar wurden auch die in der Bundesrepublik gerade im Hochschulbereich herrschende Unerfahrenheit bzw. die mangelnde Wahrnehmung interkultureller Problemsituationen und die Notwendigkeit eines Trainings für Konfliktbewältigungsstrategien, die helfen, dass Rassismus- bzw. Ethnozentrismusvorwürfe nicht als K.o.-Kriterium das Ende von Verständigung darstellen, sondern konstruktiv bearbeitet werden können.

Für künftige Anstrengungen verdeutlichen die *ifu*-Praxen auch die Notwendigkeit, sehr gründlich über Selbst- und Fremdbilder der Organisation nicht zuletzt unter dem Genderaspekt nachzudenken. Vielleicht provokativ, in jedem Fall selbstkritisch sehen wir, dass die allseitigen (inklusive der eigenen) Erwartungen an „Mama *ifu*" im Vergleich zu jenen, die an eine „normale" Organisation gestellt werden, deutlich andere und teils erheblich überzogene waren und dass „wir" als Organisation bzw. Vorbereitende hierzu in mehrfacher Hinsicht kräftig beigetragen haben. Dies konfrontiert uns mit einem kulturellen, vielleicht sogar transkulturellen Phänomen, das mit unbewusst projizierten Weiblichkeitsvorstellungen zu tun hat.[13] Eine kritische Haltung zu bestehenden Organisationen (wie z.B. der deutschen Hochschule) verleitete tendenziell dazu, die *ifu*, weil sie nur von Frauen getragen war, mit dem problematischen Ideal der perfekten Mutter zu besetzen. Zu dieser Fehlleistung haben „wir" als Organisation insgesamt besonders durch die Außendarstellungen und unser „we take care of everything" einen gehörigen Anteil beigetragen. Für die Zukunft sollten wir uns eindeutig vom Selbstbild und vom veröffentlichten *Image* der Supermutter als topgestylter Überfrau verabschieden, was mitnichten bedeutet, sich aus Verantwortlichkeiten gegenüber den Teilnehmerinnen zu stehlen. Vielmehr geht es darum, auf Grund der Erfahrungen des Jahres 2000 sehr gründlich zu reflektieren und zu diskutieren, was von Seiten der Organisation hinsichtlich der Infrastruktur bereitgestellt werden muss, um Studierende aus aller Welt – nach den Prinzipien des „Empowerment" und der „Hilfe zur Selbsthilfe" – in die Lage zu versetzen, ihren Studien- und Arbeitsalltag weitestgehend eigenständig zu organisieren und sich dort rasch einzurichten.

Was die Ausgestaltung eines forschenden Lernens für einen weltumspannenden Studierendenkreis angeht, so scheint ein weiterer Aspekt bedenkenswert. Aylâ Neusel hat die *ifu* einmal als „loosely coupled system" bezeichnet und dieser Eigenschaft einen hohen Wert zuerkannt. Dem schließen wir uns an. Auf Grund der Erfahrungen des Sommers 2000 pochen wir aber darauf, dass auch und gerade unter dem Aspekt der Interkulturalität das Moment des „coupling" – d.h. die Elemente und Dimensionen, die das Zusammenwirken dieses „Systems" gewährleis-

---

13 Wir vermuten, dass Weiblichkeitsvorstellungen in den Erwartungen an die *ifu* in jedem Fall eine Rolle gespielt haben, dass diese kulturabhängig variierten, aber im Ganzen gesehen eine gemeinsame Schnittmenge bildeten, die im Einzelnen genauer untersucht werden müsste.

ten – einer eingehenden Reflexion und auch sozialer und organisatorischer Neuerfindungen bedarf. Insbesondere sollten das Spannungsverhältnis zwischen übergreifender Aufgabenstellung einerseits und autonomem Handeln (etwa seitens der Projektbereiche) andererseits überdacht und Lösungsmöglichkeiten diskutiert werden. Aus der Distanz betrachtet erscheint uns die hier zu Grunde liegende Problematik nicht als *ifu*-Spezifikum, sondern vielmehr als Engpass, der mit der spezifischen Beschaffenheit des deutschen Hochschulsystems zusammenhängen dürfte. Die *ifu* war insofern ein Extremfall, als sie als eine kleine, aber vollzeitig für die Sache tätige Organisation mit einem lockeren Netzwerk von Professionellen kooperierte, die die akademisch-inhaltliche Verantwortung trugen, aber über weite Strecken ehrenamtlich und zusätzlich neben ihrem Berufsalltag für die *ifu* tätig waren. Die Schwierigkeit, Querschnittsaufgaben bzw. sich neu ergebende An- und Herausforderungen adäquat zu implementieren, ist jedoch nicht auf diesen spezifischen Kontext beschränkt. Künftig müsste man interkulturelles Forschen und Arbeiten als übergreifende Herausforderung angehen, wobei eine zumindest partielle Übertragbarkeit der Erkenntnisse auf die generelle Hochschulsituation genauer zu erörtern wäre.

6. 100 Tage interkulturelles Wissenschaftsexperiment – die gelebte *ifu*

> Eine internationale Frauenuniversität ist Ergebnis einer utopischen Vision, und so werden alle [...] ihre eigenen Phantasien über diesen Ort *ifu* haben. Ich phantasiere diesen Ort als einen Ort des Zweifels und Zweifelns und nicht des zweifelsfreien Wissens; als einen Ort, an dem auch gesprochen wird über rassistische Diskriminierungen und unser aller Verstricktheit in rassistische Strukturen; einen Ort, an dem nicht „kulturelle" Vorurteile die intellektuelle Inspiration vereinseitigen und blockieren; einen politischen Ort, an dem widerständige Gegen-Diskurse entstehen.[14]

Bei der Nachzeichnung der prozesshaften Konzeption von Interkulturalität nähern wir uns mit dem Beginn des *ifu*-Semesters im Sommer 2000 und dem Auftritt weiterer Akteurinnen einer Vervielfachung ineinander greifender Praxen. An dieser Wegemarke angekommen, ist zu berichten, was von den vorgestellten Überlegungen intern, aber auch nach außen kommuniziert wurde. Für die interne Situation ist nochmals darauf hinzuweisen, dass Diskussionsstände zwischen den unterschiedlichen Akteurinnengruppen und den relativ autonom agierenden Projektbereichen stark differierten; es gab keinen formal herbeigeführten Konsens über die Interkulturalitätskonzeption seitens der für die Lehre Verantwortli-

---

14 Maria del Mar Castro Varela, „Interkulturalität und Hochschule". In: *Ifu* 2000, S. 44.

chen und kein gemeinsam verabschiedetes Konzept. Interkulturalität blieb ein offenes Projekt, das sich insbesondere bei den intensiv in der und für die Organisation tätigen Mitarbeiterinnen zu einem Schwerpunkt des Interesses und der Aufmerksamkeit entwickelt hatte. Eine von allen Projektbereichen getragene Programmatik bzw. eine durchgängig gleiche Herangehensweise an Interkulturalität existierte jedoch nicht. Nicht zuletzt deshalb wurde auch keine Darstellung präsentiert, die konzeptionelle Geschlossenheit suggerierte.

Für den Studienbetrieb ist nochmals die sehr unterschiedliche Situation in den Projektbereichen zu betonen und festzustellen, dass wir keinen informierten Überblick über diese bieten können. Verallgemeinerungsfähig ist, dass die Interkulturalitätskonzeption im *ifu*-Semester durch performative Handlungen (als „doing interculturality") weiterentwickelt wurde. Besonders gut glückte dies dort, wo es den Beteiligten gelang, gemeinsam Situationen auszuloten und Lücken oder Nischen im Programm zu entdecken oder zu schaffen, in denen Spielräume für eine Partizipation der Teilnehmerinnen genutzt wurden. Dabei konnte es sich um einen von einer Teilnehmerin eingebrachten Fachvortrag handeln, der wegen der Qualität des Inhalts und der Präsentation mit Standing Ovations gefeiert wurde. Es konnte die nicht erwartete unermüdliche Bereitschaft renommierter Wissenschaftlerinnen zu Austausch und Auseinandersetzung in Arbeits- wie Freizeit sein; es konnte sich um die zahlreichen exzellenten Projektarbeiten oder einen Wochenend-Workshop handeln, den muslimische Teilnehmerinnen angesichts ihrer Konfrontation mit westlichen Einschätzungen und (Vor-)Urteilen einforderten und durchführten. Als Bilanz, nicht als Rezept, möchten wir erwähnen, dass sich die Eigeninitiative insbesondere dort mit wunderbaren Ergebnissen entfaltete, wo die Vorbereitung im Sinne der Planerinnen wie auch in der Kritik der Teilnehmerinnen defizitär war.

„Doing interculturality" – das war Gelingen, aber eben auch Fehlschlagen von Verständigung und Austausch, das waren Wahrnehmungen und Fehlwahrnehmungen des Gegenübers als einer „Anderen". „Doing interculturality" waren auch selbst gewählte soziale Identifikationen etwa als „Frauen aus dem Süden" oder als Lateinamerikanerinnen, oder es war das Unbehagen an der Festschreibung der eigenen Person in die Position der „privilegierten Westlerin" oder „hegemonialen Deutschen". Und das waren nicht zuletzt jene Augenblicke der Veränderung, in denen man sich nicht länger auf die „andere" Seite oder auch die „Anderen" in den eigenen Reihen kaprizierte, sondern anerkennen konnte, dass der strukturell in uns allen schlummernde Ethnozentrismus dazu neigt, uns immer wieder ein Bein zu stellen.

Im Lernen beim Herstellen und Verwerfen von Differenzen sind beide Momente produktiv: das Gelingen wie das Fehlschlagen und der Konflikt. Diese Handlungen laufen jedoch nicht in einem gesellschaftsfreien Zusammenhang ab, und selbstverständlich sind hier Asymmetrien und ungleiche Machtverhältnisse im Spiel. Nicht zuletzt deshalb erscheint es notwendig, in vergleichbaren künftigen Arrangements soziale Techniken bereitzustellen, wie sie etwa im Zuge von Diskurs- und Mediationsverfahren erfolgreich erprobt wurden.

Am Gelingen und Fehlschlagen von Verständigung, Kooperation und Austausch über Unterscheidendes hinweg hatten alle Beteiligten ihren Anteil. An dieser Stelle ist es uns jedoch ein besonderes Anliegen, diejenigen hervorzuheben, deren Tun den *ifu*-Alltag mit Leben füllte: die Teilnehmerinnen. Es waren nicht zuletzt ihr Eigen-Sinn, ihre Widerständigkeit wie auch Kooperationsbereitschaft, die dazu beitrugen, dass während des Sommers 2000 Momente einer tatsächlich ANDEREN akademischen Kultur realisiert wurden. Ihr Anteil an der *ifu* als Aufbruch zu einer neuartigen akademischen Praxis gestaltete sich durchaus nicht immer harmonisch. Kennzeichnend für das Entstehen dieser neuen Qualität sind vielmehr Auseinandersetzungen, Reibungen und Konflikte sowie, weit weniger häufig, sogar offener Kampf um Mitgestaltung und Teilhabe gegen gut gemeinte, wenngleich nicht immer gut gemachte Vorgaben.

„Doing interculturality" muss künftig auch in einem positiven Sinne als „managing diversity" umgesetzt werden. Dies betrifft etwa die Anforderung, Menschen bei der Bewältigung von konkret erfahrener Verschiedenheit zu unterstützen, so sie diese als Einschränkung ihres Handelns wahrnehmen und überwinden wollen. Dies kann sich beispielsweise ganz banal und alltagspraktisch darauf beziehen, Orientierungshilfen bzw. eine Einweisung in ein großstädtisches Ambiente zu geben, wo man nicht unbedingt „fremd" sein muss, um sich mit Fahrkarten-Verkaufsautomaten oder den unterschiedlichen Formen von Auskünften, Kennzeichnungen und Hinweisen schwer zu tun.

Für das gemeinsame Forschen und Arbeiten wird es darum gehen müssen, die mitunter ausgesprochen wenig menschenfreundlichen Kontextbedingungen und Umgangsformen des deutschen Hochschulsystems zu reflektieren und Zug um Zug zu verändern. Regeln und Formen des Umgangs miteinander lassen sich ohne große Aufwände vorschlagen und gemeinsam verabschieden; Moderatorinnen können über deren Einhaltung wachen. Denn die Kommunikationsstandards und traditionellen Diskursformen, die in Hochschule und Wissenschaft fest etabliert sind, können nicht nur von einer interkulturellen Warte aus das auslösen, was Bell Hooks einmal „the terror of marginalization" genannt hat. Die Liste ließe sich fortsetzen.

Im Sommer 2000 zeigte sich, dass die Teilnehmerinnen eine Einstellung zum interkulturellen wissenschaftlichen Arbeiten einforderten, die auch im Konzept ANDERS angelegt ist. In den Praxen des *ifu*-Semesters wurde klar, dass das Konzept im Grunde weniger eine Unterstützung für die Studierenden darstellt, als vielmehr eine Hilfestellung für die Lehrenden hätte bieten können und zwar insbesondere im Hinblick darauf, die Lehr- und Lernprozesse in einem umfassenden Sinn als Interaktionen zu gestalten: als gegenseitigen Austausch einschließlich eines jederzeit möglichen Rollenwechsels und im Ergebnis als ein Dazulernen beider Seiten. Das Konzept ANDERS systematisch umzusetzen wäre einem Empowerment, einer Befähigung der Lehrenden zu einem optimierten Umgang mit einer Situation, die vorauszusehen war, gleichgekommen. Dieses Sich-fit-Machen für eine interkulturelle Wissenschaft im Weltmaßstab steht für die Seite der Lehrenden als Zukunftsaufgabe ganz oben auf der Liste des Nachzuholenden.

7. Epilog

> Culture alive is always on the run.[15]

Die Interkulturalitätskonzeption, die durch die Internationale Frauenuniversität in einem lückenhaften und nicht widerspruchsfreien Zusammenspiel erarbeitet und erstritten wurde, betont die Dynamik von Kultur und die Gefahr von Kulturalisierungen, ohne die Existenz verschiedenartiger Kulturkreise im Sinne von Lebensweisen und der sie unterfütternden Bedeutungssysteme zu verleugnen. Wir haben auch Defizite benannt und argumentiert, dass eine Vertiefung und systematischere Umsetzung der gemeinsamen Überlegungen und Arbeitsergebnisse die Aussichten auf ein künftig noch besseres Gelingen vergrößern können.

Durch das *ifu*-Semester sind Lernprozesse in Gang gesetzt worden, die begründeten Anlass zur Hoffnung geben, dass in diesem Land der Anschluss an einen interkulturellen wissenschaftlichen Austausch im Weltmaßstab nicht völlig verpasst wird. Eine Fortsetzung des Prozesses ist erforderlich, um das einzulösen, was Aylâ Neusel bereits anlässlich des *ifu*-Semester 2000 als produktiven Perspektivenwechsel am Horizont gesehen hat: eine Anerkennung der Möglichkeit, „dass die deutsche Hochschule und Wissenschaft von StudentInnen und WissenschaftlerInnen gerade aus den Entwicklungsländern lernen und an Reflexionsvermögen und Erkenntnis gewinnen kann" (Neusel, 2000, S. 51). Ob sie dies annimmt und diese Fähigkeit entwickelt, dürfte die Qualität und Richtung ihres Überlebens maßgeblich mitbestimmen.

Literatur und Quellen

Aithal, Vathsala: *ifu* – an Intercultural Innovation in Higher Education? In: Kunst, Sabine; Kruse, Tanja, and Burmester, Andrea (eds.): Sustainable Water and Soil Management. Berlin, Heidelberg, New York: Springer, 2001, S. 9-19.
Gutiérrez-Rodríguez, Encarnación: Intellektuelle Migrantinnen – Subjektivitäten im Zeitalter der Globalisierung. Eine postkoloniale dekonstruktivistische Analyse von Biographien

---

15 Titel einer Vorlesung von Gayatri Chakravorty Spivak im Projektbereich MIGRATION.

im Spannungsverhältnis von Ethnisierung und Vergeschlechtlichung. Opladen: Leske + Budrich, 1999.

Hannerz, Ulf: „Kultur" in einer vernetzten Welt. Zur Revision eines ethnologischen Begriffs. In: Kaschuba, Wolfgang (Hg.): Kulturen – Identitäten – Diskurse. Perspektiven europäischer Ethnologie. Berlin: Akademie Verlag, 1995.

Ifu 2000: Workshop „Interkulturelle Kommunikation" am 11. Februar 2000 in Hannover. Dokumentation, zusammengestellt von Sabine Lauber.

Internationale Frauenuniversität „Technik und Kultur" (ifu 2001a): Sachbericht an das Niedersächsische Ministerium für Wissenschaft und Kultur über die Universität Hannover zu den erzielten Ergebnissen des Projekts Internationale Frauenuniversität „Technik und Kultur" im Berichtszeitraum Januar bis Dezember 2000. Hannover, Mai 2001.

Internationale Frauenuniversität „Technik und Kultur" (ifu 2001b): Schlussbericht und Erfolgskontrollbericht an das Bundesministerium für Bildung und Forschung zu den erzielten Ergebnissen des Projekts Internationale Frauenuniversität „Technik und Kultur". Mai 1999 bis Juni 2001. Hannover, Mai 2001.

Kaschuba, Wolfgang (Hg.): Kulturen – Identitäten – Diskurse. Perspektiven europäischer Ethnologie. Berlin: Akademie Verlag, 1995.

Kreutzner, Gabriele: Globaler Austausch für eine innovative Forschung und Bildung. Die Internationale Frauenuniversität „Technik und Kultur". In: Zeitschrift für internationale Bildungsforschung und Entwicklungspädagogik, H.1, 2000, S. 26-28.

Madew, Melinda; Kreutzner, Gabriele; Othmer, Regine, und Loreck, Barbara: Internationale Frauenuniversität im Sommer 2000 – ein Dossier. In: Feministische Studien, Heft 1, 2001, S. 100-117.

Neusel, Aylâ: 100 Tage für 100 Jahre – Internationale Frauenuniversität „Technik und Kultur" im Rahmen der Weltausstellung Expo 2000 in Hannover. In: Metz-Göckel, Sigrid, und Steck, Felicitas (Hg.): Frauen-Universitäten. Opladen: Leske + Budrich, 1997, S. 69-92.

Neusel, Aylâ: Die Internationale Frauenuniversität „Technik und Kultur" – das Besondere des Konzepts. In: Neusel, Aylâ (Hg.): Die eigene Hochschule. Internationale Frauenuniversität „Technik und Kultur". Opladen: Leske + Budrich, 2000, S. 33-56.

Neusel, Aylâ (Hg.): Die eigene Hochschule. Internationale Frauenuniversität „Technik und Kultur". Opladen: Leske + Budrich, 2000.

Niedersächsisches Ministerium für Wissenschaft und Kultur (Hg.): Frauenförderung ist Hochschulreform – Frauenforschung ist Wissenschaftskritik. Bericht der niedersächsischen Kommission zur Förderung von Frauenforschung und zur Förderung von Frauen in Lehre und Forschung. Hannover 1994.

Niedersächsisches Ministerium für Wissenschaft und Kultur (Hg.): Berichte aus der Frauenforschung: Perspektiven für Naturwissenschaften, Technik und Medizin. Bericht der niedersächsischen Kommission zur Förderung der Frauenforschung in Naturwissenschaften, Technik und Medizin. Hannover 1997.

Rommelspacher, Birgit: Dominanzkultur. Texte zur Fremdheit und Macht. Berlin 1995.

Melinda Madew

Herausforderung Interkulturalität[1]

Für das *ifu*-Semester des Jahres 2000 findet sich in Deutschland kein Vorbild. Die beeindruckende Anzahl von Teilnehmerinnen und repräsentierten Ländern ist ebenso bekannt wie der Umstand, dass eine annähernd erschöpfende Palette akademischer Disziplinen vertreten war. Dementsprechend erhoffte man sich von der Pilotphase eine inspirierende Ausstrahlung auf die gesamte akademische Welt. Die *ifu* weckte die Erwartung, dass so häufig zu hörende Schlagworte wie Pluralität, Interkulturalität und Multikulturalität hier einen konkreten Ausdruck finden würden: Frauen unterschiedlichster Herkunft und mit äußerst verschiedenartigen Hintergründen trafen an einem Ort zusammen, an dem sie willkommen waren und der ihnen Sicherheit bot.

Die Teilnehmerinnen waren stolz darauf, Teil einer Universität zu sein, die sich anschickte, eine neue Art des Lehrens und Lernens auf der Grundlage von Interdisziplinarität und Interkulturalität zu schaffen. Und es gab auch eine große Offenheit dafür, Erfahrungen zu teilen und wechselseitig die besten Praktiken zu entdecken, die helfen können, unser eigenes Leben und das unserer Gemeinschaften zu verbessern.

Als Tutorin des Projektbereichs KÖRPER nahm ich an der vierwöchigen Vorbereitungsphase unmittelbar vor Ankunft der Teilnehmerinnen sowie den anschließenden drei Monaten des *ifu*-Semesters 2000 teil. Die Argumente und Positionen dieses Beitrags beruhen auf meinen Erfahrungen als einzige aus dem „Süden" kommende und farbige Frau, die der Projektbereich als Tutorin eingestellt hatte. Unter den ursprünglich 14 Frauen in der von mir betreuten Gruppe war auch eine deutsche Teilnehmerin, deren Kompetenz und Empathie eine äußerst wichtige Quelle der Unterstützung darstellte. Auf vielerlei Weisen war sie uns eine „kulturelle Übersetzerin".[2] Während der gesamten vier Monate durfte

---

1   Dieser Artikel wurde von Gabriele Kreutzner aus dem Englischen für dieses Buch übersetzt.
2   Ich möchte an dieser Stelle Anerkennung und Dank für die Unterstützung und Solidarität von Hanna Schwenkglenks und ihrer Familie zum Ausdruck bringen.

ich die mannigfaltigen Vorteile des vertrauensvollen Austauschs genießen, die sich aus unseren Diskussionen als „Frauen aus dem Süden" ergaben. Viele kulturell gebundene Positionen, die ich in den dann folgenden Auseinandersetzungen einnahm, sind mit Sicherheit nicht meine allein. Vielmehr sind es aus einem gemeinsamen Prozess destillierte Geschichten und Überlegungen, eine kollektive Errungenschaft von Frauen, deren Lebenserfahrungen und Sichtweisen sie zueinander führte.

Zentrale Ausgangspositionen

In der *ifu* gab es keine offenen Versuche einer Homogenisierung von Differenzen. Als akademische Gemeinschaft trat die *ifu* prinzipiell für Respekt und Verständnis gegenüber kultureller Vielfalt ein. Gleichzeitig war bei uns die ausdrückliche Absicht vorhanden, jene Bereiche der Einigkeit und Solidarität zu schützen und zu wahren, die Frauen bereits in einer weltweiten Bewegung erstritten haben. Was uns einte, will ich feministische Multikulturalität nennen.

„Feministisch" sage ich aus zwei Gründen: Erstens, weil ein ausgeprägtes Bewusstsein für die weltweite Diskriminierung von Frauen vorhanden war, und zweitens wegen des vorrangigen Engagements für eine Veränderung jener Strukturen, die die Unterdrückung der Frauen aufrechterhalten. Und ich sage „multikulturell" wegen der verschiedenartigen kulturellen Hintergründe der Teilnehmenden. Die Hoffnungen waren auf eine Multikulturalität gerichtet, die sich nicht in dem hippen Entwurf eines „Multikulti-Lebensstils" in Deutschland erschöpfen. Orientierungspunkt war eine Haltung, die das Verständnis für und die Achtung vor Verschiedenartigkeit als einen Transformationsprozess der Bemühungen um die „Ent-Geschlechtlichung" von Gleichheit begreift.

Nach den Erfahrungen des *ifu*-Semesters bleibt die Frage: Was hätten Modell und Definition von Interkulturalität und Multikulturalität in der *ifu* sein können? Zu fragen ist, inwiefern es in dem Pilotsemester gelungen ist, erste Wege in die notwendigen Prozesse hinein auszuloten? Die Frage stellt sich vor allem deshalb, weil an der Universität als Institution kaum strukturelle Unterstützungssysteme vorhanden waren, mit deren Hilfe interkulturelle Prozesse hätten aufgefangen bzw. gefördert werden können. Wie gut war die *ifu* also auf ein multikulturelles akademisches Experiment vorbereitet, das darauf ausgerichtet war, den eigenen Status quo als Repräsentation einer Dominanzkultur einer eingehenden Untersuchung zu unterziehen?

Multikulturalität und Interkulturalität – Versuch einer begrifflichen Annäherung

Seitens der *ifu* hat man vielleicht bewusst vermieden, Definitionen von Multikulturalität und Interkulturalität vorzugeben, da solche Begriffsbestimmungen ja generell äußerst strittig sind. Da beide Konzepte aber in den einschlägigen Texten und Verlautbarungen der *ifu* immer wieder auftauchen, sehe ich für mich die Notwendigkeit, ein tragfähiges Verständnis dieser Begriffe voranzutreiben.

Unter Multikulturalität fasse ich die Pluralität der an die Teilnehmerinnen geknüpften kulturellen Hintergründe. Multikulturalismus ist eine soziale und intellektuelle Bewegung, für die Vielfalt den zentralen Wert darstellt und die darauf pocht, dass alle kulturellen Gruppen mit Achtung und als Gleiche behandelt werden (s. Fowlers and Richardson, 1996).

Vielfalt ist ein Resultat von bedeutungsvollen Unterscheidungen und Zuschreibungen, die sich, auf einer vorläufigen und pragmatischen Ebene, nach zwei Kategorien unterteilen lassen. Die erste Kategorie von Differenzen ist an Attribute gebunden, die für das Individuum selbst nicht veränderbar sind wie etwa der Geburtsort, die ethnische Zugehörigkeit oder Zuordnung in eine „rassische" Kategorie, Alter sowie andere physische und mentale Kennzeichen. Bei diesen Differenzen hat der oder die Einzelne keine Handlungsgewalt über die Zuordnung etwa zu einer Ethnie oder „Rasse". Zur zweiten Kategorie gehören jene Qualitäten und Umstände, auf die das Individuum selbst verändernd Einfluss nehmen kann wie etwa Bildungsstand, Religionszugehörigkeit, Familienstand, Höhe des Einkommens u.a. Der Grad an individueller Einflussnahme hängt dabei von den eigenen Zugangsmöglichkeiten zu sozialen und kulturellen Ressourcen ab. Beide Kategorien von Differenz tragen Implikationen von Macht oder Ohnmacht in sich, von Überlegenheit oder Unterordnung. Bei all diesen Implikationen handelt es sich um kulturell identifizierte Konstrukte. Beide Kategorien zusammen bestimmten die äußerst breit gefächerte Zusammensetzung der *ifu*, die daher Konnotationen von Macht und Privilegien mit solchen von Benachteiligung und Unterlegenheit verknüpfte.

Interkulturalität ist auch ein dynamisches Machtverhältnis zwischen einer Gruppe, die Privilegien und Vorteile in Anspruch zu nehmen versucht, und anderen Gruppen, die sich weigern, eine untergeordnete Position hinzunehmen.

Erfahrungen mit Multikulturalität und Interkulturalität

Aus ihrer Sicht hat die *ifu* für sich verbucht, in all ihren Unternehmungen und Projekten die deutsche akademische Landschaft nicht nur mit interdisziplinärem

Wissen bereichert zu haben, das unter ihrer Schirmherrschaft entstand, sondern auch mit einem Umfeld, in dem ein wechselseitiger Austausch unter Frauen unterschiedlicher Kulturen und Überzeugungen überhaupt stattfinden konnte. Frauen mit gänzlich unterschiedlichen Hintergründen seien in dem globalen Experiment *ifu* zusammengekommen, um miteinander zu arbeiten und zu leben.

> „In einem weltweit nie dagewesenen Ausmaß bot die Internationale Frauenuniversität ein Podium für den Wissensaustausch; einen Austausch, in dem die Stimmen der Wissenschaftlerinnen aus der südlichen Hemisphäre und aus Osteuropa deutlich vernehmbar waren." (Bauschke, 2002, S. 4)

Zu Semesterbeginn gab die *ifu* die von ihr erreichte Heterogenität bekannt: 60 Prozent der Teilnehmerinnen kamen aus Afrika, Asien, Lateinamerika und Osteuropa; 20 Prozent aus den Vereinigten Staaten, Kanada und den Ländern Westeuropas und die verbliebenen 20 Prozent aus Deutschland. Die emeritierte Harvard-Professorin Ruth Hubbard brachte es auf den Punkt:

> „Ich finde diese breite Repräsentation von Frauen aus aller Welt ungeheuer faszinierend (...) Wenn man auf die *ifu*-Karte schaut, mit all den kleinen Nadeln, die anzeigen, woher die Frauen kommen, dann erkennt man, dass diese Frauenuniversität im wahrsten Sinne international ist." (Ruth Hubbard, in: *ifu* 2000, S.11)

Doch Internationalität ist nicht Multikulturalität. Mit Internationalität für sich genommen ließe sich sogar die Vorstellung fortschreiben, individuelle Identitäten seien in erster Linie nach territorialen Ansprüchen eines Landes, einer Nation oder eines Staates einzuordnen. Als die Teilnehmerinnen in den Tagen ihrer Ankunft zu einem Abendessen des Projektbereichs eingeladen wurden, schien es fast als unverzichtbare Notwendigkeit, sie darum zu bitten, sich mit der Angabe ihres Namens und Herkunftslandes vorzustellen. Obwohl dies vollkommen harmlos schien und auch Spaß machte, lag hierin doch auch schon ein Potenzial zur Verstärkung der Kategorien von Privilegien und Benachteiligungen. Eine Teilnehmerin aus Bangladesh schrieb hierzu:

> „Ich möchte die Richtigkeit dieses Vorgehens nicht in Frage stellen, denn wir bekennen uns gerne und mit Achtung zum Land unserer Geburt. Aber kann es nicht sein, dass in dieser Art der Vorstellung auch die unterschwellige Intention am Werke war, Identitätskategorien anhand der politischen oder ökonomischen Stärke unseres jeweiligen Hintergrundes zu etablieren, was insgesamt die Errichtung von Hierarchien nach sich zieht?" (Aufzeichnung von Saydia Kamal, Bangladesh, in „100 Stories for a Hundred Days")

In der Tat impliziert an territoriale Herkunft geknüpfte Identität auf der einen Seite die Macht des Reichtums und des Hilfe-Gewährens und auf der anderen eine Nachrangigkeit, die zum Empfang von Hilfe zwingt. Wie die *ifu* in ihren Verlautbarungen zutreffend feststellte, kamen 60 Prozent der Teilnehmerinnen aus devisenschwachen Ländern, und 78 Prozent der Teilnehmerinnen erhielten ein Stipendium. Folglich war des öfteren zu hören, die Teilnehmerinnen aus dem Süden sollten sich nicht beschweren, sondern „dankbar sein, dass sie hier studieren dürfen" (aus „100 Stories...").

Der Anspruch auf die Verwirklichung von Interkulturalität und Multikulturalität ist also nicht ganz einfach zu bewerkstelligen. In der Tat reise jede Frau mit einer Bürde an, ob dies nun ihre Hautfarbe war oder die Höhe des ihr zu Verfügung stehenden oder fehlenden Geldbetrages; Körpergröße und -umfang, die Geschlechtszugehörigkeit der Person, mit der sie ihr Bett zu teilen pflegt; ihre Sprachkompetenz sowie das vorhandene oder fehlende Selbstvertrauen in Bezug auf die Herausforderung, das Leben in der Fremde zu bewältigen; existierende oder fehlende Kompetenz im Entziffern von Stadt- oder Straßenkarten; Essgewohnheiten. All die trivialen wie schweren Bürden enthalten aber politisch wertvolles Wissen und sind daher im Prozess des interkulturellen Lernens nützlich, denn sie beziehen sich auf kulturelle Differenzen, die sowohl für den Ein- wie den Ausschluss genutzt werden können, für eine Definition als Insider oder Außenseiter, zur Bestimmung des Status als Frauen, die sich als selbstbestimmte Individuen innerhalb der *ifu* behaupten können, oder als Wesen, in denen Differenzen aufscheinen, die das „Andere" assoziieren.

Konfrontationen mit dem „Anderen"

Multikulturalität kann ein mit Konflikten und Schmerzen verbundener Prozess sein, denn man wird in seinem Verlauf mit dem „Anderen" konfrontiert. Dies geschieht jeweils aus einer Position der Gleichheit oder Ungleichheit heraus. Jede Frau, die zur *ifu* kam, wies symbolische Markierungen auf, die nicht nur etwas über ihren Hintergrund enthüllten, sondern auch etwas über ihren Rang auf der Stufenleiter von Macht und Ansehen aussagten. Sehen wir uns ein paar Beispiele an.

Nehmen wir die afrikanischen Teilnehmerinnen, die ihre europäischen Kolleginnen zu einem sonntäglichen Abendessen einluden. Mitten im Gespräch wurden die Gastgeberinnen mit der Frage überfallen: „Seid ihr eigentlich beschnitten?" Oder jene Teilnehmerinnen aus Indien, die man dazu aufforderte zu erklären, warum sie das Bindi tragen (den roten Punkt auf der Stirn), da dieses immerhin als Zeichen der Domestizierung zu verstehen sei. Oder die Frau aus Ghana, die es sehr befremdete, dass ihre Mitbewohnerin ihr am allerersten Tag lang und breit die korrekte Behandlung des Duschvorhangs auseinandersetzte. Oder wie in einer eindeutig als „für Frauen" ausgewiesenen Umgebung eine Gruppe farbiger Frauen angeherrscht wurde, gefälligst den Mund zu halten? Oder die nigerianische Kollegin, die in ihrer Unterkunft eine von der Mutter der deutschen Mitbewohnerin angebrachte Nachricht vorfand, die in aufgebrachtem

Ton von ihr verlangte, sie müsse endlich lernen, mehr Sorgfalt beim Putzen von Küche und WC walten zu lassen (Quelle: „100 Stories...").

Diese Beispiele und viele mehr sind in das kollektive Gedächtnis der Frauen aus dem Süden eingeschrieben, die ganz verschiedenartige diskriminierende und rassistische Erfahrungen machten. Die Begriffe Interkulturalität und Multikulturalität zwingen uns dazu, den ineinander greifenden Strukturen in unserem Innern nachzugehen, die uns dazu verleiten, diejenige, die durch Rasse, Ethnie, Klasse, geografische Herkunft oder was auch immer als „anders" markiert ist, als minderwertig zu behandeln. Diejenigen, die solche Zeichen an sich tragen, müssen eben lernen; sie müssen sich den Erfordernissen der dominanten Kultur anpassen.

Frauen, die die Herabsetzung ihrer Person zur „Anderen" erlebten, haben viele Fragen gestellt. Zu Beginn der drei Monate gab es eine Zeit, in der Viele eine Phase sprachlicher Zurückgezogenheit brauchten, um zu verstehen, um besser zuzuhören, um mit Einfühlungsvermögen zu beobachten, um sich über ihre Verortung in der *ifu* klar zu werden. Ihr sehr aktives Schweigen wurde allzu oft als passive „Einfältigkeit" und mangelnde Wertschätzung theoretischer Auseinandersetzungen hingestellt (Quelle: „100 Stories..."). Und doch verpassten diese Frauen keine wichtige Gelegenheit, ihre kritische Haltung in Bezug auf das Curriculum und ihre Beziehung zu Akademikerinnen aus dem Norden überzeugend darzulegen. Ein Papier, das von Teilnehmerinnen des Südens mit der Absicht verfasst wurde, ihre Erfahrungen mit dem *ifu*-Curriculum auszuwerten, kommt zu der Feststellung:

> „Über den Süden haben wir aus der Perspektive und im Format des Nordens gehört, nämlich durch geschriebene und vorgetragene Papiere [...] In den meisten Fällen adressierten diese Papiere weder unsere Anliegen noch unsere Fragen. In manchen Fällen kamen die abstrakten und abgehobenen theoretischen Erörterungen einem Angriff ziemlich nahe. Es gab einen thematischen Schwerpunkt auf Probleme des Südens, so wie der Norden sie konstruiert, etwa in Form einer Überdosis an Auseinandersetzung mit weiblicher Genitalverstümmelung bei gleichzeitig eklatant fehlender Thematisierung der Politik des Hungers." (aus „Feedback from the South")

Und es gab die verbreitete Behauptung, dass Theoriebildung im Norden und Westen vonstatten geht, d.h. in Westeuropa und Nordamerika. Sumati Nair, Dozentin im Projektbereich KÖRPER, die auch Mitglied der das Curriculum vorbereitenden Arbeitsgruppe (CAG) war, beobachtete schon sehr früh, dass dies eine für europäische und U.S.-amerikanische Autorinnen typische Haltung war:

> „Es gibt einen tief sitzenden Eurozentrismus, der mit dem Wissen und der Art seiner Generierung verknüpft ist. Hieran hat die Frauenbewegung sehr gelitten. Als ich (zur *ifu*) kam, hatte ich deswegen diverse Auseinandersetzungen mit Kolleginnen hier. Es wird einfach davon ausgegangen, dass es keine ernsthaften Theoretikerinnen in unserem Teil der Welt gibt, weil diese nicht auf Englisch und nicht international veröffentlichen."

Akademikerinnen, Wissenschaftlerinnen und Aktivistinnen aus den Ländern des Südens kamen mit einer Fülle von Erfahrungen und Qualifikationen zur *ifu*, aus denen nicht der beste Nutzen gezogen wurde, denn sie wurden zu „Studentinnen" degradiert. Dazu erklärten sie:

> „Aufgrund unseres professionellen Status und dem, was wir als feministische Lehrmethode zugrunde legen, trägt die Bezeichnung ‚Studentin' nicht zu unserem Empowerment bei. Wir schlagen vor, dass man uns ‚Teilnehmerinnen' oder auch ‚Delegierte' oder ‚Visiting Scholars' nennt." (aus „Feedback from the South")

Die Qualifikationskriterien für die Teilnahme an der *ifu* kommentierten sie so:

> „Die Kriterien zur Auswahl von Teilnehmerinnen aus dem Norden und dem Süden unterschieden sich. Die meisten Teilnehmerinnen aus dem Süden verfügen über mehr Erfahrung. Diese Frauen haben mehr akademische oder berufliche Qualifikationen als die meisten Frauen aus dem Norden. Viele von ihnen waren besser qualifiziert als ihre Tutorinnen. Das legt nahe, dass wir aus dem Süden qualifizierter sein müssen, um mit dem Norden mitzuhalten. Unsere Qualifikationen wurden nicht optimal genutzt oder anerkannt. Man hat uns auf der Empfängerseite festgesetzt. Was wir mitbrachten, hat man unterschätzt." (aus „Feedback from the South")

Das Sicherheitspolster Uniformität

Es wäre allzu oberflächlich, von der Gleichheit aller Frauen auszugehen. Zu glauben, jede Frau „ist wie ich", mag mit den besten Absichten verbunden sein wie etwa der, die Integrität einer jeden Frau als der eigenen gleichrangig zu (er)achten, da wir alle eigentlich in Bezug auf Rechte, Verantwortlichkeiten und Privilegien gleich(artig) sind. Und doch sind wir durch Differenzen gekennzeichnet. Wie auch immer Differenz anerkannt, geachtet oder gar gefeiert wird: Es lässt sich nicht leugnen, dass Unterscheidungen zur Verteilung von Macht und Privilegien nützlich sind. Macht und Privilegien funktionieren auf Grund ihrer ausschließenden Beschaffenheit.

Frauen, die erfahren haben, dass sie zur „Anderen" gemacht werden, können dennoch mit uneingeschränkter Selbstachtung ihre Fähigkeiten geltend machen und in vollem Bewusstsein dessen, dass sie geringer geschätzt werden, mit jeder Anderen Solidarität üben. Doch es wird ihnen nur sehr schwer gelingen, Achtung zu erringen. Die Frauen aus dem Süden, die das Leben an der Peripherie der dominanten Kultur erfahren haben, haben ihr „Anderssein" politisch vorteilhaft genutzt. Beispielsweise traten sie in wissendem Schweigen zurück, um die Normen, Werte und Praktiken zu kritisieren, die die dominierende Kultur ihnen aufzwingen will. Eine nigerianische Teilnehmerin drückte dies so aus:

> „Wenn ich einer rassistischen Behandlung gestatten würde, die Vorstellung davon zu bestimmen, wer ich bin, so würde ich noch immer am Boden liegen. Aber das tue ich

nicht! Ich lasse mir nicht vorschreiben, wer ich bin. Ich werde tagtäglich mit Diskriminierung fertig. Das ist nicht einfach. Dieser Kampf hat mich geprägt, aber ich lasse mich nicht unterkriegen." (Lilian Ekeanyanwu, Nigeria, in „100 Stories...")

Es liegt nahe, nach jener Sicherheit zu streben, die Uniformität zu bieten scheint. Es hat etwas Verführerisches, sich von jenen Markierungen zu trennen oder sie zu verleugnen, die einen als „weniger wert" etikettieren, und vor den Belohnungen der kulturellen Assimilation und Integration der dominanten Kultur zu kapitulieren. Uniformität wird zu einem Synonym von Einklang, was dem Klischee von „Einheit in Vielfalt" entspricht. Vielfalt ist aber kein vereinheitlichendes Element, sondern sie stört und kann sogar trennen. Sie ist bedrohlich, denn ihre Fragen nach der Politik der Differenz können konventionelle Vorstellungsmuster über die Gleichheit von Frauen demontieren. Vielfalt lässt sich nicht durch die Forderung nach Uniformität zum Verschwinden bringen. Wir haben auch gelernt, dass die Anerkennung von Verschiedenheiten eine nicht gerade wohlschmeckende, aber notwendige Medizin ist.

Audre Lorde hat dies sehr konkret, auf den Raum und den Körper bezogen beschrieben:

> „Wenn eine Feministin einen Raum betritt, in dem Frauen aus der ganzen Welt versammelt sind, will sie sich wahrscheinlich nicht mit dem auseinander setzen, was sie von all diesen Frauen unterscheidet. Den Schwerpunkt auf die Vielheit von Frauen zu setzen, ist in Bezug auf ihre Vorstellungen von Schwesterlichkeit wahrscheinlich zu bedrohlich, deshalb konzentriert sie sich auf die Einheit von Frauen." (zitiert nach Rosemarie Putman Tong, 1998, S. 228)

Jenseits der Publicity-Nummer, farbige Frauen dazu zu bewegen, in ihrer exotisch anmutenden Aufmachung für Pressefotos der „United Colors of *ifu*" zu posieren, geht es in der unterschiedlichen multi- und interkulturellen Praxis um die ernsthafte Auslotung unserer Verschiedenheiten.

Der praktizierte interkulturelle Austausch

Das solidarische Handeln zahlreicher Kolleginnen unter den Tutorinnen und Teilnehmerinnen der *ifu* verdient größte Achtung und Anerkennung. Privilegierte Frauen aus Nordamerika oder Europa streckten nach jenen die Hand aus, die man marginalisierte und aus der theoretischen Auseinandersetzung des Mainstreams ausschloss. Sie verstanden die Tiefe der Wut derjenigen, die kein geeignetes Forum finden konnten, um ihre Gedanken und Fragen zum Ausdruck zu bringen.

Sie verbrachten manchen Abend mit Frauen aus dem Süden, an dem diese sich mit ihrer in den Plenarveranstaltungen erfahrenen Entfremdung auseinander setzten. In einem sicheren, nicht abwertenden Kontext diskutierten sie nächtelang über die Implikationen der Kategorie Rasse in den Gen- und Biowissenschaften, über Ethnozentrismus als Reaktion auf eine den Supremat beanspruchende Kultur oder über eurozentrischen Chauvinismus innerhalb der *ifu*. Diese Frauen aus dem Norden waren unsere kulturellen Dolmetscherinnen im deutschen Alltag. Sie halfen, wenn es galt, mit einem schwierigen Vermieter zu verhandeln, der damit drohte, den Kochtopf aus dem Fenster zu werfen, weil ihn der Geruch unserer würzigen Speisen störte. Sie brachten farbigen Frauen bei, sich gegen Neonazis zu verteidigen, die ihnen in der Straßenbahn auflauerten. Und sie halfen einer Gruppe von Frauen aus dem Süden dabei, Poster aufzuhängen, die den Rassismus auf dem *ifu*-Campus anprangerten. Sie engagierten sich dafür, eine vermeintlich von allen geteilte Wirklichkeit aus unterschiedlichen kulturellen Perspektiven auseinander zu nehmen. Gemeinsam rangen wir mit den subtileren Bedeutungen von Erfahrungen, die sich jenseits der modisch-niveauvollen Theorien artikulierten.

Diejenigen, die bei diesen informellen abendlichen Treffen Geschichten austauschten, waren sich über ihre kulturell geprägten Sichtweisen im Klaren. Hier konnten in die Marginalität degradierte Frauen miteinander den Anspruch der *ifu* auf Multikulturalität im Dialog mit vielen Kulturen einlösen. Hier nahm Interkulturalität auch die Bedeutung eines Brücken-Bauens über das kulturell Trennende hinweg an. Indem wir dies taten, überschritten wir das uns gegenseitig Begrenzende.

In ihrer Beschäftigung mit Differenz warnt Audre Lorde, dass jene nur dann eine reiche Quelle von Interdependenz darstellen kann, wenn Unterschiede in ihren gleichwertigen Stärken anerkannt werden:

„Eine Befürwortung der bloßen Toleranz von Differenz unter Frauen wäre ungeheuerlicher Reformismus. Dies käme der völligen Verleugnung der kreativen Funktion von Differenz in unserem Leben gleich. Differenz darf nicht bloß toleriert werden, sondern sie muß vielmehr als ein Fundus notwendiger Polaritäten begriffen werden, zwischen denen unsere Kreativität nach Art einer Dialektik Funken sprühen kann. Nur dann wird die Notwendigkeit der wechselseitigen Abhängigkeit zu etwas nicht Bedrohlichem. Und nur in dieser wechselseitigen Abhängigkeit verschiedenartiger Stärken, die anerkannt und gleichwertig sind, kann sich die Fähigkeit entwickeln, neue Wege des in der Welt Seins zu suchen wie auch der Mut und die Energie zu handeln, wo es keine verbrieften Rechte gibt." (Audre Lorde, 1994, S.111)

Handeln, wo es keine verbrieften Rechte gibt

Auf Grund ihrer spezifischen Zusammensetzung war die *ifu* ein idealer Nährboden für die Begegnung mit dem Anderen. Wenn sie auch den exotischen Charme einer im wahrsten Sinne internationalen Gemeinschaft besaß, so war ihr doch eine Wirklichkeit eigen, in der bestimmte Frauen marginalisiert, ja in der sie in ihrem „Anderssein" sogar unsichtbar gemacht und in ihren Beiträgen gering bewertet wurden. Die Universität hatte nicht genug ausreichend geschulte Kräfte, die mit den unzähligen Problemen der Frauen umgehen konnten. Diese suchten zuweilen ziemlich verzweifelt Unterstützung in einer fremden Umgebung, in der ihr Leben und ihre Erfahrungen von akademischen Expertinnen angeeignet und in befremdlichen Interpretationen umgedeutet wurden, die sie selbst nicht wiedererkennen, geschweige denn sich zu eigen machen konnten.

Es hätte seitens des *ifu*-Managements mehr Anstrengungen bedurft, Erfahrungen und best-practice-Beispiele anderer Institutionen auszuwerten, die über entsprechende Vorerfahrungen mit Interkulturalität und Multikulturalismus verfügen. Stattdessen stellte sich die *ifu* als eine konventionelle Institution mit zentralistischen Machtstrukturen dar, die es verhinderten, dass Frauen sich mit wesentlichen Beiträgen in partizipatorische, personenorientierte, kulturell sensible und politisch wirksame Prozesse einbringen konnten.

Es wäre naiv zu glauben, dass Multikulturalismus einfach entstehen kann, wenn man nur Frauen in einem Ambiente des gemeinsamen Forschens und Arbeitens zusammenbringt. Es wäre feige, darüber hinwegzugehen, dass Konflikte und Machtkämpfe die Beziehungen untereinander mitbestimmten. Es bedarf des Mutes einzugestehen, dass, obwohl die *ifu* keineswegs nach Homogenität und Uniformität strebte, sie institutionell unerfahren und strukturell schlecht darauf vorbereitet war, die diversifizierten Beiträge der Frauen aus dem Süden zu fördern und von ihnen zu profitieren.

Erzielte Gewinne

Frauen aus dem Süden und ihre Kolleginnen im Norden haben viel voneinander profitiert. Man kann mit Fug und Recht behaupten, dass Gewinn dort erzielt wurde, wo Frauen miteinander in Dialog traten, sich unterstützten, ohne Bedingungen zu stellen, Freundschaft anboten, schwierige Fragen aufwarfen und es wagten, selbst zur Minderheit zu werden, um die transformierende Kraft der Multikulturalität auszuprobieren.

Weil institutionelle Strukturen zur formalen Unterstützung von Multikulturalität nicht vorhanden waren, bauten die Teilnehmerinnen recht erfolgreich ihre eigenen Gegenstrukturen auf. Wie informell auch immer diese gewesen sein mögen, sie waren allemal wirksam darin, Integration in einer interkulturellen Interaktion unter denjenigen zu Stande zu bringen, die an diesem Austauschprozess beteiligt waren.

In der *ifu* waren wir vielen Formen von Andersartigkeit ausgesetzt, deshalb gab es Pluralität und Differenz. In der Konfrontation mit diesen Formen von Andersartigkeit gelangten wir zu einem vertieften Verständnis des „Ich" und

"Wir" in Beziehung zu denjenigen, die uns als die Anderen bezeichneten, wie denen, die wir zu Anderen gemacht haben. Die Begegnungen gaben uns die Kraft, aus bequem eingerichteten Positionen herauszutreten, indem wir anderen Eintritt in unsere Sphäre gewährten, während wir zugleich selbst eine Zutrittsmöglichkeit zu neuem und deshalb bedrohlichem Gelände suchten. Wir taten dies trotz all der damit verbundenen unangenehmen Aspekte, weil wir davon überzeugt waren, dass die Andere nicht etwas Unbegreifliches bleiben darf.

Versuche, die Andere zu begreifen, brachten auch Zorn, Frustration und Scham mit sich. Doch all dies geschah deshalb, weil in der *ifu* eine immens wichtige Frage ihren Ort fand: Wie kann ich Wissen von Frauen erwerben, von denen ich mich durch ethnische und kulturelle Zugehörigkeit, durch die Kategorien "Rasse" und Klasse und viele mehr unterscheide? Wie kann ich die Andere als Botin neuen Wissens, neuer Sichtweisen, und neuer Erfahrungen, die jenseits der meinigen liegen, akzeptieren? (s. Elizabeth Spelman 1988)

In Deutschland legitimieren heute zahlreiche soziale Organisationen und Bildungseinrichtungen ihre Programme und deren Finanzierung mit der Förderung von Interkulturalität. Die wirkliche Herausforderung besteht aber darin, Interkulturalität Substanz zu verleihen und darüber hinaus Menschen von der anderen Seite der Erdhalbkugel ein Denken, Handeln und Verhalten zu lehren, das deutschen WohltäterInnen genehm ist.

Die *ifu* hat den großen und couragierten Schritt dahin unternommen, die "unbegreiflich Andere" kennen zu lernen. Es ist ein kühner Akt, respektvollen Zutritt zu dem zu erlangen, was einst als kulturelles Vakuum betrachtet wurde, um die Bedeutungen und Interpretationen des Lebens anderer Frauen zu verstehen. Denn Frauen waren lange, viel zu lange, in gefährlicher Unkenntnis voneinander in diesem Vakuum eingeschlossen.

Literatur

Bauschke, Carola: From the International University to Intercultural Science, In: *Ifu*: Towards the Future of the International Women's University. Hannover 2002.
Feedback from the South. Zusammengetragen von Cecilia de Mello Souza, Projektbereich Körper bei der ifu.
Fowlers, Blaine, und Richardson, Frank C.: Why is Multiculturalism Good? In: American Psychologist 51, no. 6 (June), S. 609.
Ifu: Towards the Future of the International Women's University. Hannover 2002.
Lorde, Audre: Sister Outsider. Trumansburg, N.Y. 1994.
Madew, Melinda: 100 Stories for a Hundred Days. A compilation of critical incidences in cross-cultural learning. Hannover 2000.
Putman Tong, Rosemarie: Feminist Thought. St. Leonards, New South Wales 1988.
Spelman, Elizabeth: Inessential Woman. Problems of Exclusion in Feminist Thought. Boston 1988.

Gabriele Kreutzner, Heidi Schelhowe, Barbara Schelkle

Nutzerinnenorientierung, Partizipation und Interaktion als Leitprinzipien: Die virtuelle Internationale Frauenuniversität *(vifu)*

In der Diskussion um die Virtuelle Universität arbeitet man heute gerne mit dem folgenden Szenario: Durch die weltweite Verfügbarkeit von Wissen werden Studierende sich nur noch bei den „besten" Universitäten das Lehrangebot „abholen". So wird sich etwa eine Informatik-Studentin in Deutschland nicht mehr mit dem Durchschnittsangebot einer beliebigen Universität zufrieden geben, sondern über das Netz beim MIT oder einem exzellenten privaten Bildungsanbieter mit einem guten Multimedia-Angebot studieren. Virtualität führt nach dieser Logik zu einer Zentralisierung des Bildungsmarktes. Dem müssen sich alle Universitäten durch virtuelle Angebote stellen, mit denen sie sich einen Platz im weltweiten Wettbewerb sichern oder eine Nische erobern, wenn sie überleben wollen.[1] Virtualität wird in diesem Szenario also als ein Konkurrenzmodell zur Präsenzuniversität verstanden.

Das Projekt *virtuelle ifu*, das die Vorbereitung, Begleitung und Fortsetzung der *ifu* im Internet zur Aufgabe hatte, folgte einem anderen Konzept. Die grundlegende Herausforderung, die durch die moderne Informationstechnologie, insbesondere auch durch das Internet, gestellt ist, besteht für uns in „Interaktion" als leitendem Prinzip. „The evolution of computer technology from the 1970s to the 1990s is expressed by a paradigm shift from algorithms to interaction", schreibt Peter Wegner, einer der führenden amerikanischen Wissenschaftler in der Informatik. Die Annahme dieser Herausforderung, die im interaktiven Charakter der Technologie selbst ihren Ausdruck findet,[2] muss sich nicht nur in der Gestaltung und Konstruktion von Technik selbst ausdrücken, sondern auch in den Bildungskonzepten, im Verständnis von Wissen, in Überlegungen zum Lernen von und in Organisationen, die Internettechnologie einsetzen.

Virtualität verstehen wir als neue Chance für Bildung und als eine Ergänzung und Erweiterung von Präsenzlehre. Die Prinzipien der *ifu*, Interkulturalität,

---
1 So etwa im Informatik-Spektrum unter dem Titel „Die Universität im Jahre 2005": Encarnaçao et al. 2000.
2 Siehe hierzu ausführlich Schelhowe 1997.

Interdisziplinarität und Genderorientierung im Rahmen eines postgraduierten, forschungsorientierten Angebots sollen in der Virtualität ihre angemessene Unterstützung finden. Dabei wird die soziale Innovation, die Verfolgung neuer, der heutigen Situation angemessener Bildungskonzepte als Ausgangspunkt betrachtet für die technologische Innovation, nicht umgekehrt. Technologie setzt Bedingungen und eröffnet Möglichkeiten, kann jedoch nicht die politische und pädagogische Gestaltung von Bildungsumgebungen ersetzen oder determinieren.

Virtualität öffnet allerdings nicht von vornherein die Möglichkeit dieses interkulturellen Austauschs. Es bedarf einer bewussten Vorbereitung und Gestaltung der Umgebung. Die in einer Begleitstudie zur *vifu* befragten Expertinnen äußerten mehrheitlich, dass die Vorzüge virtuellen Lernens gerade im interkulturellen und fächerübergreifenden Lernen bestehen: „Lernen gestaltet sich dann als ein sozialer Prozess, bei dem die Teilnehmerinnen zusätzlich Kompetenzen im Bereich des Arbeitens in divers zusammengesetzten Teams erwerben."[3] Hier lag und liegt die besondere Qualität der *ifu* und des virtuellen Lernens im Rahmen der *ifu*.

Die *vifu* bestand aus vier Teilprojekten: dem Aufbau des Servers an der Humboldt-Universität zu Berlin sowie drei weiteren Projekten, die darüber hinaus spezielle Tools und Lernumgebungen für die Projektbereiche ARBEIT (Hannover), INFORMATION (Hamburg) und STADT (Kassel) zur Verfügung stellten und erprobten.[4] Die Teilprojekte arbeiteten autonom und mit unterschiedlichen Schwerpunktsetzungen und Zielgruppen. Dies war dem experimentellen Status des Gesamtprojekts angemessen. Dennoch gab es über die regelmäßigen Treffen des Gesamtteams und über eine Reihe von Einzelkontakten im „realen" und im „virtuellen" Raum eine sehr fruchtbare Zusammenarbeit, gegenseitige Anregung, Ermutigung und Unterstützung. Wir teilten gemeinsame Überzeugungen und Zielsetzungen wie die,

- dass die Herausbildung von Lern-Communities entscheidend ist für erfolgreiches Lernen im Internet;
- dass Lernen ein forschendes, selbstbestimmtes Lernen sein muss mit einem hohen Grad an Autonomie, gleichzeitig aber auch Kooperation und Handlungsorientierung;
- dass wir Frauen über ein Mehr an technologischer Kompetenz zu größerem Einfluss in den Entscheidungsprozessen ihrer Gesellschaften verhelfen wollten;

---

3 Pasero/Landschulze, 2000, S.31.
4 Die drei hier nicht näher vorgestellten Teilprojekte waren: Ko-Konstruktion von Wissen (Leitung: Prof. Dr. Christiane Floyd, Universität Hamburg); Intelligente Online-Wissensbestände für handlungsorientiertes Lernen (Leitung: Prof. Dr. Wolfgang Nejdl, Universität Hannover); Moderiertes Lernen am Internet (Leitung: Dr. Erwin Wagner, Universität Hildesheim).

- dass wir Informationstechnologie und informationstechnische Netze dazu nutzen wollten, interkulturelle Kommunikation zu ermöglichen und eine Vielfalt von Sichtweisen darstellbar und diskutierbar zu machen;
- dass wir flexible, offene, transformierbare Wissensstrukturen im Netz brauchen, um einen Wechsel von Perspektiven zu unterstützen;
- dass Technologieentwicklung gemeinsam mit NutzerInnen stattfinden muss.

Mit unterschiedlichen technologischen Konzepten und Werkzeugen, aber auch mit fruchtbaren gemeinsamen Diskussionen sind wir, so dürfen wir heute feststellen, diesen Zielen gemeinsam ein Stück näher gekommen.

Im Folgenden stellen wir die Arbeit des mit Serveraufbau und Computerschulung mit IT-Unterstützung während der Präsenzphase am Standort Hannover beauftragten Teams näher vor.

1. Das Basisprojekt *vifu*-Server

Entsprechend der Vorstellung von einem zukunftsfähigen wissenschaftlichen Arbeiten als sozialem und situiertem Prozess, in dem die Beteiligten aufeinander bezogen agieren, entwickelte sich Interaktion beim Aufbau des Servers und in der Gestaltung der soziotechnischen Umgebung in allen Bereichen (Methodik der Softwareentwicklung und -auswahl, funktionales und grafisches Design, Vermittlung von Internetkompetenz, Wissensorganisation) zum zentralen Orientierungsmuster. Technologie, Server, Tools und Lernumgebungen wurden anhand dieser Leitlinie im Dienst eines gemeinschaftsbildenden Forschens und Lernens entwickelt.

Virtualität, so unsere Auffassung, muss sich an einer Vorstellung von Interaktion orientieren, nicht am Modell einer Versendestation für „gute" Lehrinhalte, jedenfalls dann, wenn es um interkulturelles Lernen und um ein forschungsorientiertes, postgraduiertes Studium geht.

1.1 Der Aufbau des Servers als kooperative Softwareentwicklung

Beim Aufbau des *ifu*-Servers wurden Methoden verwendet, wie sie im partizipativen, kooperativen Softwaredesign entwickelt wurden (Szenarien, Prototypentwicklung, Diskussionsforen, Workshops). Ende Dezember 1999 war ein erster Prototyp für die neue *vifu*-Site erstellt, der in Zusammenarbeit mit Grafik-Designerinnen konzipiert worden war. Dieser wurde von aktuellen und potenziellen Nutzerinnen evaluiert (Januar bis März 2000). Die evaluierende Nutzerinnengruppe spiegelte in ihrer Zusammensetzung unterscheidbare Nutzertypen der *vifu* wider. Um die zum damaligen Zeitpunkt noch anonyme Gruppe der

Teilnehmerinnen zumindest annäherungsweise berücksichtigen zu können, wurden Studentinnen der Humboldt-Universität einbezogen, über das Diskussionsforum im Netz auch Studentinnen aus anderen Ländern. Das Design des Prototypen wurde anhand von Nutzungsszenarien intensiv diskutiert und überarbeitet. Die auf dem Server bereitzustellenden Dienste wurden auf der Basis der im Evaluationsprozess ermittelten Nutzerinneninteressen und -präferenzen ausgewählt.

Die Anwendung partizipativer Methoden und die Einbeziehung von NutzerInneninteressen sind auch Prinzipien des globalen Lernens. Dies stärkt NutzerInnen als Subjekte ihres eigenen Lernprozesses. Der partizipative Ansatz wurde nicht nur beim Aufbau, sondern auch in der Weiterentwicklung des Servers verfolgt, indem die auf dem Server nach und nach angebotenen Dienste auf die Nutzungszugänge und Bedürfnisse der Teilnehmerinnen ausgerichtet wurden.

1.2 Open-Source-Software

Um (künftige) Nutzerinnen in die Gestaltung einzubeziehen, waren zwei weitere Prinzipien hilfreich: ein möglichst flexibler, modularer Aufbau der Infrastruktur und die Verwendung von Open-Source-Software, also Software, deren Programmtext (Quellcode, Source) offen, d.h. für alle einsehbar ist. Sie bot für das Projekt eine Reihe von Vorteilen:

- Sie ist in der Regel kostenlos, ein für das knappe Budget des Projektes wichtiger Gesichtspunkt. Außerdem bindet man sich bei der Verwendung von Open-Source-Software nicht an ein einzelnes Unternehmen, dessen Lizenzpolitik und wirtschaftlichen Erfolg.
- Dadurch, dass die Programme für alle einsehbar und für einige auch zu verstehen sind, werden Fehler („bugs") hier oft schneller gefunden und über Kommunikation im Netz behoben als in kommerzieller Software, bei der nur wenige EntwicklerInnen den Programmcode kennen und nach Fehlern suchen können. Sicherheitslücken werden dadurch in der Regel schneller geschlossen; die Sicherheit eines Programms ist eher überprüfbar.
- Der offene Quellcode ermöglicht es, Programme an spezifische Gegebenheiten anzupassen. Das war für uns in der *vifu* von besonderer Bedeutung. Die *ifu* ist ein neuartiges Universitätsprojekt, so dass die Anforderungen, die auf eine *virtuelle ifu* zukamen, im Vorfeld nur begrenzt geplant werden konnten. So mussten viele der verwendeten Softwarepakete erst angepasst werden; für manche Problemstellungen fanden wir trotz intensiver Suche gar keine fertige Lösung und mussten selbst entwickeln. Die Verwendung von Open-Source-Software, deren Schnittstellen offenen Standards genügen, ermöglichte dies.

– Die durchgehende Transparenz eines so entstehenden offenen Systems war ein wichtiges Anliegen. Der Server sollte auch Modell sein für eine durchschaubare und nachvollziehbare Entwicklung von Informationstechnologie zum ausschließlichen Nutzen der beteiligten Akteurinnen und Akteure. Dabei sollten Machtgefüge, wie sie sich beim Einsatz von Technologie leicht herstellen, so weit wie möglich vermieden werden.[5]

Ein anschauliches Beispiel für die Prinzipien Partizipation und Open-Source-Software ist die Entwicklung des *ifu*-Directory (von den *ifu*-Teilnehmerinnen auch „Expertinnendatenbank" genannt). Grundlage war die (in einem LDAP-Verzeichnis) realisierte Personendatenbank. Den Teilnehmerinnen sollte ein benutzungsfreundlicher Zugang zu diesen Daten per WWW angeboten werden, der ihnen gleichzeitig das Bearbeiten ihrer eigenen Daten ermögliche. Da im Verzeichnis neben den üblichen Kontakt-Informationen wie Name, Adresse, Homepage auch *ifu*-spezifische Informationen wie Status (Studentin, Tutorin, Mitarbeiterin u.ä.), Zugehörigkeit zu einem Projektbereich und zu *ifu*-Mailinglisten gespeichert waren, hätte beim Einsatz fertiger Standardlösungen nicht auf alle Informationen in gewünschter Weise zugegriffen werden können. Außerdem entwickelte sich unter den Teilnehmerinnen die Idee, ein Expertinnen-Netzwerk zu gründen, das es *ifu*-Teilnehmerinnen erlaubte, in das Directory aufgenommene Personen auch anhand ihrer „Expertise" (Interessenschwerpunkt, spezielles Wissen und Können) zu suchen und zu finden. Da lag es nahe, das schon vorhandene Verzeichnis als Grundlage zu nehmen. Es folgten mehrere Treffen mit interessierten Studentinnen, in denen die technischen Möglichkeiten erörtert wurden. Über eine Mailingliste entwickelten die Teilnehmerinnen einen Fragenkatalog, d.h. sie diskutierten, welche Informationen sie gerne im Verzeichnis recherchieren können wollten. Da LDAP ein offener Standard ist,[6] lässt sich mit nahezu jeder Programmiersprache auf ein LDAP-Verzeichnis zugreifen. Dadurch konnten wir aus den Vorgaben der Teilnehmerinnen und unter Einsatz von Programmiersprachen, die wiederum Open-Source sind, selbst eine webbasierte Schnittstelle zum Verzeichnis entwickeln, die leicht erweiterbar ist, mit der auf alle *ifu*-spezifischen Daten zugegriffen werden kann und die von den Teilnehmerinnen als Ergebnis ihrer Entwürfe einer Expertinnen-Datenbank wahrgenommen und dementsprechend intensiv genutzt wurde. So wurde das *ifu*-Directory, in das viele Teilnehmerinnen auch Fotos eingestellt haben, einer der meist genutzten Dienste des Servers für die wissenschaftliche Vernetzung.

Weitere wichtige Dienste des *ifu*-Servers, die fast alle unter Beteiligung der Nutzerinnen entstanden und mit Open-Source-Software realisiert wurden, sind:

---

5 Weitere Informationen zu den Vorteilen von Open-Source-Software sind unter http://www.opensource.org zu finden.
6 Zum Stand der LDAP-Standardisierung siehe http://www.KingsMountain.com/LDAPRoadmap/CurrentState.html

- Diskussionsforen zu organisatorischen und inhaltlichen Fragen (siehe „Nutzung vor der Präsenzphase");
- ein Homepagetool, mit dem Teilnehmerinnen ohne HTML-Kenntnisse sich und ihre wissenschaftliche Arbeit leicht und schnell im WWW präsentieren können;
- webbasierter Zugang zur eigenen *vifu*-e-mail-Adresse, um von überall in der Welt, auch aus Internetcafés, bequem und ohne Einschränkungen auf die eigene Mail zugreifen zu können;
- Mailinglisten, die von den Teilnehmerinnen selbst verwaltet werden und die sowohl regionale als auch fachliche Netzwerke begründen.

Auch in Verbindung mit der Nutzung von Open-Source-Software hat sich die partizipative Methodik gerade im interkulturellen und äußerst heterogenen Kontext der *ifu* ausgesprochen bewährt und wesentlich zur hohen Akzeptanz des Servers beigetragen. Sie hat insbesondere dazu beigetragen, die Selbstorganisation, das Selbstvertrauen und die Kompetenz der Teilnehmerinnen zu stärken.

2. Die Nutzung des Servers vor der Präsenzphase

Die Nutzung des *vifu*-Servers, der am 15. März 2000 ans Netz ging, war von Anfang an außerordentlich hoch. Es gab insgesamt ca. 4 Millionen Einzelabfragen von mindestens 35.000 unterschiedlichen Rechnern. Die Zugriffe kamen von Anfang an aus aller Welt, von 125 verschiedenen Top-Level-Domains, also mehr als 120 verschiedenen Ländern. Hierbei war die Interaktionsorientierung auch auf Seiten der Nutzerinnen deutlich: Die höchsten Zugriffszahlen hatten die angebotenen Diskussionsforen. Teilnehmerinnen mit einem Netzzugang hatten hier die Möglichkeit, nach Erhalt ihrer Zulassung (ungefähr zu diesem Zeitpunkt) miteinander in Kontakt zu treten und sich über ihnen wichtige inhaltliche wie studienorganisatorische und auf den Aufenthalt bezogene Fragen auszutauschen. Schon in dieser Phase bildete sich durch die immer intensivere Kommunikation unter den Beteiligten und vor dem Hintergrund des zunehmend plastischer werdenden Szenarios einer den Erdball umspannenden Teilnehmerinnenschaft eine deutlich gemeinsame Orientierung heraus. Dies zeigte sich erstmals anlässlich des Umstandes, dass einem Teil der Teilnehmerinnen mit Stipendienbedarf bei der Benachrichtigung über die Zulassung (noch) keine Zusage für ein Stipendium gemacht werden konnte.[7] Aus dieser Unsicherheit heraus

---

7 Zum Zeitpunkt der Verschickung der Zulassungen war noch eine Vielzahl von Verhandlungen mit Stipendiengebern im Gange. Ein differenziertes Verteilungsverfahren,

Nutzerinnenorientierung, Partizipation und Interaktion als Leitprinzipien 237

entwickelte sich neben dem inhaltlichen Austausch ein Interaktionsmuster der gegenseitigen Beratung und Information, des positiven Rückhalts und der empathischen Zuwendung, wenn die eine oder andere die Befürchtung überkam, sie werde am Ende womöglich doch nicht dabei sein können.

Das schon in dieser Phase im „virtuellen Raum" vorhandene Gemeinschaftsgefühl entstand – nach unseren Beobachtungen der Diskussionen in den Foren – aus einer Mischung von fachlichen und anderweitigen Interessen. Man könnte sagen, es entstand in Erwartung des *ifu*-Semesters als eines (imaginierten und erwünschten) ganzheitlichen Ereignisses, das mit dem konventionellen Studienalltag etwa im Rahmen anonymer bundesdeutscher Hochschulverhältnisse nur wenig zu tun hatte. Die im kommunikativen Austausch untereinander lebendig werdenden Szenarien eines gemeinsamen Lebens und Arbeitens, eines Mit- und Voneinander-Lernens weit über die curricularen Inhalte hinaus, können als starke Antriebskräfte verstanden werden.

2.1 Die *vifu*-Community als Solidargemeinschaft: Die Gründung des W.O.M.A.N. Fund

Die Aussicht auf einen Sommer des umfassenden Mit- und Voneinander-Lernens war also ein starker Motivations- und Impulsgeber, der in den Online-Diskussionen vor der Präsenzphase gemeinsam geschaffen wurde. Mit Voranschreiten der Zeit zeichnete sich die Gefahr ab, dass ein Teil der zugelassenen Teilnehmerinnen ohne Stipendium bleiben würde. Nach Online-Austausch um Möglichkeiten einer freiwilligen Ressourcen-Umverteilung („Wer gibt etwas von seinem Stipendium ab und wieviel?" „Wer hat bereits eine Wohnmöglichkeit und stellt gratis einen Schlafplatz zur Verfügung?") und Rückfragen an die *ifu*-Organisatorinnen wurde ein Topf für bedürftige Teilnehmerinnen ins Leben gerufen, der sogenannte W.O.M.A.N.-Fund: We Offer a Money Assistance Network. Bei den Überlegungen, nach welchen Kriterien die Hilfeverteilung zu organisieren sei, d.h. wer in den Genuss einer solchen Unterstützung kommen solle, gingen die Teilnehmerinnen entschieden pragmatisch vor: Es wurde online beschlossen, in einem ersten Schritt die Teilnahme einer im Diskussionsforum stark engagierten *ifu*-Kandidatin zu ermöglichen, nämlich der Kenianerin Mweru Mwingi, die an einer Universität in Südafrika arbeitete und ihre Doktorarbeit plante. Nach einem an Hürden reichen, streckenweise hochdramatischen Weg konnte Mweru Mwingi ihren Studienplatz an der *ifu* wenige Tage nach Semesterbeginn in Hannover einnehmen. Bei der offiziellen Eröffnungsfeier be-

---

das eine angemessene und faire Behandlung aller Projektbereiche, Auswahlkriterien von Stipendiengebern, ein qualifikationsbezogenes Ranking der Zugelassenen sowie soziale Kriterien zu berücksichtigen hatte, war von der *ifu* ausgearbeitet worden.

richtete sie als eine von vier studentischen Rednerinnen über ihre Motivationen und ihren europawärts führenden Hindernislauf:

> „[...] Mich hat verblüfft, wie mit näher rückendem Semesterbeginn dieses virtuelle Forum des gegenseitigen Austauschs sich in etwas sehr Reales verwandelt hat. Mir schien, als ob meine Ankündigung, ich werde wohl nicht dabei sein können, dem sozialen und akademischen Austausch zwischen Frauen in verschiedenen Ländern einen kräftigen Energieschub versetzte, mich nach Hannover zu bekommen. [...] Jetzt, da ich viele dieser Frauen getroffen habe, kann ich auf diese frisch hinter uns liegenden Ereignisse schauen und den sie auslösenden kraftvollen Geist als ‚ubuntu' bezeichnen, was eine afrikanische Lebenseinstellung meint, eine Art, mit Problemen umzugehen und zu handeln. ‚Ubuntu' beruht auf dem Prinzip der Brüderlichkeit bzw. Schwesterlichkeit und befürwortet die Sorge um und für den Anderen, das Prinzip des Teilens, des Gebens und Nehmens. ‚Ubuntu' ist der Anderen zugewandt, so dass aus deinem Problem mein Problem und damit unser gemeinsames Problem wird. Ich halte es auch für angemessen, an dieser Stelle die Rolle zu erwähnen, die die moderne Technik in all dem gespielt hat. Sie erleichterte und ermöglichte es mir, rasch mit den unumgehbaren Voraussetzungen zurechtzukommen, so dass ich tatsächlich aus Südafrika hierher kommen konnte. Ohne diese technischen Möglichkeiten wäre mein Kommen erheblich verzögert worden, und ich kann die Potenziale der modernen Kommunikationstechnologien noch immer nicht so ganz fassen."[8]

Selbstredend stellte die Frage des vorhandenen oder fehlenden Internet-Zugangs in dieser Phase ein entscheidendes Ein- bzw. Ausschlusskriterium dar, über das in der Teilnehmerinnenschaft insgesamt ein hohes Bewusstsein herrschte. Unabhängig davon griff der in den Online-Interaktionen geschaffene Gemeinschaftsgeist mit beginnender Präsenzphase sehr rasch auf die bislang nicht an die Interaktionen Angeschlossenen über und bestimmte das Klima und das Aufeinander-Bezogensein einer an verteilten Standorten agierenden (temporären) Universität entscheidend mit.

3. Technologische Neugier und Internet-Kompetenz: die Präsenzphase

Während der Präsenzphase der *ifu*, von Mitte Juli bis Mitte Oktober 2000, unterstützten alle Teilprojekte der *vifu* direkt und personell die rechnerbezogene Arbeit der *ifu*-Projektbereiche, indem sie die Teilnehmerinnen und die Technik in den Computer-Pools an den verschiedenen Standorten täglich personell betreuten. Die Computer-Pools waren überraschend stark besucht, es mussten sogar Wartezeiten in Kauf genommen werden. Sie waren nicht nur Orte mit einer technischen Geräteausstattung, sondern Zentren der Begegnung, des (technikbezogenen) Lernens wie auch der persönlichen und wissenschaftlichen Kommuni-

---

8   Siehe http://www.vifu.de; übersetzt von den Autorinnen.

kation. Dies entsprach der Zielsetzung einer situierten Lernumgebung seitens des *vifu*-Teams. Abgesehen von der Möglichkeit einer unabhängigen Computer- und Internetnutzung wurden von den Teams kurze Einführungen (Moduln, Workshops, Kurse) zur Erweiterung der Computer- bzw. Internetkompetenz angeboten, die von einem Überblick über Dateiformate zu Internetdiensten, speziellen Tools des *vifu*-Servers, dem Suchen mit Suchmaschinen, Aspekten der Datensicherheit bis zu HTML-Einführungen reichten. Die Angebote waren eng an den Nutzungsbedürfnissen und am Kenntnisstand der Teilnehmerinnen orientiert und auf den *ifu*-Server und die speziellen Lernumgebungen ausgerichtet. Gleichzeitig wurde angestrebt, den Studentinnen verallgemeinertes, übertragbares Wissen zu vermitteln, das ihnen in ihren eigenen Kontexten nützt und weitergegeben werden kann.

Neben den Kursangeboten wurde insbesondere eine kontinuierliche individuelle Betreuung bei allen Fragen angeboten. Mit einem Lehr- und Lernkonzept, das *Empowerment* von Frauen, das Wecken technologischer Neugier, ein „learning-by-asking-and-doing" zum Ausgangspunkt hatte, sollte die Selbstständigkeit in der Aneignung technischer Kenntnisse gefördert werden. Hierauf geht der in diesem Band enthaltene Beitrag von Seda Gürses ausführlicher ein. Auch in dieser Hinsicht stimmt die vom *vifu*-Team entwickelte Linie mit den Prinzipen eines „globalen Lernens" überein, das stark auf die Förderung von Selbstorganisation und einer Befähigung, Probleme selbst zu lösen, setzt.[9] Eines der zentralen Anliegen war dabei, den Prozess der Technikkonstruktion selbst, die Entstehung und Erweiterung des Servers, seiner Struktur und seiner Tools, sichtbar und transparent zu machen. Günstig wirkte sich auch aus, dass diejenigen, die die Technik entwickelten, direkt präsent und für die Nutzerinnen ansprechbar und ihnen zugewandt waren. Dadurch gelang es, die Vorstellung von Gestaltbarkeit und eigener Einflussnahme auf Technologie, eine Haltung von Interaktion auch in Bezug auf die Technologie und ihre Grundlagen, zu befördern.

Das Interesse der Teilnehmerinnen war überwältigend und in diesem Ausmaß unerwartet. Es zeigte sich, dass für viele der Teilnehmerinnen die Möglichkeit und der Wunsch, sich praktisches Wissen im Umgang mit IuK-Technologien anzueignen, ein eigenständiges Motiv für ihre Teilnahme waren. In diesem Zusammenhang konnte sich das oben beschriebene Lehr- und Lernkonzept der *vifu* hervorragend bewähren.

Als ein Problem erwies sich, dass Virtualität nicht von vornherein in die Studienangebote integriert, sondern als Zusatzangebot angelegt war. Es gab seitens der Teilnehmerinnen ein starkes Interesse daran, insbesondere die per Vorlesung zugänglichen Studieninhalte auch im Netz wiederzufinden. Seitens der Dozentinnen konnte diesem Interesse jedoch kaum nachgekommen werden. Es gab keine (etwa vertraglich fixierten) zeitlichen und personellen Kapazitäten,

---

9   Zum Konzept des „globalen Lernens" vgl. VENRO 2000.

um Dozentinnen für Netzpräsentationen zu gewinnen und ihnen die nötige Unterstützung dafür anzubieten. In dieser Hinsicht waren die Bedingungen für eine erfolgreiche Interaktion zwischen dem *vifu*-Team als Technikgestalterinnen und den Dozentinnen als Bereitstellerinnen von Inhalten durch die übergeordnete Konzeption der Lehr- und Lernprozesse beschnitten. Nicht zuletzt aus diesem Grund sind aus dem ersten *ifu*-Semesters bislang nur wenige Inhalte von Dozentinnen auf dem Server zu finden und in den meisten Fällen auf eine rein textliche Darstellung begrenzt.

Auffallend war dagegen das starke Interesse von Teilnehmerinnen, sich an der Gestaltung und Darstellung der *ifu* im Netz zu beteiligen. Die Nachfrage nach HTML-Kursen und damit das Interesse, eigene Webseiten gestalten zu können, war unerwartet hoch. Im Rahmen des regulären Curriculums war für den Erwerb dieser nicht trivialen Kompetenz kein Raum vorgesehen. Daneben spielte das Bedürfnis, die Präsenzphase für eine Knüpfung wissenschaftlicher und politischer Netzwerke zu nutzen, eine ganz entscheidende Rolle. Dies markiert einen auffallenden Unterschied zu einer traditionell eher passiv verstandenen IT-Nutzungskompetenz, der die Wahrnehmung der Internet-Technologie als interaktive Technologie unterstreicht. Insbesondere für Frauen, die in der Statistik noch immer deutlich weniger in technologiegestaltenden Bereichen rangieren, öffnen sich hier neue Zugangswege zu technologischem Know-how, an die in Bildungsprozessen angeknüpft werden kann.

4. Netzwerke(n) und Aufbau von Wissensarchitekturen als Brücke in die Zukunft

4.1 Netzwerke(n)

Auf dem *ifu*-Server wurden vor, während und nach der Präsenzphase mehr als 50 Mailinglisten eingerichtet. Diese sind teils projektbereichs- und gruppenbezogen, aber auch thematisch orientiert. Mehr als 25 von Teilnehmerinnen erarbeitete Projekte präsentierten ihre Ergebnisse auf dem Server, wofür sie von den lokalen *vifu*-Teams technisch und gestalterisch unterstützt wurden. Bemerkenswert ist auch die Gründung verschiedener thematisch oder lokal bezogener Netzwerke, deren Organisationsraum der *ifu*-Server ist. So beherbergt und unterstützt der Server beispielsweise das African Women's Network, das von afrikanischen *ifu*-Teilnehmerinnen im Projektbereich KÖRPER gegründet, in Zusammenarbeit mit *(v)ifu*-Mitarbeiterinnen und lokalen Unterstützerinnen (vor allem aus dem Verein Frauen & EXPO) auf den Weg gebracht worden war, inzwischen online gegangen ist und nach dem Willen der Aktivistinnen weiterentwickelt werden soll.

Einige der Mailinglisten werden bis heute rege gepflegt, so beispielsweise die Teilnehmerinnenliste etouch@*vifu*.de, die als informelle Liste ins Leben gerufen wurde. In ihr wird die Verschränkung der Globalität des Internet mit den lokalen Bezügen seiner Nutzerinnen besonders deutlich. Die Beiträge spiegeln die sehr unterschiedlichen Lebensumstände der Teilnehmerinnen wider, die alle das gemeinsame Erlebnis *ifu* eint und die sich immer wieder auf Erlebnisse aus dem Alltag und aus dem Arbeitszusammenhang *ifu* beziehen. Das enge *ifu*-Netzwerk setzt sich nun virtuell fort und hilft, die theoretischen Überlegungen aus der Präsenzphase mit den lokalen politischen und gesellschaftlichen Bedingungen zu verbinden. Viele (aber nicht alle) Teilnehmerinnen von etouch (derzeit etwa 70 Frauen) kamen aus dem Projektbereich MIGRATION und haben daher sowohl theoretische Kenntnisse über internationale Verhältnisse als auch auf Grund eigener Migrationserfahrungen einen sensiblen Umgang mit dem Schicksal anderer Teilnehmerinnen.

Weit über eine „Alumnaearbeit" hinaus, wie sie gegenwärtig an vielen Universitäten diskutiert wird, sind auf dem *ifu*-Server Netzwerke entstanden, die die Frauen in ihrer weiteren Arbeit stützen und ihnen Entwicklungsmöglichkeiten bieten. Vor allem über die Mailinglisten werden heute Stellen und Stipendien vermittelt an und für Universitäten, Organisationen und Unternehmen in aller Welt; es wird Unterstützung organisiert bei politischer Unterdrückung und Frauendiskriminierung, es werden wissenschaftliche Konferenzen angekündigt und gemeinsame Beiträge und Treffen dort verabredet, es werden Buchprojekte initiiert und Erfahrungen mit der Umsetzung von *ifu*-Ergebnissen diskutiert. Das *vifu*-Server-Team bot bis zum Ende des Projektes den Teilnehmerinnen jegliche Unterstützung in technischen Fragen und in der Publikation von Arbeiten im Netz. Diese Bemühungen werden durch das seit Januar 2002 in Bremen tätige neue Team aufgenommen und fortgesetzt. Die Unterstützung künftigen Netzwerkens orientiert sich dabei nicht am nostalgischen Rückblick, sondern beabsichtigt, die Interessen und Impulse auf Seiten der Nutzerinnen für die zukünftige Entwicklung der *ifu* als eines weltumspannenden feministischen Wissenschaftszusammenhanges aufzunehmen und umzusetzen.

4.2 Wissensarchitekturen

Auf dem *ifu*-Server ist aus den Curriculumsplanungen, aus Dokumenten (Vorträgen, Vorlesungen) von Dozentinnen, aus den Ergebnissen studentischer Projekte sowie aus den gesammelten Verweisen eine Fülle von inhaltlichem wissenschaftlichem Material zu den im Rahmen der *ifu* relevanten Themen entstanden. Dieser „Fundus" kann einen Ausgangspunkt für interkulturelle und interdisziplinäre Forschung bieten, die die Geschlechterfrage einbezieht. Dazu muss er systematisch überarbeitet und ergänzt werden um im Web vorhandene Materialien, Dokumente, Datenbanken, elektronische Zeitschriften und Bibliotheken. Wir sehen es als die große Chance des *vifu*-Servers an, dass die während der *ifu* 2000 entstandene Community vernetzter Wissenschaftlerinnen, die mit Interesse die Entwicklung des Servers verfolgt, für eine Beteiligung am Aufbau dieser vernetzten, interkulturellen Wissensbasis gewonnen werden kann. Angesichts dieser großen weltweiten Klientel und des Vertrauens, den der Server bei seinen Nutzerinnen genießt, ist eine solche Perspektive, in der Wissen nicht zentral angeboten und geliefert, sondern gemeinsam erzeugt und vernetzt wird, auch für die künftige Arbeit Erfolg versprechend.

Die bisherige Wissensorganisation des Servers als Ganzes, die im wesentlichen an der Organisationsstruktur der *ifu*, ihrer Projektbereiche, orientiert ist, zeigte schon im Verlauf der Präsenzphase ihre Grenzen. Die lokale Suchmaschine erlaubt zwar eine Volltextsuche über den gesamten Datenbestand, ein inhaltsbezogener, klassifizierter Zugang ist allerdings nur über die *ifu*-Struktur möglich und ist damit zu starr und unflexibel. Der während der *ifu* entstandene Fundus wird heute, in einer vorläufig auf ein Jahr begrenzten Weiterentwicklung des Projekts, klassifiziert und erschlossen. Dabei sollen auch globale Suchmaschinen gezielt eingesetzt und genutzt werden können und anderweitig vorhandene wissenschaftliche Datenbanken und elektronische Zeitschriften in die Arbeit mit dem *vifu*-Server einbeziehbar werden.

Nachdem im Januar 2002 ein Workshop stattfand, auf dem interessierte Expertinnen – darunter ehemalige *ifu*-Teilnehmerinnen – zusammen mit alten und neuen Mitarbeiterinnen über eine mögliche und gewünschte Zukunft der *vifu* diskutierten, sind wir sicher, dass die Entwicklung der *vifu* den zu Grunde gelegten Vorstellungen verpflichtet bleibt. Für die 2002 anstehenden konkreten Aufgaben, insbesondere die Aufbereitung vorhandener Materialien und deren Strukturierung, möchten das neue Projekt *vifu* und sein Team Interaktion, d.h. eine offene, vernetzte und veränderbare Wissensorganisation, auch in Bezug auf die Struktur der Dokumente und Materialien auf dem Server zum leitenden Prinzip machen.

Literatur

Encarnaçao, J., Leidhold, W. und Reuter, A.: Szenario: Die Universität im Jahre 2005. In: Informatik Spektrum, H. 45, August 2000.

Pasero, Ursula, und Landschulze, Maren: Gender und Informationstechnologien im Kontext der *virtuellen ifu*. Forschungsbericht. Zentrum für interdisziplinäre Frauenforschung der Christian-Albrechts-Universität zu Kiel, 2000.

Schelhowe, Heidi: Das Medium aus der Maschine. Zur Metamorphose des Computers. Frankfurt 1997.

Verband Entwicklungspolitischer Deutscher Nicht-Regierungs-Organisationen e.V., Arbeitsgruppe Bildung (VENRO): „Globales Lernen" als Aufgabe und Handlungsfeld entwicklungspolitischer Nichtregierungsorganisationen. Grundsätze, Probleme und Perspektiven der Bildungsarbeit des VENRO und seiner Mitgliedsorganisationen. Manuskript, Reutlingen / Bonn, 13. März 2000.

vifu-Projektteam: Virtualität als Teil des Studienreformprojekts *ifu*. In: Neusel, Aylâ (Hg.): Die eigene Hochschule. Opladen: Leske + Budrich, 2000, S.187.

Wegner, Peter: Why Interaction Is More Powerful Than Algorithms. In: CACM, May 1997, vol. 40, no. 5, S. 81-91.

Seda Gürses

Computertraining bei der *vifu*: Neugier wecken[1]

„Entschuldige, Diana, ich hab' da eine Frage. Wir haben doch dieses Bild von mir in den Computer eingelesen. Wie ist das eigentlich möglich, dass ich das eben an meine Familie geschickt habe und ich es noch immer hier auf meinem Monitor anschauen kann?" Für Diana, Teammitglied des *vifu*-Projekts, signalisiert diese Frage einen entscheidenden Durchbruch im Verständnis digitaler Medien, und sie stößt einen Begeisterungsschrei aus. Rumana Hashem, eine der wenigen *ifu*-Teilnehmerinnen, die anfänglich mit praktisch „null" Computerkenntnissen in den CIP-Pool kamen, ist von dieser Reaktion völlig überrascht und befürchtet schon, sie habe etwas ziemlich Unsinniges von sich gegeben. Diana dreht sich um und wiederholt die Frage laut in den Raum hinein. „Rumana, das ist großartig, genau das ist die Zauberei der digitalen Medien! Du kannst das Bild an eine Million Menschen verschicken, und es wird noch immer als Kopie bei dir auf dem Computer sein. Du kannst dieses Bild oder jede andere digitalisierte Information in einem Bruchteil von Sekunden speichern, kopieren oder vernichten. Dein computerisiertes Bild ist nicht mehr lediglich *eine* physische Sache, sondern ein Stück digitale Information, die, so oft du willst, reproduziert werden kann."

Einige Köpfe bleiben Diana in ihrer Unterhaltung mit Rumana zugewandt; andere tauchen wieder hinter ihren Bildschirmen in die Tiefen des Internet ab. Ganz hinten im Raum stellt eine die nächste Frage: „Diana, wenn du bei Rumana fertig bist, kannst du mir dann zeigen, wie ich mein digitalisiertes Foto verschicken kann?" Diana, die schon auf dem Weg zur nächsten ungeduldigen CIP-Pool-Nutzerin ist, entgegnet: „Wie wär's, wenn du Rumana fragst?"

Dies ist eine Gesprächssituation in einem Computer-Pool (CIP-Pool) an der Universität Hannover, der im Sommer 2000 von der Internationalen Frauenuniversität (*ifu*) genutzt wurde. Der Pool mit 50 Rechnern, betreut von einem drei

---

[1] Dieser Artikel wurde von Gabriele Kreutzner aus dem Englischen für dieses Buch übersetzt.

Frauen starken Team des *vifu*-Projekts und einer weiteren für den Pool verantwortlichen Person, war für etwa 300 Frauen Kommunikationsknotenpunkt und zentraler Ort des gemeinsamen Lernens und ein Zentrum der Gemeinschaftspflege.

Der CIP-Pool war vom ersten Tag an ein äußerst begehrter Ort. Anfänglich hatte diese starke Nachfrage hauptsächlich mit dem Interesse an e-mail-Kommunikation zu tun, doch bald entwickelte sich der CIP-Pool zu einem Umschlagplatz für Lern- und Kommunikationsprozesse aller Art. Es war ein Ort, wo Lernen Spaß machte und wo aus dem Spaß-Haben Lernen wurde. Um diese Prozesse zu charakterisieren, unterscheiden wir bei den eng auf das Lernen bezogenen Interaktionen drei Kategorien: 1:1-Interaktionen, Spots und Workshops. Immer handelt es sich hierbei um Interaktionen zwischen anwesenden Teilnehmerinnen oder um solche zwischen anwesenden Teilnehmerinnen und den im Pool arbeitenden Mitgliedern des *vifu*-Teams. Zusätzlich organisierte das Team eine stattliche Anzahl sonstiger, freizeitbezogener Aktivitäten mit den Frauen, die sich regelmäßig im CIP-Pool trafen. Solche Aktivitäten waren für die Stärkung der real präsenten *ifu*-Gemeinschaft wichtig und übertrugen sich indirekt auf die virtuellen Gemeinschaften, die vom *vifu*-Server und vom *vifu*-Computertraining unterstützt wurden.

Während der Projekt-Vorlaufzeit ab Sommer 1999 entwickelten wir so etwas wie eine „Philosophie", die Grundlage der Einstellungen war, mit denen wir die *vifu* aufbauten und die wir im CIP-Pool praktisch erprobten und weiterentwickelten. Im Folgenden versuche ich die Prinzipien darzustellen, die zusammen die grundsätzliche Einstellung bzw. Philosophie der *vifu* im CIP-Pool ausmachten.

1. Neugier wecken

Es ist oft schwer, jemanden davon zu überzeugen, dass ein Werkzeug, das man nie vorher benutzt hat, für einen irgendwie hilfreich sein könnte und dass sich die Zeitinvestition lohnt, um dieses Werkzeug auszuprobieren. Die Schwierigkeiten beginnen schon damit, dass eigentlich nur die Person selbst wirklich wissen kann, wofür genau sie dieses Werkzeug benutzen könnte. In Folge davon verbringen Menschen häufig viel Zeit damit, Dinge zu lernen, die nicht ihren Bedürfnissen und Interessen entsprechen. Sie werden so davon abgeschreckt, Neues zu lernen, weil sie fürchten, dass dies zum gleichen Ergebnis führen wird. Im CIP-Pool haben wir unterschiedliche kleine Tricks entwickelt, aus diesem Teufelskreis herauszukommen und um Neugier neu zu wecken.

Wir haben stets versucht, den Besucherinnen des CIP-Pools die verschiedenen Möglichkeiten, die die Neuen Medien zu bieten haben, vor Augen zu führen. Ein gutes Beispiel war ein Laptop mit integrierter Kamera, der strategisch günstig an einem Platz neben den Druckern positioniert war. Der Laptop war nicht zu übersehen, wenn man auf einen Ausdruck warten musste, was häufig vorkam. Oft inspizierte die Wartende den Laptop genauer und wurde plötzlich von ihrem Konterfei auf dem Bildschirm überrascht, das von der kleinen eingebauten Kamera übertragen wurde. Wenn eine Mitarbeiterin aus dem *vifu*-Team in der Nähe war, ergriff sie die Gelegenheit, um ein Bild von der Teilnehmerin zu machen, das diese dann als Anhang an ihre e-mail an Familie, Freunde oder an die e-mail Adresse einer anderen Teilnehmerin schicken konnte. Durch dieses kleine Intermezzo hatte die Wartende also etwas über die Möglichkeiten digitaler Kameras und das Verschicken von Dateien als Anhang an e-mails gelernt. Oftmals bekamen andere Frauen, die diese strategisch günstige Stelle passierten, etwas von dem Geschehen mit, und wir konnten das Lernszenario auf sie ausweiten. Meistens wollten die Frauen anschließend mehr darüber erfahren, wie man Anhänge verschicken oder digitale Bilder erstellen kann.

Ein anderes schönes Beispiel ergab sich aus den räumlichen Bedingungen der Workshops. Uns standen lediglich zwei Computer-Räume mit je 25 Rechnern zur Verfügung, die alle ständig belegt waren. Es war also unmöglich, einen vom normalen Betrieb getrennten Workshop abzuhalten. Diese an sich ungünstige Voraussetzung münzten wir in eine offene, einbeziehende Lernsituation um. Für einen Workshop mit dem Titel „Einführung ins Internet" lagen nur zehn Anmeldungen vor. Hier sollten zunächst einige zentrale technische Begriffe besprochen und anschließend verschiedene Dienste im Internet ausprobiert werden. Aus unseren Erfahrungen in der 1:1-Betreuung wussten wir, dass das in so einem Workshop vermittelte Wissen für einen Großteil der Teilnehmerinnen hilfreich sein würde. Vermutlich war der gewählte Titel aber zu wenig aufschlussreich. Also ließen wir die angemeldeten Teilnehmerinnen in den vorderen Reihen des einen Raumes Platz nehmen, während die 15 Arbeitsplätze weiter hinten sich mit „regulären" CIP-Pool-Besucherinnen füllten. Sehr oft waren am Ende alle im Raum – also auch die nicht Angemeldeten – in der einen oder anderen Weise in das Lernen übers Internet einbezogen: Entweder stellten sie Fragen oder versuchten sich an einer der Übungen, oder aber sie halfen einer anderen Teilnehmerin. Manche meldeten sich am Ende für den nächsten Internet-Workshop an.

2. Lernen, indem man fragt und selbst ausprobiert

Wir haben intensiv und immer wieder dazu ermutigt, Fragen zu stellen. Sogar zu Zeiten, wo wir uns, selten genug, etwas Ruhe oder eine kleine Pause gönnten, gingen wir durch die Räume, um zu sehen, ob jemand Unterstützung brauchte.

Wenn dann eine Frage an uns gestellt wurde, halfen wir der Fragestellerin so, dass sie ihr Problem eigenständig lösen konnte. Für uns war wichtiger, die Teilnehmerinnen dabei zu unterstützen, ihre Probleme formulieren zu können und ihre eigene Art des Umgangs mit ihnen zu entwickeln, als dass sie ihr Problem schnellstmöglich dadurch los wurde, dass wir die Arbeit für sie machten. Damit versuchten wir zugleich zu verhindern, dass wir als „die Expertinnen" angesehen wurden, denn auch wir sind Nutzerinnen und haben keineswegs auf alles eine Antwort. Außerdem gibt es nicht den *einen* Weg, Probleme am Computer zu lösen. Es ging also immer wieder um einen gegenseitigen Austausch von Informationen, wobei wir ebenso viel von den Frauen profitierten wie sie von uns, und zwar nicht nur aus ihren Erfahrungen und Rückmeldungen zu den inhaltlichen Programmen und Angeboten, sondern auch aus ihrem eigenen Status als Expertinnen jenseits des Computerbereichs. Indem wir diese „Philosophie" praktizierten, konnten wir ganz selbstverständlich immer wieder den Vorschlag machen, dass die Teilnehmerinnen sich gegenseitig helfen sollten.

Dadurch unterstützen wir die Teilnehmerinnen darin, ihr Wissen mit anderen zu teilen, also zu „lernen, indem man anderen etwas zeigt". Indem die Teilnehmerinnen ihren Kommilitoninnen zeigten, wie man etwas angeht, hatten sie einen Anlass, über das zu reden, was sie selbst gerade gelernt hatten, und dabei wurden sie oft auf Dinge aufmerksam, die ihnen noch nicht ganz klar waren. Auf diese Weise stieg manch eine tiefer in das Problem ein, weil sowohl der Druck als auch die Sicherheit der „Expertin" fehlten. Beiden Seiten brachte das oft einen gewaltigen Schub an Selbstvertrauen. Selbst wenn Probleme nicht gemeistert wurden, hatten sie bei diesem Versuch andere Optionen kennen gelernt oder waren auf neue Fragen gestoßen.

Diese Philosophie bewährte sich besonders in einigen der HTML-Workshops. HTML ist eine Seitenbeschreibungssprache zur Erstellung von Seiten für das World Wide Web. Wir führten einige Metaphern ein, die das Prinzip von HTML eingängig erklären, und zeigten den Teilnehmerinnen, wie wir selbst bei unseren ersten Gehversuchen mit HTML vorgegangen waren. Die Frauen konnten dann eine ihnen zusagende Website aussuchen, wir zeigten ihnen, wie man eine solche Seite herunterlädt und wie man mit Hilfe eines Editors den Quellcode inklusive der HTML-Befehle anschauen kann. Sie sollten dann selbst an dieser Seite experimentieren und beobachten, was mit der Kopie passierte, wenn sie Teile des Dokuments in der Quellcode-Darstellung bearbeiteten, etwas hinzufügten oder löschten. Da jede eine andere Seite bearbeitete, konnten sie einander die unterschiedlichsten Dinge zeigen. Danach demonstrierten wir, wie man Einführungen in HTML bzw. HTML-Assistenten im Internet findet, die Schritt für Schritt vorgehen. Wir schlugen ihnen vor, sich nun entweder ein paar Seiten aus dem Netz herunterzuladen, Verschiedenes auszuprobieren oder mit einem HTML-Kurs weiterzumachen. Abschließend betonten wir noch einmal, dass man zu fast jedem Internet-bezogenen Thema eine Anleitung im World Wide

Web findet. Dies war dann eher ein Workshop, in dem man etwas über vernetzte Computer lernte und wie man sie benutzt, als eine Lektion zum Thema „Die Seitenbeschreibungssprache HTML".

3. Kritik an der Technik in Vorschläge zur Technikgestaltung umsetzen

Auch im CIP-Pool tauchten während der drei Monate zahlreiche Probleme mit dem System, der Infrastruktur und der technischen Unterstützung auf. Oft bekamen wir Schwachstellen erst mit, wenn CIP-Pool-Nutzerinnen auf ein solches Problem stießen. Deshalb bestärkten wir sie in der Einstellung, dass Schwierigkeiten mit dem Computer mit hoher Wahrscheinlichkeit weniger mit mangelnden Nutzerfähigkeiten zu tun haben und sehr viel eher mit einem Problem oder einer Schleife im System bzw. im Programm; oder auch einfach nur mit einer schlecht entwickelten Computertechnik, und dass ihre Kompetenzen aber schon so weit entwickelt waren, dass sie auf diese Probleme aufmerksam wurden. Wir wollten sie damit auch auf ihrem Weg zu verantwortungsvollen Nutzerinnen stärken, die den Systemverwalter über auftretende Probleme in Kenntnis setzen, so dass diese der nächsten Nutzerin erspart bleiben.

Während der ersten Wochen hatten wir ziemliche Schwierigkeiten mit dem Mail-Programm. Bei den Teilnehmerinnen ging entweder die Konfiguration vollständig verloren, oder sie stellten beim Öffnen des Mail-Programms fest, dass sie die Mailbox einer anderen Teilnehmerin vor sich hatten. Für uns war es äußerst frustrierend, dass wir nicht die Sicherheitsstandards bieten konnten, die wir ständig predigten. Andererseits waren die Reaktionen der Teilnehmerinnen außerordentlich bereichernd. Einige, die in der Anfangsphase sehr entmutigt schienen und in ihrem Umgang mit dem Computer nicht weiterkamen, stellten nun das Systemproblem sehr präzise dar und kritisierten die Programmentwickler. Hier nahmen wir die Gelegenheit wahr, deutlich zu machen, unter welchem Druck Programmierer häufig arbeiten müssen.

Das Sicherheitsproblem zwang uns, rasch ein webbasiertes Programm für das Verschicken von elektronischer Post zu installieren. Dies wiederum geriet zu einem hinreißenden Beispiel kooperativer Software-Entwicklung. Uns war die Software ebenso neu wie den Nutzerinnen im CIP-Pool. Wir luden zu einem Workshop zum neuen, webbasierten Mail-Programm der *vifu* ein, bei dem die Teilnehmerinnen die Software testeten, Schleifen in der Konfiguration entdeckten, auf Schwierigkeiten des Programms hinwiesen und sich gegenseitig beibrachten, wie man es benutzt.

Die Teilnehmerinnen konfrontierten uns nicht nur immer wieder mit unserer Internet-Fixierung, sondern auch mit unserem Eurozentrismus. Das war besonders deutlich, als es um den technischen Support für Fonts in verschiedenen Sprachen ging. Beim Versuch, eine bestimmte arabische Website zu drucken, stürzten die Computer regelmäßig ab; der Text auf sämtlichen japanischen und chinesischen Seiten erschien in Form von Kästchen und Kreisen, und eine Teilnehmerin, die einen sehr dringenden Brief auf Bulgarisch schreiben musste, war schließlich gezwungen, jeden einzelnen Buchstaben aus einer Alphabetvorlage zu kopieren und in ihre Datei einzusetzen. Es gelang uns, das Problem mit den japanischen, koreanischen und chinesischen Schriftzeichen gemeinsam mit den Teilnehmerinnen zu lösen. Sie waren es, die uns den Hinweis auf eine bestimmte Software gaben, mit deren Hilfe sie die Fonts lesen konnten. Dies löste leider nicht das Problem, dass sie nicht in ihrer Sprache schreiben konnten. Doch selbst wenn wir eine passende Software gefunden hätten, hätten wir immer noch eine entsprechende Keyboard-Auslegung finden müssen, die auch für einen weniger fortgeschrittenen Benutzer brauchbar gewesen wäre.

4. Technik in einen sozialen Kontext einbetten

Viele Teilnehmerinnen nutzten das Internet, um mit den sozialen Umfeldern ihres „normalen" Lebens in Kontakt zu bleiben, indem sie sich an Chats beteiligten, e-mails schrieben oder telefonierten. Andere investierten in die Stärkung der *ifu*-Online-Gemeinschaft. Vor allem wurde der CIP-Pool ein Treffpunkt, wo man ungezwungen zusammen „rumhängen" oder in den Unterbrechungen harter Arbeit Ideen austauschen, sich gegenseitig über Neuigkeiten aus dem Internet informieren konnte, egal ob aus Mails von Freunden oder aus Nachrichten aus dem eigenen Herkunftsland. Man bestätigte uns immer wieder, dass eine technische Umgebung als ein den Menschen zugewandter Ort mit einem guten sozialen Klima die Freude am Umgang mit Computertechnik ganz wesentlich fördert.

Wir suchten auch immer wieder Beispiele, die über die Erfahrungen der Nutzerin, über einen Bezug zu deren Leben Anschaulichkeit vermittelten. Wenn du einer Kollegin einen Aufsatz schicken willst, musst du etwas über Dateianhänge (Attachments) wissen. Wenn dich die neuesten Nachrichten interessieren, dann ist es von Vorteil, wenn du dich ein wenig mit Online-Nachrichtenagenturen auskennst, was wiederum bedeutet, dass man sich mit Suchvorgängen im Internet auseinander setzen sollte. Deshalb überlegten wir bei der Umsetzung der Leitvorstellung „Neugier wecken" meistens, welche typischen Situationen den Nutzerinnen begegnen könnten, und fragten danach, wie sie normalerweise damit umgehen. Von den vorgeschlagenen Bewältigungsstrategien ausgehend stellten wir Wege vor, wie sie mit Hilfe der Technik umgesetzt werden könnten.

Eine in den Workshops angewandte Methode war die des „interaktiven" Lehrplans. Am Anfang eines solchen Workshops stellten wir allgemeine Fragen zu dem Thema, das auf der Tagesordnung stand, um den Kenntnisstand einschätzen zu können. Dann schrieben wir an der Tafel Unterthemen auf, die mit dem Workshop-Thema zusammenhingen und in die die Gruppe einsteigen konnte. Die Nutzerinnen orientierten sich in der Folge an dieser Aufstellung und konnten beispielsweise sagen, welches Unterthema sie als nächstes interessieren würde, oder sie diskutierten den Zusammenhang der Unterthemen. Uns half dies sehr, die für die Gruppe interessantesten Themen zu ermitteln, was beispielsweise zu einem vertiefenden Workshop-Angebot zu speziellen Themen führte oder dazu diente, Teilnehmerinnen bei einem sie besonders interessierenden Thema in der 1:1-Betreuung weiterzuhelfen. Insgesamt konnten wir so vorgehen, weil uns drei gemeinsame Monate mit den Teilnehmerinnen zur Verfügung standen und wir uns auf einen Prozess des sich kontinuierlich erweiternden Wissens einlassen konnten.

5. Schlussfolgerungen

Allzu viele Frauen machen noch immer entmutigende Erfahrungen mit neuen Technologien, die vor allem – wenngleich nicht ausschließlich – im noch immer männlich dominierten technischen Bereich allgegenwärtig sind. Dazu tragen viele Mechanismen bei. Einer der wichtigsten ist die generelle Verleugnung geschlechtsspezifischer Erfahrungen in technischen Umgebungen, die im Mainstream-Diskurs meist lediglich dazu benutzt werden, biologistische Argumente für die weitgehende Abwesenheit von Frauen in diesem Bereich zu finden. Wir alle, Theoretikerinnen wie Praktikerinnen, sind noch immer weit davon entfernt, die Mechanismen genau zu verstehen, die Frauen vor technischen Zusammenhängen zurückschrecken lassen. Wir im *vifu*-Team sind aber auch davon überzeugt, dass sie sich aufbrechen lassen. Und wir können in Anspruch nehmen, dass wir unseren Teil zu diesem Prozess des Aufbrechens beigetragen haben.

Unser Team hat versucht, für die Teilnehmerinnen ein Umfeld zu schaffen, in dem sie ihre eigenen Fähigkeiten als Nutzerinnen von technischem Handwerkzeug ausprobieren konnten. Wir haben uns bemüht, kooperatives Lernen zu fördern, das als ein Prozess sozialen Handelns gestaltet werden kann, der mit Spaß verbunden ist und deshalb Spaß an der Sache weckt. Die zunehmende Versiertheit der Teilnehmerinnen in der Computertechnik haben wir immer wieder bewusst positiv herausgestellt. Die tatsächlich erzielten Fortschritte waren auch wirklich beeindruckend. Nehmen wir das Beispiel Leicia, eine Amateurfotografin, die mit den äußerst begrenzten vorhandenen Möglichkeiten ihre erste Multimedia-Präsentation erarbeitete. Diese kam bei den Teilnehmerinnen so gut an, dass Leicia eine CD-ROM daraus machte.

Für uns waren die CIP-Pool-Besucherinnen eine ungeheuer spannende Gruppe von Technik Nutzenden, weil sie das technische Handwerkzeug für ihre eigenen Zusammenhänge gebrauchten und sich selbst zu wunderbaren Ressourcen in menschlicher Gestalt entwickelten, von deren technischem Sachverstand auch Andere künftig profitieren werden. Es war eine Herausforderung und eine Ehre, diese Lernerfahrungen mit ihnen teilen zu können.

In vollem Einsatz für die Betreuung des CIP-Pool in Hannover, die Entwicklung des Servers und das *vifu*-Training waren Felicitas Duijnisveld, Marlies Gollnick, Seda Gürses, Diana McCarty, Patricia Newman, Heike Pisch und Barbara Schelkle. Das *vifu*-Team bedankt sich bei allen, die unsere Arbeit unterstützt haben, insbesondere bei den Zuständigen für den CIP-Pool und vor allem bei den Teilnehmerinnen, die in Engpässen einsprangen und uns entlastet haben.

Barbara Lüthi

Vifu live – eine Teilnehmerin berichtet

Vifu hat tatsächlich ein Forum für kooperatives Lernen und Wissen geschaffen und vor allem gegen Schluss dieses Ziel erreicht. Durch *vifu* wurde mir deutlicher, in welcher Weise Computer als objektbezogener Schauplatz von Emanzipation und Limitation funktionieren: inwieweit der begrenzte oder fehlende oder mögliche Zugang mit der jeweiligen persönlichen, sozialen und topografischen Verortung der Frauen in dieser Welt zu tun hat. Und vor allem, was das für Auswirkungen auf die Dimensionen von Wissen, Mobilität (intellektuell und organisatorisch), Netzwerken und Beziehungen zu anderen Menschen in dieser Welt hat. Dabei ist mir meine privilegierte Position einmal mehr sehr deutlich geworden und das hat mir geholfen, mich akademisch und global zu verorten, mir klar zu machen, wo ich mit meinem Zugang zu Kommunikationsmitteln und Informationen stehe.

Aber ebenso habe ich Einblicke in sogenanntes „lokales Wissen" von Frauen bei der *ifu* erhalten: Abha, J. Erika und andere, die mir Websites von ihrer Arbeit, von Freundinnen oder anderen Bereichen ihres Lebens zeigten. Dadurch habe ich einen kleinen Einblick in spezifische Aspekte ihres Lebens erhalten, aber ebenso weiterführende Ideen und Anregungen gekriegt, wie solche Seiten kreativ gestaltet werden können. Damit beinhaltete der Prozess zwei Aspekte: eine persönliche Dimension und einen Lerneffekt zugleich, und das fand ich besonders schön.

Ich hatte den Eindruck, dass die Frauen manchmal auf eine gute Art vergaßen, dass sie sich in einer „Lernumgebung" aufhielten, weil kein Druck herrschte, keine Spannungen und keine Konkurrenz und weil man alle möglichen – und unmöglichen – Fragen stellen konnte.

Der wichtigste Aspekt für mich bezüglich der Rolle der *vifu*-Frauen im Nachhinein ist, dass ich oft an sie denke, wenn ich mich mit Computern beschäftige. Das gibt mir einen positiven und persönlichen Bezug zu einer Beschäftigung, die mir vorher eher unangenehm war. Damit meine ich, dass die Beschäftigung mit einer Sache viel einfacher und spannender ist, wenn man dies emotional und intellektuell mit positiven und persönlichen „Vorbildern" in Verbindung bringen kann. Die *vifu*-Frauen waren trotz permanenter Überlastung stets hilfsbereit, zuverlässig, flexibel, unterstützend, (cool) und zugänglich. Für mich war besonders wichtig, dass sie ein integraler Teil der gesamten *ifu*-Gruppe waren und nicht die distanzierten, autoritären „Anderen", sondern (zumindest zeitweise) ein Teil der Gruppendynamik, unseres *ifu*-Lebens und seiner Lebendigkeit. Damit wurde automatisch eine autoritäre „top-bottom"-Beziehung durchbrochen, was den gesamten Lernprozess sehr angenehm gestaltete. Dies sollte in Lernumgebungen häufiger der Fall sein.

Seit *ifu* hat sich meine Haltung gegenüber der Informationstechnik deutlich verändert: Ich besuche mittlerweile mit größerem Enthusiasmus Workshops zu diesem Thema an meiner Universität. Was mich besonders faszinierte, ist die Tatsache, dass ich den CIP-Pool bei der *ifu* niemals als den kalten, rationalisierten und rein technischen Ort empfand, wie er mir sonst so oft begegnet. Der CIP-Pool war ein von Austausch, Netzwerken, Gelächter und anderen menschlichen Regungen erfüllter Ort – ganz und gar lebendig und „just perfect".

4. Grenzverschiebungen – Wissenschaft, Kunst und Politik

Vorbemerkung

Die *ifu* hat sich von Anfang an als ein Hochschulreformprojekt verstanden, das viele der traditionellen Grenzen des deutschen Hochschulsystems gleichzeitig überschreiten wollte. Bisher war davon die Rede, auf welche Weise die inner-universitären Grenzen geöffnet und neue Maßstäbe gesetzt wurden: mit dem Anspruch auf Internationalität und Interkulturalität, mit neuen Ansätzen zur Interdisziplinarität in den Studiengängen und einem Modell der universitären „international community". Dieses Kapitel handelt von Grenzen der Hochschule nach außen: zur Öffentlichkeit, zu den Medien, zwischen Kunst und Wissenschaft und schließlich zwischen Hochschule und Staat. Hier hat die *ifu* die Diskussionen über und die heftige Kritik an Hochschule und Wissenschaft aufgegriffen, auf die die Hochschulen bereits seit einiger Zeit mit „Wissenschaftsevents" reagieren: Die Hochschule muss sich in ihrer Außenkommunikation auf das gesellschaftliche Umfeld in besonderer Weise einstellen, um die gesellschaftliche Akzeptanz wiederzugewinnen. Dass dies im Interesse der Hochschule und in dem der Gesellschaft ist, wird in den folgenden Artikeln von verschiedenen Seiten her beleuchtet.

Ifu's Open Space lud die Öffentlichkeit in acht ganztägigen Veranstaltungen während des Semesters zu einem kritischen Dialog über die Themen und Ziele, den wissenschaftlichen Produktionsprozess wie über die künstlerischen Projekte der *ifu* ein. Bettina Knaup, eine der beiden Leiterinnen von *ifu's* Open Space, stellt die Ziele, die damit verfolgt wurden, in den Kontext einer seit etwa einem Jahrzehnt laufenden Diskussion über die „Legitimitätskrisen der exklusiven Wissensproduktion" und verschiedener Ansätze, diese zu überwinden, bis hin zur documenta X und 11.

Bei der *ifu* nahm eine Grenzüberschreitung besonderer Art, nämlich der Dialog mit der Kunst und das Verhältnis zwischen ihr und der Wissenschaft, einen großen Raum ein. Die *ifu* hatte das Experiment gewagt, künstlerische und wissenschaftliche Arbeitsweisen in Lehre und Forschung so miteinander zu verbinden, dass sich neue Denkformen und Betrachtungsweisen für beide Seiten öffneten. Es war vielleicht das abenteuerlichste, aber auch faszinierendste Unternehmen, auf das sich die *ifu* eingelassen hat. Es hatte mit größeren Widerständen zu kämpfen als die anderen Grenzüberschreitungen. Wie sich dabei dennoch immer wieder ganz neue produktive Sicht- und Denkweisen auf ein und denselben Gegenstand für beide Seiten öffneten, wie die Teilnehmerinnen auf diese Angebote reagierten, welche Rolle einem solchen Experiment auch im Rahmen der allgemeinen Diskussion um die notwendige Bildungsreform in Deutschland zukommen könnte – dazu nimmt zunächst Leonie Baumann, Vorsitzende des Kunstbeirates der *ifu*, Stellung, und anschließend berichtet Barbara Loreck, Koordinatorin des zentralen Projektes ART concept, über ausgewählte künstlerisch-wissenschaftliche Projekte.

Für ein Projekt wie die *ifu* – gar noch ein anspruchsvolles Frauenprojekt –, das in so hohem Maße auf öffentliche Wahrnehmung, Diskussion und Anerkennung abzielt, ist eine gezielte Öffentlichkeitsarbeit unabdingbar. Denn es muss viele Menschen und vor allem Entscheidungsträger von seiner gesellschaftlichen Relevanz überzeugen und nicht zuletzt die notwendige finanzielle Unterstützung für sein Vorhaben gewinnen. Die *ifu* hat daher von Anfang an eine sehr intensive Presse- und Medienarbeit betrieben, sie ist – wie Carola Bauschke, zuständig für die Pressearbeit bei der *ifu*, sagt – „mit der Wissenschaft auf die Straße gegangen" und hat damit die traditionelle Hermetik wissenschaftlicher Außendarstellung verlassen. Auf einer anderen Ebene hat sich Helga Schuchardt, zunächst als niedersächsische Wissenschaftsministerin und später als Aufsichtsratsvorsitzende der *ifu* GmbH, jahrelang für die Etablierung einer Frauenuniversität in Deutschland eingesetzt. Ihr Erfahrungsbericht darüber, wie man für ein politisches Projekt unter PolitikerInnen Unterstützung findet, macht Höhen und Tiefen, Enttäuschungen und unerwartete Erfolge, vor allem aber das zähe Ringen im Kampf um konkurrierende Ansprüche im politischen Geschäft sehr anschaulich.

Aylâ Neusel, Hochschulplanerin seit 30 Jahren, Mitstreiterin von Helga Schuchardt in der niedersächsischen Frauenforschungskommission und Präsidentin der *ifu*, denkt zum Abschluss darüber nach, welche Veränderungen seit den ersten Hochschulreformversuchen der 1970er Jahre im Verhältnis von Hochschule und Staat stattgefunden haben und in welcher Weise gerade Frauen an den Hochschulen diesen Prozess kritisch beurteilt haben. Im Rückblick auf diese Entwicklungen ist für sie die *ifu* ein „Kind ihrer Zeit", ein Experiment, das brennende Fragen der gegenwärtig notwendigen Bildungs- und Hochschulreform aufgegriffen und Lösungsmöglichkeiten für die Zukunft entworfen hat. Diese werden gefunden, wenn man sich den Grenzverschiebungen zwischen Staat und Hochschule stellt, sie kritisch diskutiert und mit Mut und Fantasie Modelle entwickelt, die dem gesellschaftlichen Wandel Rechnung tragen und am Ende eine Hochschule schaffen, in der alle Beteiligten in Forschung, Lehre und Studium wieder eine lohnende und lebenswerte Aufgabe sehen.

Margot Poppenhusen

Bettina E. Knaup[1]

bridging the gaps – Wissenschaft, Kunst und Öffentlichkeit im Dialog

> „Und das ist ja überhaupt das Interessante: dass auf einmal solche destabilisierenden Momente auftauchen können, die existierende Diskurse perturbieren, stören. Störungen. Störungsmomente. Rupturen. Brüche! Brüche! Zweifel."
> (Hans Ulrich Obrist, in: Dialog und Infiltration, S. 50)

1. Einführung

Die *ifu* hat in vielerlei Hinsicht versucht, konventionelle Grenzen der Wissensproduktion und -vermittlung zu überschreiten bzw. diese Grenzen spielerisch zu erweitern. Zu diesen Experimenten gehörte es auch, die *ifu* zu einem öffentlichen Ort – Open Space – zu machen.

Die Veranstaltungsreihe *ifu's* Open Space stellte Personen und Themen sowie die kulturellen und wissenschaftlichen Produktionsprozesse der *ifu* in einen öffentlichen Kontext und versuchte, Begegnungen, Debatten, Inspirationen und Irritationen zu initiieren: „a ‚terrain vague', where diverse cultures of knowledge, of practice, of discourse will come together to interact, talk, listen, disturb, perform, be silent, make noise, be confused, understand" (Katalog *ifu's* Open Space).

In den drei Monaten des *ifu*-Semesters wurden acht ganztägige, öffentliche Veranstaltungen realisiert mit Debatten, Performances, Installationen, Konzerten, Vorträgen und Ausstellungen. Jedes der acht Tagesprogramme war einem Thema gewidmet, zum Beispiel:

- growing cities // basic needs;
- intelligent beings // being intelligent;
- rituals of remembering // rituals of respect;
- recreating human beings;
- globalization, gendered mobilities and women's work.

---

[1] Für Kommentare, Anregungen und Kritik danke ich Beatrice E. Stammer und Stefanie Zuber.

Mehr als 80 Wissenschaftlerinnen und Politikerinnen sowie 30 Künstlerinnen (-gruppen) waren geladen, ihre Positionen zu den jeweiligen Themenfeldern einzubringen. Zusätzlich wurden zwei Ausstellungen realisiert, die auf unterschiedliche Art die Vielfalt der in der *ifu* präsenten Themen und Personen zum Ausdruck gebracht haben. Die virtuelle Internet-Ausstellung „Threads of the Woven Maze" (kuratiert von der argentinisch-deutschen Künstlerin Pat Binder) zeigte die Arbeiten von zwölf Künstlerinnen aus den Ländern des Südens, die inhaltlich in Beziehung zu den sechs Projektbereichen der *ifu* standen. Die Ausstellung, die immer noch im Netz zu sehen ist (www.vifu.de/woven-maze/), wurde über Videobeamer auf eine Leinwand projiziert und war im eigens eingerichteten Medialab jederzeit für das Publikum zugänglich. Die Sammlung „World Wide Female Sampling" war demgegenüber ein sehr materieller Ausdruck der in der *ifu* anwesenden Biografien, Geschichten und Erzählungen. Alle *ifu*-Teilnehmerinnen wurden vor ihrer Anreise gebeten, ein selbst kreiertes Objekt, einen Text oder ein Erinnerungsstück zum Thema „weibliche Pionierin" mitzubringen. Diese wurden von dem Künstlerinnen-Duo Ursula Cyriax und Johanna Michel zu einer begehbaren Installation verbunden. Ein Katalog ermöglichte es, die „Urheberinnen" der Objekte zu identifizieren und ihre Erläuterungen zu lesen. Auch diese Ausstellung ist in einer reduzierten Form im Netz dokumentiert (www.oszilla.de/female-sampling).

Es ging zum einen darum, einen kritischen öffentlichen Dialog zu den Kernfragen von Technikentwicklung und Globalisierung zu initiieren und damit eine größere Fach- und Medien-Öffentlichkeit zu erreichen. Im Gegensatz zu vielen vergleichbaren Veranstaltungen, die die Wahrnehmung von Wissenschaft und Kunst als männlich dominierte Arenen eher noch verfestigen, standen dabei die Positionen von Wissenschaftler*innen,* Aktivist*innen* und Künstler*innen* im Vordergrund. Zudem wurde eine Internationalisierung und Perspektiverweiterung der häufig eng auf Deutschland oder Europa fokussierten Debatten z.B. um die Gen- und Reproduktionstechnologie vorgenommen. *Ifu's* Open Space war daher in erster Linie ein Forum für eine interessierte Fachöffentlichkeit und für die Presse, was sich in einer regen Berichterstattung niedergeschlagen hat.

Darüber hinaus war der Open Space als interaktiver Ort angelegt, der durch seinen experimentellen, temporären und informellen Charakter Dialoge, Begegnungen und Austausch v.a. zwischen den Teilnehmerinnen ermöglichen sollte und sich dadurch auch als Ort transdisziplinärer Wissensproduktion verstand. Im Programm waren Personen vertreten, die normalerweise kaum in Dialog miteinander kommen würden, wie renommierte Akteurinnen der internationalen Frauenbewegung und Frauenforschung mit jungen Künstlerinnen und etablierten Politikerinnen. Geladen waren beispielsweise die indische Physikerin und Ökofeministin Vandana Shiva, die Literaturwissenschaftlerin und Philosophin Gayatri Chakravorty Spivak (USA/Indien), die bundesdeutsche Entwicklungspolitikerin Heidemarie Wieczorek-Zeul, die Sozialwissenschaftlerin und

Aktivistin Patricia McFadden (Zimbabwe) oder die Journalistin Alice Schwarzer (Deutschland), die US-amerikanische Rapp-Poetin und Bestseller-Autorin Sapphire, die bekannte Choreographin und Tänzerin Elsa Wolliaston, die bildende Künstlerin Esther Shalev-Gertz (Israel/Frankreich) oder die Komponistin und Cellistin Joëlle Léandre (Frankreich). Es gab viele interaktive Elemente, wie beispielsweise die Installation WorldWideFemaleSampling, die weniger als Bebilderung angelegt war, sondern als interaktiver Ort für die *ifu*-Teilnehmerinnen, der ihre Geschichte und ihre Biografien verband und auch sonst einen Raum für Austausch und Gespräch bot. Das Programm war zudem offen angelegt, so dass im laufenden *ifu*-Semester die Studierenden ihre eigenen Beiträge einbringen konnten. Diese Möglichkeit wurde ausgiebig genutzt: Nahezu jeder der acht Programmtage wurde durch unterschiedlichste Beiträge – Performances, die während der *ifu* entstanden waren, spontane Poetry-Lesungen, Workshops zur Vorbereitung von politischen Aktionen etc. – ergänzt.

In ihrer Einleitung zu der genannten Installation haben die beiden Künstlerinnen Ursula Cyriax und Johanna Michel ein Konzept zum Ausdruck gebracht, welches stellvertretend für *ifu's* Open Space insgesamt gelten kann:

> „Wir selbst verstehen unsere Position in diesem Projekt weder als Produzentinnen eines ästhetischen Unikats, noch als ein Sinnzentrum, auf welches sich die Ausstellung zurückführen ließe, sondern als die Koordinatorinnen eines zerstreuten Wissens. (...) Somit können wir ... Foucault(s) ... Befund, dass der Autor nicht mehr sei als ein Interferenzphänomen über dem Rauschen der Diskurse, aus eigener Erfahrung bestätigen.
> Die Ausstellung ‚worldwidefemalesampling' bildet ein Archiv, welches verschiedene Auswahlkriterien, Positionen und Perspektiven nebeneinander erlaubt. Diese Akkumulation ist jedoch nicht als Datenspeicherung ad infinitum angelegt, (...) sondern vielmehr als ein temporärer Verkehrsknotenpunkt, der eine interkulturelle Kommunikation ermöglicht. ... In diesem Sinne verändert sich die Funktion des Archivs. An die Stelle des Speicherns und der Verdichtung von Material tritt der Austausch von Informationen."

Mit dem Anspruch, einen „temporären Verkehrsknotenpunkt" zu schaffen, der Wissens- und KulturproduzentInnen sowie „die Öffentlichkeit" ins Gespräch bringt, lässt sich *ifu's* Open Space im Kontext einer ganzen Reihe von Veranstaltungen, Ausstellungen und Programmen ansiedeln, die zumindest auf den ersten Blick eine ähnliche Zielsetzung verfolgen und insbesondere den Dialog von Wissenschaft und Öffentlichkeit(en) und die Begegnung von Wissenschaft und Kunst zu initiieren versuchen. Hierzu zählen erstens eine Vielzahl (populär)wissenschaftlicher Groß-Events und Kunst-Wissenschaftsausstellungen wie z.B. der jährliche Berliner „Wissenschaftssommer", die Themenparks der EXPO 2000, die Berliner Großausstellungen „Sieben Hügel" 2000 und „Theatrum Naturae et Artis – Wunderkammern des Wissens" 2000; zweitens eine Reihe von Veranstaltungen, die sich um die Wiederbelebung eines öffentlichen intellektuellen Lebens jenseits der Universität und Akademie einerseits und Infotainment und Talkshow andererseits bemühen, wie „100 Tage 100 Gäste" der documenta X oder die Gesprächsreihe „Berliner Lektionen". Drittens sind eine ganze Reihe von Projekten an den „Rändern" der Wissenschaften, der Künste, der Professionen und des institutionalisierten Expertentums zu nennen, die das Ziel verfolgen, Wissens- und Kulturproduktion anders zu organisieren, und die Kooperationen, Austausch und Dialoge zwischen einer begrenzten Teilnehmerzahl und häufig auch über einen längeren Zeitraum in Gang setzen (z.B. die 1994 vom Verleger Hubert Burda gegründete und von Christa Maar geleitete interdisziplinäre „Akademie zum dritten Jahrtausend", das daraus entstandene Ausstellungsprojekt „Art and Brain" am Deutschen Museum Bonn oder das am Internationalen Wissenschaftszentrum Adlershof Berlin angesiedelte Projekt „Phasen", welches Gespräch und Auseinandersetzung zwischen Künstlern und Wissenschaftlern über einen zweijährigen Zeitraum realisiert).

Seit wenigen Jahren werden in Deutschland auch die (Forschungs-)PolitikerInnen an dieser Schnittstelle aktiv: So haben 1999 die großen Wissenschaftsorganisationen auf Initiative des Stifterverbandes für die Deutsche Wissenschaft das „Memorandum Dialog Wissenschaft und Gesellschaft" verabschiedet, gemeinsam mit dem Bundesministerium für Wissenschaft und Forschung die gGmbH „Wissenschaft im Dialog" gegründet und das Aktionsprogramm PUSH (Public Understanding of Science and Humanities) aufgelegt.

Da diese Veranstaltungen und Programme in einem zum Teil sehr widersprüchlichen Spannungsfeld unterschiedlicher Ziele und Leitvorstellungen angesiedelt sind, werden sie häufig kontrovers und kritisch diskutiert. Es handele sich lediglich um aufwändige Werbemaßnahmen zur Legitimation von aus öffentlichen Mitteln finanzierten, risikoreichen Forschungen. Die „Festivalisierung" und Popularisierung der Wissenschaft und damit ihre Verwässerung werden beklagt oder umgekehrt der Missbrauch der Kunst zur Ästhetisierung wissenschaftlicher Zusammenhänge.

Insbesondere vor dem Hintergrund dieser Angst vor einer Popularisierung und Festivalisierung von Wissenschaft möchte ich hier die Notwendigkeit von solchen temporären, experimentellen, laborartigen Veranstaltungen (wie *ifu's* Open Space) betonen und ihren Hintergrund näher erläutern. Sie reagieren alle, wenn auch auf unterschiedliche Weise, auf einen tief greifenden Wandel in der Wissensproduktion und sind zugleich Motor in diesem Wandlungsprozess.

2. Legitimitätskrisen der exklusiven Wissensproduktion: Von der Wissenschaft, die in der Gesellschaft ankommt

Das moderne westliche Wissenschaftssystem ist in der 2. Hälfte des 20. Jahrhunderts und insbesondere in den letzten Jahrzehnten grundlegender Kritik von verschiedensten Seiten unterzogen worden, die sich sowohl auf die Kriterien zur Bewertung der Gültigkeit und Angemessenheit des Wissens als auch auf die strukturellen Bedingungen der Wissensproduktion bezieht (Weiler 2001). Diese Auseinandersetzungen haben eine Veränderung der Wissensproduktion und ein gewandeltes Verhältnis von Wissenschaft und Gesellschaft zur Folge, so die These vieler Wissenschaftsforscher. Peter Weingart spricht beispielsweise von einem fundamentalen Wandel, dessen Grundmotiv die schwindende Distanz der Wissenschaft zu den übrigen sozialen Sektoren, zu Politik, Wirtschaft und Medien, sei (Weingart 2001). Auch Ulrike Felt, Helga Nowotny und Klaus Taschwer betonen in ihrer Einführung in die Wissenschaftsforschung, dass die für die moderne westliche Wissenschaft seit Mitte des 17. Jahrhunderts konstitutive strukturelle Autonomie und Unabhängigkeit vehement zur Diskussion gestellt werde und als Folge sich auch der Modus der Wissensproduktion verändere: Neues Wissen werde zunehmend in einem Hybridraum generiert, „in dem sowohl Wissenschaftler als auch verschiedene Öffentlichkeiten ihre Interessen artikulieren und durchsetzen wollen" (Felt et al., S. 246).

Diese Entwicklung hat mehrere Ursachen:

1. Die Auswirkungen naturwissenschaftlich-technischer Wissensproduktion durchdringen nahezu jeden Aspekt des Alltagslebens. Als Beispiel seien die ökologischen Folgekosten industrieller Entwicklung genannt, die normierende Kraft der modernen westlichen Medizin sowie die Entwicklung der Gen- und Biotechnologie, die grundlegende gesellschaftliche Konzepte von Mensch und Natur revolutionieren. Soziales und politisches Handel ist regelmäßig auf wissenschaftliche Sachkenntnis und Experten angewiesen. Dabei wächst das Bewusstsein, „...dass Wissenschaft und Technik selbst jene Probleme produziert haben, zu deren Lösung sie jetzt wieder beitragen wollen" (Felt et al., S. 17). Daher und auch auf Grund der regelmäßig hohen Investitionen in die Wissenschaft wachsen Ansprüche auf politisch-gesellschaftliche Kontrolle und Mitwirkung an der Wissensproduktion.
2. Die moderne westliche, an naturwissenschaftlichen Rationalitätsmodellen orientierte Wissenschaft hat bestimmte Wissensformen, -inhalte und Methoden privilegiert, andere als nicht relevant marginalisiert. Das so produzierte Wissen wird seit den 1960er und 1970er Jahren in vielen epistemologischen und wissenschaftspolitischen Debatten als partiell und unvollständig kritisiert.[2] Diese im US-amerikanischen Kontext auch als „science wars" dramatisierten Auseinandersetzungen (Gregory und Miller) haben zu einer Entmonopolisierung eines ausschließlich naturwissenschaftlich orientierten Wissensbegriffs geführt und im Ergebnis zu einem modifizierten Begriff von Wissen, „... der sich sowohl durch einen höheren Grad von Differenzierung (nach Gegenständen und Umständen des Wissens) als auch durch

---

2 Siehe mit einem ausführlichen Überblick Weiler 2001 und Gregory und Miller; Harding; Tanesini.

ein größeres Maß an Kontingenz (also durch stärker unter Bedingungsvorbehalten stehende Aussagen) auszeichnet" (Weiler 2001). Insbesondere feministische, poststrukturalistische und postkoloniale Diskurse haben die Geltung und Relevanz von sogenanntem Erfahrungs- und Alltagswissen, Laien- oder „Volkswissen" und indigenem Wissen reklamiert.[3] Auch normative und ästhetische Kategorien werden in diesem Zusammenhang zunehmend „ihres Stigmas der ‚Unwissenschaftlichkeit' entkleidet und legitimer Bestandteil einer neuen Wissensordnung" (ebd.).

Man kann in Folge dessen heute davon sprechen, dass die Wissenschaft in der Gesellschaft ankommt und zwar in mehrfacher Hinsicht:

Die Wissenschaft verliert zum einen ihre Sonderstellung als relativ autonome Instanz, die unabhängig „gesichertes Wissen autoritativ verkünden kann" (Weingart 2001). Auch die Wissenschaft muss für ihr Handeln um Legitimation bei Politik und Öffentlichkeit ringen, und ihre Entwicklungen sind Gegenstand öffentlicher politischer Auseinandersetzungen.

Zudem vollzieht sich ein Wandel im Modus der Wissens*produktion*. Verschiedene Wissenschaftsforscher beschreiben Wissensproduktion heute zunehmend als kollektiven, transdiziplinären Prozess, der längst nicht mehr von Experten eines Faches, einer Profession, eines kulturellen Kontextes allein angemessen zu leisten ist und sich auch nicht mehr ausschließlich in akademischen Strukturen und Kontexten vollzieht. Wissenschaftliches Wissen wird von zunehmend heterogenen Akteuren – verschiedene Öffentlichkeiten, Laien, NGOs etc. – und in zunehmend heterogenen Kontexten – Think Tanks, Wissenschaftsläden, Regierungsinstitutionen, internationale Organisationen etc. – ausgehandelt (Felt et al., S. 261-65; Simon). Zwar ist umstritten, ob es sich hierbei um einen eher graduellen (Weingart 1997) oder grundsätzlichen Wandel (Gibbons et al.) handelt, ob er sich nur auf bestimmte Wissenschaftsgebiete beschränkt oder generell nachweisbar ist. Auch changieren die Beschreibungen der „postmodern science" (Nandy) oder des „mode 2" (Nowotny; Gibbons et al.) zuweilen zwischen normativem Anspruch und empirischem Phänomen. Nachweisen lässt sich diese (graduelle) Entwicklung jedoch insbesondere in den Bereichen der internationalen Umweltforschung, der Entwicklungspolitik, der (Reproduktions-)Medizin u.a., in denen bislang „unterdrückte Formen des Wissens"[4] Geltung beanspruchen und nicht mehr gänzlich ignoriert werden können.

---

3 Siehe insbesondere Foucault; Gibbons, Limoges, Nowotny; Harding; Nandy; Tanesini; Spivak.
4 z.B. das Wissen der Hebammen, das Wissen der indigenen Bevölkerung beispielsweise in Lateinamerika um Formen natürlicher Wasserreinigung, die Erfahrungen von Betroffenen in der Aidsforschung, etc.; zum Begriff des unterdrückten Wissens Andi, Bavhnani, Foucault, Harding, Zack u.a.

3. Kontextualisierung künstlerischer Produktion – Kunst als Wissensproduktion

Während sich die wissenschaftliche Wissensproduktion zumindest bedingt anderen, nicht-akademischen Wissens- und Erkenntnisformen öffnet und auch strukturell einem Wandel unterliegt, sind auch auf Seiten der Kunst Annäherungen und Grenzüberschreitungen zu den Wissenschaften zu beobachten.

> „Dies zeigt sich sowohl methodisch wie auch inhaltlich: Kunst ist heute vielfach kein Gegenstand mehr, sondern ein komplexes Netz von Kommentaren, Archivmaterial und Dokumenten. Der ästhetische Raum wird vom ‚white cube' zu einem Raum des Dissens, des Experiments, der Interimsforschung verwandelt, und die KünstlerIn versteht sich häufig als Forschungs-Reisende, die mit ‚wissenschaftlichen' Methoden – Beobachtung, Sammlung, Expedition, Transformation, Recherche, Interpretation, Vermessung, Berechnung – Phänomene der Gesellschaft, Politik und Wissenschaft analysiert." (*ifu's* Open Space, Einleitung zum Katalog; siehe auch Berechenbarkeit der Welt; Dialog und Infiltration; Weibel 1997)

Zudem ist ein Trend zur theoretischen, politischen und wissenschaftlichen Kontextualisierung künstlerischer Produktion zu beobachten. Ausstellungen, wie exemplarisch die documenta X und gegenwärtig die documenta 11, bemühen sich, künstlerische Produktion im Kontext größerer gesellschaftlich-politischer Entwicklungen und theoretisch-wissenschaftlicher Diskurse anzusiedeln, und beanspruchen auch, zu diesen Diskursen beizutragen (siehe z.B. www.documenta11.de; documenta X – Das Buch; Weibel 1997). Ein weiterer Indikator für diesen Trend ist die Stärkung von Theorieabteilungen in Kunstakademien.[5]

Es gibt eine ganze Reihe von Gründen für diese Entwicklungen, von denen ich vor allem zwei hervorheben möchte:

1. Dass sich künstlerische Produktion auch als Erkenntnis gewinnend versteht, ist nichts wirklich Neues. Bereits Marcel Duchamp betont: „Kunst ist das einzige, was Menschen übrig bleibt, die der Wissenschaft nicht das letzte Wort überlassen wollen" (zit. nach Dialog und Infiltration, S. 39). In der Wissensgesellschaft gewinnt diese Dimension künstlerischer Produktion jedoch an Bedeutung. In ihr verliert – wie oben bereits beschrieben – zum einen die Wissenschaft ihre Sonderstellung in der Gesellschaft. Dadurch gewinnen die kritischen Einsprüche und auch die Wissensproduktion aus anderen, auch künstlerischen Feldern (wieder) mehr Gewicht: Kunst kann z.B. „im Quereinstieg mit Kriterien experimentieren und so an der Schnittstelle zwischen dem wissenschaftlichen Expertentum und dem Expertentum der Medienöffentlichkeit Chancen für Widerspruch sondieren" (Gohlke).

---

5 Siehe z.B. Theory Departement an der Jan van Eyck Academy, Maastricht; Akademie der Bildenden Künste, Wien, Institut für Wissenschaften und Technologien in der Kunst.

Zum anderen wird in der Wissensgesellschaft das Prinzip der Forschung, des hypothetischen und experimentellen lernenden Umgangs mit Information zum allgemeinen Handlungsmodus. Angesichts der „Wissensflut", sowie der Auflösung fester Orientierungssysteme wie Beruf, politisches Milieu u.a., die helfen, Wissen und Wahrnehmen zu organisieren und Komplexität zu reduzieren, ist wissenschaftlich-methodische Kompetenz notwendig, um Alltagsleben, Berufsleben und politisches Leben zu organisieren und zu bewältigen (Weingart 2001; Poltermann 2001). Dieser Trend wird auch in den Künsten aufgegriffen und bearbeitet. KünstlerInnen entwickeln Fragestellungen, forschen und experimentieren und erweitern Wissen, wenn auch in weniger methodisch oder von Alltagszwängen abgestecktem Rahmen.[6]

2. Die stärkere Kontextualisierung künstlerischer Produktion, das Bemühen um Auseinandersetzung mit theoretischen Diskursen aus verschiedensten Disziplinen kann darüber hinaus auch als ein Bemühen um eine Verlangsamung und theoretische Fundierung von Bilderproduktion, -rezeption und -analyse im „visuellen Zeitalter" verstanden werden (siehe z.B. Gohlke; Obrist in: Bridge the Gap, S. 49). Viele AutorInnen weisen darauf hin, dass die durch die Massenmedien erfolgte „Explosion des Visuellen" in ihrer tieferen Bedeutung, in ihrer die Gesellschaft prägenden Kraft noch nicht ausreichend verstanden und analysiert wird:

> „... human experience is now more visual and visualized than ever before. In many ways, people in industrialized and post-industrial societies now live in visual cultures to an extent that seems to divide the present from the past. ... This globalization of the visual, taken collectively, demands new means of interpretation." (Mirzoeff, S. 4)

In der Annäherung an „die Wissenschaft", in der Kontextualisierung ihrer eigenen Praxis verschafft sich die Kunst „Instrumente der Selbstkritik" (Gohlke) und Reflexion.

4. Fazit: Von der Angst vor der Popularisierung und der Produktivität kreativer Störungen

Als Reaktion auf die hier skizzierten Veränderungen lässt sich an den Schnittstellen von Kunst, Wissenschaft und Öffentlichkeit bereits seit Jahrzehnten eine Vielzahl von Interaktionen, Grenzverschiebungen und wechselseitigen Funktio-

---

6   Siehe z.B. Dialog und Infiltration; Formule 2; Pollmann; Ecker, Sefkow; Berechenbarkeit der Welt, Kunst und Wissenschaft vice versa.

nalisierungen beobachten,[7] zu denen eben auch jene öffentlichen, temporären und teils experimentellen Symposien, Ausstellungen, Foren und Events gehören, wie auch *ifu's* Open Space.

Zwar ist die Kritik an einigen der groß angelegten Massen-Events berechtigt, die – zugespitzt formuliert – eine „Werbung um Vertrauen, Anerkennung und letztlich finanzielle Unterstützung" für die Wissenschaften anstreben (Memorandum Dialog Wissenschaft und Gesellschaft). Hintergrund ist zumeist die Diagnose eines krisenhaften Verhältnisses von Wissenschaft und Öffentlichkeit, geprägt durch Unkenntnis, Missverstehen und Akzeptanzdefizite gegenüber *der* Wissenschaft von Seiten *der* Öffentlichkeit. Die Rede ist von „scientific illiteracy", von allgemein tolerierter Unkenntnis gegenüber den Naturwissenschaften und von subjektiv geprägter Risikowahrnehmung, der mit Aufklärung zu begegnen sei (Memorandum Dialog Wissenschaft und Gesellschaft). Auch die Einbeziehung von Kunst hat hier z.T. eine eher instrumentelle Dimension, um den besonders umstrittenen Wissenschaftsfeldern, wie der Gen- und Reproduktionstechnologie oder der Intelligenzforschung, „auratische" Attraktivität zu verleihen. So wollten z.B. die Verantwortlichen der Berliner Ausstellung „Theatrum Naturae et Artis" „durch die Ästhetik der Objekte zur Wissenschaft verführen", und auch der Untertitel der Ausstellung „Wunderkammern des Wissens" entlehnt sich der Welt des Mythos und der Magie (taz, 8.1.2001, S. 18, und Gustav Seibt in: Die Zeit, 14.12.2000).

Kritische Veränderungen im Verhältnis von Wissenschaft und Öffentlichkeit sind jedoch nicht das Ergebnis von Unwissenheit und Fehlinformation, sondern es geht – wie oben geschildert – um neue Ansprüche an Kontrolle und Mitgestaltung von Wissensproduktion, d.h. letztlich um eine demokratisch legitimierte und weniger exklusive, hierarchische Wissensproduktion. Auch der vielen dieser Veranstaltungskonzepte zu Grunde liegende Gegensatz vom unkundigen Laien und allwissenden Experten ist überholt: Das „Publikum" versteht sich heute eher als Sponsor, Zeuge und bedingt auch als Mitwirkender im Forschungsprozess (Simon; Mittelstraß; Poltermann).

Mit dieser durchaus zutreffenden Kritik wird jedoch häufig eine Ablehnung jeder Form von Popularisierung und Visualisierung verbunden (siehe z.B. Mittelstraß, S. 89, aber auch Simon). Demgegenüber möchte ich die Notwendigkeit von „populären", öffentlichen, Kunst und Wissenschaft verbindenden Veranstaltungen betonen und zwar aus zwei Gründen:

---

7 Dazu zählen natürlich die Medien, die einen professionalisierten Wissenschaftsjournalismus hervorgebracht haben, ebenso wie die etablierten Wissenschaftsmuseen und die gegenwärtig boomenden „Science Centers"; große Kunst-Wissenschafts-Ausstellungen ebenso wie die in lokalen Communities verankerten Wissenschaftsläden oder transdisziplinäre und transnationale Forschungsnetzwerke bestehend aus ExpertInnen, Laien, PolitikerInnen und KünstlerInnen. Siehe mit einem systematischen Überblick z.B. Gregory/Miller und Weingart 2001.

1. Eine demokratische Öffentlichkeit, die Ansprüche auf eine gewisse Kontrolle der wissenschaftlichen Entwicklung erhebt, bedarf notwendigerweise einer „Popularisierung" des Sprechens über Wissenschaft. Es scheint insbesondere ein dem deutschen hierarchischen Universitätssystem und seiner Wissenschaftskultur geschuldetes Phänomen zu sein, dass diese Kunstfertigkeit (noch) mit wissenschaftlichem Reputationsverlust einhergeht und wenig geschult wird. Das Beharren auf einer klaren Trennlinie zwischen Wissenschaft und ihrer Popularisierung kann durchaus als ein „nützliches politisches Stratagem der Wissenschaft" entlarvt werden. Denn aus dem Anspruch, nur in der eigenen Fachsprache adäquat reden zu können, könnte in politischen Debatten, in denen es auch um wissenschaftliches und technisches Fachwissen geht, „ein uneingeschränktes Beratungs- und Mitentscheidungsmonopol" abgeleitet werden (Felt, Nowotny, Taschwer, ebd., S. 251). Eine klare Trennung zwischen rein wissenschaftlichem und popularisiertem Wissen ist aber auch prinzipiell fragwürdig. Felt, Nowotny und Taschwer verweisen darauf, dass letztlich jedes wissenschaftliche Sprechen eine „Popularisierung" darstelle, denn WissenschafterInnen müssen auch in ihren „angestammten" Kommunikationszusammenhängen in einer modifizierten Sprache sprechen: mit Studierenden, mit KollegInnen anderer Disziplinen oder anderer Wissenschaftskulturen, in interkulturellen Zusammenhängen, mit Praktikern in Anwendungszusammenhängen, mit Geldgebern etc. (ebd., S. 249f). Man kann daher eher von einem Kontinuum sprechen, „auf dem wissenschaftliche Kommunikation je nach Kontext in ihrem Ausmaß an Popularisierung zu verorten wäre. Orte der Popularisierung sind in dieser Sichtweise nicht mehr die andere Seite der Wissenschaft, sondern bloß graduell von der eigentlichen Produktionsstätte wissenschaftlicher Erkenntnis unterschieden" (ebd., S. 251).
2. Eine Öffnung der Wissensproduktion gegenüber marginalisierten Wissensformen bedarf vieler Orte und Foren, in denen Einsprüche geltend gemacht werden können. Gerade in temporär angelegten, experimentellen, fluiden Projekten, die alle TeilnehmerInnen in ein für sie un-vertrautes Ambiente versetzen, ist es am ehesten möglich, Positionen wahrzunehmen, die das Dickicht disziplinärer Grenzen, Fachsprachen und Codes normalerweise kaum als ernst zu nehmende Stimmen durchdringen würden. Sie können produktive Verunsicherung schaffen, da bekannte Koordinaten wie selbstverständliche Fachsprachen, gesicherte Erkenntnisse, geteilte Prämissen nicht mehr oder nur eingeschränkt gelten. Auch mag ein solches Setting am ehesten produktive Fehlerfreundlichkeit erlauben. Idealerweise sind dies die Orte, an denen, jenseits der Institutionen und ihrer Hierarchien, ausgegrenztes, „discredited knowledge" Raum finden mag.

In diesem Sinne verstehe ich *ifu's* Open Space und vergleichbare Projekte als kleine, aber wichtige Versuchslabors für Wandlungsprozesse im Wissenssystem, die gerade durch ihre Flüchtigkeit, ihre offenen Formate und ihren spielerischen Charakter neue Begegnungen und grenzüberschreitendes Lernen ermöglichen können. Auch die *ifu* insgesamt hat ja gerade durch ihren Projektcharakter, durch ihre zeitliche Begrenzung, durch die Tatsache, dass es sich *nicht* um eine Institution handelte, ihre innovativsten Aspekte realisieren können – produktive Räume für Störungen, Begegnungen und Fehler und Überraschungen zu bieten.

Literatur

Berechenbarkeit der Welt, Kunst und Wissenschaft vice versa. Bonn: Bonner Kunstverein, 1996.

Bhavnani, Kum Kum (ed.): Feminism and Race (Oxford Readings in Feminism). Oxford 2001.

Bridge the Gap! Christiane Fricke im Gespräch mit Hans-Ulrich Obrist. In: Dialog und Infiltration. Wissenschaftliche Strategien in der Kunst. Kunstforum International, Band 144, Köln 1999, S. 48 – 50.

Dialog und Infiltration, Wissenschaftliche Strategien in der Kunst, Kunstforum International. Band 144, Köln 1999.

documenta X – Das Buch. Cantz, 1997.

Ecker, B. und Sefkow, B.: Übergangsbogen und Überhöhungsrampe, naturwissenschaftliche und künstlerische Verfahren. Hamburg: Hochschule für bildende Künste, 1996.

Felt, Ulrike, Nowotny, Helga, und Taschwer, Klaus: Wissenschaft im öffentlichen Raum. In: dies.: Wissenschaftsforschung. Eine Einführung. Frankfurt / New York 1995, S. 244 – 280.

Formule 2, Kunstkatalog, Berlin: Künstlerhaus Bethanien, 1999.

Gibbons, Limoges, Nowotny, et al.: The new production of knowledge. The dynamics of science and research in contemporary societies. London 1994.

Gohlke, Gerrit: Kunst und Wissenschaft. Anzeichen einer Wiederannäherung von Kunst und Wissenschaft am Ende des 20. Jahrhunderts. Beitrag auf dem Kongress der Heinrich-Böll-Stiftung „Gut zu Wissen – Links zur Wissensgesellschaft" in Berlin, 4. – 6. Mai 2001. In: www.bildung2010.de/gutzuwissen/programm.html

Gregory, Jane, und Miller, Steve: Science in Public. Communication, Culture, and Credibility. New York and London 1998.

ifu's open space. Programmheft, hg. von Bettina Knaup, Aylâ Neusel und Beatrice E. Stammer. Hannover 2000.

Inayatullah, Sohail, und Gidley, Jennifer (eds.): The University in Transformation: Global Perspectives on the Futures of the University. Westport, CT: Bergin & Garvey, 2000.

Memorandum Dialog Wissenschaft und Gesellschaft. Stifterverband für die Deutsche Wissenschaft. Bonn 1999, www.stifterverband.de/push_memorandum.html

Mittelstraß, Jürgen: Wissenschaftskommunikation: Woran scheitert sie? In: Spektrum der Wissenschaft, August 2001, S. 82 – 89.

Mirzoeff, Nicholas (ed.): The Visual Culture Reader. London 1998.

Nandy, Ashis: Recovery of Indigenous Knowledge and Dissenting Futures of the Universities. In: Inayatullah, Sohail, and Gidley, Jennifer (eds.), a.a.O. 2000.
Nowotny, Helga: Es ist so. Es könnte auch anders sein. Frankfurt a.M. 1999.
Pollmann, Tyyne Claudia: the vanity of dogmatizing. Gespräche um Wissenschaft mit Künstlern und Kunstvermittlern. Köln 1999.
Poltermann, Andreas (2001): Wissensgesellschaft – Thesen und Themenfelder. In: www.bildung2010.de/literatur/polter2.pdf
PUSH (Public Understanding of Science and Humanities). In: www.stifterverband.org.
Simon, Dieter: Demokratisiert die Wissenschaft. In: Die Zeit, Nr. 38, 14.09.2000
Weibel, Peter (Hg.): Inclusion : Exclusion, Versuch einer neuen Kartografie der Kunst im Zeitalter von Postkolonialismus und globaler Migration. Köln 1997.
Weiler, Hans N.: Wissen und Macht in einer Welt der Konflikte. Zur Politik der Wissensproduktion. Vortrag auf dem Kongress der Heinrich-Böll-Stiftung „Gut zu Wissen – Links zur Wissensgesellschaft" in Berlin, 4. – 6. Mai 2001 (unveröff. Manuskript).
Weingart, Peter: Neue Formen der Wissensproduktion: Fakt, Fiktion und Mode. In: www.uni-bielefeld.de/iwt/general/iwtpapers/paper15.pdf (1997).
Weingart Peter: Die Stunde der Wahrheit. Zum Verhältnis der Wissenschaft zu Politik, Wirtschaft und Medien in der Wissensgesellschaft. Weilerswist 2001.
Zack, Naomi (ed.): Women of Color and Philosophy. Oxford 2000.

Leonie Baumann

Querdenken erwartet – Kunst und Wissenschaft bei der *ifu*

Interdisziplinäre Sichtweise und die Kooperation unterschiedlicher Wissenschaftszweige sind in allen gesellschaftlichen Bereichen unerlässlich geworden. So war der Wunsch einiger Initiatorinnen der *ifu* durchaus nahe liegend, auch die künstlerischen Disziplinen in den dreimonatigen Hochschulbetrieb der Internationalen Frauenuniversität einzubeziehen. Im Vergleich mit Erfahrungen bei der Zusammenarbeit anderer wissenschaftlicher Fachgebiete wurde die Beteiligung der Künste zu einem besonderen experimentellen Prozess, weil es hierzu weder Erfahrungen gibt, auf die man hätte zurückgreifen können, noch der zeitliche Raum zur Verfügung stand, sich auf eine Zusammenarbeit vorzubereiten und allen Beteiligten die Möglichkeit einzuräumen, sich auf die unterschiedlichen Herangehensweisen von Wissenschaftlerinnen und Künstlerinnen einzulassen.

Ein so anspruchsvolles Unternehmen wie die *ifu* ohne strukturelle, organisatorische und räumliche Einbindung in einen laufenden Universitätsbetrieb auszurichten, sondern als temporäres, auf zeitlich befristeter Basis aller Mitwirkenden basierendes, dezentrales und schließlich noch in unterschiedlichen Städten angesiedeltes Projekt durchzuführen – das verdient uneingeschränkte Hochachtung. Im Rahmen dieses Vorhabens auch noch den Anspruch der Integration von Künstlerinnen zu realisieren grenzt fast an Abenteuerlust, wie sie wohl nur Frauen zu eigen ist, die ungeachtet aller bürokratischen und finanziellen Probleme ihr Ziel nicht aus den Augen verlieren.

Und so trafen im Sommer 2000 an allen Standorten der *ifu* hunderte von wissenschaftlich hochqualifizierten Teilnehmerinnen aus der ganzen Welt auf Künstlerinnen und ließen sich zusätzlich zu den wissenschaftlichen Projektangeboten auf experimentelle Workshops, Veranstaltungen, Seminare und Prozesse ein, von denen alle Beteiligten vorher nicht wussten, wie sie ablaufen und mit welchen Ergebnissen sie abschließen würden. Zur Überraschung Vieler entstanden Räume für Kommunikation, Begegnungen und Erfahrungsaustausch, die zudem neue Sichtweisen auf Inhalte eröffneten. Fast unbemerkt von der Öffentlichkeit hatte die *ifu* Neuland betreten und trotz schwieriger Realisierungsbedingungen dem experimentellen Zusammenwirken von Kunst und Wissenschaft ein Forum geboten, wie es in dieser Form bisher noch nicht stattgefunden hat und das Perspektiven für zukünftige universitäre Studien- und Forschungsbedingungen enthalten könnte.

Spätestens seit der Veröffentlichung der PISA-Studie im Herbst 2001 ist das bundesdeutsche Bildungssystem in der Diskussion, weil es eklatante Mängel im internationalen Vergleich aufweist. Pädagoginnen und Pädagogen weisen in diesem Zusammenhang seit langem insbesondere auf die mangelnden motorischen, kreativen und spielerischen Angebote in allen Schulstufen hin, die Defizite im Lernen unmittelbar bedingen und verursachen. Dabei hat es bereits in den 1970er Jahren ähnliche Debatten gegeben, aus denen z.B. die Laborschule und das Oberstufenkolleg in Bielefeld hervorgingen, die nach pädagogischen Theorien von Hartmut von Hentig auf projektorientierten, an gesellschaftlichen Themen arbeitenden Lehr- und Lernmethoden aufbauen. Es gab vielerorts Modellvorhaben, die Künstlerinnen und Künstler am Schulunterricht beteiligten, um Kindern und Jugendlichen nicht nur haptisch-ästhetische Kriterien durch Selbsttätigkeit zu vermitteln, sondern auch ihre Kreativität und Phantasie allgemein zu fördern. Leider sind die meisten dieser pädagogisch-künstlerischen Reformansätze bereits in den 1980er Jahren zu Gunsten rein quantitativer Wissensvermittlung von Inhalten und natürlich auch unter der Prämisse des Sparens abgebaut worden. Im universitären Ausbildungs- und Forschungsbetrieb hat es ähnliche Ansätze einer Integration von Künstlerinnen und Künstlern nie gegeben.

Gleichzeitig mit dem Abbau künstlerisch-kultureller Aktivitäten im öffentlichen Bildungssystem gab es ein Umdenken in der Wirtschaft. Im Zuge der sich rasant vollziehenden technologischen Entwicklung war ein Anhäufen von Spezialwissen zunehmend unwichtiger geworden, statt dessen wurde seit den ausgehenden 1980er Jahren der/die allseitig gebildete Generalist/in mit kulturell-künstlerischer Bildung als ideale/r Mitarbeiter/in der Zukunft propagiert. Einige erfolgreiche Projekte z.B. bei Automobilfirmen in Süddeutschland zeigten, dass es einen unmittelbaren Zusammenhang zwischen künstlerischer Tätigkeit und der Produktivitätssteigerung im Interesse des Unternehmens gibt. Auszubildende, die zeitweilig unter Anleitung von Künstlern völlig „unsinnige" Dinge produzierten, ließen eine Steigerung der Motivation, der Firmenbindung und bessere Lernabschlüsse erkennen.

Die Förderung und Ausbildung der sogenannten emotionalen Intelligenz ist mittlerweile nicht nur von unterer Unternehmensebene bis in die Managementetagen, sondern auch auf dem Gebiet kommunaler Belange oder der regionalen Strukturförderung Ziel von zahlreichen Studien, Forschungsvorhaben und Modellversuchen geworden. Allein das Anhäufen von Wissen reicht zur Lösung der immer komplexer werdenden globalen Aufgaben nicht mehr aus. Gesellschaftliche Probleme werden weltweit nicht allein mit wissenschaftlich-technologischem Know-how lösbar sein, sondern das Wissen um Kultur, Tradition, Umwelt, um die Gefühle der betroffenen Menschen und um religiöse Zusammenhänge gehört zwangsläufig dazu ebenso wie das gewisse Etwas: das Gespür für ein faires und gleichberechtigtes Miteinander in diesen Veränderungsprozessen.

Künstlerinnen und Künstler haben in diesem Zusammenhang schon immer eine besondere Rolle in jeder Gesellschaft quer durch alle Epochen gespielt, ohne dass ihnen die Anerkennung immer zeitgleich zuteil wurde für das, was sie entwickelten, dachten und anregten. Ihre Integration in den Forschungs- und Wissenschaftsbetrieb bleibt deswegen oder trotz allem eher Zufällen überlassen, wenn z.B. einige Künstler besondere Aufmerksamkeit mit ihren partizipatorischen Projekten erhielten oder wenn sie an großen Kunstausstellungen beteiligt waren.

Die *ifu* ist bisher die einzige Unternehmung, die theoretisch die Integration von Künstlerinnen in den dreimonatigen Verlauf ihrer Praxisphase forderte und auch wirklich umsetzte. Niemand kann erwarten, dass dieses Experiment problemlos vonstatten gehen würde. Die Intensität des dreimonatigen Wissenschaftsbetriebes verlangte von den Teilnehmerinnen äußerste Konzentration, so dass für künstlerische Projekte zu wenig an zeitlich benötigtem Freiraum blieb. Ein temporär angelegter Hochschulbetrieb muss auf so viele Anforderungen improvisierend antworten, dass auch die Produktionsbedingungen für Künstlerinnen nicht immer ideal waren, und natürlich sind zeitgenössisch konzeptionell arbeitende Künstlerinnen häufig mit Verständigungs- und Akzeptanzproblemen konfrontiert, da sie oft nicht produktorientiert, sondern prozesshaft arbeiten.

Die positiven Aspekte hingegen bestätigen diesen bisher einmaligen Versuch und machen seinen exemplarischen Charakter für andere Vorhaben deutlich, wenn nicht gar für ein generelles Umdenken, was universitäre Lehrabläufe und Forschungsvorhaben angeht:

– Im Rahmen der künstlerischen Workshops waren die internationalen Teilnehmerinnen in der Lage, zusätzlich zur sprachlichen Verständigung, die in der Regel nicht in der Muttersprache erfolgte, Kommunikations- und Ausdrucksformen zu finden.
– Theatralisch-zeichenhafte Darstellungen und auch die neuen medialen Techniken wurden mit großer Selbstverständlichkeit genutzt, um Gedanken und Zusammenhänge unabhängig von Sprache und Schrift zu vermitteln.
– Das nicht zielorientierte Herangehen an Fragestellungen, das den künstlerischen Workshops inhärent ist, hat eine andere Kommunikation und einen gleichberechtigten interkulturellen Diskurs ermöglicht.
– Die Teilnehmerinnen konnten ihre subjektiven Erfahrungen und individuellen kulturellen Traditionsmuster vielschichtiger in den wissenschaftlichen Diskurs einbringen.

Im Rahmen der *ifu* ist ein Modell zur Integration von künstlerischen Prozessen realisiert worden, das, in seiner ganzen Bedeutung wahrgenommen, als ein erster Schritt gelten könnte, um einerseits einen Weg aus der Bildungsmisere zu weisen und andererseits generell eine neue Dimension zur Erarbeitung von Inhalten zu eröffnen. Kunst und Wissenschaft zusammenzudenken ist nicht einfach, aber wenn es gelingt, könnten die Ergebnisse von großer Qualität und Weitsicht zeugen.

Barbara Loreck

ART concept: Künstlerische Arbeitsweisen im Kontext von Wissens- und Erkenntnisproduktion

1. Kunst und Wissenschaft im Dialog: Ein Experiment

Mit der *ifu* wurde der erste und bisher einzige umfassende Hochschulreformansatz in Deutschland realisiert, der die Begegnung zwischen Kunst und Wissenschaft zu einem seiner Leitprinzipien erhoben hat. Der Versuch, künstlerische Arbeitsweisen in die Curricula eines Studiengangs für Postgraduierte zu integrieren, war an sich schon ein Experiment mit offenem Ausgang. In Wechselwirkung mit den anderen konstituierenden Grundgedanken, nämlich Internationalität, Interdisziplinarität, Praxisorientierung und Gender-spezifische Forschungsfragen, kam es fast der Quadratur des Kreises gleich.

Die Zusammenarbeit zwischen KünstlerInnen und WissenschaftlerInnen findet, wenn überhaupt, eher auf individueller Ebene statt und im Kunstbetrieb, nicht an Universitäten. Weit darüber hinaus weist der Anspruch, feministische Ansätze und künstlerische Arbeitsweisen in einen wechselseitigen Bezug zu bringen und westlich geprägte Theorie und Praxis für die jeweiligen kulturellen Kontexte der *ifu*-Teilnehmerinnen zu öffnen.

Für die konkrete Realisierung des ART concepts in der *ifu* konnte kaum auf Erfahrungen zurückgegriffen werden. Insofern ist unter dem Begriff „ART concept" auch nicht ein kunsttheoretisch abgesichertes und in sich geschlossenes Lehrprogramm in Sachen ästhetische Praxis zu verstehen; ART concept hat vielmehr ein weit verzweigtes Netz von sehr unterschiedlichen Projekten in sich vereint und gerade auf Grund der einmaligen Ausgangssituation darauf geachtet, Raum zu geben für das reiche Wissen und die Erfahrungen der Teilnehmerinnen aus über 100 Ländern. Die Kunstprojekte waren zum einen wichtige Kommunikationsforen, die eine Öffnung für neue und überraschende Fragestellungen bezüglich wissenschaftlicher, hierarchischer und Gender-spezifischer Strukturen und der Inhalte der jeweils eigenen Fachdisziplin ermöglicht hatten. Zum anderen waren sie theoretisch wie praktisch sehr anregend: Die Projekte von 36 Künstlerinnen in den sechs Projektbereichen haben variantenreiche Aktivitäten hervorgebracht: Videoarbeiten, Ausstellungen, Performances, Zeichnungen, Foto- und Textkollagen – und das bei äußerst bescheidener technischer Ausstattung. Sehr positiv haben die Teilnehmerinnen die Kommunikationssituation in den Kunstprojekten erfahren und gewertet, da sie dort Fragestellungen nachgehen konnten, die aus den Zusammenhängen ihrer fachspezifischen Kenntnisse und Erfahrungen erwachsen, aber häufig als „unwissenschaftlich" abgetan werden. Ein ebenso positives Echo fand bei den Teilnehmerinnen an den Kunstworkshops die Möglichkeit, ein greifbares Ergebnis gemeinsam gestalten zu können und vor allem mit anderen Medien als einer schriftlichen Arbeit die Forschungsergebnisse vermitteln zu können.

2. Monologe und Dialoge in der Begegnung zwischen Kunst und Wissenschaft

Kunst und Wissenschaft in einen Austausch miteinander bringen zu wollen bedeutet, sich zwischen alle Stühle zu setzen: Auf der Seite „der" Kunst kommt schnell der Verdacht auf, hier stelle sich künstlerische Praxis in den Dienst der Didaktik und/oder Kunstpädagogik; Kunst sei somit auf eine untergeordnete Dienstleistungsfunktion reduziert, die wissenschaftlichen Forschungen und Ergebnissen nur zu einer „besseren" Veranschaulichung und Darstellung verhelfen solle. Kunst mutiere damit zum Steigbügelhalter für wissenschaftliche Theorien. Auf der Seite „der" Wissenschaft haftet künstlerischen Arbeitsweisen häufig der Makel an, methodisch nicht verifizierbare Wege zu beschreiten. Die Schwierigkeiten beginnen schon mit der terminologischen Verständigung: Inwieweit lässt sich ästhetische Praxis zum Beispiel in soziologischen Begriffen beschreiben? Oder wie können beide Seiten eine fachlich fundierte Ausgangsbasis für den Dialog finden? Sehr viel häufiger werden ausschließlich persönliche „Geschmacks"kriterien bei der Kritik und Diskussion von ästhetischer Produktion herangezogen als bei der Beurteilung von naturwissenschaftlicher Forschung. Fachwissen genießt offensichtlich je nach Fachgebiet einen unterschiedlichen Stellenwert. Wenig Beachtung findet der historische Wandel, dem auch der Kunstbegriff und korrelierende ästhetische Formen unterworfen sind. Ohne die klare Definition eines gemeinsamen Interesses und Dialogziels kommt keine Verständigungsbasis zu Stande.[1]

Auch die Wissenschaftlerinnen der *ifu* haben Fachkenntnissen bei ihren Vorschlägen und ihrer Beurteilung von Kunst bzw. der Kunstprojekte weniger Relevanz zugestanden als ihren individuellen ästhetischen Kriterien, nach denen sie die Kunstprojekte im Curriculum den wissenschaftlichen Themen eindeutig

---

[1] In dem Buch von Leonie Baumann, Adrienne Goehler, Barbara Loreck: Laboratories of Art and Science. Berlin 2002, zu den Projekten des ART concept werden Möglichkeiten erkennbar, zumindest temporär und in ganz konkreten Zusammenhängen solch eine Verständigungsbasis zu schaffen.

zu- oder unterordneten. Forschung mit künstlerischen Mitteln hat also sowohl innerhalb der kunstinternen Diskurse als auch innerhalb des wissenschaftlichen Forschens einen schwierigen Stand. „Integration" beider Bereiche betrifft nicht zuletzt auch ganz materielle und organisatorische Gegebenheiten: paritätische Verteilung der Gelder, entsprechende Besetzung der Gremien und Arbeitsgruppen, zeitliche Struktur des Studienprogramms, etc. Im Laufe der Konkretisierung der Präsenzphase der *ifu* hat sich das ART concept statt der anfangs formulierten „Integration" von Kunst und Wissenschaften mehr den „Dialog" zwischen zwei möglichst gleichberechtigten Partnern zum Ziel gesetzt.

Allem Anschein nach steckt in diesem Experiment ein bedrohliches Potenzial für beide beteiligten Seiten, das häufig durch die gegenseitige Abgrenzung der Gesprächspartner in Schach gehalten wird. Helga Nowotny, Leiterin des Collegium Helveticum an der ETH Zürich, das seit mehreren Jahren erfolgreich interdisziplinär arbeitende Kleingruppen von KünstlerInnen und WissenschaflerInnen zusammenbringt, beschreibt das folgendermaßen:

> „Die territoriale Angst herrscht vor allem innerhalb der Universitäten. Dort wird es in Zukunft auch die größten Spannungen und Auseinandersetzungen darüber geben, wie sich die Universitäten auf eine rasch verändernde Umwelt einzustellen haben. Die Innovationen finden jeweils an den Rändern der etablierten Institutionen statt, und je mehr Ränder es gibt, desto mehr an innovativen Impulsen und Initiativen wird es geben. [...] Es ist vor allem die Angst vor dem Verlust der eigenen professionellen Identität, die eng verknüpft ist mit der Identität des Selbst. Hinter der ‚Angst vor der Interdisziplinarität' steht auch die Angst, den scheinbar festen Boden von (bekannten, bewährten?) Sicherheiten zu verlieren; nicht mehr zu wissen, wie ‚gute' Wissenschaft zu beurteilen ist. Es geht also nie nur um Macht und Einfluss (obwohl das eine wichtige Rolle spielt), sondern auch um das, was Identität ausmacht." (Helga Nowotny im Interview mit Hans Ulrich Obrist, 28.1.2000, Kunstraum der Universität Lüneburg)

Die Internationale Frauenuniversität hat sich an eben jenen Rändern der etablierten Universitäten angesiedelt – ihre Teilnehmerinnen und Mitglieder verfügen häufig über Erfahrungen in Randpositionen im Wissenschafts- wie im Kunstbetrieb. Insofern ist es wiederum kein Zufall, dass gerade von hier aus der innovative Impuls ausgegangen ist, den Dialog zwischen Kunst und Wissenschaft zu einem Leitprinzip zu erheben und seine Ausbreitung anzustoßen.

3. Künstlerische Arbeitsweisen

Ein Überblick über die Kunstprojekte des ART concept zeigt, welche Vielfalt an künstlerischer Praxis eingeladen war und sich im Austausch mit den Teilnehmerinnen noch weiter verzweigt hat: Insgesamt 23 Projekte wurden in den sechs Projektbereichen verwirklicht. Sie variierten zwischen dem Vortrag einer Künstlerin mit anschließender Diskussion und einem Workshop, der die gesamten drei Monate dauerte, aus dem auch Abschlussarbeiten für das Zertifikat hervorgegangen sind. Mehrere Projekte sind in Eigeninitiative der Teilnehmerinnen entstanden, so z.B. im Projektbereich STADT die Installation „art files" mit Fotografien von Teilnehmerinnen des Projektbereiches von ihren Gästezimmern, einer Klanginstallation und Malerei.

Allen zugänglich war das Filmprogramm „She's got it", eine 23-teilige Reihe aus je einem Kurzfilm und einem Hauptfilm von 41 zeitgenössischen Filmemacherinnen aus 20 Ländern. Anlässlich der *ifu* hat Brigitte Krause die Idee von Monika Treut zu der Filmcollage „Trading Images" zu den Themenschwerpunkten KÖRPER und STADT weiterentwickelt und unter Beteiligung vier weiterer Filmemacherinnen aus vier Kontinenten umgesetzt. Teilnehmerinnen des Projektbereichs INFORMATION haben die Möglichkeit wahrgenommen, die Vorgänge am Schneidetisch mitzuverfolgen und mit den Regisseurinnen zu diskutieren.

Das Team der virtuellen *ifu* hat der Begegnung Kunst – Wissenschaft eine eigene Wendung gegeben und einen Wettbewerb ausgeschrieben, der innovative Verfahren im Gebrauch, in Gestaltung und im Umgang mit netzbasierten künstlerischen Verfahren auszeichnen sollte.

„Performing the border: gender and technology in diasporic culture" – ein Beispiel

Am Beispiel des Kunstworkshops von Ursula Biemann (Schweiz) und Berta Jottar (Mexiko/USA) lassen sich einige Ansätze exemplarisch zeigen, die Ausgangspunkt für die sehr unterschiedlichen Arbeitsprozesse und -ergebnisse der ART Workshops waren.

Als zeitlichen Rahmen für den Workshop hatte der Projektbereich INFORMATION acht Vormittage zwischen 8 Uhr 45 und 12 Uhr im Curriculum reserviert. Da Kunstprojekte viel zeitaufwändiger sind, haben Biemann und Jottar zusätzlich an den Nachmittagen Einzelgespräche mit den Teilnehmerinnen geführt, sie in die Technik eingeführt und die Projektarbeit betreut. 13 Frauen aus Bulgarien, Deutschland, Kenia, Brasilien, Mexiko, Italien, den USA, Russland u.a. haben an „performing the border" teilgenommen. Das Parallelangebot von drei weiteren Workshops von Künstlerinnen und die fortlaufenden Veranstaltungen zu den Schwerpunktthemen bedeuteten für die an künstlerischen Arbeitsweisen interessierten Teilnehmerinnen, dass sie nur ein Angebot wahrnehmen konnten und zeitlich mit den übrigen Anforderungen koordinieren mussten.

Beide Künstlerinnen arbeiten sowohl theoretisch als auch praktisch. Sie agieren als Künstlerinnen, Aktivistinnen, Theoretikerinnen und sehen diese Felder als notwendigerweise ineinander übergehend bzw. als zwei Seiten ein und

ART concept: Künstlerische Arbeitsweisen

derselben Medaille.[2] Ursula Biemann und Berta Jottar haben die Workshops im Team geplant und mit den Teilnehmerinnen durchgeführt – wie übrigens auch mehrere andere Künstlerinnen der *ifu* sich entschieden hatten, im Team zu arbeiten. So waren von vornherein zwei Erfahrungshorizonte, zwei Wahrnehmungen und zwei ästhetische Übersetzungsweisen präsent.

Sie haben die realitätsbildende Allgegenwart von binären Kategorien (Körper – Technologie, Kunst – Wissenschaft, männlich – weiblich,) „wörtlich" genommen und die Trennlinie sowie Vorgänge der Grenzziehung zum zentralen Thema des Seminars gemacht. Der Titel des Workshops „performing the border" verweist darauf, dass Grenzen zwischen den Geschlechtern wie zwischen Ländern durch performative Handlungen hergestellt werden: Die Grenzen gewinnen erst dann Realität, wenn sie überschritten werden, und insbesondere dann, wenn Maßnahmen ergriffen werden, die das Überschreiten verhindern sollen. Als Beispiel hatten Biemann und Jottar die Grenze zwischen Mexiko und den USA gewählt und die mexikanischen Frauen, die in den Fabriken südlich dieser Grenze für die nördlich davon gelegenen US-amerikanischen Firmen Hardware für die globalisierte Informationsgesellschaft herstellen. Dazu hatte Ursula Biemann für ihren Videoessay „performing the border" vor Ort recherchiert, während Berta Jottar den Begriff der „Performativität" aus der Sicht der Performance Studies entfaltete und in Bezug zu ihrer eigenen künstlerischen Erfahrung mit den „border art"-Aktivitäten & Aktionen Ende der 1980er und Anfang der 1990er Jahre auf beiden Seiten der Grenze mit mexikanischen und amerikanischen KünstlerInnen zur Diskussion stellte. Biemann und Jottar zeigten die Filme „Paris is Burning" von Jenny Livingston und „In Search for an Allison" von Sikay Tang, um einen weiteren Bereich von Identitätssuche und Gender-Grenzüberschreitungen, von Transgender-Performances zu thematisieren. Damit setzten sie sich bewusst auch dem interkulturellen Spannungsfeld verschiedener kultureller und religiöser Vorstellungen und Praktiken der *ifu*-Teilnehmerinnen aus. Im analytischen Teil ihres Seminars wurde gemeinsam folgenden Fragen nachgegangen:

> „Why is the realness of gender performance paradoxical? What does scientific discourse as well as the humanities tell us about realness? How does realness translate across the multicultural, multiracial body of *ifu*? And what is the role of performativity, a space of improvisation between representation, identification and cultural scripts, in the construction and performance of gender? What is the role of translation in the representation of racialized bodies?" (U. Biemann, B. Jottar, In: Floyd, Kramarae, Klein-Franke, Kelkar, Limpangog (eds.): Feminist Challenges in the Information Age. Opladen 2002).

Im Projektbereich INFORMATION gab es noch einen zweiten, sogenannten „praktischen" Teil des Workshops. Die Teilnehmerinnen konnten bei der Kon-

---

2   Ursula Biemanns Videos sind auf politischen Fachtagungen, auf Cyber-feministischen Konferenzen und in Kunstausstellungen zu sehen.

zeption und Herstellung ihrer ca. fünfminütigen Videos nachvollziehen, dass sowohl im theoretischen wie praktischen Teil ästhetische Strategien reflektiert werden, die dann in Sprache, durch Videobilder, Videoschnitt oder Fotos etc. umgesetzt werden. „In this manner, we not only look at the way in which theory can be useful in analyzing cultural productions, but the other way round, how theory can be visual practice and this visual practice informs theory. It's performative!" (ebd.)

Der Ansatz von Biemann und Jottar, ästhetische Strategien in engem Bezug zu den gegenwärtigen Theorien der Gender und Cultural Studies (Geschlechterforschung und Kulturwissenschaften), den philosophischen, postkolonialen, medientheoretischen Diskursen zu entwickeln, machte eindrucksvoll deutlich, wie sehr künstlerische Arbeit theoretisch wissenschaftlich fundiert ist. Dieser Ansatz war nur ein Schwerpunkt unter anderen bei den künstlerischen Arbeitsweisen während der *ifu*. Schließlich stellt sich jedes Kunstprojekt immer der Frage, wie es Erfahrungen von Welt umsetzt und sinnlich gestaltet; die Kategorien „theoretisch" oder „praktisch" sind daher zweitrangig.

Kunstprojekte als Kommunikationsforen

Die Kunstworkshops wurden wahrgenommen als ein Ort gleichberechtigter Auseinandersetzung mit wissenschaftlichen, gesellschaftlichen und persönlichen Fragen. Kunst und künstlerische Fragestellungen waren für die große Mehrheit der Teilnehmerinnen eher fachfremd, so dass die gemeinsame Basis darin bestehen konnte, gemeinsam Wissen zu produzieren. Kulturelle und vor allem disziplinäre Grenzen traten in den Hintergrund. Im Projektbereich WASSER z.B. haben die Teilnehmerinnen in dem 14-tägigen Workshop der Künstlerin Nana Petzet bis weit über die dafür reservierten Zeiten diskutiert und am Ende hervorgehoben, dass die intensivsten fachwissenschaftlichen Diskussionen in diesem Kunstworkshop stattgefunden haben.

Neben diesen Ansätzen zu interdisziplinärem Austausch unter *ifu*-Teilnehmerinnen haben andere Kunstprojekte direkt Bezug genommen auf außeruniversitäre Kontexte, diese für ihre Recherchen genutzt und in die Abschlussarbeiten integriert. Die Gastgeber der Teilnehmerinnen wurden z.B. um einen Beitrag in Form einer Erzählung zum Thema Wasser oder um ein Wassergefäß für das Projekt „Thought for River" von der chinesischen Künstlerin Yin Xiuzhen gebeten. Sie kamen auch zahlreich zur „Ausstellungseröffnung". Die 20 Teilnehmerinnen am Kurs der türkischen Künstlerin Gülsün Karamustafa haben städtische oder private Initiativen von Migrantinnen in Hannover aufgesucht und dabei u.a. erfahren, wie sensibel minoritäre Gruppen reagieren, wenn sie für „wissenschaftliche Zwecke" befragt werden. Kritische Rückfragen der Migrantinnen haben die jungen Wissenschaftlerinnen ihre eigene Position und die Ziele, die sie als Befragende haben, überdenken lassen.

Das Langzeitprojekt der Künstlerin Mila Zoufall – durch ihre kontinuierliche Präsenz im Zelt auf dem Unigelände und im von den Teilnehmerinnen selbst organisierten *ifu*-Club – konnte die Teilnehmerinnen immer in ihrer gerade aktuellen Situation und Verfassung „abholen". Zoufall hat Gespräche oder spielerische Aktionen angeregt, die sich alle mit den kulturell, sozial und wirtschaftlich unterschiedlich geprägten Begriffen von Arbeit, Arbeitslosigkeit, Müßiggang, Nichtstun, Freizeit beschäftigten. Ifu-Teilnehmerinnen jedweder Herkunft haben sich dabei mit ihren eigenen Wertesystemen und denen Anderer intensiv auseinandergesetzt, sie teilweise auch in ihrer soziologischen Bedingtheit durch humorvolle, provokative und ironische Annäherung relativiert.

Schließlich haben die Kooperationsversuche und Genehmigungsverfahren, die zur Realisierung des Internetprojekts „Carry on" der Medienkünstlerin Shu Lea Cheang notwendig waren, die sonst nur *ifu*-internen Kommunikationsforen mit der Öffentlichkeit vernetzt. Der Versuch, bei zwei deutschen Herstellerfirmen von elektronischen Gepäckprüfanlagen, wie sie an Flughäfen, auf der EXPO 2000 etc. für die Sicherheitskontrollen in Gebrauch sind, das Recht der öffentlichen Nutzung einer solchen Anlage durch *ifu*-Teilnehmerinnen zu erwirken, um die Bilder der gescannten Gepäckstücke ins Internet einzuspeisen, sind zwar in letzter Instanz an Sicherheitsbedenken des Innenministeriums, Abteilung Sicherheit des Luftverkehrs, gescheitert. Bei den Recherchen des ART-Teams in dieser Sache wurden allerdings sehr viele kunst- und wissenschaftsfremde Institutionen und Personen mit dem Projekt *ifu* konfrontiert. Das Projekt wurde schließlich „nur" virtuell realisiert und hatte dennoch seine praktische und politische Brisanz für alle deutlich gemacht.

Angewandte Medientechnik

Insbesondere im Projektbereich INFORMATION, aber auch bei den Projektbereichen WASSER und MIGRATION in „Lern- und Lehrgemeinschaften" der Teilnehmerinnen untereinander, haben die Kunstprojekte u.a. auch technische Lernprozesse im Umgang mit Video und Bildbearbeitungsprogrammen sowie die Erstellung von Präsentationen im Internet initiiert und angeregt. Das Projekt „Virtual exiles" der Medienkünstlerin Roshini Kempadoo zur Konstitution von Identitäten in vertrauten und weniger vertrauten Umgebungen war 14-tägig geplant und wurde auf dringenden Wunsch der Teilnehmerinnen um eine Woche verlängert. Es war zum einen deswegen so erfolgreich, weil die Künstlerin eben nicht nur technische Fertigkeiten „unterrichtete", sondern weil sie den Teilnehmerinnen auch den Blick für die Produktion von Bedeutungen bei der Zusammensetzung und Vertonung von Bildern, für gestalterische Wirkungen, für visuelle Kontexte und Bildzusammenhänge, die mit den neuen Medien zu erzielen sind, öffnete. Zum anderen hatten hier die Teilnehmerinnen die Möglichkeit, sich mit ihrer Arbeit direkt auf ihre aktuellen Erfahrungen zu beziehen, z.B. mit subtilen und weniger subtilen Formen des Rassismus.

Repräsentation und Präsentation im visuellen Zeitalter

In allen Projektbereichen sind sowohl individuelle Arbeiten mit Mitteln des Videofilms, der Fotografie und des Webdesigns entstanden als auch Gruppenausstellungen, gemeinsame Präsentationen als Performance und Kunstaktion im öffentlichen Raum. Viele Teilnehmerinnen haben aus der Erfahrung mit der Praxis z.B. beim Videoschnitt, bei der Befragung von Migranten oder der Anordnung ihrer Arbeitsergebnisse in einem Ausstellungsraum grundlegende Erkenntnisse über Einfluss und Bedeutung visueller Repräsentationsmodi gewonnen. Da sich die Produktion von „Bedeutsamem" mehr denn je visueller Mittel bedient und Bedeutungsverschiebungen gerade auch durch unterschiedliche Kontextualisierungen entstehen, war die Sensibilisierung der Teilnehmerinnen für solch entscheidende Fragestellungen ein zentraler Beitrag, den die Kunstprojekte geleistet haben.

Eine ganze Reihe von Kunstprojekten hat sich in besonderer Weise der kommunikativen Herausforderung künstlerischer Arbeit gestellt, indem sie mit einer Ausstellung oder öffentlichen Präsentationen abschlossen.[3] So hat das Projekt „Space" (Projektbereich MIGRATION), um die Spuren von Migranten und Migrantinnen im öffentlichen städtischen Raum bzw. ihre Abwesenheit zu verdeutlichen, eine Installation mit wenigen typischen Elementen zur Baustellenabsicherung und Verkehrsregelung im Foyer des Fachbereichs Wirtschaftswissenschaften an der Universität Hannover geschaffen. Die visuelle Präsenz der Stadtraumsimulation hat den Vorstellungen der Arbeitsergebnisse viel mehr Realitätshaltigkeit gegeben, als es ein Referat im Hörsaal oder Seminarraum getan hätte.

Das Projekt „SM/ART. Temporary home" ist aus der Eigeninitiative einer Gruppe von Studentinnen und Tutorinnen entstanden. Sie haben für die Ausstellung einen leer stehenden Friseursalon in einem vom Leben von Migranten geprägten Stadtviertel angemietet. Wenn die Passanten in der Fußgängerzone flüchtige Blicke durch das Schaufenster warfen, nahmen sie eher einen wohnzimmerartigen Privatraum wahr als eine Ausstellung. Das hat viele Besucher neugierig gemacht und zu Gesprächen mit der anwesenden Projektgruppe angeregt.

Für den Projektbereich WASSER in der Kleinstadt Suderburg galt, dass viele Aktivitäten nur in engem Kontakt mit den Bewohnern und Institutionen der Regi-

---

3 Wenn auch der Anspruch „Kunst muss kommunikativ sein" durchaus kontrovers diskutiert werden kann.

on realisiert werden konnten. So haben die zwei Kunstprojekte im zweiten Teil des *ifu*-Semesters den örtlichen Fluss Hardau in die Arbeit mit einbezogen und auch am Fluss unter großer Anteilnahme der Bewohner ihre Abschlussaktionen durchgeführt: Eine Künstlerin hat das Wasser giftgrün eingefärbt, um so auf extreme Gewässerverschmutzungen in anderen lokalen Kontexten aufmerksam zu machen. Das andere Kunstprojekt hat eine zweite Haut aus 49 Plexiglastafeln auf dem Fluss installiert, beschriftet mit dem Wort für Wasser in 49 Sprachen.

4. Perspektiven

In Korrespondenz zum offenen „Konzept" der Kunstprojekte ist auch ihr „künstlerischer oder wissenschaftlicher Ertrag" nicht auf dieses oder jenes Ergebnis eingrenzbar. Vielmehr sind Prozesse in Gang gesetzt worden, die sich möglicherweise in anderen Kontexten fortsetzen oder bereits wieder aufgegriffen wurden. Die Aussage einer Teilnehmerin des Projektbereichs INFORMATION, sie werde künstlerische Arbeitsweisen ab jetzt dezidiert zu ihrem Arbeitsansatz machen, muss sicher nicht für alle gelten. Auf der Ebene der Zusammenarbeit zwischen Teilnehmerinnen und Künstlerinnen jedoch steht der Erkenntnisgewinn durch die Erweiterung möglicher Fragestellungen aus visueller, ästhetischer, medientechnischer Perspektive außer Frage.

Zahlreiche Fragen und Auseinandersetzungen, die im Kontext des ART concept verhandelt wurden, können und müssen in einer zukünftigen Zusammenarbeit vertieft werden, wenn man den Dialog zwischen Kunst und Wissenschaft Gewinn bringend weiter führen will.

Der Anspruch der Internationalität

– In den meisten Projektbereichen, mit Ausnahme des Projektbereichs INFORMATION, fiel auf, dass Teilnehmerinnen aus den afrikanischen Ländern an den Kunstworkshops kaum teilgenommen haben. Ist das Interesse an einem grenzüberschreitenden Forschen von künstlerischer wie wissenschaftlicher Seite her eher eines der Industrieländer des Nordens? Finden sich Themen und Interessen der Länder des Südens darin nicht wieder, und/oder kommen damit eine andere Rolle von Kunst und ein anderes Verhältnis zu Kunst zum Ausdruck?
– Wie lässt sich der Bereich des ART concept so gestalten, dass auch Fragestellungen und Interessen einer internationalen Teilnehmerschaft angesprochen werden? Was passiert mit sehr spezifisch kontextualisierten künstlerischen Aktionsformen, wie z.B. von LSD (Lesbianas Se Deconstruyen, aus Spanien), die diametral einem Kunstverständnis wie „Soulful expressions of

one's own feelings and experiences is Art" (Odissi-Tänzerin und Teilnehmerin) und traditionellen Körperbildern entgegengesetzt sind?
- Welche Wahrnehmung und welches Wissen liegen der Tendenz zu Grunde, von Künstlerinnen nicht-westlicher Länder „Authentizität" und/oder „traditionelle" Ausdrucksformen in ihrer Kunst zu erwarten? Oder umgekehrt: Warum ruft die internationale Zusammensetzung der Teilnehmerinnen die Vorstellung hervor, dass Kunst vor allem zu Zwecken der nicht-sprachzentrierten Vermittlung von Inhalten eingesetzt werden soll?
- Ist das Visuelle tatsächlich eine „universelle" Sprache?

Das prozessorientierte Arbeiten

- Die Künstlerinnen haben sich in ihren Projekten einerseits auf die Themen der *ifu* bezogen, andererseits aber auch die spezifische Situation der Teilnehmerinnen beachtet, nämlich drei Monate in einer völlig neuen Umgebung zu sein, mit unbekannten Menschen, in einer fremden Sprache kommunizieren zu müssen – ohne die Verbindung einer gemeinsamen Sprache der Fachdisziplin. Prozessorientiertes Arbeiten bedeutet, unvorhersehbaren, zunächst offenen Ergebnissen Platz einzuräumen sowohl im Denken als auch hinsichtlich des organisatorischen und finanziellen Rahmens. Was gilt als anerkanntes Projektergebnis? In welcher Weise müssen Kriterien der Evaluation überdacht und neu formuliert werden?
- Wie lassen sich prozessorientierte (künstlerische) Arbeitsweisen in universitäre Abläufe einbinden, insbesondere wenn es sich, wie bei der *ifu*, um ein insgesamt zeitlich eng begrenztes Projekt handelt? Welcher Änderungen bedarf es im universitären Betrieb, damit ein integriertes Lehren und Forschen mit künstlerischen Mitteln möglich ist? Welche zeitliche Flexibilität und welche Rahmenbedingungen muss ein Studienangebot aufweisen, damit künstlerisches Forschen überhaupt möglich wird?
- Welche räumlichen und technischen Voraussetzungen müssen Einrichtungen aufweisen, die sowohl künstlerisches wie wissenschaftliches Arbeiten ermöglichen wollen?

Wenn es in einem interdisziplinär und international angelegten Projekt wie der *ifu* darum geht, die Zusammenhänge von gegenwärtiger Wissensproduktion zu erweitern und den Leitprinzipien entsprechend neu zu definieren, so dürfen darin auch die Erfahrungen und Denkanstöße des ART concept nicht fehlen. Angesichts des aktuellen (wissenschafts-)politischen Diskurses, der die Auswahl und Unterstützung von Forschungsprojekten fast nur noch nach Kriterien der Gefahrenabschätzung oder -abwehr, der Nutzenevaluierung und des Wettbewerbs diskutiert, muss es die Aufgabe eines Hochschulreformprojekts sein, noch andere Erkenntnisweisen bei der Gestaltung von Wissenschaft und Gesellschaft ernst zu nehmen und zu stärken.

Carola Bauschke-Urban

University in the Making – die *ifu* in den Medien

1. Mit der Wissenschaft auf die Straße gehen

Die Vermittlung von Wissenschaft in der Öffentlichkeit ist eine Gratwanderung. Das Verhältnis zwischen diesen beiden Bereichen ist vor allem deshalb so spannungsreich, weil sie sich völlig unterschiedlicher Kommunikationsmuster bedienen. Die Medien verhalten sich zudem gegenüber der Wissenschaft sperrig und haben sich als ein eigenwilliger Bereich der Gesellschaft etabliert. Je engagierter und professioneller Journalistinnen und Journalisten arbeiten, desto weniger begnügen sie sich mit der Rolle der Vermittler und Übersetzer, die ihnen gern von Seiten der Wissenschaft zugedacht wird. Zwar gehört es zum Handwerk der Journalisten, komplizierte Sachverhalte verständlich zu erklären. Sie sind aber auch kritische Beobachter und stellen andere Fragen, als sie sich die Wissenschaft selbst stellt.

Der Wissenschaftsforscher Peter Weingart sieht in der Öffnung der Wissenschaft die Chance des Korrektivs und der Perspektivenöffnung auf wissenschaftliche Fragestellungen:

> „In dem Maß, in dem die Medien an Bedeutung gewinnen..., verliert die Wissenschaft das Monopol der Beurteilungskompetenz. Nicht mehr das abstrakte Wahrheitskriterium der Wissenschaft gilt allein, sondern ihm stellen die Medien das Kriterium der Zustimmung des öffentlichen Publikums gegenüber." (zit. in: Kalb & Rosenstrauch 1999, S. 9)

Mediale Darstellungen von Wissenschaftsinformationen sind demnach nicht als mehr oder weniger brauchbare Abbildung von Wissenschaft zu betrachten, vielmehr sind sie eine wichtige Informationsquelle für die Wissenschaft darüber, welche Fragestellungen andere gesellschaftliche Gruppen damit verbinden.

Zwischen Wissenschaft und Öffentlichkeit, so schlug die Hochschulrektorenkonferenz (HRK) bereits 1995 Alarm, bestehe eine Verständigungskrise. Diese Erkenntnis bewog das Gremium, einen Empfehlungskatalog zur Öffentlichkeitsarbeit der Hochschulen aufzustellen. Anders als in den vorangegangenen Empfehlungen von 1971 dehnt die HRK darin den Begriff der Öffentlichkeit auf die gesamte innere und äußere Kommunikationspolitik der Hochschulen aus. „Öffentlichkeitsarbeit (...) setzt eine dialog- und kooperationsbereite Hochschule voraus, die die Öffentlichkeit als ihren Partner und den Dialog mit der Öffentlichkeit als eine Bereicherung versteht." (HRK 1995, S. 3) Mit der Initiative „Public Understanding of Science" startete der Stifterverband für die Deutsche Wissenschaft 1999 eine Marketingoffensive für die Wissenschaft (dazu Bettina Knaup in diesem Band). Angestrebt wird nicht weniger als die Etablierung eines neuen Verhältnisses zwischen Wissenschaft und Gesellschaft, denn die Wissenschaft sieht sich angesichts wachsender Skepsis und knapper werdender öffentlicher Haushalte damit befasst, um öffentliche Akzeptanz und Legitimation werben zu müssen.

Den angelsächsischen Ländern, mit denen deutsche Hochschulen auch in anderen Kontexten gern den Vergleich suchen, hinken diese innovativen Ansätze im Marketingbereich jedoch um Jahre hinterher (Mathias 1999, Teichler 1997, Trogele 1997). Um mehr Begeisterung unter den deutschen Wissenschaftlerinnen und Wissenschaftlern für die neue Offenheit zu erhalten, werden inzwischen Preise für verständlich formulierte wissenschaftliche Arbeiten ausgelobt. Mit einem ganzen Fächer von öffentlichkeitsbezogenen Maßnahmen sollen die Marketingfähigkeit von Wissenschaft und Hochschulen in Deutschland und ihr Anschluss an die internationalen Entwicklungen in diesem Bereich gesichert werden.

Die Initiativen der HRK und des Stifterverbandes haben auch gezeigt, dass öffentliche Akzeptanz weitgehend von den Medien bestimmt wird. Hochschulmarketing kann sich nicht nur auf die internen Kommunikationsmuster der Wissenschaft stützen, sondern muss sich auch an den Kommunikationskriterien der Medien orientieren, wenn es erfolgreich sein will. Sowohl die Rezeptionsmuster der Öffentlichkeit gegenüber Informationen aus der Wissenschaft als auch die unterschiedlichen internen Arbeitsbedingungen und Kommunikationsformen von Medien und Wissenschaft sind zu berücksichtigen.

Die *ifu* hatte sich in ihrem Reformprogramm auch zum Ziel gesetzt, einen Dialog zwischen Hochschule und Gesellschaft zu initiieren, mit der Wissenschaft „auf die Straße" zu gehen und ein allgemeines Publikum direkt zu adressieren. Angefangen bei der Auswahl der politisch brisanten Curriculumschwerpunkte ARBEIT, INFORMATION, KÖRPER, MIGRATION, STADT und WASSER bis zur Einrichtung des öffentlichen Forums „*ifu's* Open Space" zählte der Dialog mit der Öffentlichkeit zu den zentralen Anliegen der *ifu*.

Für die *ifu* als Organisation war ein marketingorientiertes Hochschulmanagement prägend (dazu Aylâ Neusel in diesem Band). Neben der Presse- und Öffentlichkeitsarbeit waren noch eine Reihe anderer Abteilungen (bzw. andere Organisationen) für das Marketing der *ifu* relevant. So übernahm der DAAD die weltweite Einwerbung und die Auswahl der Studentinnen. Die virtuelle *ifu (vifu)* hatte bereits im Vorfeld der Präsenzphase unentbehrliche Aufgaben der internen Kommunikation übernommen. Es stellte sich allerdings als Schwäche heraus, dass die *vifu* in ihrer Funktion als Forum für die Öffentlichkeit nicht effektiver genutzt wurde. Von besonderer Relevanz für das Marketing der *ifu* waren die Open-Space-Veranstaltungen, die als komplexer und weitgehend abgegrenzter Bereich vorbereitet wurden, aber nur lose in das Marketingkonzept der *ifu* eingebunden waren. Die unterschiedlichen marketingrelevanten Organisationsstränge erlebten eine zusätzliche Fragmentierung dadurch, dass die *ifu* an nicht weniger als sechs Studienorten (inklusive Berlin als Standort des *vifu*-Servers) agierte. Die Außenstellen in Hamburg, Kassel und in Suderburg (und partiell auch die an der Universität Bremen angesiedelte Studienphase des Projektbereichs KÖRPER) verfügten über eigene Service Center, zusätzlich übernahmen die Mitarbeiterinnen Aufgaben der lokal bezogenen Öffentlichkeitsarbeit, die jedoch von der Pressestelle in Hannover koordiniert wurden.

Das Ziel des Medienmarketings bestand darin, eine positive Ausgangslage für eine Verstetigung des Pilotprojekts durch öffentliche Aufmerksamkeit und Wertschätzung zu schaffen. Vor diesem Hintergrund ist die außerordentliche Dichte der Medienarbeit zu verstehen, mit der die kurze und komprimierte Pilotphase der *ifu* für die Herstellung eines Dialogs mit der Öffentlichkeit maximal genutzt werden konnte. Es wurden an den unterschiedlichsten Orten Veranstaltungen organisiert und bis zum Jahresende 2000 insgesamt 28 *ifu*-Publikationen (Informationsbroschüren, Zeitschriften, Bücher) herausgegeben und redigiert. Zudem hat die Pressekampagne der *ifu* ein außerordentliches Echo erhalten: Von 1997 bis Ende 2000 erschienen insgesamt 400 Zeitungs- und Zeitschriftenartikel, davon allein während der drei Monate des Pilotsemesters rund 200 Presseberichte sowie 50 Hörfunk- und 20 Fernsehbeiträge, in der Mehrzahl ausführliche Berichte, Reportagen, Dokumentationen und Interviews in überregionalen und internationalen Medien (Internationale Frauenuniversität 2001, S. 69). Mit der Initiierung eines derartig intensiven Dialogs mit der Öffentlichkeit im Rahmen eines zeitlich begrenzten Hochschulprojekts hat die *ifu* Neuland betreten.

2. Marketing und Profilbildung

Bei der *ifu* handelte es sich um einen Gegenentwurf zur traditionellen Hochschule, der sich mit den Leitlinien Internationalität, Genderorientierung, Interdisziplinarität sowie Integration von Wissenschaft und Kunst kritisch von bestehenden Modellen absetzte. Die Entwicklung und öffentliche Vermittlung dieses besonderen – und zugleich sehr facettenreichen – Hochschulprofils zählte zu den zentralen Aufgaben der Presse- und Öffentlichkeitsarbeit. Die Anschlussfähigkeit an eine Vielzahl aktueller öffentlicher Diskurse, beispielsweise die Diskussionen um Frauenförderung in Hochschule und Wissenschaft sowie die Diskussion kulturell heterogener Gesellschaftskonzepte, hat die hohe Resonanz in der Öffentlichkeit begünstigt.

Es galt, die Vielfalt der von der *ifu* erprobten Reformansätze, die sich von der Curriculumsentwicklung über die Organisation der Hochschule bis zum internationalen und exklusiv für Frauen gestalteten Lehrprogramm erstreckte, für die Außenwahrnehmung zu gestalten. Um das Profil der *ifu* unverwechselbar zu machen, waren eine strategische Auswahl sowie die Festlegung einer zeitlichen Abfolge der Präsentationen notwendig, um nicht durch die Fülle des Spektrums in die Beliebigkeit abzugleiten. Es bestand Einigkeit darüber, dass alle Themenbereiche der *ifu* sowie die Open-Space-Veranstaltungen intensiv in die Außendarstellung einbezogen werden sollten.

In der Darstellung wurden die von der *ifu* erzielte weltregionale Quotierung der Studentinnen und die Einbeziehung von Dozentinnen aus allen Kontinenten als hochschulpolitisch brisante Komponente herausgearbeitet: Von der weltweiten Ausschreibung der Studienplätze über die Stipendienvergabe, die Ankunft der Studentinnen aus aller Welt sowie über Studium und Campusalltag wurde die Internationalität der *ifu* in der Öffentlichkeit vorgestellt.

Bewusst wurde darauf verzichtet, einen starken Akzent auf die Darstellung der *ifu* als monoedukative Einrichtung exklusiv für Frauen zu legen, um das Projekt, das Reformansprüche für den gesamten Hochschulbereich formuliert hat, in der Öffentlichkeit nicht ausschließlich als „Frauenprojekt" und damit als Marginalie diskutiert zu sehen. So konnte es als Erfolg gewertet werden, dass die Tatsache, dass es sich bei der *ifu* um eine Frauenuniversität handelte, in der Darstellung beiläufig und selbstverständlich behandelt wurde. Dieser Zusammenhang transportierte sich beispielsweise über die Darstellung der Biografien von einigen prominenten *ifu*-Wissenschaftlerinnen, die auf Frauenzeitschriften eine recht große Anziehungskraft ausübten. Die einschlägigen Magazine von „Emma" bis „Brigitte", aber auch die Genderseite der Berliner „taz" porträtierten diese Wissenschaftlerinnen, ihre Forschungsgebiete, zum Teil auch ihre politischen Biografien, zudem wurden im Verlauf des Semesters auch einige *ifu*-Studentinnen von den Medien unter die Lupe genommen.

Die Zurückhaltung in der Darstellung der *ifu* als Frauenuniversität begegnete Impulsen der Medien, die *ifu* als „kurioses" Projekt von Wissenschaftlerinnen zu betrachten, dessen Nachrichtenwert aus der Tatsache bezogen wird, dass Frauen Wissenschaft betreiben. Schlagzeilen, wie die der „Berliner Zeitung", die in der *ifu* eine „Puddinghochschule" erkennen wollte, oder die der „Hannoverschen Allgemeinen Zeitung", die auf der Titelseite feststellte, dass „1130 Frauen ganz schön schlau" sein können, wurden mit dieser Strategie weitgehend vermieden. Viele Journalistinnen – aber auch einige Journalisten – berichteten dennoch ausführlich über die besonderen Implikationen und Möglichkeiten einer monoedukativen Hochschule für Frauen.

Das zentrale Motiv in der Außendarstellung bildete die Internationalität. Dazu zählte, dass öffentliche Veranstaltungen und Presse-Events durch jeweils wechselnde Akteurinnen so besetzt wurden, dass Perspektiven der unterschiedlichsten (Nachwuchs)- Wissenschaftlerinnen aus allen Weltregionen zum Ausdruck kommen konnten. Die Entscheidung, Internationalität als wichtigste Komponente der Profilbildung der *ifu* zu modellieren, hatte den Vorteil, das temporär begrenzte und räumlich fragmentierte Hochschulprojekt *ifu* zwar als heterogene Institution darzustellen, die jedoch, begründet auf eben diese Vielfältigkeit, eine stark ausgeprägte Corporate Identity entwickeln konnte.

In dieser Intensität und mit so viel Empathie sind wohl selten Studierende aus dem Ausland in den deutschen Medien thematisiert worden wie in der Berichterstattung über die *ifu*: Der Studienbeginn einer Teilnehmerin aus Nigeria am Hamburger *ifu*-Projektbereich INFORMATION wurde von einer Reportage begleitet, die in den ARD-Nachrichten ausgestrahlt wurde. Eine südafrikanische Dokumentarin, eine indische Germanistin und einige deutsche *ifu*-Studentinnen diskutierten eine ganze Sendung lang live mit der *ifu*-Präsidentin in einer Sondersendung des Hochschulmagazins „Campus-Radio" im Deutschlandfunk. Es gab unzählige lange Interviews, in die sich Studentinnen und Dozentinnen der unterschiedlichsten Herkunfts- und Lebensorte sowie der verschiedensten Disziplinen mit den Korrespondentinnen der „Frankfurter Rundschau", der „Frankfurter Allgemeinen Zeitung", der „Süddeutschen Zeitung", des „Spiegel" und des „Stern" und vieler anderer Zeitungen und Sendeanstalten vertieften.

Die Studentinnengruppe, die als Gäste bei der Berliner „tageszeitung" mit zwei Redakteurinnen einen Nachmittag über Möglichkeiten und Grenzen eines internationalen Hochschulreformprojekts wie die *ifu* diskutierten (was u.a. publizistischen Niederschlag im „taz-magazin" und im „freitag" fand), oder die sechs Studentinnen aus fünf Kontinenten, mit denen eine Redakteurin der Wissenschafts- und Hochschulredaktion des „Berliner Tagesspiegel" schon vor Beginn des Semesters e-mail-Interviews führte, um pünktlich zum Semesterstart am 15. Juli 2000 eine *ifu*-Sonderseite im Blatt zu haben, sind nur einige Beispiele.

Die Vielzahl engagierter und differenzierter Berichte und Reportagen brachte auch eine ganze Reihe von Meldungen mit sich, die die *ifu* als „Hochschule mit exotischer Note" präsentierten. Insbesondere die Agenturmeldungen, die vielfach von eher auflagenschwachen Zeitungen bundesweit nachgedruckt wurden, krankten an einer boulevardesken Aufmachung, die die *ifu* eher durch Fotos von Nachwuchswissenschaftlerinnen in indischer oder afrikanischer Kleidung zeigte, als sich in komplexe Einzelheiten des Hochschulreformkatalogs der *ifu* zu vertiefen. Auch wenn sich medialer Exotismus in der Berichterstattung über die *ifu* nicht verhindern ließ, kann resümiert werden, dass das internationale Konzept der *ifu* auf eine überaus positive Resonanz gestoßen ist.

Die *ifu* hatte zudem ein bemerkenswertes internationales Presseecho. Es berichteten beispielsweise das deutsch-französische Fernsehprogramm „Arte", verschiedene Fernseh- und Hörfunkprogramme der „Deutschen Welle", das Fernseh- und Hörfunkprogramm von BBC World, mehrere Rundfunkanstalten, überregionale Zeitungen sowie Wochenmagazine in der Schweiz, Österreich, Italien, Kroatien, Großbritannien, Schweden, Island, Australien und den Niederlanden. Außerdem brachten die Online-Ausgabe des amerikanischen Wissenschaftsmagazins „Science", das renommierte „Times Higher Educational Supplement", eine afrikanische Nachrichtenagentur sowie verschiedene Blätter der in der Bundesrepublik erscheinenden MigrantInnenpresse Artikel über die *ifu*.

Die Internationalität der *ifu* in die Medien zu übersetzen konnte nur glücken, weil die Dozentinnen und Studentinnen eine sehr hohe Bereitschaft zeigten, sich an der Außendarstellung der *ifu* zu beteiligen. Daran zeigt sich, wie hoch die Identifikation mit der *ifu* war – trotz Kritik und intensiven, zum Teil auch öffentlichen Auseinandersetzungen. Die kritische Begeisterung für ein Studienprogramm, das gezielt den weiblichen wissenschaftlichen Nachwuchs aus allen Teilen der Welt fördert, darunter viele Wissenschaftlerinnen, die sich in NGOs und sozialen Projekten engagieren oder praxisbezogene Technik entwickeln, hat die Außenwahrnehmung der *ifu* wesentlich beeinflusst.

3. Abschied von der traditionellen Hermetik

Die temporäre Begrenzung der *ifu* legte unterschiedliche Phasen und Schwerpunktsetzungen für die Presse- und Öffentlichkeitsarbeit nahe. Die Kommunikationsstrategie war davon geprägt, dass es sich bei der *ifu* im doppelten Sinne um eine „University in the Making" handelte. In einer ersten Phase der Außendarstellung des Projekts ging es darum, das Konzept bekannt zu machen, um Akzeptanz und Zustimmung zu werben sowie über markante Entwicklungsstationen der *ifu*-Entstehung zu informieren. In einer zweiten Phase gewann die Außendarstellung durch die Medien signifikant an Bedeutung: Der Campus und der Verlauf des Semesters sowie die Einschätzungen der Teilnehmerinnen und Dozentinnen wurden von den Medien als hochschulpolitisches und als wissenschaftliches Ereignis wahrgenommen und begleitet. Eine dritte Phase befasste sich im Anschluss an das Pilotsemester mit der Auswertung und der Außendarstellung der Ergebnisse.

Die Phase der Organisationsgenese und der Vorbereitung des Studiensemesters erhielt für das Marketing von der Einwerbung der unterschiedlichsten Förderer von Ministerien über Stiftungen bis hin zu einigen wenigen privaten Mäzenen eine starke Prägung. Mit der Darstellung der *ifu* in der Öffentlichkeit verband sich hier eine sehr unmittelbare Notwendigkeit, für das Reformprojekt um Unterstützung zu werben. Noch bis kurz vor dem Semesterstart war die *ifu* beispielsweise damit beschäftigt, für die hohe Zahl der vergebenen Stipendien finanzielle Unterstützung zu finden, um das Semester mit allen aufgenommenen Studentinnen wie geplant beginnen zu können.

Eine University in the Making – Die *ifu* in den Medien

Anders als etablierte Hochschulen oder dauerhafte außeruniversitäre Forschungseinrichtungen konnte die *ifu* zwar auf ein Aufsehen erregendes Konzept zur Hochschulreform sowie auf die Beteiligung einer Vielzahl international renommierter Wissenschaftlerinnen verweisen, sie konnte jedoch nicht auf einen eigenen Fundus von wissenschaftlichen Ergebnissen zurückgreifen. Der entscheidende Unterschied zur Presse- und Öffentlichkeitsarbeit einer bereits etablierten Hochschule bestand also darin, dass die *ifu* zwar über ein hohes Kommunikationsinteresse verfügte, vor der Präsenzphase konnten jedoch nicht viel mehr als Konzepte und Ideen vorgestellt und sukzessive organisatorische Entwicklungen vermeldet werden.

Die Entstehung und Entwicklung der *ifu* wurde von der Presse- und Öffentlichkeitsarbeit ausführlich dokumentiert: In der Vorbereitungsphase entstanden seit der Gründung der *ifu* 1997 bis Ende 2000 insgesamt 28 Publikationen über die *ifu*, darunter der Konzeptband „Die eigene Hochschule" (Neusel 2000) und eine Sonderausgabe der Deutschen Universitätszeitung „DUZ Spezial" (Dezember 1999). Im Vorfeld des Pilotsemesters wurden außerdem eine ganze Reihe von Informationsveranstaltungen organisiert, bei denen Wissenschaftlerinnen und Repräsentantinnen der *ifu* das Konzept des Reformprojekts präsentierten.

In der Medienarbeit bildeten vor dem Semesterbeginn die Koordination und Betreuung der Produktionsarbeiten für eine umfangreiche sechsteilige 3-Sat-Fernsehdokumentation über die *ifu* den Schwerpunkt. Die Sendungen hatten jeweils einen der *ifu*-Projektbereiche ARBEIT, INFORMATION, KÖRPER, MIGRATION und STADT zum Gegenstand. Zusätzlich entschied sich die Redaktion dafür, in einer der Sendungen das hochschulpolitische Reformpotenzial der *ifu* in den Blick zu nehmen. Alle sechs 3-Sat-Dokumentationen entstanden unter Beteiligung von in- und ausländischen *ifu*-Dozentinnen, die als Expertinnen für die inhaltliche Gestaltung der Dokumentationen und als Diskussionspartnerinnen in anschließenden kontroversen Debatten zur Verfügung standen. Die Dokumentationen wurden als Serie an sechs aufeinander folgenden Sonntagen jeweils einstündig zur besten Sendezeit während der Präsenzphase im Sommer 2000 ausgestrahlt.

Während des *ifu*-Semesters verlagerte sich der Schwerpunkt des Medien-Marketings auf eine intensive Pressearbeit. Für interessierte Journalisten und Journalistinnen bot die *ifu* Möglichkeiten der Information und Recherche während der öffentlichen Veranstaltungsreihe Open Space sowie durch eine teilweise Öffnung des Vorlesungsbetriebs. Die Großzügigkeit, mit der die *ifu* einen Blick in die Prozesse der Entstehung der Hochschule gewährte, war ein ungewöhnliches Experiment, das auf eine sehr positive Resonanz stieß: Nur wenige Tage des 100-Tage-Semesters vergingen, an dem nicht eine Journalistin oder ein Kamerateam in einem der Studienbereiche anzutreffen gewesen wäre. Auch die Open-Space-Veranstaltungen als Informationsforum über die *ifu* wurden von den Medien hervorragend angenommen. Dieses Konzept der Öffnung war eingebettet in eine dichte Abfolge von hochkarätig besetzten Pressekonferenzen, in denen internationale Wissenschaftlerinnen, Politikerinnen und Künstlerinnen über die hochschulpolitischen Reformideen und die wissenschaftlichen Schwerpunkte der *ifu* informierten. Die Pressekonferenzen wurden gezielt als strategisches Steuerungsinstrument in der Medienarbeit eingesetzt und während der Präsenzphase intensiv genutzt: Nahezu wöchentlich wurden gut besuchte Pressekonferenzen organisiert.

Das problematische Verhältnis zwischen Wissenschaft und Öffentlichkeit konnte mit diesem Konzept der Öffnung nahezu mühelos überwunden werden: Die *ifu* zeigte sich als eine Hochschule, die sowohl auf der organisatorischen Ebene als auch in der Auswahl der wissenschaftlichen Themen gesellschaftlich relevante Auseinandersetzungen führte. Sie war damit für die Medien kein „Elfenbeinturm", sondern lebendig und interessant. Diese Öffnung des Campus und die Open-Space-Veranstaltungen als besonderes, konzeptionell innovatives öffentliches Forum der *ifu* erweiterten das Spektrum, das die Präsentation vorbereiteter Statements von offiziellen Hochschulrepräsentantinnen, Unterstützerinnen und Studentinnen zu bieten vermögen insbesondere um die Vielfältigkeit der Perspektiven der beteiligten (Nachwuchs-)Wissenschaftlerinnen aus aller Welt. Dies ermöglichte sowohl eine nach außen getragene kritische Reflexion der *ifu* als auch eine Diskussion ihrer wissenschaftlichen Inhalte.

Das Wagnis, sich von der traditionellen Hermetik von Hochschule und Wissenschaft zu verabschieden und die *ifu* als eine „University in the Making" auch für die Außenwahrnehmung sichtbar zu machen, hat sich als erfolgreiche Strategie erwiesen. Dies lässt sich sowohl an den entstandenen Publikationen als auch an der differenzierten und vielfältigen Medienresonanz nachvollziehen. Während des Semesters riss die hochschulpolitische Debatte über die *ifu* in den überregionalen Tagesmedien nicht ab, die von zahlreichen anspruchsvollen Hintergrundberichten, Reportagen und Interviews begleitet wurde; zum Ende des Semesters mündete das Medienecho in eine Unterstützungswelle für die Fortführung der *ifu* als dauerhafte Institution.

Die *ifu* hat einen facettenreichen und vielschichtigen hochschulpolitischen Akzent im Dialog zwischen Wissenschaft und Öffentlichkeit gesetzt, mischte sich überregional in die hochschulpolitischen Debatten und in wissenschaftskritische Diskurse ein und wurde in den Medien vor allem als Meilenstein für die Internationalisierung von Lehre und Forschung diskutiert. Damit ist es gelungen, ein Forum für die beteiligten Wissenschaftlerinnen und den weiblichen wissenschaftlichen Nachwuchs aus aller Welt zu schaffen und die gängige eurozentrische Perspektive zu transzendieren.

Literatur

Hochschulrektorenkonferenz: Dokumente zur Hochschulreform 102/1995. Zur Öffentlichkeitsarbeit der Hochschulen. Empfehlung des 176. Plenums vom 3. Juli 1995, Bonn 1995.

Internationale Frauenuniversität: „Die Presse- und Öffentlichkeitsarbeit der *ifu*." In: Sachbericht an das Niedersächsische Ministerium für Wissenschaft und Kultur über die Universität Hannover zu den erzielten Ergebnisses des Projektes Internationale Frauenuniversität „Technik und Kultur" im Berichtszeitraum Januar bis Dezember 2000, S.65-71 (unveröffentlichtes Manuskript, Hannover 2001).

Mathias, Ray: From Public Understanding to Accessibility of Science. In: Gegenworte. Zeitschrift für den Disput über Wissen, Nr. 3, 1999, S. 20-27.

Neusel, Aylâ (Hg.): Die eigene Hochschule. Opladen: Leske + Budrich, 2000.

Nolte, Dorothee: Von der Schwierigkeit, Tagungsberichte zu schreiben (und zu redigieren). In: Gegenworte. Zeitschrift für den Disput über Wissen, Nr. 3, 1999, S. 33-36.

Simon, Dieter, und Rosenstrauch, Hazel: Public Understanding of Science. Dossier. In: Gegenworte. Zeitschrift für den Disput über Wissen, Nr. 3, 1999, S. 2-11.

Teichler, Ulrich: Marktforschung als Grundlage eines Hochschulmarketing. In: Hellstern, Gerd-Michael, und Freitag, Claudia (Hg.): Von der Öffentlichkeitsarbeit zum Hochschulmarketing. Tagungsdokumentation einer Arbeitstagung an der Universität Gesamthochschule Kassel am 4. Juli 1997, Kassel 1997 (ohne Seitenangabe, unveröffentlichtes Manuskript).

Trogele, Ulrich: Strategisches Marketing für deutsche Universitäten: Die Anwendung von Marketing-Konzepten amerikanischer Hochschulen in deutschen Universitäten. Frankfurt am Main/Berlin/Bern/New York/Paris/Wien: Peter Lang, 1997.

Weingart, Peter: Aufklärung „von oben" oder Pflege des Dialogs. Die plötzliche Entdeckung von „Public Understanding of Science" in Deutschland. In: Gegenworte. Zeitschrift für den Disput über Wissen, Nr.3, 1999, S. 64-67.

Helga Schuchardt

Das zähe Ringen um politische Unterstützung: Wie man ein Hochschulreformprojekt auf den Weg bringt

Dieses wird ein sehr persönlicher – also subjektiver – Beitrag. Er fällt nicht nur deshalb so aus, weil ich inzwischen aus der aktiven Politik heraus bin, er wäre genauso ausgefallen, wenn ich noch in Verantwortung wäre. Allerdings kann ich den Entwicklungsprozess der *ifu* aus der Sicht beider Seiten beschreiben – aus der Sicht der aktiv politisch Agierenden ebenso wie als Abhängige von politischen Entscheidungen Anderer.

Viele sind heute der Meinung: Eigentlich ist es doch egal, wen man wählt, die sind doch sowieso nicht zu unterscheiden. Dass dies nicht stimmt, zeigt unser Projekt *ifu*. Allerdings ist die Welt nicht schwarz-weiß. Wir fanden FreundInnen in allen Gruppierungen und Parteien, aber die einen waren dort eben in der Mehrheit und die anderen nicht.

Alles begann schon vor vielen Jahren mit der nüchternen Feststellung, dass Frauen im Wissenschaftsbetrieb relativ wenig Chancen eröffnet werden. Zwar hatte die Diskussion über Chancengleichheit im Bildungssystem entscheidende Fortschritte gemacht, Mädchen werden in ihren Familien gleiche Rechte in ihren Bildungsansprüchen eingeräumt. Ihr Anteil bei den Abiturienten entspricht ihrem Bevölkerungsanteil oder liegt sogar darüber. Bei den Studienanfängern sind sie sogar dominierend, ganz zu schweigen von NC-Fächern, dort dominieren sie wegen ihrer besseren Abiturnoten. Irgendwie muss diese positive Entwicklung aber an den Hochschulen vorbeigegangen sein. Mit fortschreitendem Studium und der anschließenden Karriereleiter wird die Luft für Frauen immer dünner. Bei den jungen Frauen schlagen bei der Berufswahl die althergebrachten Rollenverteilungen immer noch dramatisch durch, Frauen entscheiden sich für die sogenannten Frauenberufe, Ingenieurinnen bleiben Mangelware.

Wer sich in der Politik nicht auf das banale Argument einlassen wollte, dass sich Frauen mit fortschreitendem Studium eben doch eher auf die ihnen zugeschriebenen traditionellen Aufgaben in der Gesellschaft einstellen, musste etwas verändern wollen. Ich will hier nicht verschweigen, dass dieser politische Wille in den Parteien doch sehr unterschiedlich ausgeprägt ist, was sich im Laufe des *ifu*-Prozesses auch auf manchmal dramatische Weise – im Positiven wie im Negativen – bestätigte.

1. Die Frauenforschungskommission des Landes Niedersachsen

Um die nötigen Veränderungsprozesse sachorientiert einzuleiten, hat die Niedersächsische Landesregierung nach ihrer Wahl 1990 eine Frauenforschungskommission zur Ermittlung der Ursachen für die Situation der Frauen im Wissenschaftssystem und zur Erarbeitung der notwendigen Lösungsmöglichkeiten eingesetzt.

Der erarbeitete Bericht „Frauenförderung ist Hochschulreform – Frauenforschung ist Wissenschaftskritik" zeigte eine Vielzahl von Handlungsansätzen auf, unter diesen auch den Vorschlag zur Schaffung einer Frauenuniversität. Eines war meine Befürchtung: Würde dieser Vorschlag in der ersten Presseerklärung und -konferenz erwähnt werden, würden Viele diese Forderung ins Lächerliche ziehen und die Chance nutzen, das auch auf alle anderen Vorschläge – mit durchaus größerer Umsetzungswahrscheinlichkeit – zu übertragen. Meine politische Erfahrung sagte mir, dass ein solches Alibi nicht geschaffen werden durfte. Die Kommissionsmitglieder folgten dieser Bitte und erwähnten den Plan einer Frauenuniversität nicht, so dass zunächst die Diskussion über die Vorschläge beginnen konnte, die leichter Eingang in Politik und Hochschulen finden würden.

Die Idee der Frauenuniversität wurde aber weiterverfolgt. Trotz großer Erfolge, die Frauenuniversitäten z.B. in den USA haben, war dies Thema in Deutschland tabu, häufig begegnete man ihm mit Häme und dem Vorwurf: Das sei doch rückständig. Jedenfalls entzog es sich einer sachlichen Diskussion – übrigens nicht nur bei Männern.

Natürlich wurde in dem ersten Bericht der Niedersächsischen Frauenforschungskommission das Thema der unausgewogenen Bildungsbeteiligung von Frauen in den unterschiedlichen Wissenschaftsgebieten mit aller Deutlichkeit aufgearbeitet. Das Ergebnis war eine zweite, anders zusammengesetzte Kommission – allerdings wieder unter dem Vorsitz von Aylâ Neusel –, die sich dem Thema „Frauenforschung in Naturwissenschaft, Technik und Medizin" widmete.

In diesem Bericht bekam das Thema „Frauenuniversität" nun jedoch ergänzende Dimensionen. „Internationale Frauenuniversität für ‚Technik und Kultur'" war das genauere Thema. Es nahm also nicht nur die Tatsache der Unterrepräsentanz von Frauen an den Universitäten allgemein auf, sondern richtete sich auf spezifische Wissenschaftsbereiche. Grundthemen waren die „Stiefkinder" des deutschen Wissenschaftssystems, die seit geraumer Zeit auf der Liste von Reformüberlegungen obenan stehen, allerdings ohne irgendeinen nennenswerten Erfolg zu erzielen: Genderorientierung, Internationalität, Interdisziplinarität, Praxisorientierung, Virtualität. Schnell war klar geworden, dass Frauenförderung in Deutschland ohne Einbeziehung der internationalen Bezüge nicht zu erreichen war. Auch zeigte die Erfahrung, dass sich Frauen im Wissenschaftsbetrieb gern mit Grenzbereichen zwischen den Disziplinen beschäftigen, also eher der interdisziplinären Arbeit. Damit hängt eng zusammen, dass Frauen häufiger als Männer die Frage stellen, wofür dies denn alles gut sei – will sagen: Der Bezug zur Praxis wird als weiterführend gesehen. Die von der Frauenforschungskommission vorgeschlagenen Lehr- und Forschungsinhalte waren deshalb themenorientiert und nicht wie im herkömmlichen Hochschulsystem fächerbezogen. Dass in heutiger Zeit die Möglichkeiten neuer Medien dabei eine aktive Rolle spielen müssen, war selbstverständlich.

2. Es gelang, Freunde zu gewinnen

So entwickelte sich ein Projekt, das nicht nur frauenfokussiert war, sondern auch insgesamt hochschulreformerisch. Es füllte den Anspruch mit Sinn: „Frauenförderung ist Hochschulreform – Frauenforschung ist Wissenschaftskritik".

Es galt nun eine Strategie zu entwickeln, die darauf gerichtet war, erst einmal im politischen wie im wissenschaftlichen Raum Freunde zu gewinnen. Das stellte sich anfangs einfacher heraus, als wir befürchtet hatten; allerdings hatte dies auch eine Ursache: Wir versuchten zunächst nur ein Projekt zu verwirklichen: „Internationale Frauenuniversität für ‚Technik und Kultur' *ifu* 2000 – 100 Tage für 100 Jahre".

Es war ein Beamter aus dem Niedersächsischen Ministerium für Wissenschaft und Kultur, der uns vorschlug, doch das Jahr der EXPO in Hannover als Rückenwind zu nutzen und im Rahmen der weltweiten Projekte der EXPO tätig zu werden. Diesen Weg beschritten wir. Ich konnte damals als Ministerin für Wissenschaft und Kultur in Niedersachsen 1997 den finanziellen Anstoß geben, und der *ifu*-Verein, der das Projekt anschob, konnte auf dieser Grundlage weitere Geldgeber gewinnen. Dies gelang in erfreulichem Maße – allerdings mit einigen Rückschlägen. Insgesamt waren wir über das Wohlwollen überrascht, das uns entgegengebracht wurde. Nichts war von der Häme, die wir befürchtet hatten, zu spüren.

Dank des aktiven Einsatzes des Deutschen Akademischen Austauschdienstes (DAAD) wurden die Studienplätze international ausgeschrieben. Ziel war, durch die Mischung der Studentinnenschaft – je 1/3 aus Deutschland, den anderen Industrieländern und der sogenannten Dritten Welt – eine wirkliche Internationalität zu sichern. Dies gelang, doch überwogen die Teilnehmerinnen aus der Dritten Welt auf Grund der von uns gewählten Themenbereiche.

3. Regierungswechsel und die Folgen

Um noch einmal auf das Thema unterschiedlicher parteipolitischer Reaktionen zurückzukommen. Dadurch dass Rot-Grün die Bundestagswahl 1998 gewann und als neue Forschungs- und Bildungsministerin Edelgard Bulmahn, Bundestagsabgeordnete aus Niedersachsen, einsetzte, erhielt das Projekt zusätzlichen Rückenwind. Die Bundesregierung förderte mit 6 Mio. DM wichtige Vorhaben der *ifu*.

Ein trauriges Gegenbeispiel war Hessen. Als dort die rot-grüne Koalition nach den Wahlen durch eine CDU/FDP-Regierung abgelöst wurde, wurde die Zusage der rot-grünen Vorgängerregierung, den Projektbereich STADT an der Universität Kassel zu fördern, sofort zurückgenommen. Leider hatten wir keine schriftliche Zusage von der abgelösten Regierung erhalten, sondern konnten uns nur auf eine mündliche stützen. Für mich war erschreckend, mit welchen Argumenten sich das Land Hessen zurückzog: Dies sei ein internationales Projekt, das hessischen StudentInnen und Hochschulen nicht genug zu Gute komme und darum keine finanzielle Unterstützung des Landes erhalten könne. Bei einer solchen Einstellung wundert es mich nicht, dass wir ein zunehmendes Defizit in der internationalen Ausrichtung unserer Universitäten haben. Die solidarische Unterstützung aller an der *ifu* Mitwirkenden mit den sonst zur Verfügung stehenden finanziellen Mitteln machte es schließlich doch möglich, den Kasselern die Teilnahme zu sichern, und die Universität Gesamthochschule Kassel ihrerseits tat alles in ihrer Macht Stehende dazu – auch ohne ihre Landesregierung.

Der Studienbetrieb war also insgesamt gesichert, es konnte losgehen. Die Eröffnungsveranstaltung war allerdings in Hinsicht auf die Rednerliste eine wunderbare Demonstration internationaler Präsenz: Außer uns *ifu* Frauen sprachen die Bundesministerin Edelgard Buhlmahn, die Wissenschaftssenatorin von Hamburg, Krista Sager, die niedersächsische Frauen-, Arbeits- und Sozialministerin Heidi Merk und der Präsident des DAAD, Dr. Theodor Berchem.

Jetzt lag es in der Verantwortung aller Lehrenden, die drei Monate zu einem Erfolg werden zu lassen. Und das wurde es!

4. Erfolg als Garant für eine Fortsetzung – ein Irrtum

Die *ifu* 2000 war als Projekt konzipiert, also auch finanziell zeitlich begrenzt. Die *ifu* GmbH – Gesellschafter waren das Land Niedersachsen und der *ifu* e.V. – sollte zum Ende des Jahres 2000 bereits in Liquidation gehen. Wenn also das Ereignis nicht ein einmaliges bleiben sollte, musste man frühzeitig mit der Regelung der Nachfolge beginnen. Wir waren natürlich fest davon überzeugt, dass es – im Falle des Erfolges – auch weitergehen müsse. Dies war ein Irrtum. Mir war sehr wohl aus meiner aktiven Politikertätigkeit bekannt, dass die Realisierung neuer Ideen in Zeiten geringen Zuwachses der öffentlichen Haushalte nur möglich wurde, wenn auf Bestehendes verzichtet würde. Und dies scheitert in Deutschland – nicht nur im Wissenschaftsbetrieb – am Besitzstandsanspruch. Auch noch so überholte oder unterdurchschnittliche Angebote werden verteidigt. Übrigens ist diese Mentalität meiner Meinung nach ursächlich für die schwindende Konkurrenzfähigkeit gerade des deutschen Wissenschaftssystems verantwortlich.

Mit fortschreitendem Erfolg des Projekts nahm die Zahl der Freunde im Ausland zu, im Inland hingegen hielt man sich nicht einfach nur zurück – im Gegenteil: Es wurde mit den unterschiedlichsten Argumenten gegen eine Fortführung der *ifu* ins Feld gezogen. Man müsse sich an einmal gegebene Zusagen halten, also die GmbH läuft aus und damit basta. Dies war noch die ehrlichste Position. Andererseits verstärkte sich von Mal zu Mal mein Eindruck, dass Politik und Verwaltung eine Fortführung verhindern wollten, ohne allerdings später als Verhinderer dazustehen. Also wurde filibustert. Erst einmal gelte es doch abzuwarten, ob es überhaupt genug Interessentinnen für dieses Angebot gäbe. Es gab sie! Es könne doch sein, dass ein Großteil der Teilnehmerinnen nach der Hälfte der Zeit aus Enttäuschung schon längst abgereist sei. Sie blieben! Freunde der *ifu* konnten diese Bedenkenträger wirklich nicht sein.

Noch während der Präsenzphase der *ifu* liefen bereits unsere Bemühungen um eine Fortführung auf Hochtouren. Wir wollten natürlich bereits auf der Abschlussveranstaltung den Teilnehmerinnen gegenüber eine positive Aussage über die Weiterführung der *ifu* machen, nichts erwarteten sie von uns mehr als das. Eine Zusage des Ministerpräsidenten Niedersachsens hatten wir bereits, man werde in den Etats 2001 und 2002 je eine halbe Million DM für die *ifu* bereitstellen. Gefreut hätten wir uns natürlich, wenn der zuständige Minister diese positive Nachricht während der Schlussveranstaltung selbst überbracht hätte. Allerdings verhieß die Nicht-Präsenz der Politik bei der Abschlussveranstaltung nichts Gutes. Auch die Bundesministerin, die zu Beginn noch als große Förderin der *ifu* aufgetreten war, fehlte. Es wurde deutlich: Man wollte sich nicht festlegen, aber eben auch nicht in aller Öffentlichkeit ehrlich „nein" sagen.

5. Die Mühsal der Fortsetzungsanträge

Ich will hier nicht verschweigen, wie quälend und zeitaufwändig es war, die Anträge wenigstens zur Aufarbeitung und Sicherung der Ergebnisse der *ifu* 2000 immer neu zu formulieren, bis sie nach geraumer Zeit endlich bewilligt wurden. Anträge etwa für eine Fortsetzung eines Studiengangs wurden überhaupt nicht akzeptiert. Die Treue hielten uns die Fraktionen von SPD und Grünen im Bund und im Land Niedersachsen, allerdings ohne viel bewegen zu können. Wer sich nicht selbst da durchgebissen hat, kann sich kaum vorstellen, wieviel bürokratischer Aufwand getrieben wird, wenn es keine klaren politischen Vorgaben gibt, oder wieviel vermeidbare Manpower eingesetzt wird, wenn die Antragsteller/in hingehalten werden soll, weil kein klares „nein" ausgesprochen werden darf.

In dieser Situation stand die *ifu* GmbH plötzlich vor folgendem Problem: Der niedersächsische Landtag hatte zwar die 500.000 DM in den Haushaltsplan 2001 eingebracht, doch sollten diese Mittel nur bewilligt werden, wenn auch der Bund eine Mitfinanzierung zusagte. Der Bund wiederum wollte diese Zusage nur dann machen, wenn das Land die Existenz der *ifu* GmbH über den 31.12.2000 hinaus sicherte, die Liquidation also aufhob. Dazu war wiederum das Land nicht bereit. Diese Henne-Ei-Situation dauerte Monate, bis das Land sich schließlich bereit fand, seine Anteile an der GmbH dem *ifu* e.V. zu überschreiben. Danach – inzwischen war es April 2001 geworden – wurde die Liquidation aufgehoben, die beim Bund parkenden Anträge wurden im September 2001 bewilligt, und auch das Land Niedersachsen sagte die Mitfinanzierung zu. Das erfolgreich verlaufene Projekt kann nun nachbereitet werden, und die Veröffentlichung der Ergebnisse macht es möglich, dass sie in den Wissenschaftsbetrieb Eingang finden können.

6. Gute Ideen wecken Konkurrenz – und wieder neue Ideen

Wie verlief nun der Meinungsbildungsprozess um eine Nachfolgeeinrichtung? Wir wurden zunächst mit einer Reihe von Projekten konfrontiert, deren Antragsteller aus dem großen Umfeld der *ifu* kamen und den Eindruck vermittelten, Nachfolger der *ifu* zu sein. Der Bund stellte zu dem Zeitpunkt vorzugsweise Mittel für virtuelle Projekte zur Verfügung. Also gab es Anträge, die die Ankündigung der Bundesministerin aufnahmen, eine virtuelle Frauenuniversität zu fördern, ohne dass dies mit dem *ifu* e.V. abgesprochen worden war. Es gab auch Aktivitäten für die Einrichtung von neuen Frauenstudiengängen: Die Universität Hannover entwickelte in Anlehnung an den Projektbereich WASSER bei der *ifu* einen gleichnamigen Studiengang – allerdings ohne auch andere wichtige Kriterien des *ifu*-Studiums mit einzubeziehen.

Natürlich war es für uns erfreulich zu beobachten, welche Anstöße die *ifu* gegeben hatte. Traurig hat uns aber gemacht, wie Wenige den viel weiter reichenden hochschulreformerischen Ansatz tatsächlich begriffen hatten. Bedrückend war für mich, dass fast alle diese Projekte lediglich ein oder wenn es hochkam zwei *ifu*-Essentials aufnahmen. Keine Rede war mehr von Transnationalität oder Interkulturalität, Ziele, die sich im Laufe des Projekts als die wichtigsten herausgestellt hatten.

Ein Motiv des Bundes, unsere Anträge auf Fortsetzung nicht zu bearbeiten, liegt in der Kulturhoheit der Bundesländer. Der Bund darf keine eigenen Hochschulen betreiben. Die Länder wachen eifersüchtig darüber, dass dies auch nicht geschieht. Es galt also, mindestens ein Bundesland zu gewinnen, das das Projekt zu seiner Sache machte. Dies gestaltete sich schwierig. Ein Vorgang brachte uns unverhoffterweise den notwendigen Rückenwind. Aylâ Neusel erhielt von der Hochschulrektorenkonferenz (HRK) den Sonderpreis für internationale Hochschulzusammenarbeit. In diesem Zusammenhang entstand die Idee, die Fortführung durch ein Hochschulkonsortium zu organisieren, das Masterstudiengänge in wichtigen weltweiten Problemfeldern – wie sie die *ifu* formuliert hatte – anbietet. Diese Konstruktion erleichtert dem Bund, aber auch den Ländern, in denen sich die beteiligten Hochschulen befinden, den Einstieg.

Jetzt, im März 2002, in dem dieser Artikel geschrieben wird, haben wir Grund, optimistisch zu sein. Vier Universitäten – Hamburg, Bremen, Münster, die Humboldt-Universität Berlin – die HRK und der *ifu* e.V. haben gerade ein Konsortium gegründet für das W.I.T. – Women's Institute of Technology, Development and Culture. Frauenhochschulen in Asien, Südafrika und den USA haben ihre Bereitschaft beizutreten bereits angekündigt. Wir sind sicher, dass ein solches global arbeitendes Projekt Chancen hat, Förderer zu finden. Dies ist die Aufgabe in der nahen Zukunft.

Aylâ Neusel

ifu als Kind ihrer Zeit – Grenzverschiebungen zwischen Staat und Hochschule

> Die *ifu* ist die Vergegenständlichung der Kritik
> an der Gegenwart und des Glaubens an
> die Zukunft der Universität

1. Einleitung: Staatliche Fürsorge versus Hochschulautonomie

Im Kontext der zeitgenössischen Reformdiskussion ist die *ifu* durchaus ein Kind ihrer Zeit. Ausgedacht zu Beginn der 1990er Jahre, repräsentiert sie zweifellos das veränderte Reformparadigma, und ihr Konzept spiegelt die gesamte Programmatik der zeitgleichen Hochschulreformen wider.

Die Idee, eine Frauenuniversität zu gründen, geht auf die Arbeit der Niedersächsischen Frauenforschungskommission (1992-94) zurück. Ihr 1994 erschienener Bericht „Frauenförderung ist Hochschulreform – Frauenforschung ist Wissenschaftskritik" legte auf folgenreiche Weise die Grundlagen für eine zukünftige Politik der Frauenförderung an Hochschulen. Man muss den Bericht als eine umfassende Kritik an der Hochschule und der Wissenschaft lesen. In der Einleitung wird Carol Gilligan zitiert: „Die Abwesenheit von Frauen als signifikantes Fehlen zu erkennen, bedeutet demnach die Zivilisation zu verändern, die Disziplinen zu reformieren und dadurch die Hochschulausbildung als Ganzes neu zu strukturieren." (Niedersächsisches Ministerium für Wissenschaft und Kultur, 1994, S. 23)

Die Kommission kommt zu der Schlussfolgerung, dass Frauenförderung sich als Neuorientierung für notwendige Modernisierungsprozesse begreift und auf eine grundlegende Demokratisierung des Gesamtsystems Hochschule zielt, welches in seiner derzeitigen Struktur den Anforderungen des 21. Jahrhunderts nicht gerecht werden kann. So soll Frauenförderung ein innovatives Ferment der Reform sein, das in alle Aufgabenbereiche der Hochschule integriert werden muss (ebda, S. 25ff.).

Bei der Betrachtung des Berichts sind mir zwei Aspekte besonders wichtig: zunächst der „ganzheitliche" Anspruch, dass Frauenförderung per se Reformpolitik ist, der im Konzept der *ifu* weitergedacht und fortentwickelt wurde und die Substanz der *ifu* ausmacht. Das ist deshalb bemerkenswert, weil anders als in den 1970er Jahren, als der Fokus auf der Neuordnung des gesamten Hochschulwesens lag, in den beginnenden 1990er Jahren zunächst nur kleinräumige Reformen in Angriff genommen wurden.[1]

Der zweite Aspekt ist das wiederholte Demokratisierungspostulat, das – aus heutiger Sicht betrachtet – relativ stark im Denken der Hochschulreformen der 1970er Jahre verhaftet war. Zwar wird implizit auch die „Gruppenuniversität" in Frage gestellt, indem das Geschlechterverhältnis zum Angelpunkt der Kritik an der hierarchischen Struktur an den Hochschulen gemacht und ausdrücklich betont wird, dass die Appelle an den Staat Ausdruck einer grundlegenden Skepsis gegenüber einer Autonomie der Hochschule sind, weil die faktischen Verhältnisse in den Hochschulen die geforderten Gestaltungsspielräume für demokratische Entscheidungen nicht zulassen (ebda S. 27).

Indem sie den Staat zum Adressaten ihrer Forderungen machen, fordern Frauen eine umfassende und wirkungsvolle staatliche Regulierung der Frauenförderung an Hochschulen. Es geht hier also nicht um Staatskritik. Dagegen geriet in den späteren 1990er Jahren das Staatsverständnis der Bildungs- und Sozialreformer der 1970er Jahre gründlich in Misskredit, und die Kritik richtete sich vor allem gegen den Aspekt des „paternalistischen Staats", was den entscheidenden Paradigmenwandel seit den 1970er Jahren verdeutlicht. Die *ifu* hat hinsichtlich ihrer Programmatik den Schritt in die Unabhängigkeit von der staatlichen Umarmung gewagt und „staatsfreie" Konzepte erprobt, die wohl nur deswegen „zugelassen" wurden, weil die *ifu* nur ein temporäres Projekt war.

Ich möchte einen Moment bei dem Thema des Paradigmenwechsels in der Hochschulpolitik verweilen und daran erinnern, dass nach den Jahren der Enttäuschung über den Ertrag der Reformen aus den sechziger und siebziger Jahren erst zu Beginn der neunziger Jahre des 20. Jahrhunderts wieder eine heftige politische Auseinandersetzung über die Perspektiven des Hochschulwesens entbrannte. Ohne Zweifel war der äußere Druck auf die Hochschulen ausschlaggebend: Die Verknappung der vorhandenen Ressourcen gegenüber dem anhaltenden Bildungswillen der jungen Generation bereitete dem „verarmten" Staat zunehmend Probleme, die Hochschulen „adäquat" zu finanzieren. Die Europäisierung und die Globalisierung bewirkten, dass viele interessante Bildungseinrichtungen auch räumlich näher aneinander rückten und damit die internationale Konkurrenz und auch die Wahlfreiheit zwischen den vielfältigen Angeboten wuchsen. Der Vergleich zwischen den nationalen Bildungssystemen brachte allerdings keine schmeichelhaften Ergebnisse für das deutsche Bildungs- und

---

1 Neuerdings wird wieder – wenn auch anders als im Neuordnungsgedanken der 1970er Jahre – von der Notwendigkeit einer „ganzheitlichen Hochschulreform" gesprochen, da die Veränderung der Universität als komplexe Organisation ein integriertes Vorgehen benötige. Dabei bilden die „zentralen Merkmale zukunftsfähiger Hochschulen, nämlich Autonomie, Wissenschaftlichkeit, Profilbildung, Wettbewerblichkeit, Internationalität, Virtualität" einen engen Zusammenhang (Müller-Böling 2000, S. 137).

Hochschulsystem. Ein Blick über die Grenzen ermöglichte es Frauen, Klarheit darüber zu gewinnen, in welchem Ausmaß ihre Anliegen in der deutschen Hochschule marginalisiert waren. Die heftige Kritik an dem Zustand der Hochschule in Deutschland im Allgemeinen wurde durch die Enttäuschung über die Wirkungslosigkeit bisheriger Reformen verstärkt (Daxner 1993, Neusel 1993, Brinckmann 1998, Müller-Böling 2000).

So ist die Auseinandersetzung über die Funktionsweise der Universität – als eines ‚Mechanismus', der aus dem Kräftespiel von staatlicher Autorität, Markt und akademischer Oligarchie entsteht (Koordinationsdreieck von B. Clark,1983) – seit den 1990er Jahren in Bewegung geraten. In der auf der Folie dieses Bildes entstandenen Typologie des nationalen Hochschulsystems finden Rearrangements statt. Viele Beobachter in Deutschland konstatieren, dass der Staat an Einfluss auf die Hochschulen verliert bzw. diesen zu Gunsten des Marktes freiwillig abgibt. Selbst das Verständnis von „Staat" und von „Markt" verändert sich. Traditionell wurde im deutschen Hochschulsystem die Aufgabe der Vermittlung zwischen den Interessen der Gesellschaft und denen der Hochschule dem Staat zugewiesen. Das Selbstverständnis staatlichen Handelns, der Staat habe für die gesellschaftliche Modernisierung umfassend Verantwortung zu tragen, geriet nun zunehmend in die Kritik ebenso wie die Überzeugung, die Modernisierung der Gesellschaft sei durch Regelungs- und Normendichte zu erreichen. Auch der Begriff „Markt" veränderte sich und wird als „Metapher für die Öffnung der Hochschule nach außen für intensivere Bindungen (...) an Abnehmer von Leistungen und Produkten" benutzt (Brinckmann 1998, S. 102). Die Beteiligung der Gesellschaft an Hochschulangelegenheiten wird als Mittel zur Einschränkung der Eigeninteressen der akademischen Oligarchie empfohlen. Damit wird dem Markt eine Funktion zugeschrieben, die derjenigen erstaunlich ähnlich ist, die in den 1970er Jahren dem Staat zugedacht war.

Zum Ende der 1990er Jahre profilierte sich die Kritik am staatlichen Tun in neuen Modellen, die als „New Public Management" (Brinckmann 1998, S. 98), als „Public Service Orientation", als adaptive „Governance-Strukturen" (Wieland 2000, S. 62), als „New Governance" (Priddat 2000, S. 157) diskutiert werden. Allen gemeinsam ist der Vorschlag, dass die Verantwortung zwischen dem Staat und der Zivilgesellschaft neu verteilt werden muss und dass die Bürger aktiv an Politik partizipieren sollen, um damit höhere Autonomie gegenüber staatlichen Reglements zu gewinnen.

Auch in der aktuellen Hochschulreformdiskussion wird an prominenter Stelle der Begriff „Autonomie" verwendet, die Hochschule wird als eigenständige Akteurin beschrieben, als „Corporate Entity" (Müller-Böling 2001), die gegenüber den Partialinteressen der Akteure im Inneren sowie den staatlichen Eingriff- und Kontrollgelüsten von außen verteidigt werden soll. Es werden neue gesellschaftliche Werte moderner Hochschulen diskutiert: Entstaatlichung, Autonomie, „Diversifität" und Hybridität. Auf die Autonomie des Hochschul-

systems folgen also die Eigenständigkeit der einzelnen Einrichtungen im System, der Wettbewerb zwischen ihnen und die Profilierung der einzelnen Universitäten. Diese Entwicklung wird zur „Diversifität" des Hochschulsystems führen[2] – eine Erkenntnis, von der die Initiatorinnen der *ifu* von Beginn an ausgegangen sind.

Die EvaluatorInnen der *ifu* haben sich gefragt, was die Internationale Frauenuniversität denn eigentlich sei: eine Graduate School, ein Weltkongress der Frauen, eine wissenschaftliche Konferenz? Wenn ich auch das methodologische Problem auf der Suche nach einem Maßstab für Vergleich und Beurteilung nachvollziehen kann, ist diese Frage der Ausdruck dessen, dass der Bedarf an Sicherheit über die Lust am Experiment siegt. Ich würde das an dieser Stelle nicht thematisieren, wenn es nicht ein immer wiederkehrendes Problem aller Reformen darstellte: Es geht um die Frage „Wie viel ist zu viel?" Wie viel Bekanntes muss bleiben, wenn Veränderungen angesagt sind?

So ist an der Schwelle zum 21. Jahrhundert unter dem Einfluss von verschiedenen Kräften aus Wissenschaft, Politik, Administration, Wirtschaft, entlang den aktuellen hochschulpolitischen Strömungen, gestaltet und profiliert von einer multikulturellen, Generationen übergreifenden, Disziplinen überspannenden Akteurinnenschaft eine neuartige Bildungseinrichtung entstanden: die Internationale Frauenuniversität „Technik und Kultur". Wenn Institutionen eine hybride Identität haben können, würde ich diese Eigenschaft für die *ifu* in Anspruch nehmen. Mit „hybrid" bezeichne ich die gleichzeitig existierenden, möglicherweise sich widersprechenden pluralen Selbstverständnisse innerhalb der einen *ifu*.[3]

Die *ifu* ist ein Kind ihrer Zeit, hatte ich einführend gesagt; sie hat die Chancen der Reformöffnung wahrgenommen und eine einzigartige, unverwechselbare „Universität" geschaffen, die ich deshalb in Anführungszeichen setze, weil sie sich vom Bild einer (deutschen) Universität weit entfernt hat. So gesehen war die *ifu* vielleicht ihrer Zeit voraus.

---

2   Mit „Diversifität" des Hochschulsystems soll – in Anlehnung an den ökonomischen Begriff bei J. Wieland – eine Entwicklung verstanden werden, in der die Aufgaben des Hochschulsystems (etwa Bildung, Wissenschaftliche Berufsausbildung, Weiterbildung, Grundlagenforschung, Auftragsforschung, Dienstleistung) erweitert und auf verschiedene „Hochschulzweige" unter der gemeinsamen Bezeichnung „Universität" verteilt werden.

3   In der neueren Literatur wird von hybriden Organisationen gesprochen, um das „Organisationsphänomen der Verschiebung in der Raum-Zeit-Tektonik sozialen Handelns" auszudrücken (Wieland 2000, S. 60).

2. Vom Werden und Wandeln: Identitätsbildung im Fluss des politischen Mainstreaming

In den Gründungsjahren der *ifu* während der unzähligen Diskussionen über das Konzept wurde nicht von „Leitbildern" gesprochen. Obwohl dieser in der aktuellen hochschulpolitischen Debatte oft verwendete Begriff der „Leitbilder" auch später im Alltag der *ifu* nicht benutzt wurde – nachträglich in die politisch-theoretische Diskussion aufgenommen, beschreibt er doch ziemlich exakt die Identitäts- und Profilsuche in der Vorbereitungszeit der *ifu* von 1997–99. Die sich entwickelnden Prinzipien: Die Interdisziplinarität und Genderorientierung, die Internationalität und die Virtualität, der Praxisbezug und später der Dialog von Kunst und Wissenschaft – sie alle zusammen hatten mit den imaginierten Werten einer Bildungseinrichtung allein für Frauen die Funktion eines komplexen Leitbildes. Und gerade die Komplexität dieses Leitbildes sollte bei den Akteurinnen zu einer starken und nachhaltigen Identifikation mit der *ifu* führen.

In der Literatur wird Leitbildern nicht nur eine symbolische Bedeutung zugewiesen. Ihre Funktionsweise wird in dreierlei Sicht – als profilbildende, als orientierungsgebende und als richtungsweisende – beschrieben (Hanft 2000, S. 121f.). Die „Prinzipien" der *ifu*, die ich jetzt „Leitbilder" nenne, möchte ich in ihrer Funktionsweise neu bewerten. Denn es geht mir hier nicht um vorgedachte und „gesetzte" Leitbilder, also Normen, Werte und Prinzipien (diese habe ich ausführlich beschrieben in: Neusel 2000, S. 33f.), sondern um das „Experiment" *ifu*, um das gewachsene, ausgehandelte und gewordene Gesamtergebnis, das, wie sich zeigen sollte, eine starke und nachhaltige identitätsstiftende Bedeutung gewann.

Rückblickend sehe ich drei Leitbilder der *ifu*, die, aus heutiger Sicht betrachtet, andere überragen. An erster Stelle stehen die Internationalisierung der Hochschule und die Transkulturalität der Wissenschaft, an zweiter das Thema Frauenuniversität als „polyedukative" Einrichtung sowie an dritter Stelle die Konstituierung der *ifu* als politischer Ort.

2.1 Internationalisierung der Hochschule, Transkulturalität der Wissenschaft

In der Hochschulforschung wird selbstverständlich davon ausgegangen, dass die Wissenschaft schon immer international gewesen sei, nicht aber die Hochschule als Korporation, die in nationalen Systemen organisiert sei. Ein Ziel, das sich die aktuelle Hochschulpolitik setzt, ist demnach, die Hochschule als Institution zu einem internationalen Ort umzugestalten. Das bedeutet zunächst, dass mehr grenzübergreifender Austausch von Studierenden und WissenschaftlerInnen betrieben werden muss. Dabei ist im deutschen Hochschulwesen ein deutliches Nord-Süd-Gefälle festzustellen: Während zwar um exzellente Studierende aus den Entwicklungs- und Schwellenländern geworben wird, beschränkt sich die Kommunikation der Wissenschaftler untereinander auf die nördliche Region und reproduziert damit dauerhaft eine Wissenschaft aus der Sicht der Industrieländer und ein Wissen nur voneinander, das den „Rest der Welt" ignoriert.

Die *ifu* ist in Hinsicht auf den internationalen Austausch zwischen etablierten und jungen (Nachwuchs-) Wissenschaftlerinnen einen Schritt weiter gegangen: Die weltweite Rekrutierung der Studentinnen und der Faculty war von Beginn an ein wichtiges Ziel. Auch wenn dabei nicht alle Ansprüche ganz zufriedenstellend erfüllt werden konnten, im Ergebnis ist gerade dieser internationale Austausch zum Markenzeichen der *ifu* geworden.

Die *ifu* hatte sich dafür entschieden, der nicht-westlichen und der feministischen Wissenschaftskritik in der Tradition der „unified science" einen entsprechend wichtigen Platz einzuräumen. Deshalb wurden Kolleginnen aus asiatischen und afrikanischen Ländern in die Faculties einbezogen, um gerade diese Aspekte in die Diskussionen einzubringen. In diesem Zusammenhang war das Ziel einer „Neukonzeptualisierung der Bildungs- und Forschungsinhalte" ein weiterer sehr anspruchsvoller Aspekt der Internationalität: Es ging um die gemeinsame Entwicklung einer „neuen" Wissenschaft: „Der Dialog und die Reibung in einer wirklich internationalen wissenschaftlichen Zusammenarbeit sollen neue Denkhorizonte eröffnen, Reflexion über die Grenzen der eigenen Erkenntnisse ermöglichen und schließlich die westliche (feministische) Wissenschaft korrigieren" (Neusel 2000, S. 51f.).

Während das sichtbare Ergebnis der weltweiten Rekrutierung von Teilnehmerinnen zur Profilbildung wesentlich beitrug, wurde dieser zweite Aspekt richtungsweisend für die leidenschaftlichen Diskussionen über den „Eurozentrismus", die West-Orientierung im Lehrangebot während des Sommers 2000. Es gab berechtigte Kritik daran, dass im Vergleich zum eigenen Anspruch das Ziel nicht annähernd hat erreicht werden können, wenn es auch Annäherungen an die ursprünglichen Vorstellungen mehr als in irgendeiner anderen (deutschen) Hochschule gab. Das Leitbild „transkulturelle Wissenschaft" wurde richtungsweisend für das, was anzustreben ist, für die Vision eines nicht hierarchischen wissenschaftlichen Diskurses zwischen den verschiedenen Wissenschaftskulturen dieser Welt.

2.2 Die Frauenuniversität als „polyedukative" Einrichtung

Eine Universität als homosozialer Ort, an dem Frauen als Akteurinnen und als Gegenstand in Forschung und Lehre, als Gelehrte und Lernende, in Leitungs-, Management- und Dienstleistungsfunktionen die Hauptrolle spielen: Das war die *ifu*. Während die Integration der Genderperspektive in die Curricula der Projektbereiche von Anfang an Zuspruch fand und besonders für die Projektbereiche, die der Genderforschung bisher ferner standen, wie WASSER, INFORMATION, zum Teil auch STADT, neue Perspektiven geöffnet hat, standen viele Studienbewerberinnen zunächst eher reserviert einer exklusiven Frauenuniversität gegenüber. Nach ihren Erfahrungen während des *ifu*-Semesters wuchs die Akzeptanz, und zum Schluss gab es eine außergewöhnlich hohe Zustimmung. „Generell ist die Identifizierung mit der *ifu* als Frauenprojekt für die hohe Zufriedenheit mitverantwortlich, wobei hier wissenschaftliche, persönliche und politische Momente zusammenspielen" (vgl. S. Metz-Göckel in diesem Band).

Dennoch: Wenn ich über die *ifu* nachdenke, kann ich sie nicht im Singular beschreiben, ich habe in allen Bereichen Assoziationen mit „viel", „vielfältig", „vielseitig", „divers", „multi", „poly...". So war auch die Population der jungen Wissenschaftlerinnen, der Teilnehmerinnen der *ifu* äußerst heterogen. Der Begriff „Monoedukation", den wir eine Zeit lang für die *ifu* benutzt haben, um das Monogeschlechtliche in der Zusammensetzung der Akteurinnen deutlich zu machen, trifft nicht die Substanz der Organisation. Zwar war die *ifu* ausschließlich Frauen vorbehalten, aber diese können wir keinesfalls als eine einheitliche Kulturgruppe „monoedukativ" behandeln. Ganz im Gegenteil war das herausragende Merkmal der Teilnehmerinnen ihre extreme Heterogenität. Ihr Profil war äußerst unterschiedlich nach Vorbildung, Fachdisziplinen, beruflicher Qualifikation, Studien- oder Forschungserfahrung, nach internationaler Mobilität und Migrationserfahrung, nach Alter, nach sozialer und regionaler Herkunft, Kultur, Religion, Sprache und Nation (vgl. V. Lasch in diesem Band).

Daher ist das zweite Leitbild der Frauenuniversität mit der kulturellen „Diversifität" ihrer Population eng verknüpft. Ich benutze hierbei einen breiter angelegten Kulturbegriff, der sich nicht in der unterschiedlichen weltregionalen Herkunft erschöpft, sondern sich durch eine Vielfalt von Bildung, Wissen, Erfahrung, sozialem Stand, politischer Ausrichtung und des Wissenschaftsverständnisses unterscheidet. Dafür möchte ich den Begriff der „Polyedukation" einführen. Als Frauenuniversität hat die *ifu* einen monogeschlechtlichen Alltag konstituiert, bei der die Geschlechterdifferenz nicht ständig reproduziert werden musste, so dass ganz selbstverständlich den Forschungsfragen, Themen und Interessen von Frauen und aus der Sicht von Frauen nachgegangen werden konnte ohne den „Zwang, so zu sein, wie eine Frau zu sein hat: ‚weiblich'" (Wetterer 1993, S.196). Tatsächlich wurde durch die Geschlechterseparierung in der Binnenstruktur der *ifu* „Frau" als soziale Kategorie (fast) aufgehoben. Allerdings traten dadurch andere kulturelle Differenzen umso mehr in Erscheinung. Die „Diversifität" war sicher größer als in jeder koedukativen (deutschen) Universität, die Identitäten orientierten sich an anderen Kategorien als der Geschlechterorientierung.

Dieses „Leitbild" einer polyedukativen Frauenuniversität wurde richtungsweisend für das Community Building der *ifu* und grundlegend für das Konzept einer Dienstleistungseinrichtung für die Studierenden (vgl. C. Bradatsch in diesem Band). Im Projektbereich INFORMATION wurde beispielsweise der fachlichen „Diversifität" systematisch mit der Bildung von „home groops" begegnet. Die Studentinnen organisierten sich selbst in weltregionalen Gruppen wie im Projektbereich MIGRATION in dem African Women's Forum, Asian Women's Forum, Latina Forum. Im Projektbereich WASSER haben die Teilnehmerinnen ein virtuelles Netzwerk „WINS" eingerichtet, das sich deutlich auf das berufliche Aufgabenfeld der Absolventinnen richtete. Man konnte also beobachten, dass sowohl durch das didaktische Betreuungskonzept in manchen Projektbereichen als auch durch die Selbstorganisation der Kommunikation unter den Teilnehmerinnen immer wieder die vorhandene Komplexität reduziert wurde.

2.3 *ifu* als politischer Ort: Politikkompetenzen der Teilnehmerinnen in problemorientierten interdisziplinären Studien

Die *ifu* war ein politischer Ort. Sicherlich haben die Auswahl und das Angebot neuartiger gesellschaftlich weltweit brisanter Themen für das Studienangebot das Klima beeinflusst und eine positive Selbstselektion bei den Studienbewerberinnen verursacht. Bei jedem der Projektbereiche, ob ARBEIT, KÖRPER, INFORMATION, MIGRATION, STADT oder WASSER, war der Zuschnitt der Themen weniger von der Vorstellung geprägt, sie durch Spezialisierung zu vertiefen, als vielmehr von der Idee, sie durch Inter- und Transdisziplinarität zu erweitern. Sie waren mehr als das: Sie waren an gesellschaftlichen Themen orientierte, Praxis einschließende, multidisziplinäre, transkulturelle Basiseinheiten. Der Hauptgedanke dabei war, die Wissenschaft aus ihrer häufig geübten Distanz zu den brisanten Themen und Ereignissen dieser Welt herauszuholen und sie mit den aktuellen Fragen der Gesellschaft zu konfrontieren (vgl. Kap. 2 in diesem Band).

Die *ifu* hatte eine kritische, politische Studentinnenschaft, wie sie die Hochschulen in Deutschland seit den sechziger Jahren des 20. Jahrhunderts nicht mehr erlebt haben. Sowohl die Auseinandersetzung mit dem wissenschaftlichen Angebot innerhalb der Universität als auch die kritische Kommentierung des Weltgeschehens haben die Studentinnen aktiv vorangetrieben. Sie haben sich immer wieder Freiräume im Curriculum geschaffen, eigene Veranstaltungen durchgeführt, das Curriculum umgedeutet, neue Schwerpunkte durchgesetzt. Die Stadt Hannover, die Weltausstellung EXPO, Deutschland und Europa waren ebenso Orte des kritischen Studiums wie der aufmerksamen und leidenschaftlichen Auseinandersetzung.

Eine Frage drängt sich an dieser Stelle auf: Ob die teilweise heftige Kritik der Teilnehmerinnen an der *ifu* und gleichzeitig ihre Identifikation mit dieser Institution, ihr leidenschaftliches Engagement für deren Fortbestehen, einen Widerspruch darstellt. Ich meine: nein! Und ich möchte mein Urteil mit einer Bemerkung des Berliner Philosophen Klaus Heinrich erläutern. Die Studentenbewegung sei die letzte Liebeserklärung gegen „die Geistlosigkeit der Universität" gewesen.[4] In diesem Sinne hat die Studentinnenschaft der *ifu* die Leitbilder angenommen, die Auseinandersetzung war erwartet turbulent, und sie muss fortgesetzt werden.

3. Vom Nutzen und „Handling" einer „hybriden" Organisation

Seit den 1970er Jahren sind wir gewohnt, die Binnenstruktur der Universität als „loosely coupled system" (Weick 1978) zu beschreiben. Hinter dieser geradezu klassisch zu nennenden Beschreibung (nur noch übertroffen von dem von vielen Präsidenten geteilten Bonmot: „In dieser Universität stiftet allein die Zentralheizung Gemeinschaft") verbirgt sich die „hidden-philosophy" vieler Hochschulforscher, das Gegenteil sei eigentlich wünschenswert. Im Interesse ihrer Gestaltbarkeit wäre nämlich anzustreben, „die Universität als Ganzes" zu konstituieren. Während die Kommunikationsmodelle der siebziger Jahre auf der Annahme basierten, dass gerade der Zusammenhalt das vitale Interesse einer Organisation darstelle, verfolgen die Organisationstheoretiker der 1990er Jahre einen anderen Fokus. Zum Funktionieren und Überleben einer Organisation gehöre, so Pascale (1990), die Fähigkeit, Störungen innerhalb der Organisation zu absorbieren. Nicht Stabilität, sondern organisatorische Flexibilität sei demnach gefordert: „In einer differenzierten und fragmentierten sozialen Welt müssen wir mit Zweideutigkeiten, Unsicherheiten, Widersprüchen und ständigem Wandel leben". Es ist notwendig, „die Paradoxien und Widersprüche der Organisationen anzuerkennen, um Kreativität und Innovation zu fördern" (Peters 1992).

„Diversifität" und organisationale Hybridität der Hochschule – auf Grund der Grenzverschiebungen zwischen der staatlichen Verantwortung und der Hochschulautonomie – waren seit Beginn der 1990er Jahre für die aufmerksamen Beobachter der Hochschulszene im angelsächsischen Bereich vertraute Denkmodelle für den Wandel der Kommunikations- und Leistungsstrukturen innerhalb der Institution. Auch in Deutschland wird aktuell über das veränderte Organisationsumfeld, die -strukturen und -strategien nachgedacht, allerdings

---

4   Der genaue Titel seiner Oldenburger Rede, gehalten in den 1980er Jahren, lautet: „Zur Geistlosigkeit der Universität heute".

richtet sich das Interesse dabei fast ausschließlich auf die Wirtschafts- oder Verwaltungseinrichtungen (Wieland 2000, S. 61f., Priddat 2000, S. 119f.). Meine Frage ist: Welche Begriffe für das Funktionieren, den Ertrag, die Leistung und den Erfolg neuer Organisationsmodelle, wie die *ifu* möglicherweise eines war, sind brauchbar? Eine anwendungsorientierte Fragestellung würde formulieren: Wie „funktioniert" eine solche Organisation im Ganzen oder in Teilen? Welche Regelungen, Kulturen, Klimata haben an den positiven und negativen Ergebnissen teil? Gibt es für die Leistungsfähigkeit der Institution geeignete Kommunikations- und Entscheidungskonstruktionen?

In den neueren politischen und theoretischen Auseinandersetzungen wird eine Mixtur von bewährten Werten, von einander entgegenstrebenden, kontroversen Prinzipien und von neuen Modellen mit formalen und informellen Elementen diskutiert. Ausgewählte Themen aus dieser Diskussion möchte ich im Folgenden auf die *ifu* anwenden.

3.1 So wenig Zentralität wie nötig – so viel „Diversifität" wie möglich

Die formalen Elemente der Organisation der *ifu* waren durch die gewählte rechtliche Form präzise festgelegt: Die *ifu* wurde als eine private Bildungseinrichtung in Form einer gemeinnützigen GmbH gegründet. Der Gesellschaftervertrag regelte die Aufgaben nach §2 als „die Förderung der Wissenschaft und Forschung durch Schaffung eines postgradualen Lehr- und Forschungsangebots im Rahmen der Internationale Frauenuniversität ‚Technik und Kultur' während der EXPO 2000". Die Struktur war in §5 festgelegt. Danach waren die Gesellschafter das Land Niedersachsen (51 Prozent) und der *ifu* e.V. (49 Prozent); der Aufsichtsrat wurde von den Gesellschaftern bestellt, wobei diese selbst die Mehrheit der Stimmen innehatten. Für die Führung der Geschäfte wurden eine wissenschaftliche (die auch die Bezeichnung „Präsidentin" trug) und eine kaufmännische Geschäftsführung beauftragt.

Die akademische Struktur war eher der Tradition der Universität geschuldet: Sechs Projektbereiche wurden von zwei Dekaninnen (local / international deans) geleitet. In ihrer Verantwortung für Lehre und Studium waren die Projektbereiche weitgehend autonom: Sie entwickelten das Lehrangebot eigenständig und wählten die Dozentinnen aus. Für diese Aufgabe stand ihnen ein „Globalbudget" zur Verfügung, über das sie relativ frei entscheiden konnten.

Darüber hinaus wurde eine Mindestausstattung mit Gremien (z.B. Council und Kuratorium) und gemeinsamen Regelungen angestrebt. Die Außenbeziehungen zu den Förderern (Staat, Stiftungen) und den Kooperationspartnern (DAAD, Hochschulen) wurden vertraglich festgelegt. Allerdings war auch die *ifu* nicht gefeit gegen die üblichen Konflikte des „them and us": Die „Zentrale" war der Begriff, der öfters benutzt wurde, wenn von der Leitung und Verwaltung der *ifu* gesprochen wurde. Dieser Begriff, der kafkaeske Vorstellungen weckt, sollte deutlich machen, wie unverständlich und unbeeinflussbar diese fernen Regelungen, Entscheidungen und Beschlüsse waren. Aus der Literatur kennen wir dieses als „Phänomen der Distanz zwischen dem akademischen und nicht-akademischen Personal", von Palfreymann/Warner „them and us" genannt (zitiert nach Brinckmann 1998, S. 70).

3.2 Tendenzielle Ersetzung der Organisation durch die Kommunikation

In der neueren Literatur werden „maßgeschneiderte Entscheidungsverfahren" empfohlen, die informellen Strukturen mehr Raum geben als den formalen. Für die Universität sind das keine Neuigkeiten. Die Informalität ist ein Merkmal der Wissenschaftseinrichtungen, bei der Organisation tendenziell durch Kommunikation ersetzt wird.

Wo waren in der *ifu* die informellen Orte der Verständigung unter den Kolleginnen, die die *ifu* gestalten sollten? Eine systemimmanente Lösung war die Konstituierung eines Councils als Versammlung des gesamten Leitungsteams der *ifu* (Präsidentin, Dekaninnen, Projektleiterinnen u.a.). Der Council entschied über und regelte jene akademischen Angelegenheiten, die alle Studiengänge betrafen und deshalb gemeinsam geregelt werden mussten, aber in den Vorverträgen (mit den Förderern und Kooperationspartnern) nicht präzise festgelegt worden waren. Das waren insbesondere die studentischen Angelegenheiten wie Zulassung, Stipendienvergabe und Zertifizierung sowie die Qualifikation und Honorierung der Dozentinnen, die Schulung der Tutorinnen u.a.. Die Funktion des Councils möchte ich mit „Resonanzboden" umschreiben. Damit meine ich ein gemeinsames Handeln der diversen Interessen in der Hochschule mit dem Ziel, zur Einstimmigkeit zu kommen. Auch wenn der Council schon eine sehr geringe Regelungsdichte hatte, gelang es dennoch nicht, dass alle Beschlüsse durchgängig akzeptiert und eingehalten wurden. Das Konzept des „Resonanzbodens" hat also nicht gut funktioniert.

Ein weiteres Problem war, dass die Studentinnen an der Kommunikation und den Entscheidungen über die wichtigen sie betreffenden Themen im Council nicht beteiligt waren. Und da auch die Projektbereiche keine „Gremienstruktur" hatten, war das auch dort nicht der Fall. Dazu kam, dass die kurze Dauer des Semesters von drei Monaten Präsenzphase kaum die Möglichkeit bot, die Gestaltung der Konzepte länger offen zu halten. Über dieses Problem wurde oft und heftig diskutiert: über das Demokratiedefizit, über die curricularen Unzulänglichkeiten und dabei speziell über den „Eurozentrismus" in der Lehre.

3.3 Die Bedeutung der „Köpfe" für die Organisation

In der aktuellen Hochschulpolitik wird vermehrt der Begriff der „Köpfe" benutzt. Wenn dabei auch oft „die großen weißen Männer" gemeint sind, gegen die einst die Frauenbewegung in den Hochschulen zu Felde zog, sollte eine selbstkritische Einschätzung möglich sein: Während die Hochschulreformen in den 1970er Jahren sich schwerpunktmäßig auf die Veränderung der organisatorischen Struktur konzentrierten, zeigt die Erfahrung mit deren Ergebnissen die Beschränkung dieses Ansatzes. Für die Reformen wären die AkteurInnen in den Hochschulen bedeutender, denn „People not only create them, they are the organisation", sagte Greenfield bereits 1973. Also: Die „Köpfe" sind die Organisation selbst, das gilt traditionell für die Universität mehr als für irgendeine andere Organisation.

Das in der Universität vertraute Thema – eine Zeit lang durch die Debatten über die strukturellen Reformen verdrängt – feiert heute eine Renaissance. Autorität, Motivation und Leistungsbereitschaft, Qualifikation, Neugier und „Visionen", Identifikation mit der Institution – das alles sind personale Ressourcen, die in der Bewertung der Leistungen wieder an die erste Stelle gerückt sind. Die neue Elitediskussion ist ein Indiz dafür.

Für die *ifu* war die Bedeutung der Akteurinnen in vielerlei Hinsicht relevant. Das Ergebnis ist vielleicht das größte Erfolgsrezept: Der hohe persönliche Einsatz aller Beteiligten, ihre Leistungsbereitschaft und Leistungsfähigkeit unter extremem Zeitdruck, ihre hohe Identifikation waren ein entscheidender Grund dafür, dass überhaupt alles geklappt hat.

3.4 Simultanität von Konkurrenz und Kooperation

Bisher wurden Konkurrenz und Kooperation als unvereinbare Verfahren innerhalb einer Organisation angesehen. Neu ist die Feststellung, dass es sehr produktiv sein kann, wenn Konkurrenz und Kooperation simultan eingesetzt werden (Wieland 2000, S. 61).

Eine neue Institution wie die *ifu* – bisher ohne Vorbilder – ist in größerem Maß auf das Marketing angewiesen: War bei der Vorbereitung der Curricula zunächst nur der ideelle Wert der wissenschaftlichen und gesellschaftlichen Relevanz maßgebend, veränderte sich das mit dem Beginn der Bewerbungen und dem Aufbau des Lehrpersonals. Wie viele Bewerberinnen konnten mit dem angebotenen Studienkonzept gewonnen werden? Aus welchen Weltteilen kamen sie? Wie hoch qualifiziert waren sie? Welcher Projektbereich konnte die bedeutendsten Wissenschaftlerinnen gewinnen? usw. Tatsächlich entstand ein starker Wettbewerb zwischen den Projektbereichen. Der Wettstreit um die meisten Bewerberinnen, die besten Studentinnen, um das gelungenste Profil der

Studierenden, über die „Stars" unter den Dozentinnen, um die beste Begrüßungsfeier, die höchste Betreuungsintensität und die beste Qualität der Abschlussarbeiten fand immer neue Ausdrucksformen. Das wirkte sich letztendlich produktiv auf das Engagement aller Beteiligten aus und führte im Endergebnis zu sechs sehr verschiedenen Konzepten von völlig neuartigen Studienangeboten.

Gleichzeitig war ein überdurchschnittlicher Bedarf an Kooperation und Koordinierung vorhanden, da die formalen Regelungen äußerst dünn waren und Erfahrungswerte kaum existierten. Obwohl zahlreiche Kooperationen zur Gewinnung der Dozentinnen und Tutorinnen eingegangen wurden, viele Sitzungen stattfanden, um die Regelungen für die Leistungsbewertung festzulegen, grundlegende didaktische Fragen immer wieder diskutiert wurden, scheint der Wettbewerb um die besten Ideen jedoch prägender gewesen zu sein.

3.5 „Ko-Produktion" statt „Mitbestimmung"

Den Begriff der „Ko-Produktion" benützt Priddat (2000, S. 153), um „eine Art Mitarbeit, die die Produkte und Leistungen sehr viel individueller und passgenauer zuschneiden lässt", zu beschreiben. Auf die Universität bezogen würde Ko-Produktion eine Abkehr von der viel kritisierten Mitbestimmung à la Gruppenuniversität bedeuten.

Ein Exkurs sei mir an dieser Stelle erlaubt: Die Beteiligung der Studierenden an den Entscheidungen ihrer Hochschule ist historisch gewachsen und wird weltweit unterschiedlich gehandhabt. Während in Deutschland die Beteiligung der StudentInnenschaft an allen Hochschulgremien mit Stimmrecht – wie klein deren Einfluss auch immer sein mag – zur Essenz der „Gruppenuniversität" gehört, ist diese Beteiligungsform in anderen Ländern unbekannt. In den USA beispielsweise beteiligen sich die Studierenden auf eine andere höchst wirksame Weise: Durch die Auswahl der Institution, des Studienfaches, die sie durch die Bezahlung von oft hohen (manchmal auch niedrigen) Studiengebühren „belohnen", durch die systematische Kommentierung und Bewertung des Lehrangebots, die für die Hochschule, für das Department oder für die einzelnen Lehrenden empfindliche Folgen haben können. Für diese Art der Mitbestimmung gibt es in Deutschland keine Tradition.

Auf der Grundlage der Erfahrungen mit der Mitbestimmung an deutschen Hochschulen gab es Bestrebungen, neue Modelle zur Beteiligung der Teilnehmenden an Leben und Gestaltung der *ifu* zu entwickeln. Das Ergebnis war aber nicht annähernd befriedigend. Ein Weg, der auch Teilerfolge erzielte, wurde mit der *vifu* beschritten. Das virtuelle Netz hat für die Kommunikation der Teilnehmerinnen vor, während und nach der Präsenzphase Bedeutendes zum Community Building beigetragen (z.B. die W.O.M.A.N.-Initiative; s. Kreutzner, Schelhowe, Schelkle in diesem Band).

Einige Versuche studentischer Initiativen, wenigstens partiell Einfluss auf die vorgefundenen curricularen Konzepte zu nehmen, waren immerhin erfolgreich. So wurden beim Projektbereich WASSER Freiräume geschaffen, um den studentischen Projekten mehr Zeit zur Verfügung zu stellen. Beim Projektbereich KÖRPER haben die Studentinnen durchgesetzt, dass ein islamischer Exkurs in die Diskurse über die Körperpolitiken einbezogen wurde. Einige Aktivitäten haben sich an mich persönlich gerichtet: So hat sich z.B. die Mütterinitiative von Studentinnen mit Kindern unter 2 Jahren, für die keine Betreuung vorgesehen war, die Organisation und Finanzierung der Betreuung erkämpft.

Aber eine systematische Lösung für die effiziente Einflussnahme der Studentinnen auf das, was für sie wirklich entscheidend ist: die Vorbereitung und Ausbildung für zukünftige Aufgaben in der Gesellschaft muss erst noch entwickelt werden. Es wäre darum notwendig, beispielsweise ein maßgeschneidertes Studienangebot unter der Beteiligung von seinen Nutzerinnen zu entwickeln.

4. Perspektiven

Zum Schluss drängen sich zwei Fragen auf. Die erste Frage betrifft den Transfer der gelungenen Experimente der *ifu* auf andere Hochschulen (in Deutschland): Was kann man von der *ifu* lernen? Was soll und kann von Experimenten übertragen werden, auf die sich die *ifu* eingelassen hat: z.B. das Verfahren der Zulassung, der Aufbau eines Service Center, die Konstruktion neuartiger Studiengänge mit ihrer Art der Wissensentwicklung, die Internationalität und Interkulturalität, die Frauenförderung, Gleichstellungspolitik und Polyedukation? Die zweite Frage ist diejenige nach der Essenz der Fortführung der *ifu*: Was soll bleiben, und welche Verbesserungen im Konzept sind bei einer Verstetigung notwendig? Eine Antwort auf beide Fragen wird in diesem Band versucht.

Mich beschäftigt die Zukunft der Universität: Die Grenzverschiebungen zwischen Staat, Wissenschaft und Hochschule schaffen eine veränderte Hochschullandschaft. Wird es zu der vorausgesagten Entstaatlichung, zu Autonomie, zu verschärftem Wettbewerb unter den Hochschulen kommen und damit verbunden zu der Notwendigkeit, dass jede der Bildungseinrichtungen ein deutlich eigenständiges Profil entwickelt? Stimmen also die Prognosen über die zunehmende Diversifizierung des Hochschulsystems? Wie viel Andersartigkeit wird das (deutsche) Hochschulsystem in diesem Fall verkraften können, ohne die Andersartigen auszuschließen? Das ist die dringende Frage auch nach der Zukunft der *ifu*.

Literatur

Brinckmann, Hans: Die neue Freiheit der Universität. Operative Autonomie für Lehre und Forschung an Hochschulen. Berlin 1998.

Daxner, Michael: Die Wiederherstellung der Hochschule. Plädoyer für eine Rückkehr der Hochschulen in die Politik und die Gesellschaft. Berlin 1993.

Hanft, Anke: Leitbilder an Hochschulen – Symbolisches oder strategisches Management? In: Hanft, Anke (Hg.): Hochschulen managen? Neuwied 2000, S. 121-133.

Müller-Böling, Detlef: Die entfesselte Hochschule. Gütersloh 2000.

Müller-Böling, Detlef: Ganzheitliche Hochschulreform. In: Hanft, Anke (Hg.): Grundbegriffe des Hochschulmanagements. Neuwied 2001, S. 135-140.

Neusel, Aylâ: Selbstregulierung oder staatliche Steuerung? Eine Frage der Politikfähigkeit der Hochschule. In: Neusel, Aylâ; Teichler, Ulrich, und Winkler, Helmut (Hg.): Hochschule Staat Politik. Frankfurt a.M. 1993, S. 185-192.

Neusel, Aylâ; Bradatsch, Christiane, und Kreutzner, Gabriele (Hg.): Die eigene Hochschule. Internationale Frauenuniversität „Technik und Kultur". Opladen: Leske + Budrich, 2000.

Niedersächsisches Ministerium für Wissenschaft und Kultur (Hg.): Frauenförderung ist Hochschulreform – Frauenforschung ist Wissenschaftskritik. Hannover 1994.

Pascale, R.T.: Managing on the Edge. New York 1990.

Peters, Tom: Liberation Management: Necessary Disorganisation for the Nanosecond Nineties. London 1992.

Priddat, Birger P.: re-Form. Über den Wunsch nach Form in der Politik. In: Priddat, Birger P. (Hg.): Der bewegte Staat. Formen seiner Reform. Notizen zur „new governance". Marburg 2000, S. 119-166.

Weick, Karl E.: „Educational Organizations as Loosely Coupled Systems." In: Administrative Science Quarterly, Bd. 23, 1978.

Wetterer, Angelika: Die Frauenuniversität – Überlegungen zu einer paradoxen Intervention. In: Arndt, Marlies u.a. (Hg.): Ausgegrenzt und mittendrin. Frauen in der Wissenschaft. Berlin 1993, S. 189-198.

Wieland, Josef: Kooperationsökonomie. Über das Verhältnis von Ökonomie und Gesellschaft. In: Priddat, Birger P. (Hg.): Der bewegte Staat. Formen seiner Reform. Notizen zur „new governance". Marburg 2000, S. 55-82.

Perspektiven

Eine Internationale Graduate School für Frauen: Women's Institute for Technology, Development, and Culture (W.I.T.)[1]

1. Ein Neubeginn

„100 Tage für 100 Jahre" – unter diesem Motto stand die Internationale Frauenuniversität für Wissenschaftlerinnen aus aller Welt während der EXPO 2000. Das weltweit positive Echo hat die Organisatorinnen dazu ermutigt, die Erkenntnisse und Erfahrungen, die in dem Pilotprojekt gewonnen wurden, nicht nur für die hochschulreformerischen Ansätze in der Bundesrepublik nutzbar zu machen, sondern die Studienangebote und die Organisationsform einer internationalen Hochschuleinrichtung für Frauen zu verstetigen.

Nach zahlreichen Gesprächen mit namhaften Vertreterinnen des Hochschulwesens in vielen Ländern – mit Unterstützung der Mitglieder des international besetzten Kuratoriums der *ifu*: Jadwiga S. Sebrechts, USA, Sang Chang, Korea, Naledi Pandor, Südafrika, Komlawi Seddoh von der UNESCO, Paris, und Jane Zhang von der ILO, Genf – ist eine neue Initiative zur Nachwuchsausbildung für Akademikerinnen aus aller Welt entstanden, die in Deutschland und weltweit von Hochschulen und Wissenschaftsstiftungen unterstützt wird.

Im ersten Schritt hat sich im März 2002 ein Hochschulkonsortium gegründet, das sich zum Ziel gesetzt hat, eine dauerhafte internationale Hochschule für Frauen mit Hauptsitz in der Bundesrepublik Deutschland und gegebenenfalls Dependancen im Ausland einzurichten: das *„Women's Institute of Technology, Development, and Culture"* (W.I.T.). Zu den Gründungsmitgliedern gehören neben dem *ifu* e.V. die Hochschulrektorenkonferenz (HRK) sowie folgende Universitäten: die Humboldt-Universität zu Berlin, die Universität Bremen, die Universität Hamburg und die Westfälische Wilhelms-Universität Münster. Die Mitgliedschaft steht weiteren in- und ausländischen Hochschulen und Wissenschaftsorganisationen sowie einschlägigen internationalen Organisationen offen.

---

1   Dieser Text ist aus der Zusammenarbeit der Initiatoren und Initiatorinnen des W.I.T. entstanden und enthält in verkürzter Form die wichtigsten Passagen des Vertragstextes. Die Kurzdarstellung der einzelnen Studiengänge haben die federführenden Professorinnen formuliert. Die Zusammenstellung dieser Übersicht besorgte Aylâ Neusel.

2. Das W.I.T. – eine internationale „graduate school" für Frauen

Die Nachwuchs- und Elitenbildung für Frauen aus aller Welt in den Bereichen Technologie, Entwicklung und Kultur soll auf eine breitere internationale Basis gestellt werden. Dabei wird die Initiative in erster Linie als Beitrag zur allgemeinen weltweiten Hochschulreform sowie als akademischer und frauenspezifischer Beitrag zur Nachhaltigkeit des Nord-Süd-Dialogs verstanden.

Das W.I.T. versteht sich konzeptionell als die Nachfolgeeinrichtung der *ifu* GmbH. Das Programm des W.I.T. wird auf den wissenschaftlichen Erträgen und Potenzialen der *ifu* 2000 aufbauen und gleichfalls von den folgenden vier Prinzipien geleitet sein:

Transnationalität und Interkulturalität

Die Zusammensetzung des Lehrkörpers und der Teilnehmerinnen ist transnational angelegt und ermöglicht in dieser Konstellation einen nachhaltigen Dialog über die nationalen und kulturellen Grenzen hinweg. Die Entwicklung, Vermittlung und Aneignung von Fragestellungen von globaler Relevanz werden durch die Optik der jeweiligen beteiligten Kulturen gebrochen und adaptiert. Dadurch entstehen neue wissenschaftliche Perspektiven und Verfahrensweisen, die den unterschiedlichen kulturellen Hintergrund der erarbeiteten Lösungsvorschläge reflektieren, problematisieren und als wesentliche Komponente mit einbringen.

Genderperspektive und Frauenförderung

Durch die durchgängige Implementierung der Genderperspektive in einer Hochschuleinrichtung ausschließlich für Frauen entstehen innovative Ansätze für Theorie und Praxis der Wissenschaften ebenso wie für die Frauen- und Geschlechterforschung. Bei der Frauenförderung geht es weiterhin um die Ausbildung einer selbstbewussten, kritischen weiblichen Elite aus allen Kontinenten. Diese umfasst das Element des „Empowerment" mit dem Ziel der Öffnung des Zugangs für Frauen in gesellschaftliche Schlüsselpositionen.

Interdisziplinäre und problemzentrierte Lehre und Forschung

Die Entwicklung der Wissenschaften hat gezeigt, dass die meisten Problemstellungen heute nicht mehr monodisziplinär angegangen werden können. Das Programm des W.I.T. ist daher von vornherein dem Dialog der einzelnen Wissenschaften untereinander, d.h. der Interdisziplinarität, verpflichtet. Die Probleme, die untersucht werden sollen, sind einerseits exemplarisch für die globalen Herausforderungen des neuen Jahrhunderts und entstammen andererseits dem unmittelbaren Lebenshorizont der Teilnehmerinnen. Gesellschaftliche Relevanz, Praxisbezug und Kontextdenken sind essenzielle Bestandteile der wissenschaftlichen Arbeitsweise.

Virtualität

Das W.I.T. wird die internationale Vernetzung von Wissenschaftlerinnen, die die *ifu* mit der Virtuellen Internationalen Frauenuniversität (*vifu*) im Internet (http://www.vifu.de) bereits während des Pilotsemesters in Gang gesetzt hat, weiter befördern. In Zusammenarbeit mit den entsprechenden Initiativen in Deutschland sowie mit den im Konsortium vertretenen Hochschulen im In- und Ausland sollen Module des Studienangebots des W.I.T. als „virtuelles Studium" entwickelt und angeboten werden.

3. Das Studienprogramm

Das Studienprogramm wird über internationale Masterstudiengänge von insgesamt 12-15 Monaten Länge an den beteiligten Hochschulen in Deutschland und im Ausland in englischer Sprache durchgeführt. In der Anfangsphase werden vier Studiengänge sukzessive vorbereitet und angeboten:

- Sustainable Water and Soil Management (Universität Hannover)
- Information as a Social Resource (Universität Hamburg)
- Globalization and Development (Westfälische Wilhelms-Universität Münster)
- Health and Society (Humboldt-Universität zu Berlin).

In jedem Studiengang sollen 30 bis max. 40 Studentinnen aufgenommen werden. Die Studienplätze werden in Kooperation mit dem DAAD weltweit ausgeschrieben und die Studentinnen nach einem sorgfältigen Auswahlverfahren zugelassen.

Eine mehrheitlich international besetzte, weibliche „Faculty" wird die Lehre an den einzelnen Hochschulorten, in Zusammenarbeit mit lokalen Hochschullehrerinnen, übernehmen. Das Studium wird modular strukturiert sein, für die einzelnen Module werden „Credits" nach internationalem Muster vergeben, womit der Transfer in die jeweiligen nationalen Bildungssysteme und die Akzeptanz der Nachweise, besonders des Master-Grades, für den jeweiligen Arbeitsmarkt erleichtert wird.

Das von der *ifu* entwickelte Service-Center-Modell zur umfassenden Betreuung der Studentinnen wird übernommen und an den einzelnen Studienorten mit den Aktivitäten der dortigen Akademischen Auslandsämter (AAA) koordiniert.

3.1 „Wasser" – Lösungsstrategien für die Zukunft
von *Prof. Dr. Sabine Kunst,* Universität Hannover

Wasser ist knapp! Schon heute leben ca. zwei Milliarden Menschen ohne einen Zugang zu sauberem Trinkwasser, und diese Zahl wird sich mit dem Wachstum der Weltbevölkerung in diesem Jahrhundert immer mehr erhöhen. Die Verschmutzung der Wasservorräte durch industrielle und häusliche Abwässer, die oft ungeklärt in die Natur entsorgt werden, verseuchtes Sickerwasser wilder Müllhalden und ein häufig unsachgemäßer Einsatz von Pestiziden und Düngemitteln beeinträchtigen das Oberflächenwasser genauso wie das Grundwasser. Die Folgen sind Verschmutzungen durch Bakterien, Ablagerung von Sedimenten sowie steigende Belastungen mit Schwermetallen und Nitrat. Die effiziente Ausnutzung der ohnehin knappen Vorräte ist sehr unbefriedigend: Lecke Versorgungsnetze, kilometerlange Bewässerungskanäle und verantwortungsloser Umgang sowohl der Industrie als auch von einem Großteil der Haushalte weltweit führen zu immer größeren Verlusten.

Die Bewirtschaftung der Ressource Wasser ist eines der brisanten Themen des 21. Jahrhunderts. Will man die drängenden Probleme lösen, ist ein interdisziplinäres Wissen notwendig, um angepasste und zukunftsfähige Strategien entwickeln zu können. Aus den Analysen der künftigen Tätigkeitsfelder für „Wasserfachleute" geht hervor, dass

– diese außerhalb Deutschlands und Europas liegen werden,
– Querschnittsaufgaben (z.B. Bewirtschaftung von ganzen Fluss*gebieten*, nicht nur einzelnen Gewässern) wahrzunehmen sind,
– die Arbeitsbedingungen die eines globalen Marktes sind (Fusionierung der großen Unternehmen, Zentralisierung der Wasserversorger etc.),
– in der Entwicklungspolitik und den dazugehörenden Programmen geschlechtsspezifische Perspektiven mit berücksichtigt werden müssen, will man den Erfolg erhöhen.

Der geplante Master-Course für Frauen mit einem traditionell erworbenen natur- und ingenieurwissenschaftlichen Abschluss soll die Möglichkeit eröffnen, interdisziplinäre Sichtweisen zu entwickeln und die Arbeit in interkulturellen Teams zu erlernen. Sie sollen befähigt werden, bedürfnisadäquate, Gender-sensitive und kreative Konzepte für Fragen des Environmental Engineering zu entwickeln und zu realisieren. Die Ausbildung zielt auf die Arbeitsfelder in Städten und Gemeinden, Verwaltungen, international arbeitenden Behörden und Konzernen, die außerhalb Europas liegen.

Folgende Module werden geplant:

– Ländliche Entwicklung mit dem Schwerpunkt: Situation von Frauen, Wasser und Umwelt.
– Dezentrale Abwasserreinigung, Pflanzenkläranlagen, Teichkläranlagen.
– Abwasserreinigung, Trinkwasseraufbereitung und Regenwassernutzung.
– Wasser und Boden; hin zu einer nachhaltigen Landnutzung.
– Flussentwicklungsplan an konkreten Beispielen.
– Integriertes Recycling-System für organische Abfälle (SIRDO).

3.2 „Information" – Information as a Social Resource
Prof. Dr. Christiane Floyd, Universität Hamburg

Die modernen Informationstechnologien stellen die einzelnen Wissenschaftsdisziplinen vor neue Herausforderungen; Arbeitsweisen und Arbeitsbezüge ändern sich, es ergeben sich neue Verbindungen zwischen Wissenschaft und Praxis, das Methodenspektrum wird erweitert, und die Beherrschung neuer Technologien wird zu einem wichtigen Kriterium wissenschaftlichen Arbeitens. Gleichzeitig können die Wechselbeziehungen zwischen dieser wissenschaftlichen Neuorientierung und den sozialen Folgen in den einzelnen wissenschaftlichen Disziplinen nicht mehr im Alleingang erfasst und bewertet werden. Die Vermittlung von Bedürfnissen der Techniknutzung und der Möglichkeiten von Technikentwicklung werden zum zentralen Element der Technikbeherrschung.

Der Fokus dieses Master-Kurses ist die Gestaltung und Nutzung von Informationstechnologien, um Informationen als soziale Ressourcen verfügbar zu machen. Vor allem die Chancen zur Partizipation von Frauen an dieser gleichermaßen wissenschaftlichen, technologischen und gesellschaftlichen Entwicklung wird gezielt gefördert. Das Studium eröffnet die Möglichkeit, die komplexe Entwicklung im Informationsbereich in einem internationalen Zusammenhang zu begreifen, mit vielfältigen Perspektiven zu entwickeln und in Kenntnis technischer Lösungsansätze zu flexiblen Anwendungslösungen zu kommen. Teilziele sind:

– Die Verbesserung des Wissens im Bereich der Informationstechnologien bei Frauen.

- Die Erweiterung des Zugangs zu hochwertigen Tätigkeitsfeldern im Bereich der Informationstechnologien für Frauen.
- Die Entwicklung relevanter, anspruchsvoller Formen der Nutzung und Gestaltung von Informationstechnologien für Wissenschaft und Praxis von Frauen.
- Die Qualifizierung von Frauen zu Spezialistinnen für Informationsmanagement.
- Die Entwicklung von nutzerinnenfreundlichen Konzepten durch die Verbindung von Technologieentwicklung und -anwendung.

Der Master-Studiengang vermittelt Kenntnisse über die Nahtstelle von Informationstechniken und sozialem Kontext, über frauenspezifische, interdisziplinäre und interkulturelle Anforderungen zur Entwicklung und Nutzung von Technologien, über Anforderungen an Softwaregestaltung zur Unterstützung von Organisationsentwicklung, von Arbeits- und Lernprozessen sowie über partizipative Ansätze zur Nutzung und Gestaltung von Informationstechnologie. Der Aufbau und die Erschließung von (webbasierten) Informationsbeständen für gemeinschaftliche Anliegen, sowie praktische Arbeit in virtuellen Kooperationen soll zu hoch qualifiziertem Informationsmanagement und dementsprechender Informationsmediation befähigen.

3.3 Globalization and Development
Prof. Dr. Brigitte Young, Westfälische Wilhelms-Universität Münster

Der Studiengang geht von der gegenwärtigen Entwicklungsphase der Weltwirtschaft aus, die sich von den vorangehenden Phasen durch wesentliche Brüche und radikale Veränderungen der wirtschaftlichen, kulturellen, rechtlichen, ökologischen und politischen Verflechtung auszeichnet. Globalisierung ist ein Prozess der Restrukturierung des National-Staates und der Zivilgesellschaft, der Ökonomie und der Kultur, dessen Folgen kontrovers diskutiert werden. Zu wenig Berücksichtigung finden vor allem die geschlechtsspezifischen Implikationen dieses Prozesses. Eine neue „research agenda" ist notwendig. Mit interdisziplinären Formen der Analyse werden die globalen Ungleichzeitigkeiten und Widersprüchlichkeiten untersucht, die sich bei dem weltumspannenden Veränderungsprozess vor allem in Bezug auf geschlechtsspezifische, klassen- und ethnische Diskriminierung ergeben.

Besonders wichtig ist die Frage nach den internationalen AkteurInnen und der sozialen Gestaltung dieses Prozesses. Neue Kooperations- und Partizipationsansätze im Bereich der Global Governance sind notwendig, ebenso neue Konzepte im Umgang mit globalen Konflikten.

Der Studiengang soll, neben der Erarbeitung einer neuen Forschungsagenda, Frauen befähigen, die neuen Entwicklungen einzuschätzen, zu analysieren und in komplexen Settings zu bearbeiten. Frauen aus nationalen und internationalen Organisationen und aus Projekten in Krisengebieten sollen Kenntnissen zu Strategien und Instrumenten, zu Verfahrensweisen und Formen des politischen Umganges gewinnen.

Die geplanten Module sind:

– Gender and Globalization Discourses: Interdisciplinary Perspectives
– Global Capitalism and the Politics of Gender Resistance
– Engendering Global and Social Transformations/Transitions
– States, „New Constitutionalism", and Global Gender Governance
– Gender, Globalization, and Transnational Migration
– Alternative Global Order.

3.4 Health and Society
Prof. Dr. Gabriele Kaczmarczyk, Charité Berlin

„Gesundheit" ist mehr als ein biologisch bestimmter Begriff der Medizin, der die Abwesenheit von Krankheit signalisiert. In allen Ländern der Welt bedeutet „Gesundheit" auch ökologische, ökonomische und soziale Harmonie, die ihre Ressourcen in einer ethischen Grundhaltung gewaltfreier Politik und Gesellschaft hat und die das seelische und psychosoziale Umfeld von Frauen, Kindern und Männern gestaltet. In gesundheitspolitische Prozesse, bei denen Schwerpunkte gesetzt und verfügbare Ressourcen verteilt werden, sind Frauen in fast allen Ländern der Welt noch wenig eingebunden, obgleich sie in vielen kleineren, ortsgebundenen Einzelprojekten spezifische Fachkenntnisse und wertvolle Erfahrungen haben.

Der Studiengang „Health and Society" soll Frauen, die ein Studium der Medizin, Biologie, Soziologie, Gesundheitswissenschaften oder verwandter Disziplinen erfolgreich absolviert haben, befähigen, eine umfassende und kritische Sichtweise der Interaktionen von Gesundheit und Gesellschaft zu erlangen. In ihren Heimatländern sollen sie selbst innovative Forschungsansätze erarbeiten können und mit Hilfe von Netzwerkbildungen realisieren. Das Studium des dazu notwendigen Instrumentariums soll den Studentinnen zu Erfolgen verhelfen, die ihrer eigenen beruflichen Karriere nützlich sind.

Die AutorInnen

Allert, Heidrun, Dipl.-Päd., Wissenschaftliche Mitarbeiterin am Institut für Rechnergestützte Wissensverarbeitung, Universität Hannover; Mitarbeiterin im *vifu*-Teilprojekt „Intelligente Online-Wissensbestände für handlungsorientiertes Lernen" in Zusammenarbeit mit dem Projektbereich ARBEIT.

Badawi, Sumaia Mohd El Zein Ahmed, PhD in Betriebswirtschaft, Assistent Professor; Dozentin für Betriebsführung an der School for Organizational Management, Ahfad University for Women, Omdurman, Sudan; Teilnehmerin im Projektbereich ARBEIT.

Baumann, Leonie, Dipl.-Päd., seit 1991 Geschäftsführerin der Neuen Gesellschaft für Bildende Kunst Berlin, zahlreiche Ausstellungs- und Buchprojekte, Lehraufträge, Jurybeteiligungen; Vorsitzende des Kunstbeirates der *ifu*.

Bauschke-Urban, Carola, MA Anglistik und Soziologie, Journalistin; bei der *ifu* Wissenschaftliche Mitarbeiterin für Presse- und Öffentlichkeitsarbeit, Pressesprecherin.

Becker-Schmidt, Regina, Prof. Dr. phil.; seit 1973 Professorin am Psychologischen Institut der Universität Hannover. Lehr- und Forschungsgebiete: Kritische Theorie und Psychoanalyse, Gender Studies (geschlechtsspezifische Sozialisation, Frauenarbeit, Theorien zum Geschlechterverhältnis), Sozialpsychologie der Technik; Dekanin für den Projektbereich ARBEIT.

Bradatsch, Christiane, MA Geschichtswissenschaften; Wissenschaftliche Mitarbeiterin am Wissenschaftlichen Zentrum für Berufs- und Hochschulforschung, Universität Gesamthochschule Kassel; Schwerpunkte: Hochschulgeschichte in der Nachkriegszeit, Frauen in Hochschule und Beruf. Bei der *ifu* als Wissenschaftliche Mitarbeiterin zunächst Presse und Öffentlichkeitsarbeit, ab Mai 2000 Leiterin des Service Centers.

Chang, Sang, Prof. Dr. theol., Präsidentin der Ewha Women's Universität, Seoul, Korea. Mitglied im Kuratorium der *ifu*.

Dhraief, Hadhami, Dipl.-Inform., Wissenschaftliche Mitarbeiterin am Institut für Rechnergestützte Wissensverarbeitung, Universität Hannover; Mitarbeiterin im *vifu*-Teilprojekt „Intelligente Online-Wissensbestände für handlungsorientiertes Lernen" in Zusammenarbeit mit dem Projektbereich ARBEIT.

Duden, Barbara, Prof. Dr. phil., Historikerin, Professorin am Institut für Soziologie, Universität Hannover; Schwerpunkt: der Frauen-Körper. Dekanin für den Projektbereich KÖRPER.

Fadda, Giulietta, Prof. Dr.-Ing., Architektin und Stadtplanerin, Professorin an der Fakultät für Architektur, Universität Valparaíso, Chile; Dozentin im Projektbereich CITY.

Floyd, Christiane, Prof. Dr., Mathematikerin, Professorin für Informatik, Fachbereich Informatik, Universität Hamburg; Dekanin für den Projektbereich INFORMATION.

Gürses, Seda, Studentin der Informatik an der Humboldt-Universität zu Berlin, Schwerpunkt feministische Kritik der Informatik. Mitarbeiterin beim zentralen Projekt *vifu.*

Knaup, Bettina E., MA Politikwissenschaften; bei der *ifu* als Wissenschaftliche Mitarbeiterin Leitung des zentralen Projektes Open Space.

Kreutzner, Gabriele, Dr. phil., Medien- und Kulturwissenschaftlerin. Bei der *ifu* Wissenschaftliche Mitarbeiterin für Presse- und Öffentlichkeitsarbeit und für die virtuelle Frauenuniversität (*vifu*).

Kunst, Sabine, Dr.-Ing. habil., Dr. phil., Professorin am Institut für Siedlungswasserwirtschaft und Abfalltechnik an der Universität Hannover. Dekanin des Projektbereichs WASSER.

Lasch, Vera, Dr. phil., Sozialwissenschaftlerin. Schwerpunkte: Wohnungsmarktforschung, Geschichte der Stadtentwicklung, Frauengesundheit, Frauenarbeitsmarkt/berufliche Bildung; bei der *ifu* Wissenschaftliche Mitarbeiterin für das Management.

Loreck, Barbara, MA Theaterwissenschaften und Romanistik, Performerin und Gastdozentin an der Universität der Künste, Berlin; Koordinatorin des zentralen Projektes ART concept.

Lüthi, Barbara, MA Geschichte und Soziologie, Assistentin am Historischen Seminar der Universität Basel; Teilnehmerin im Projektbereich MIGRATION.

Lutz, Helma, Dr. phil., PD für Erziehungswissenschaften/Soziologie, Westfälische Wilhelms-Universität, Münster; Themen: Gender, Rassismus, Identitäten, Symbolisierungen, Staatsbürgerschaft, Biografie. Mitglied der Curriculum Arbeitsgruppe (CAG) und Dozentin im Projektbereich MIGRATION.

Madew, Melinda, Dr., Erziehungswissenschaftlerin, Philippinen; Lehrtätigkeit im Bereich Interkulturalität an verschiedenen Hochschulen in Süddeutschland; Tutorin im Projektbereich KÖRPER.

Metz-Göckel, Sigrid, Prof. Dr. phil, Soziologin, Professorin für Hochschuldidaktik, geschäftsführende Leiterin des Hochschuldidaktischen Zentrums der Universität Dortmund. Themen: Hochschuldidaktik und Hochschulforschung, Gechlechterforschung. Leiterin der Evaluation.

Morokvasic-Müller, Mirjana, Dr. phil., Politik- und Sozialwissenschaftlerin; Directeur de recherche, Centre national de la recherche scientifique, Université de Paris X. Themen: Internationale Migration, Migrationssysteme, Frauen in Konfliktzonen, europäische Arbeitsmigration, Migrantinnen als selbstständige Unternehmerinnen. Dekanin für den Projektbereich MIGRATION.

Nejdl, Wolfgang, Prof. Dr.-techn. Dipl.-Ing., Professor am Institut für Rechnergestützte Wissensverarbeitung an der Universität Hannover; Leiter des *vifu*-Teilprojekts „Intelligente Online-Wissensbestände für handlungsorientiertes Lernen" in Zusammenarbeit mit dem Projektbereich ARBEIT.

Neusel, Aylâ, Prof. Dr.-Ing., Professorin am Wissenschaftlichen Zentrum für Berufs- und Hochschulforschung, Universität Gesamthochschule Kassel; Schwerpunkte: Hochschulplanung, Frauen in Hochschule und Beruf; Präsidentin der Internationalen Frauenuniversität.

Poppenhusen, Margot, Dr.phil., Soziologin; Schwerpunkte: Frauen und Arbeit, Frauen in technikorientierten Berufen, Neue soziale Bewegungen. Wissenschaftliche Mitarbeiterin und Koordinatorin des Projektbereichs ARBEIT.

Puscz, Nicole, MA Anglistik; bei der *ifu* Wissenschaftliche Mitarbeiterin im zentralen Projekt Service Center in Hannover im „back office".

Schuchardt, Helga, Dipl.-Ing., Wissenschaftsministerin a.D., Aufsichtsratsvorsitzende der *ifu.*

Schelhowe, Heidi, Prof. Dr., Informatikerin, Professorin für digitale Medien in der Bildung, Universität Bremen; Leiterin des Projektes *vifu* (*ifu* server).

Die Autorinnen

Schelkle, Barbara, Dipl.-Informatikerin; Wissenschaftliche Mitarbeiterin beim zentralen Projekt *vifu*.

Schöning-Kalender, Claudia, Dr. phil., Kulturwissenschaftlerin / Europäische Ethnologie; Themen: Gender, Migration, „Kultur der Dinge" (material culture), Türkei. Wissenschaftliche Mitarbeiterin und Koordinatorin für den Projektbereich MIGRATION.

Sebrechts, Jadwiga S., Ph.D., Psychologin, Präsidentin der Women's College Coalition, Washington D.C., USA, Mitglied des Kuratoriums der *ifu*.

Stassen, Manfred, Dr. phil., Adjunct Prof. of German Studies and Letters an der Graduate School of Arts and Sciences der Johns Hopkins University in Baltimore, Maryland / Washington, D.C./USA; *ifu*-Beauftragter des DAAD und Mitglied des *ifu*-Aufsichtsrats.

Terlinden, Ulla, Prof. Dr., Soziologin und Stadtplanerin, Professorin für „Sozio-ökonomische Grundlagen urbaner Systeme" im Fachbereich Stadt- und Landschaftsplanung der Universität Gesamthochschule Kassel. Schwerpunkte: Geschlechterverhältnisse und räumliche Planung, Geschlechterdifferenz und öffentlicher Raum, Wohnungspolitik der ersten deutschen Frauenbewegung. Dekanin des Projektbereiches STADT.

Bibliografie

Weitere Veröffentlichungen zur *ifu*

(die angegebenen Sammelbände zum Thema Frauenuniversitäten, Frauenhochschulen, Frauenstudiengänge enthalten auch Beiträge zur *ifu*)

Chanal, Taina; Hashem, Rumana, und Lüthi, Barbara: *vifu* – drei Teilnehmerinnen berichten. In: forum EB. Beiträge und Berichte aus der evangelischen Erwachsenenbildung. 2001, Nr.1: Elektronische Medien – Globales Lernen, S. 30-32.
Goethe-Institut Inter Nationes (Hg.): Mit dem Kopf der Anderen denken. Die Internationale Frauenuniversität „Technik und Kultur". Bonn: Bildung und Wissenschaft 2-2001.
Glöckner-Rist, Angelika, und Mischau, Anina: Wahrnehmung und Akzeptanz von Frauenhochschulen und Frauenstudiengängen in Deutschland. Eine empirische Studie. Schriften der Heidelberger Instituts für Interdisziplinäre Frauenforschung (HIFI) e. V., Band 2. Baden-Baden: Nomos Verlagsgesellschaft, 2000.
Kahlert, Heike, und Mischau, Anina: Neue Bildungswege für Frauen. Frauenhochschulen und Frauenstudiengänge im Überblick. Frankfurt/Main, New York: Campus Verlag, 2000.
Kahlert, Heike: Die Internationale Frauenuniversität „Technik und Kultur" – Meilenstein auf dem Weg zur Verwirklichung einer feministischen Utopie. In: Mischau, Anina; Kramer, Caroline, und Blättel-Mink, Birgit (Hg.): Frauen in Hochschule und Wissenschaft. 2000, a.a.O., S. 175-196.
Kreutzner, Gabriele: Zwischen medialen Darstellungen und globalen Erfahrungen. Erste Sondierungen zum Pilotsemester der Internationalen Frauenuniversität „Technik und Kultur". In: Zeitschrift für Frauenforschung und Geschlechterstudien. 18. Jg. H. 3, 2000, S. 3-26.
Kreutzner, Gabriele: Globaler Austausch für eine innovative Forschung und Bildung. Die Internationale Frauenuniversität Technik und Kultur. In: Zeitschrift für internationale Bildungsforschung und Entwicklungspädagogik, H. 1, 2000, S. 26-28.
Kreutzner, Gabriele; Loreck, Barbara; Madew, Melinda, und Othmer, Regine: Internationale Frauenuniversität im Sommer 2000 – ein Dossier. In: Feministische Studien, Heft 1, 2001, S. 100-117.
Metz-Göckel, Sigrid, und Steck, Felicitas (Hg.): Frauen-Universitäten. Initiativen und Reformprojekte im internationalen Vergleich. Opladen: Leske + Budrich, 1997.
Metz-Göckel, Sigrid; Schmalzhaf-Larsen, Christa, und Belinzki, Eszter (Hg.): Hochschulreform und Geschlecht. Neue Bündnisse und Dialoge. Opladen: Leske + Budrich, 2000.
Mischau, Anina; Kramer, Caroline, und Blättel-Mink, Birgit (Hg.): Frauen in Hochschule und Wissenschaft – Strategien der Förderung zwischen Integration und Autonomie. Schriften des Heidelberger Instituts für Interdisziplinäre Frauenforschung (HIFI) e. V., Band 3. Baden-Baden: Nomos Verlagsgesellschaft, 2000.

Neusel, Aylâ:100 Tage für 100 Jahre – Internationale Frauenuniversität „Technik und Kultur" im Rahmen der Weltausstellung EXPO 2000 in Hannover. In: Metz-Göckel, Sigrid, und Steck, Felicitas (Hg.): Frauen-Universitäten. a.a.O. 1997, S. 69-92.

Neusel, Aylâ: Die Internationale Frauenuniversität „Technik und Kultur". Eine Neugründung 100 Tage für 100 Jahre. In: Utopie und Gegenwart. Freiburger FrauenStudien. Zeitschrift für Interdisziplinäre Frauenforschung. Freiburg i. Br., 1998, Heft 2, 4.Jg, S. 195-214.

Neusel, Aylâ: Die Internationale Frauenuniversität in der Zeit ihrer Umsetzung. Von dem Konzept und der Realisierung einer großen Vision. In: Metz-Göckel, Sigrid; Schmalzhaf-Larsen, Christa, und Belinzki, Eszter (Hg.): Hochschulreform und Geschlecht. a.a.O. 2000, S. 89-110.

Neusel, Ayla: Frauenuniversitäten. In: Hanft, Anke (Hg.): Grundbegriffe des Hochschulmanagements. Neuwied: Kiepenheuer, 2001, S. 126-131.

Neusel, Aylâ: Presentation of Best Practice Case: Gender Equality: International Women's University of Hanover. In: Interfaces between University and Society. African Universities Respond to the Challenges of Development. Report on a Regional Conference, Cape Town, South Africa, March 11 to 16, 2001. In: Hase-Bergen, Stefan (ed.). DAAD, Eschborn, 2001, S. 15-22.

Neusel, Aylâ: The International Women's University. In: Wiedmer, Caroline (ed.): Sound Changes. An International Survey of Women's Career Strategies in Higher Education. Zurich Universelle 4, January 2002.

Niedersächsisches Ministerium für Wissenschaft und Kultur (Hg.): Frauenförderung ist Hochschulreform – Frauenforschung ist Wissenschaftskritik. Bericht der niedersächsischen Kommission zur Förderung von Frauenforschung und zur Förderung von Frauen in Lehre und Forschung. Hannover 1994.

Niedersächsisches Ministerium für Wissenschaft und Kultur (Hg.): Berichte aus der Frauenforschung: Perspektiven für Naturwissenschaften, Technik und Medizin. Hannover 1997.

Paulus, Stanislawa: Learning in the „Third Space". Die *ifu* als dritter Ort. In: Hoeltje, Jansen-Schultz und Liesbach (Hg.): Stationen des Wandels. Rückblicke und Fragestellungen zu dreißig Jahren Bildungs- und Geschlechterforschung. Münster 2001, S. 99-116.

Raphael, Immaculata N.: Experience of *ifu* in the Project Area Water. In: Interfaces between University and Society. African Universities Respond to the Challenges of Development. Report on a Regional Conference, Cape Town, South Africa, March 11 to 16, 2001. In: Stefan Hase-Bergen (ed.), DAAD, Eschborn 2001, S. 23-34.

Schriftenreihe der Internationalen Frauenuniversität „Technik und Kultur"

Verlag Leske + Budrich, Opladen

Neusel, Aylâ (Hg.): Die eigene Hochschule. Internationale Frauenuniversität „Technik und Kultur". Band 1, 2000, ISBN 3-8100-2730-8.
Becker-Schmidt, Regina (ed.): Gender and Work in Transition. Globalization in Western, Middle and Eastern Europe. Volume 2, 2002, ISBN 3-8100-3252-2.
Metz-Göckel, Sigrid (Hg.): Lehren und Lernen an der Internationalen Frauenuniversität. Ergebnisse der wissenschaftlichen Begleituntersuchung. Band 3. 2002, ISBN 3-8100-3253-0.
Duden, Barbara, und Noeres, Dorothee (Hg.): Auf den Spuren des Körpers in einer technogenen Welt. Band 4, 2002, ISBN 3-8100-3310-9.
Floyd, Christiane; Kelkar, Govind; Klein-Franke, Silvie; Kramarae, Cheris, und Limpangog, Cirilia (eds.): Feminist Challenges in the Information Age. Volume 5, 2002, ISBN 3-8100-3255-7.
Härtel, Insa, und Schade, Sigrid (eds.): The Body and Representation. Volume 6, 2002, ISBN 3-8100-3254-9.
Härtel, Insa, und Schade, Sigrid (Hg.): Körper und Repräsentation. Band 7, 2002, ISBN 3-8100-3318-9.
Neusel, Aylâ, und Poppenhusen, Margot (Hg.): Universität Neu Denken. Die Internationale Frauenuniversität „Technik und Kultur". Band 8, 2002, ISBN 3-8100-3443-6.
Kreutzner, Gabriele, und Schelhowe, Heidi (eds.): Agents of Change: Virtuality, Gender, and the Challenge to Traditional University. Volume 9, 2002, ISBN 3-8100-3492-4.
Lenz, Ilse; Lutz, Helma; Morokvasic-Müller, Mirjana, und Schöning-Kalender, Claudia (eds.): Crossing borders and shifting boundaries 2002.
 – Volume 10: Morokvasic-Müller, Mirjana; Erel, Umut, und Shinozaki, Kyoko (eds.): On the Move. ISBN 3-8100-3493-2.
 – Volume 11: Lenz, Ilse; Lutz, Helma; Morokvasic-Müller, Mirjana; Schöning-Kalender, Claudia, und Schwenken, Helen (eds.): Identities and Networks. 2002, ISBN 3-8100-3494-0.
Terlinden, Ulla (ed.): City and Gender – Intercultural Discourse on Gender, Urbanism, and Architecture. Band 12, 2002, ISBN 3-8100-3495-9.
Bradatsch, Christiane. (Hg.): „Alles unter einem Dach" – Aspekte einer modernen Dienstleistungseinrichtung für Studierende an Hochschulen. 2002.

In anderen Verlagen:

Kunst, Sabine; Kruse, Tanja, und Burmester, Andrea (eds.): Sustainable Water and Soil Management. Berlin Heidelberg New York: Springer Verlag, 2001, ISBN 3-540-42428-8
Baumann, Leonie; Goehler, Adrienne, und Loreck, Barbara (eds.): Laboratories of art and science. Berlin: Vice Versa Verlag, 2002.